工业和信息产业职业教育教学指导委员会"十二
高等职业教育土建类专业系列规划教材

# 房地产投资分析
## （第2版）

王建红　编著

电子工业出版社
Publishing House of Electronics Industry
北京·BEIJING

## 内 容 简 介

本书共3部分10章。第一部分基础篇，包括第1~4章，主要讲解了房地产投资概述、房地产投资环境与市场分析、资金的时间价值计算及其应用、房地产投资经济评价等内容。第二部分置业投资篇，包括第5~7章，主要讲解了住房抵押贷款理论与实务、住宅房地产投资和商业房地产投资等内容。第三部分开发投资篇，包括第8~10章，主要讲解了房地产开发项目财务评价、房地产开发投资风险分析和房地产开发投资分析报告等内容。

本书在对房地产投资分析相关理论知识进行阐述时，既注重适用、简洁，又力求系统、创新。并在书中安排了较多的专题分析、案例分析及实训项目操作练习，以方便读者理解、巩固和运用所学知识。

本书既可作为高职高专院校房地产经营管理专业学生的教学用书，也可作为职业岗位培训教材，还可作为企业管理人员的自学参考书。

未经许可，不得以任何方式复制或抄袭本书之部分或全部内容。
版权所有，侵权必究。

**图书在版编目(CIP)数据**

房地产投资分析 / 王建红编著. —2版. —北京：电子工业出版社，2012.1
（高等职业教育土建类专业系列规划教材）
ISBN 978-7-121-15181-1

Ⅰ.①房… Ⅱ.①王… Ⅲ.①房地产投资－投资分析－高等职业教育－教材 Ⅳ.①F293.35

中国版本图书馆 CIP 数据核字（2011）第 238574 号

策划编辑：张云怡
责任编辑：郝黎明　　文字编辑：裴　杰
印　　刷：北京七彩京通数码快印有限公司
装　　订：北京七彩京通数码快印有限公司
出版发行：电子工业出版社
　　　　　北京市海淀区万寿路173信箱　邮编 100036
开　　本：787×1092　1/16　印张：17.25　字数：441.6千字
版　　次：2007年8月第1版
　　　　　2012年1月第2版
印　　次：2024年8月第16次印刷
定　　价：31.00元

凡所购买电子工业出版社图书有缺损问题，请向购买书店调换。若书店售缺，请与本社发行部联系，联系及邮购电话：（010）88254888，88258888。
质量投诉请发邮件至 zlts@phei.com.cn，盗版侵权举报请发邮件至 dbqq@phei.com.cn。
本书咨询联系方式：（010）88254573，zyy@phei.com.cn。

# 前　言

行业的发展离不开人才的支撑，行业的不断发展同样对人才的要求也越来越高。从专业教育的层面来看，就是如何不断地更新教学内容和培养方式，以适应新时期人才培养的需要。目前，作为培养房地产经营、管理与服务技术应用型人才的高职房地产专业教育就面临着类似的问题。例如，在我国房地产业一直以房地产开发占主导地位的大背景下，置业投资分析相关教学内容并未在高校房地产类专业，特别是高职房地产专业投资分析课程中受到足够的重视；在国内还没有出现该课程的高职高专适用教材和相关教学资料。现实情况告诉我们，作为我们学生今后的主要就业选择，如一、二手房销售、房地产评估或者房地产咨询等工作，对置业投资知识和技能的要求也越来越高了。因此，目前急需一本既包括房地产开发投资分析，又针对房地产置业投资分析、内容详实的高职专业教材。

《房地产投资分析》自2007年首次出版以来，得到了广大师生及相关行业读者的普遍好评和肯定。此次修订版延续了第1版的结构，在内容上则主要结合了近四年来中国房地产行业的发展变迁，把与行业发展相关的一些新问题、热点问题的讨论导入书中，随之蕴涵的是房地产投资理念和思路的更新，也充分体现了教材与行业发展的现实贴近度；另一方面，本次修订还对教材中的一些实训项目进行了优化，在提高了项目实战性的同时，也使实训能够更加顺利地进行。此外，教材最后一章还附上了我院房地产专业课程综合实践的学生成果，可以作为高职房地产专业学生投资分析综合实训的参考范例。

修订版教材依据高职教育以就业为导向、能力为本位的培养模式，紧扣目前房地产业发展的现状和特点，在阐述房地产投资基本理论、基本原理的基础上，围绕置业投资分析和开发投资分析两大内容进行谋篇布局；并且遵循理论适度、重在能力培养的原则，对内容进行了合理安排。本教材区别于国内其他房地产投资分析教材的地方主要有以下几点：

1. 本教材章节不再按传统的房地产开发项目投资分析框架进行安排，而是将其分为三大部分：基础篇、置业投资篇和开发投资篇；

2. 由于置业投资分析部分是本教材的重点之一，为此单独安排一章有关住房抵押贷款的内容；有关住房交易、租赁等环节的税费计算也是本教材的主要内容之一。这些都是其他同类教材所没有的；

3. 为了接近实际，避免过于理论化，本教材引用或采用了尽可能多的真实案例和最新的专题分析素材，作为教师授课或学生讨论之用；

4. 为了提高本教材的实用性，还特别安排了如何运用电子表格（Excel）进行投资分析的制表及相关计算等内容，这也是其他同类教材所没有的；

5. 教材的重点章节（第4章到第9章）安排了实训的相关内容，包括实训课题的背景、任务和要求等。

全书分三大部分共10章，其中第1章到第4章是基础篇，主要涉及房地产投资的基本概念、基本原理、基本方法以及资金价值计算和经济评价方法等内容；从第5章到第7章为置业投资篇，主要涉及住房抵押贷款理论与实务、住房房地产置业投资分析、商业房地产置业投资分析等内容；最后，第8章到第10章是开发投资分析部分，主要涉及项目成本费用估算、收入与税金估算、财务报表编制、不确定性分析、风险分析等内容。另外需要说明的是，全书第一部分、第二部分（除了第4章之外）各章都安排了相应的专题分析，以加深学生在学习过程中对有关热点问题或重要问题的理解；而对于第 4 章及后面的第 8、9、10 章，专题分析对于学生来说可能难度较大或理论性太强，因此就省略了。

本教材由浙江经济职业技术学院管理技术学院王建红老师编写，并负责全书的统稿、定稿工作。在编写过程中，得到了学院及分院领导、同事及其他许多朋友的大力支持，他们是浙江经济职业技术学院吕超副教授、张秋垫副教授、周成学老师、王锋老师，同济大学经管学院的陈松教授，浙江理工大学经贸管理学院的刘友平老师，苏州科技学院的张尚老师，以及厦门土地储备中心的林小丹、大连万达集团的吴承祥、上海星浩投资管理有限公司的黄海滨、中海地产杭州公司的蔡建章和杭州我爱我家房屋租赁置换有限公司、杭州华邦房地产代理有限公司、杭州中瑞房屋置换销售限公司等企业的许多朋友们。在本教材的编写过程中，我们也参考了很多文献和资料。在此，对以上领导、同事、朋友以及有关文献和资料的作者深表感谢。

不管是开发投资分析还是置业投资分析，其本身实践性都很强，涉及的学科也很多，包括房地产经济学、房地产金融与投资、房地产经纪实务、房地产开发、房地产市场营销等；更何况教材既要满足理论难度适中又要达到实用够用的要求，把握起来难度相当大；加之作者水平有限，书中还存在不少缺点甚至错误，恳请广大读者批评指正。

王建红

2011 年 10 月

# 目 录

## 第一部分 基础篇 ······································································································· (1)

### 第1章 房地产投资概述 ···························································································· (2)
#### 1.1 房地产投资的概念和类型 ············································································· (2)
##### 1.1.1 房地产投资的概念 ············································································ (2)
##### 1.1.2 房地产投资的类型 ············································································ (3)
#### 1.2 房地产投资的特点及其分析过程 ·································································· (7)
##### 1.2.1 房地产投资的特点 ············································································ (7)
##### 1.2.2 房地产投资分析的作用 ····································································· (9)
##### 1.2.3 房地产投资分析的过程 ···································································· (10)
#### 1.3 房地产投资分析的几个基本问题 ································································ (12)
##### 1.3.1 关于投资价值 ··················································································· (12)
##### 1.3.2 关于投资者的目标和风险 ································································· (14)
#### 本章小结 ············································································································· (16)
#### 本章思考题 ········································································································· (17)

### 第2章 房地产投资环境与市场分析 ······································································ (18)
#### 2.1 房地产投资环境分析 ···················································································· (18)
##### 2.1.1 房地产投资环境的含义 ···································································· (18)
##### 2.1.2 房地产投资环境要素及其分析 ························································· (18)
#### 2.2 房地产投资市场分析 ···················································································· (25)
##### 2.2.1 房地产市场的特征 ············································································ (25)
##### 2.2.2 房地产市场的效率 ············································································ (27)
##### 2.2.3 房地产开发项目投资市场分析的主要内容 ····································· (28)
##### 2.2.4 房地产置业投资市场分析的主要内容 ············································· (34)
#### 本章小结 ············································································································· (34)
#### 本章思考题 ········································································································· (35)

### 第3章 资金的时间价值计算及其应用 ·································································· (36)
#### 3.1 资金的时间价值概述 ···················································································· (36)
##### 3.1.1 资金时间价值的概念 ········································································ (36)
##### 3.1.2 资金时间价值在房地产投资分析中的应用 ···································· (37)
#### 3.2 复利终值与现值的计算及其应用 ································································ (38)
##### 3.2.1 利率与计息方式 ················································································ (38)
##### 3.2.2 复利终值计算及其应用 ···································································· (40)
##### 3.2.3 复利现值计算及其应用 ···································································· (42)
##### 3.2.4 现值和终值的影响因素 ···································································· (43)
#### 3.3 年金的终值和现值计算及其应用 ································································ (44)

· V ·

  3.3.1 年金的概念 ……………………………………………………………（44）
  3.3.2 后付年金的计算及其应用 ……………………………………………（44）
  3.3.3 先付年金的计算及其应用 ……………………………………………（46）
  3.3.4 递延年金的现值计算及其应用 ………………………………………（48）
  3.3.5 永续年金现值的计算及其应用 ………………………………………（48）
  3.3.6 资金时间价值基本计算公式汇总表及注意点 ………………………（49）
本章小结 ……………………………………………………………………………（49）
本章思考题 …………………………………………………………………………（50）

## 第4章 房地产投资经济评价 ……………………………………………………（52）
4.1 房地产投资经济评价概述 ……………………………………………………（52）
  4.1.1 房地产投资经济评价的内容 …………………………………………（52）
  4.1.2 房地产投资经济评价指标体系 ………………………………………（53）
  4.1.3 现金流量、现金流量表及现金流量图 ………………………………（54）
4.2 房地产投资静态分析 …………………………………………………………（56）
  4.2.1 投资利润率 ……………………………………………………………（56）
  4.2.2 投资利税率 ……………………………………………………………（56）
  4.2.3 资本金利润率 …………………………………………………………（58）
  4.2.4 静态投资回收期 ………………………………………………………（58）
  4.2.5 静态分析的几个传统指标 ……………………………………………（59）
4.3 房地产投资动态分析 …………………………………………………………（62）
  4.3.1 净现值（NPV）…………………………………………………………（62）
  4.3.2 净现值率（NPVR）……………………………………………………（64）
  4.3.3 内部收益率（IRR）……………………………………………………（65）
  4.3.4 动态投资回收期 ………………………………………………………（68）
4.4 Excel在房地产投资经济评价中的应用 ………………………………………（70）
  4.4.1 Excel中的常用公式和函数 ……………………………………………（70）
  4.4.2 Excel中净现值函数（NPV）的应用 …………………………………（73）
  4.4.3 Excel中内部收益率函数（IRR）的应用 ……………………………（76）
本章小结 ……………………………………………………………………………（77）
实训项目 ……………………………………………………………………………（77）
本章思考题 …………………………………………………………………………（79）

## 第二部分 置业投资篇 ……………………………………………………………（81）
## 第5章 住房抵押贷款理论与实务 ………………………………………………（82）
5.1 与抵押贷款相关的几个概念 …………………………………………………（82）
  5.1.1 抵押贷款的利率及其确定 ……………………………………………（82）
  5.1.2 杠杆原理 ………………………………………………………………（83）
5.2 住房抵押贷款的运作过程 ……………………………………………………（86）
  5.2.1 住房抵押贷款的参与人 ………………………………………………（86）
  5.2.2 住房抵押贷款的运作过程 ……………………………………………（87）

- 5.3 固定利率住房抵押贷款 ····················································· (88)
  - 5.3.1 等额本金偿还的抵押贷款（CAM） ········································· (88)
  - 5.3.2 等额本息偿还的抵押贷款（CPM） ········································· (89)
  - 5.3.3 贷款余额的计算 ····················································· (90)
- 5.4 国内住房抵押贷款品种评析 ··············································· (94)
  - 5.4.1 商业性住房抵押贷款 ··················································· (95)
  - 5.4.2 公积金住房抵押贷款 ·················································· (101)
  - 5.4.3 提前还款的处理 ···················································· (102)
  - 5.4.4 国内其他住房抵押贷款创新品种 ········································ (104)
  - 5.4.5 住房抵押贷款融资规划与分析 ·········································· (106)
- 本章小结 ································································ (108)
- 实训项目 ································································ (108)
- 本章思考题 ······························································ (110)

## 第6章 住宅房地产投资 ······················································ (111)
- 6.1 住宅房地产投资概述 ···················································· (111)
  - 6.1.1 住宅房地产概述 ···················································· (111)
  - 6.1.2 常见的住宅房地产投资类型及其特点 ···································· (114)
  - 6.1.3 影响住宅房地产投资价值的主要因素 ···································· (115)
- 6.2 住宅房地产投资经济评价 ················································ (117)
  - 6.2.1 住宅房地产投资现金流量分析 ·········································· (117)
  - 6.2.2 住宅房地产投资租售决策分析 ·········································· (124)
  - 6.2.3 住宅房地产投资的风险分析 ············································ (125)
- 6.3 住宅房地产投资分析实例 ················································ (127)
  - 6.3.1 住宅房地产投资分析实例一 ············································ (127)
  - 6.3.2 住宅房地产投资分析实例二 ············································ (129)
- 本章小结 ································································ (131)
- 实训项目 ································································ (132)
- 本章思考题 ······························································ (133)

## 第7章 商业房地产投资 ······················································ (134)
- 7.1 商业房地产投资概述 ···················································· (134)
  - 7.1.1 商业房地产概述 ···················································· (134)
  - 7.1.2 常见的商业房地产投资类型及其特点 ···································· (143)
  - 7.1.3 商业房地产投资价值的影响因素 ········································ (144)
- 7.2 商业房地产投资经济评价 ················································ (146)
  - 7.2.1 商业房地产投资现金流量分析 ·········································· (147)
  - 7.2.2 商业房地产投资的风险分析 ············································ (148)
- 7.3 商业房地产投资分析实例 ················································ (149)
  - 7.3.1 商业房地产投资分析实例一 ············································ (149)
  - 7.3.2 商业房地产投资分析实例二 ············································ (153)

本章小结 ································································································· (157)
　　实训项目一 ····························································································· (158)
　　实训项目二 ····························································································· (158)
　　本章思考题 ····························································································· (159)

## 第三部分　开发投资篇 ··············································································· (161)

### 第8章　房地产开发项目财务评价 ··································································· (162)
　　8.1　房地产开发项目财务评价的基础数据估算 ················································ (162)
　　　　8.1.1　房地产开发项目投资与成本费用估算 ·············································· (162)
　　　　8.1.2　房地产开发项目收入估算 ····························································· (167)
　　8.2　房地产开发项目财务报表的编制 ······························································ (170)
　　　　8.2.1　辅助性报表的编制 ······································································· (170)
　　　　8.2.2　基本报表的编制 ·········································································· (178)
　　8.3　房地产开发项目财务效果评价 ··································································· (183)
　　　　8.3.1　房地产开发项目财务指标体系 ························································ (183)
　　　　8.3.2　房地产开发项目财务指标的计算 ···················································· (183)
　　8.4　房地产开发项目财务效果评价案例 ····························································· (185)
　　　　8.4.1　项目概况 ···················································································· (185)
　　　　8.4.2　规划方案及主要技术经济指标 ························································ (185)
　　　　8.4.3　项目开发建设及经营的组织与实施计划 ··········································· (186)
　　　　8.4.4　项目财务评价基础数据估算 ·························································· (187)
　　　　8.4.5　项目财务评价 ············································································· (191)
　　本章小结 ································································································· (195)
　　实训项目 ································································································· (195)
　　本章思考题 ····························································································· (196)

### 第9章　房地产开发投资风险分析 ··································································· (197)
　　9.1　房地产开发投资风险概述 ········································································ (197)
　　　　9.1.1　房地产开发投资风险的含义 ·························································· (197)
　　　　9.1.2　房地产开发投资风险的类型 ·························································· (198)
　　9.2　房地产开发投资的不确定性分析 ······························································ (200)
　　　　9.2.1　盈亏平衡分析 ············································································· (200)
　　　　9.2.2　敏感性分析 ················································································ (205)
　　9.3　房地产开发投资风险的防范与控制 ··························································· (208)
　　　　9.3.1　房地产开发投资风险的防范 ·························································· (209)
　　　　9.3.2　房地产开发投资风险的控制[31] ····················································· (210)
　　本章小结 ································································································· (211)
　　实训项目 ································································································· (211)
　　本章思考题 ····························································································· (212)

### 第10章　房地产开发投资分析报告 ································································· (213)
　　10.1　房地产开发投资分析报告的编写 ····························································· (213)

10.2　房地产开发投资分析案例……………………………………………………（214）
    案例一：某租售房地产项目投资分析……………………………………………（224）
    案例二：某某商学院项目投资分析报告…………………………………………（227）
    案例三：浙经职院课程综合实践项目：杭政储【2009】48号下沙R21-A-12地块
    　　　　可行性研究报告（学生成果）…………………………………………（246）
  本章小结………………………………………………………………………………（261）
  实训项目………………………………………………………………………………（261）
  本章思考题……………………………………………………………………………（262）
**参考文献**………………………………………………………………………………（263）

# 第一部分

# 基 础 篇

- 第1章 房地产投资概述
- 第2章 房地产投资环境与市场分析
- 第3章 资金的时间价值计算及其应用
- 第4章 房地产投资经济评价

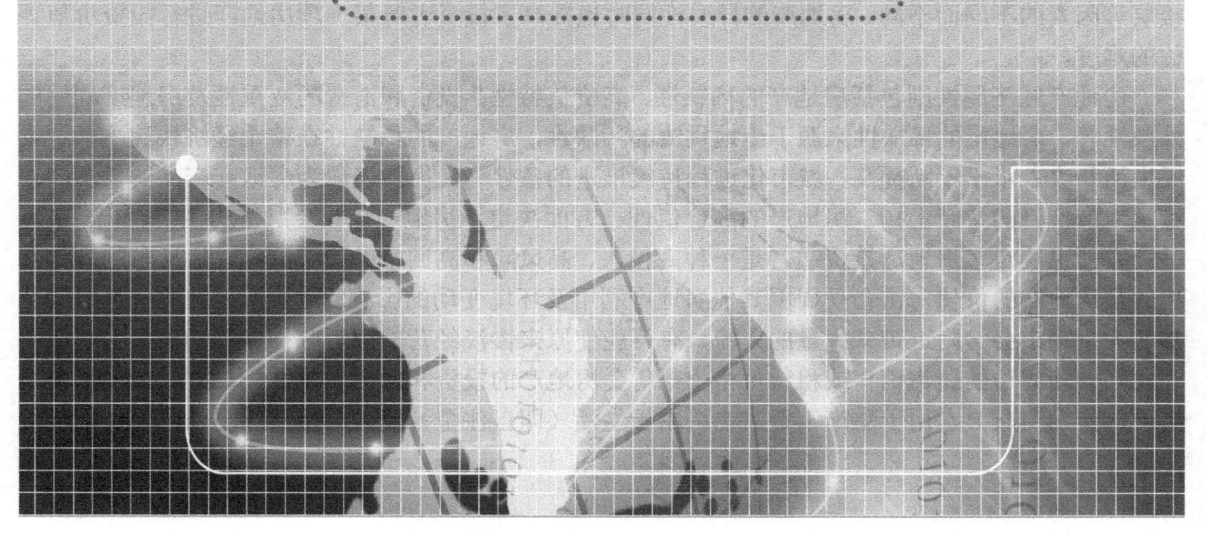

# 第1章 房地产投资概述

【本章能力点】
(1) 能够正确理解和掌握房地产投资的概念、类型及其特点
(2) 能够正确理解和掌握房地产投资分析的过程
(3) 能够正确理解和掌握有关房地产投资价值、投资目标和风险的知识及其应用
(4) 能够正确理解和掌握房地产置业投资和开发投资的异同点

## 1.1 房地产投资的概念和类型

### 1.1.1 房地产投资的概念

**1. 房地产的资产特性**

房地产是房产与地产的统称,即房屋和土地两种财产的合称,包括建筑在土地上的各种建筑物、建筑物上不可分离的部分和土地。同时,房地产也指房地产的所有权及其衍生出来的其他权利,例如,房地产的产权人拥有可以通过出租或出售自己的房地产以获得一定收益的权利。

从以上概念可知,房地产与普通的消费品是不同的,其中表现之一就是它具有明显的资产特性。房地产的资产特性与其本身具有的自然属性和经济属性是分不开的。房地产的自然属性包括房地产位置的固定性、本身的耐久性和房地产的异质性等,其中位置的固定性决定了与房地产相关的一系列活动具有明显的区域性;特别是在房地产价值的决定上,位置的不同起到了重要的作用。俗话说,决定房地产价值的三个重要因素是:一是地段,二是地段,三还是地段(location, location, location)。房地产的耐久性是实现房地产资产功能的物理基础,正因为房地产在使用过程中不会较快地磨损、消耗,房地产才有可能在较长的利用期内实现保值和增值。房地产的异质性体现在每一项房地产都会因为建筑的类型、所用的材料、面积大小、所处的地段甚至是朝向、楼层等因素的不同而不同。房地产的异质性同时也提高了投资者对某一项房地产进行投资价值评估的难度。

房地产经济属性则包括房地产的稀缺性、高价值特性、投资和消费的双重性及房地产利用的外部性等。房地产的稀缺性来源于土地供给的稀缺性,房地产的稀缺性在整个经济快速增长、人民生活和收入水平不断提高、城市化进程持续推进的条件下,往往表现为房地产产品的供不应求和房地产价格的持续上扬。房地产的高价值性一方面决定了房地产是社会财富的主要表现形式,另一方面也决定了房地产投资通常是一种高投入、高风险和高回报的投资形式。房地产的外部性指的是房地产的价值常常会受周围其他房地产利用及环境变动的影响。比如新入驻的一家国际性知名大型超市会给附近带来大量的人流,有可能使原来惨淡经营的附近临街商铺增值,大学城的开发则会使周边的住宅销售或租赁价格上扬等。房地产的投资和消费双重性,一方面体现了房地产可以作为生产要素用于生产消费,也可用于生活(即自住型)消费,另一方面也可以作为投资品获取收益。其实，从投资和理财的角度理解，房地产不管是用于生活消费还是投资获利，都没有脱离投资的本质。

**2. 房地产投资的含义**

（1）房地产投资的含义。在正确理解房地产投资的含义之前，首先来看一下什么是投资。投资是指以一定资源投入某项计划，以获取所期望的收益或效益。这里的资源既可以是资金，也可以是土地、人力、技术、管理经验或其他资源。从这一概念中可知，投资必须要有一定资源（如资金）的投入，经过一段时间后（时间性），获得所期望的收益或效益，其中收益是指盈利项目的资本增值；而效益则是指非盈利项目的改善或提高预期的公共福利和社会效益。另外，投资的概念还隐含了另外一层含义，即资源的投入可以说是确定的，而获取的收益却是不确定的，因此，投资是有风险的。

房地产投资则是指人们为实现某种预定的收益或效益目标，直接或间接地对房地产的开发、经营、管理、服务和消费所进行的投资活动。房地产投资所涉及的领域有：土地开发、旧城改造、房屋建设、房地产经营、物业管理、置业等。

（2）房地产投资与房地产投机的区别。在通常情况下，房地产投机现象往往发生在置业投资领域，而在开发投资领域则并不多见。同时，房地产投资与房地产投机之间的界限本身也是比较模糊的，不容易区分。例如，有的人买了房子并不是用来自己住，而是等到不久后待房价上升再卖出获利，这样的行为是投资行为还是投机行为，确实较难判断。但一般来讲，房地产投机行为的发生具有明显的两个特征：一是行为的短期化，即购买房地产的人想在短时间内（如半年甚至几个月）捞一把就走；二是买涨不买落，即房价上涨得越快他越要买。而房价下跌时，人们普遍认为价格还会进一步下跌，此时的投机需求倒是下降的。很显然，这种投机需求跟普通商品的需求规律是相反的，价格也无法在供给和需求之间起到平衡作用。最终这种投机需求会进一步推动房价的持续上涨，使房地产市场的泡沫越来越多甚至破裂。

当然，从市场的角度来讲，从事房地产投机活动的人依据利益最大化原则实施自己的市场行为，不过，由于房地产市场自身存在缺陷，致使房地产市场的参与各方出现投机甚至是非理性的行为。

### 1.1.2 房地产投资的类型

**1. 按房地产投资形式分类**

从房地产投资形式来说，房地产投资分为直接投资和间接投资两类。

（1）直接投资。房地产直接投资是指投资者直接参与房地产开发或购买房地产的过程并参与有关的管理工作，包括从购地开始到最后房屋销售的开发投资和物业建成后的置业投资两种形式。

① 房地产开发投资。房地产开发投资是指投资者从购买土地使用权开始，经过项目策划、规划设计和施工建设等过程，建成可以满足市场需求的房地产产品，然后将其推向市场，转让给新的投资者或使用者，并通过这一转让过程收回全部投资，并且实现获取投资收益的目标。

房地产开发投资通常属于短期投资（例如 2～3 年，不过对于大盘而言，整个开发周期要长些），显然，它形成了房地产市场上的增量供给。开发投资的目的主要是为了赚取开发利润，由于房地产开发活动所需资金巨大、运作环节多，涉及市场、工程技术、管理等方面，因此，项目风险较大但回报也比较丰厚。在通常情况下，房地产开发商不一定将开发的物业全部出售，例如，可以将建成后的写字楼、酒店、商场甚至部分住宅公寓进行出租经营，以获取长期的租赁收益和物业的增值收益，此时，开发投资活动已转变成了置业投资活动。

② 房地产置业投资。房地产置业投资的对象可以是新建成的物业，也可以是房地产市场上的存量物业（即二手房）。房地产置业投资的表现形式有两种：一种是企业或个人通过购置物业（如商铺、公寓等）以满足自身生活居住或办公经营的需要；另一种是投资者购买物业后通过一定的方式将其出租，从而获得一定的租赁收益。不管是哪种形式，投资者都可以通过最终的物业转售获取其增值收益。

置业投资一般从长期投资的角度出发，可获得保值、增值、收益和消费四个方面的利益。目前，置业投资已成为我国居民重要的投资渠道之一。

（2）间接投资。房地产间接投资主要是指将资金投入与房地产相关的证券市场的行为。房地产的间接投资者无须直接参与有关投资管理工作。具体投资形式包括：购买房地产开发投资企业的股票、债券；购买房地产投资信托基金和住房抵押贷款证券等。

① 购买房地产企业的股票或债券。目前国内房地产开发投资的融资途径主要是银行借款，但不少实力比较雄厚的开发公司如万科、金地、合生创展、招商地产、浙江绿城等知名企业则借助于国内或国际资本市场进行融资活动，一方面，可以解决企业在规模扩张或由于政府出台收紧银根政策的时候所产生的资金不足问题；另一方面也可以降低融资的成本。而普通的投资者则可以购买此类房地产企业的股票而间接参与有关房地产开发的活动，从中获取股票增值和分红的收益。

② 房地产投资信托基金（Real Estate Investment Trusts，REITs）。房地产投资信托基金是一种以发行收益凭证的方式集合特定多数投资者的资金，由专门投资机构进行房地产投资经营管理，并将投资收益按比例分配给投资者的一种信托基金。房地产投资信托基金的出现，为开发商提供了除银行和股票融资之外的又一种融资方式，同时，又使投资者可以获得类似房地产直接投资的利益。从本质上讲，REITs 是一种投资信托基金，它通过组合投资和专家理财实现了大众化投资，满足了中小投资者将大额投资转化为小额投资的需求，并在一定条件下可以免交企业所得税。同时，REITs 又类似于一个产业公司，它通过对现存房地产的获取和经营来获利，在不改变产权的前提下提高了房地产资产的流动性和变现能力。2003 年年底，中国第一个商业房地产投资信托计划"法国欧尚天津第一店资金信托计划"在北京推出，代表着中国房地产信托基金（REITs）的雏形。

③ 房地产私募股权投资基金（Private Equity，PE）。房地产私募股权投资基金是指通过非公开方式面向包括个人和机构的少数投资者募集资金而设立的，以未上市房地产企业的股权为主要投资对象的房地产投资基金。自 2010 年以来，政府通过抑制需求（限购、限贷及提高首付款比例等）、收缩银行信贷、终止银行与信托的合作、抬高房企上市门槛等一系列政策，使房地产企业遭遇了十年来最残酷的资金链考验。在这种背景下，房地产私募股权投资基金应运而生，并且在短短不到两年时间里获得了巨大发展。目前国内的房地产 PE 主要包括由开发商主导成立的房地产 PE 和由非开发商主导成立的房地产 PE 两类。

④ 住房抵押贷款证券（Mortgage—backed Securities，MBS）。住房抵押贷款证券是通过对住房抵押贷款实施证券化而得到的金融创新品种。所谓住房抵押贷款证券化就是把金融机构发放的住房抵押贷款转化为抵押贷款证券，然后通过在资本市场出售这些证券给投资者，以融通资金，并使住房贷款风险分散为由众多投资者承担。从本质上讲，发行住房抵押贷款证券是发放住房抵

押贷款机构的一种债券转让行为，即贷款发放人把对住房贷款的所有权转让给了证券投资者，借款人每月的还款现金流是该证券的收益来源。住房抵押贷款证券发源于美国，美国也是目前世界上 MBS 市场最为发达的国家，其地位仅次于美国国债市场。

总的来说，在我国发展住房抵押贷款证券化市场有利于分散金融机构发放住房抵押贷款带来的风险，同时也可以扩大金融机构发放住房抵押贷款的资金来源，从而可以有力地推动我国住宅产业的发展。

### 2. 按房地产投资对象分类

从房地产投资的对象来说，房地产投资可分为土地开发投资、住宅房地产投资、商业房地产投资、工业房地产投资等。

（1）土地开发投资。土地开发投资是指开发者通过合法途径获得土地使用权后，通过对土地的平整及基础设施的投资建设，使土地具备房屋建设的基础条件，并通过土地二级市场进行有偿转让或出租地块以获取土地开发收益的投资行为。一般来说，土地开发投资分为两类：一类是旧城区的土地二次开发和新城区的土地开发。旧城区的土地二次开发是由于原有城区因规划或使用性质的改变或城市老化、房屋陈旧、破损或基础设施改造而进行的投资建设，使其具备重新建造房屋的条件。而新城区的土地开发主要是指对新征用的土地（如农村集体所有的耕地、山地等）进行改造和基础设施建设，以满足进一步进行房地产开发要求的活动。从投资成本角度看，旧城区的土地二次开发由于涉及较多的拆迁、安置和补偿费用，其成本往往较高，但由于土地处于城区，进行二次开发后的升值潜力巨大。而新城区土地位于城市郊区，地价比城区低很多，开发中涉及的其他成本和费用并不会很高，但土地增值潜力无法与城区经二次开发的土地相比。

（2）住宅房地产投资。住宅房地产投资一直以来都是我国房地产开发投资的主要内容。"住"是人们的基本需求，住宅的市场需求量巨大。根据联合国的统计资料，2004 年，中国的人均居住面积为 $24.97m^2$，而发达国家人均居住面积为 $46.6m^2$，中高等收入国家人均住房面积为 $29.3m^2$，中等收入国家为 $20.1m^2$，中低等收入国家为 $17.6m^2$，低收入国家为 $8m^2$。可以看出，中国人的居住条件仅仅略高于中等收入国家。随着国民经济的迅速发展、城市化进程的不断推进和人民收入水平的提高，广大居民对于逐步改善居住条件的愿望将日益强烈。据预测，到 2020 年，中国人均居住面积将达到 $35m^2$。因此，中国的住宅房地产投资发展空间仍然非常广阔。

从类型角度看，住宅房地产可分为普通商品住宅、高档公寓和别墅等多种类型。其中普通住宅的市场需求量最大，特别是那些针对普通收入水平开发的中小面积、中低价位的住宅将有很大的市场空间；而高档住宅和别墅的消费比例较小，开发此类住宅的风险也较高。

（3）商业房地产投资。商业房地产主要是指商铺、商场、购物中心、商业街、批发市场、写字楼和宾馆酒店类等经营性物业或收益性物业。这类物业的购买者一般都以投资为目的，靠出租物业的收入来收回投资并赚取收益。商业房地产投资与住宅房地产投资存在明显的区别，例如，商业房地产市场冷热，不仅与当地的整体社会经济状况相关，还与旅游、贸易、投资、金融保险等行业的发展密切相关。这类房地产的投资由于前期投入较大，而资金回收一般只能靠租金收益逐期收回，因此，投资回收期较长，风险较大。并且，收益水平与整个物业的后期经营管理有很大的关系。

（4）工业房地产投资。工业房地产主要指的是生产性用房，如厂房（包括重工业厂房、轻工业厂房和高新技术产业用房等）和物流仓储用房。由于工业厂房必须符合工业生产的特殊工艺和程序的要求，因此，不同用途厂房之间的替代性较差。工业房地产的投资与其他几类房地产投资

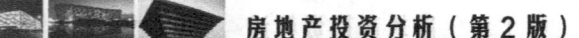

存在明显的区别。首先，选址对于工业房地产来说至关重要。因为这不仅涉及原材料和产品的运输成本的高低，还涉及水、电、煤等能源动力供应是否充足和方便程度。另外，工业房地产投资也会受到诸如当地的产业结构、政府吸引投资的力度、经济发展水平等因素的影响。总体来看，我国目前工业房地产投资主要集中于开发区、产业园区的建设中，其他都是随一般工业投资进行的。

【专题1-1】　　　　　　　　　　巨大的房地产市场潜力

中国房地产市场有潜在的巨大真实需求。

近年来，全国人口总数在继续增长，但是增长的绝对数字逐步下降。如表1-1所示，1989年全国人口总数增加1678万人，以后逐年减少，到2009年增加了672万人。可是，由于城镇化的结果，大量劳动力从农村进入城镇，城镇人口总数有增无减。从1996年以后，城镇人口增加数目就已经开始远远超过当年全国人口增加数了，而且这种趋势还一直持续着，到2009年城镇人口净增1533万人。由于住房市场集中在城镇，城镇人口的增加是推动房地产市场真实需求的重要原因。

表1-1　中国人口和城镇人口增加率　　　　　　　　单位：万人

| 年　份 | 全国人口 | 城镇人口 | 全国人口增加数 | 城镇人口增加数 |
|---|---|---|---|---|
| 1989 | 112 704 | 29 540 | 1 678 | 879 |
| 1990 | 114 333 | 30 195 | 1 629 | 655 |
| 1991 | 115 823 | 31 203 | 1 490 | 1 008 |
| 1992 | 117 171 | 32 175 | 1 348 | 972 |
| 1993 | 118 517 | 33 173 | 1 346 | 998 |
| 1994 | 119 850 | 34 169 | 1 333 | 996 |
| 1995 | 121 121 | 35 174 | 1 271 | 1 005 |
| 1996 | 122 389 | 37 304 | 1 268 | 2 130 |
| 1997 | 123 626 | 39 499 | 1 237 | 2 195 |
| 1998 | 124 761 | 41 608 | 1 135 | 2 109 |
| 1999 | 125 786 | 43 748 | 1 025 | 2 140 |
| 2000 | 126 743 | 45 906 | 957 | 2 158 |
| 2001 | 127 627 | 48 064 | 884 | 2 158 |
| 2002 | 128 453 | 50 212 | 826 | 2 148 |
| 2003 | 129 988 | 54 283 | 764 | 2 155 |
| 2004 | 129 988 | 54 283 | 761 | 1 916 |
| 2005 | 130 756 | 56 212 | 768 | 1 929 |
| 2006 | 131 448 | 57 706 | 692 | 1 494 |
| 2007 | 132 129 | 59 379 | 681 | 1 673 |
| 2008 | 132 802 | 60 667 | 673 | 1 288 |
| 2009 | 133 474 | 62 200 | 672 | 1 533 |

资料来源：《中国统计年鉴》。

除了城镇人口迅速增加之外，城镇居民不断地要求改善住房条件，这是推动对住房真实需求的另外一个重要原因。据统计，60%～70%的居民要求改善住房条件。每年大约有950万对新人结婚。城市建设方兴未艾，大量拆迁改建。现有城镇住房每年的淘汰率为4%左右（农村为2%）。

每年都有大量的居民乔迁新居，从旧房子搬进新房子，从小房子搬进大房子。综合起来，对住房的需求就是一个巨大的数字。

思考题：
1. 通过阅读以上材料，请谈谈中国的城市化与房地产行业发展的关系。
2. 从投资者的角度，请谈谈对住房需求的认识。

## 1.2 房地产投资的特点及其分析过程

### 1.2.1 房地产投资的特点

由于房地产产品并非普通的商品，因此，房地产投资具有区别于其他一般性投资的一些特点。这些特点是：房地产投资的巨额性和投资回收的长期性、房地产投资的高风险性、房地产投资的高收益性、房地产投资受政策影响很大、房地产投资需要具备一定的专业知识和房地产投资周期性波动明显等。

**1. 房地产投资的巨额性和投资回收的长期性**

房地产投资需要大量的资金投入，这对开发商的自有资金数量和融资能力提出了较高的要求。一方面，开发商需要千方百计筹措到足够的资金，另一方面，开发商还要保证如何使资金筹措计划与项目的整个进度相匹配；否则，就有发生资金断裂的危险。不少房地产开发项目在项目的定位、工程技术方面都没有问题，往往就是由于在资金的安排方面出了差错，致使项目的资金链无法保持，最终整个项目成了烂尾楼。

从置业投资的角度来说，在购置房地产时也需要巨额资金。所以，置业投资也往往需要获得银行的贷款支持。这时需要注意的是，偿还银行的利息部分在投资成本中会占有较大的比重。并且，对于那些还款能力不是很强的置业投资者而言，需要衡量还款能力的波动对投资效果的影响。

从投资回收期角度来看，如果仅仅将开发完成后的物业出售，则其投资回收期并不会很长。可是，并不是所有的物业类型都可以通过出售来获利的，例如，商铺类物业、写字楼物业等的开发一般采用出租经营的方式回收投资和获取收益，此时的投资回收期就会很长。从置业投资的角度来说也是一样，除了短期置业投资之外，一般情况下都是通过租赁的方式获取收益，所以投资的回收期也会较长。正因为投资回收期长，所以其中蕴涵的投资风险就高。

**2. 房地产投资的高风险性**

房地产投资活动涉及的环节多，不确定性也多。对于房地产开发投资而言，开发商从拿地开始，到规划设计、施工组织、销售到最后的物业管理等，都可能伴随着诸多风险。例如，当初的规划设计方案到后来发现并不能迎合市场的需求，此时就必须要投入新的人力、物力对原方案进行修改，并且工期可能要延长；建设施工期间建筑材料的上涨可能导致投资成本超过投资预算；在售房过程中和售房后，可能会发生业主与开发商的种种纠纷问题，如由于建筑质量问题和房价下跌问题导致的退房事件、前期的物业管理问题等。这些问题的发生都会影响整个开发过程的顺利进行，甚至导致较大的经济或企业声誉方面的损失。

对于置业投资而言，虽然过程并不像开发投资活动那样程序繁多、牵涉的利益相关者较多，但置业投资也同样面临着来自于市场变化、政策变化,甚至是物业购入时的交易陷阱和购入后的经营管理不善等种种风险。目前,在我国房地产市场整体发展并不是非常完善的情况下,购房者面临的合同欺诈、广告欺诈、面积缩水、建筑质量低劣、哄抬房价等问题也时有发生,这使置业投资者在购房时面临较大风险。另外,置业投资者也面临着购房后的经营管理问题,例如,对于商铺投资者而言,如何选择商铺的经营类型和合适的租户是首先会碰到的问题,与此同时,投资者也面临着商铺空置的风险;特别是对于购物中心的商铺,如果开发商通过分割出售给了投资者后,又没对商铺进行统一招商和管理,则商铺投资者有可能面临由于购物中心经营业态混乱、经营效益低下而导致的租户退租风险。除此之外,置业投资者也很容易受到政府政策的影响。

### 3. 房地产投资的政策影响性

不少专家学者认为,中国的房地产市场跟中国的股市类似,都属于"政策市"。的确,自 20 世纪 80 年代以来,中国房地产业从起步、发展到逐步完善的过程,同时也是政府出台政策不断对其进行调控、引导和规范的过程。特别是 2002 年以来,政府出台的政策更加密集,一方面反映了房地产业作为推动国民经济发展的支柱产业,其整个发展过程一直都受到政府的高度关注;但另一方面,也反映了在房地产业的发展进程中,存在的问题较多。政府的政策主要集中在土地、金融和财政税收方面,甚至有些是比较严厉的行政手段。房地产开发投资容易受到较大影响的政策,一般有土地政策、金融政策、税收政策以及对于项目的规划设计等限制方面的政策。而对于置业投资者而言,容易受到较大影响的政策,一般有金融政策、与交易和经营有关的税费政策以及诸如限购政策的行政管制等。另外,一项政策的出台不仅会影响到某些投资者或开发商的直接利益,同时可能在更大程度上影响的是市场参与各方对房地产市场发展的预期,进而使政策效果对于投资者的影响会进一步放大。在第 2 章将对房地产政策作进一步讨论。

### 4. 房地产投资的保值性和增值性

房地产产品由于其自身蕴涵的资产功能而具有良好的保值和增值特性。房地产/产品的保值性体现在它能够抵御由于货币贬值(即通货膨胀)带来的损失。随着经济的发展、人口的增多,特别是城市人口的增多,将会不断推动房地产价格稳步升高。因此,房地产/产品的保值功能在今后的较长时间内将会得到很好的发挥。相较于其他保值方法,如购买金融资产(股票或债券)、投资艺术品及古董或进行储蓄等,房地产投资的风险相对较小(与购买股票相比)、需要的专业知识相对较少(与艺术品、古董投资相比),而获得的保值功能相对较佳(与储蓄相比)。

另外,由于土地资源的稀缺性和不可再生性,房地产/产品作为人类生产和生活不可或缺的固定资产和要素,随着国民经济和社会的发展,长期将处于供不应求的卖方市场状态。因而,房地产的价格也会根据市场经济的规律不断上升。根据各国房地产市场的发展经验,房地产价格虽然在短期内可能会由于各种原因出现停滞或下降的走势,但从长期来看,房地产的增值特性不会改变,并且,其价格上涨率往往高于同期的总体物价水平的上涨率。

### 5. 房地产投资需要具备专业知识

与其他任何一种投资一样,房地产投资也需要具备专门的知识。对于开发投资而言,与房地产投资相关的政策知识、工程技术知识、经济管理知识、金融与投资知识、财政税收知识、法律知识等始终贯穿其中。所以,某一项房地产开发项目,需要具备某些专业知识的各种人才参与到整个投资决策过程。

而对于置业投资者而言,也需要具备不少房地产投资方面的专门知识。如不同物业类型(住宅、写字楼、商铺)的相关产品知识、市场知识、法律和政策方面的知识、产权交易方面的知识、投资收益计算和风险预测方面的知识、经营与管理方面的知识等。如果不具备一定的专门知识,一个投资者的投资行为很难表现为理性,其中蕴涵的投资风险也会较大。

**6. 房地产投资周期性波动明显**

这里的房地产投资周期性波动指的是房地产投资的效果受到房地产周期的波动影响非常明显。房地产周期是指房地产经济水平起伏波动、周期循环的经济现象,表现为房地产业在经济运行过程中交替出现扩张与收缩两大阶段、循环往复的复苏—繁荣—衰退—萧条四个环节[2]。我国的房地产周期性波动可能跟国外有着明显的不同,因为国内的房地产市场周期性波动一般受政策影响较大。例如,20世纪90年代初的海南房地产泡沫和随之而来的房地产市场跌入低谷,以及前几年房地产市场的火暴和最近两年中国房地产市场的冷暖不均。作为房地产投资者,如何准确把握房地产市场发展所处的周期性阶段及周期性波动规律就显得尤为重要,否则就有可能错失良机。

### 1.2.2 房地产投资分析的作用

房地产投资分析就是研究房地产开发项目投资或置业投资的可行性并对可能的项目进行收益和风险评价,从而为最终选择合适的投资项目提供决策依据。

不管是哪一种投资形式,人们实施投资行为,都是以牺牲现有的利益作为代价以期在未来获得更大的收益。显然,未来的盈亏充满了不确定性,为了减少这种不确定性和实现更大的收益,我们必须通过定量或定性的方法对现在的投资项目进行分析和评价。因此,投资分析是每一位理性决策的房地产投资者的必修课。

另外,每一个开发商或个人投资者面临的投资机会可能会很多,例如,开发商可能会面临开发何种物业类型的选择,而置业投资者也会有到底是投资住宅、商铺还是写字楼物业等的投资选择问题。此时,投资者就要在自己资源约束的条件下,通过对各种投资方案的评估和比较,选择出风险可以承受、投资收益率又较高的项目。

具体来说,房地产投资分析的主要作用表现如下。

**1. 可以为房地产投资者确定投资方向提供论证**

房地产作为投资的热点,总是吸引着广大企业或个人纷纷投资房地产领域。这些组织或个人有些是具有丰富投资经验的专业开发公司或个人投资者,也有不少是从来都未涉足过房地产领域的新手,他们面临着不知道该投资何种物业、面向哪类客户群、选择何种地段、投资多大规模或如何把握投资时机等问题。此时,房地产投资分析者就可以作为提供咨询或建议者,为这些新进入房地产领域的投资者提供关于投资的方向性指导。其实,对房地产专业投资者而言,对于每一项新的开发物业或购置新的物业,其面临的投资约束条件也会跟以往不一样,此时,对投资方向的确定也不能按照以前的惯性思维加以定夺,需要按照房地产投资分析的固有方法和原理进行重新论证和分析才行。

**2. 可以为投资者提供投资方案并预测投资收益**

当投资者有了明确的投资方向后,就应该制定一个具体的切实可行的投资方案。对于开发投资而言,投资方案的确定相对较复杂,如将会涉及产品定位、客户定位、价格定位、筹资方案的确定、施工进度安排、租售进度安排等诸多事项。然后，在此基础上，结合项目的自有资金、融资情况、投资周期等条件，投资分析人员就可以对开发项目进行经济效益分析了，通过计算相关的财务指标，如内部收益率、净现值、投资收益率等指标，为开发商投资决策提供依据。

另外，对于置业投资而言，同样也需要对所投资的项目进行投资方案的制定和收益的预测分析。一方面，置业投资者需要对所购物业进行租售决策；另一方面，通过一些基础数据，如购房成本、贷款相关数据、税费数据、租赁价格等，投资者可以计算出相应的投资收益。

**3. 可以为房地产投资者描述及提供规避风险的方法**

通过投资分析，投资者可以了解到某一项目可能面临的风险，哪些风险发生的概率大，哪些风险会对项目的投资效果产生重要的影响。通过对风险的清醒认识，可以对房地产投资收益做出更加可靠的预测；同时，也提醒投资者在项目实施过程当中，要加强对风险的控制和预防，采用适当的风险规避方法，使有可能发生的损失降到最小。

### 1.2.3 房地产投资分析的过程

**1. 房地产投资环境与市场分析**

房地产投资项目在投资决策确定之前，需要进行环境与市场情况的调查，包括项目的背景资料、经济、社会和自然环境条件、市场需求和竞争态势分析、本项目的优劣势和机会分析等内容，而这一过程也被称为房地产投资项目的环境与市场分析。环境与市场分析包括房地产投资环境分析、房地产市场的调查与预测。

对于置业投资者而言，对投资项目进行环境与市场分析的内容就相对简单多了。因为针对的是已建成的物业，主要考虑的是现时的环境和市场条件及将来的发展态势对物业的整体价值将产生什么样的影响；着重需要考虑的是物业所处的地段及其在今后城市发展的地位如何演变，周边物业的发展对本物业增值方面的积极作用和消极作用，本物业整体市场发展前景的分析，以及政策的变化可能会对本物业的收益和增值前景造成的影响等。

**2. 基础数据估算分析**

房地产开发项目的投资分析涉及较多的基础数据，包括许多定量的调查或预测结果，如取得土地的成本、建安成本及其他成本与费用、各项税费、租售面积、租售价格、资金筹措、融资成本及工程和销售进度安排等；这些数据的完整与否，会直接影响投资分析的最终结论。

置业投资分析所需的基础数据则要少得多。主要包括：物业购入的价格及支付方式、按揭贷款有关信息、租约安排、租赁价格及其支付方式和买卖环节税费等内容。

**3. 财务分析**

财务分析是房地产投资分析的核心部分。它将对项目的盈利能力、偿债能力、资金平衡能力等方面进行分析，从而得出财务上是否可行的结论。主要涉及的指标有：净现值、内部收益率、投资回收期、银行借款偿还期、自有资金利润率、总投资利润率等。在分析时可以根据投资者的需要，选择其中的几个指标进行分析。

**4. 不确定性分析**

在房地产投资项目的经济分析中，运用了大量的技术经济数据，如销售单价、成本、贷款、利率、工期、销售进度计划等。由于这些数据都是投资分析人员根据资料对未来的可能性作出的某种估计，所以分析中必然带有某种不确定性。不确定性分析就是对这些不确定性因素进行分析，以揭示投资项目的营利性在这些因素变动情况下的承受能力和面临的风险。不确定性分析的方法有盈亏平衡分析法、敏感性分析法等。

对于置业投资分析而言，也可以选择租金水平、销售单价等指标进行不确定性分析。

### 5. 风险分析

不确定性分析无法对投资者所承担的风险做定量估计，它只能起到定性说明的作用。而风险分析可以根据各种变量的概率分布，来推求一个项目在风险条件下获利的可能性大小。因此，风险分析描述了房地产项目在特定收益状态下的风险程度，进而为投资者决策提供可靠依据。风险分析的难点在于对于各种状态发生可能性的概率估计，这些需要凭借投资分析人员的经验判断。当然，风险分析也包含定性分析的内容，即可以用文字叙述项目投资可能面临的风险及对应该采取的措施提出建议。

对于置业投资分析而言，风险分析一般集中在物业后期的经营管理和市场对该物业需求的变化上。

### 6. 决策分析（即方案比选分析）

决策分析一般发生在一个项目可以有多个投资方案选择的时候。当投资者资源有限时，就需要对投资方案再进行比选。本书不对该部分内容进行阐述。

至此，一项完整的房地产投资分析过程才算完结。

【专题 1-2】　　　　　　　　中国房地产业发展的周期性特征

中国房地产具有一定的周期性，要发现其波动频率还要从其发展经历上进行分析。中国房地产周期波动可划分为四个时期：1979~1985 年为复苏期，1986~1990 年为发展期，1991~1998 年是增长和宏观调控期，1999 年至今为高速增长期。

在复苏期，由于中国改革开放刚刚开始，市场经济开始发展，房地产经济还具有很强的计划经济特色，很不成熟，到 1985 年才有了快速发展，但 1986 年又很快回落，这期间增长期为 6 年，下滑期为 1 年；在发展期，房地产业已相对成熟，也迎来了真正意义上的快速发展，并很快达到高峰；但 1989 年下半年开始全面下滑，次年到了谷底，这期间增长期为 3 年，下滑期为 2 年半；在高速增长期和宏观调控期，中国房地产迎来了第一次繁荣，1991 年房地产开始提升，1992 年、1993 年极度膨胀，1994 年开始回落，1997 年回到谷底，这期间增长期为 3 年，下滑期为 5 年；1999 年后中国房地产迎来它的黄金期，自 1999 年至今连续 7 年高速增长，幅度之大、地域之广、态势之强可谓史无前例。

很多专家认为中国的房地产周期，大约是 5 年发展，2 年低落，7~8 年为一个周期。但从实际情况分析来看，结果未必如此，而今已持续增长了 7 年。由此可见中国的房地产还处于发展阶段，市场经济并不成熟完善，与发达国家和地区相比还具有不确定性。但从房地产发展的进程我们可以看出，房地产各阶段的起伏周期均未超过 10 年，而且衰退期和低谷期比较短，而增长期和繁荣期比较长。

思考题：
1. 通过阅读以上材料，分析房地产业的发展为什么会体现出周期性的特征。
2. 这段材料写于 2006 年，结合 2006 年以后的房地产业发展情况，中国房地产业发展的周期性有没有出现新的特点或规律呢?
  3. 作为一名房地产投资者应该如何应对房地产业发展的周期性问题?
  4. 有人利用"摩天大楼指数"作为判断楼市或整体经济的荣枯兴衰的依据。请问,什么是"摩天大楼指数",您觉得这个指数可信吗?有何意义呢?

## 1.3 房地产投资分析的几个基本问题

在房地产投资分析中,资金投入的时点不同或者收益产生的时点不同,对整个项目的投资价值影响也不同(关于资金的时间价值问题将在第3章讲解)。这里,资金的投入可能包括自有资金、银行贷款、预售收入或其他融资渠道的资金;而收益则可能表现为通过出售、出租或自营产生的货币资金。为了分析投资价值的大小,我们往往把项目的所有支出(成本)和收入都折算到同一时间点,并借助于一系列投资经济评价指标的计算,用以判断项目的优劣程度。为了能准确理解和把握房地产投资分析的理念,本节就其中的房地产投资价值及其估测、投资者的目标和风险等基本问题进行阐述。

### 1.3.1 关于投资价值

**1. 投资价值的含义**

投资价值对于投资者而言,就是预期的未来收益的价值。从开发项目的角度来说,投资价值在于开发完成后的价值大于其投入的成本费用,并能获取一定的利润;而一个置业项目的投资价值就在于其持有期内各年净收益(包括出售物业时产生的收益)的现值大于其投入的初始现金支出。显然,不同的投资者对于同一个项目的投资价值判断很可能不同,因为影响投资价值的因素很多,其中包括融资条件、经营方式、对市场机会的把握、对待风险的态度、信息获取的充分程度等,不同的投资者对这些因素的理解和判断并不会是一致的。

为了更好地理解投资价值在不同投资者之间产生的差异,下面介绍几个与房地产投资价值相关的概念。

(1)交易价格。交易价格通常指的是最近一次房地产交易的价格。即实际发生的历史成交价,它是由买卖双方通过议价过程决定的。交易价格通常被作为预测未来交易价格的基础。不过,如果选取的交易价格发生的时间离预测的时间点越长,则交易价格的参考价值越低。

(2)最可能销售价格。最可能销售价格是对未来交易中成交价的一种可能性估计。它是指现行的市场条件下,按照目前某一物业的销售条件,在合理的时间范围内,对该类物业未来交易价格所作的预测。但由于房地产的买方与卖方各自掌握的信息不同,因此,对同一房地产的最可能销售价格的预测结果可能是不一致的。

(3)市场价值。市场价值的概念通常为估价师所采用,它指的是在一个具备公平销售所需要的一切条件下的竞争开放市场中,某一物业公开销售时的最可能价格。市场价值与最可能销售价格的区别在于:市场价值假定投资者是谨慎的,买卖双方在知识、信息掌握和议价能力方面是对等的,并且价值不受任何主观因素(如交易一方感情冲动)的影响。

(4)交易区间。卖方在出售物业时将为该物业的交易价格设置一个较低的价格下限,即如果买家的出价低于此价格,卖将拒绝成交;同样,买方此时将设置一个较高的价格上限,如果卖方的出价水平高于此价格，则买家也将拒绝成交。可见，实际成交价格将总是落在这两个极限之间，这就是交易区间。

设立交易区间是买卖双方无法准确把握物业市场价值的体现。那么，交易区间是如何确定呢？

从卖方角度来说，根据其所拥有的物业剩余未来收益的假设计算得出的投资价值（$V_s$），是卖方在物业出售过程中所愿意接受的最低出售价格。低于这一下限，卖方将拒绝出售。只有当卖方认为最可能销售价格（$V_p^s$）大于其物业的投资价值（$V_s$）的情况下，交易才有可能发生，如图 1-1 所示。

从潜在买方角度来说，根据未来收益的假设计算得出的投资价值（$V_b$）是他愿意支付的最高购买价格，因为，如果购买价格高于 $V_b$，该投资者将面临亏本的风险，所以，买方将拒绝成交。只有在买方认为投资价值（$V_b$）大于最可能销售价格（$V_p^b$）时，交易才有可能发生，如图 1-2 所示。

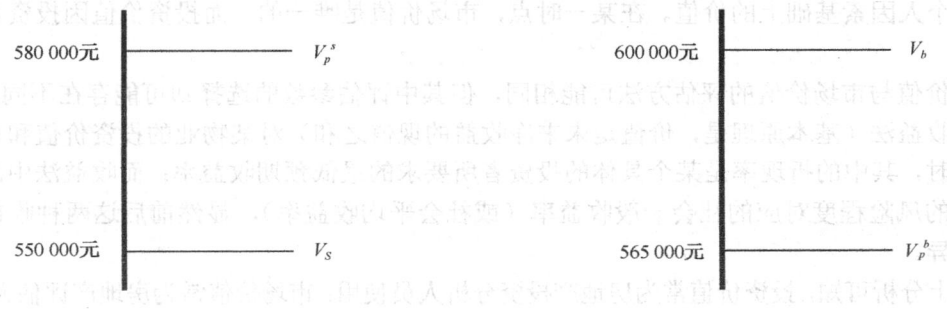

图 1-1　卖方观点　　　　　　　　　图 1-2　买方观点

一般来讲，卖方的最可能价格 $V_p^s$ 与买方的最可能价格 $V_p^b$ 并不一致。在图 1-1 和图 1-2 中，卖方可能认为最可能销售价格可以达到 580 000 元，而潜在买方则可能认为这一价格为 565 000 元。并且，双方对该物业的投资价值的看法也不一致。卖方认为该物业的投资价值为 580 000 元，而买方认为该物业的投资价值为 600 000 元。

如果一个交易要成功，买方所认为的投资价值必须大于卖方。买方所要关心的是他将要支付的较高价格，而卖方所要关心的是他可以接受的最低价格。这两者的结合，构成了交易价格的可能区间。在交易过程中，每一方都知道价格区间的一端，并且也都试图了解对方的另一端。根据如图 1-1 和图 1-2 所示，实际成交价格将落在区间（550 000 元，600 000 元）内。只有当买方所愿意支付的最高价格高于或等于卖方所愿意接受的最低价格时，交易才能成功。至于到底成交价格偏向于区间的哪一端，将取决于交易双方的议价能力和技巧，以及当时房地产市场的供求状况。在卖方市场下，交易价格往往偏高（交易成本也容易转嫁给买方）；在买方市场下，交易价格往往偏低。

以上分析，对于置业投资者而言更有用，值得注意的是，买卖双方开始时认定的投资价值和最可能成交价格并不是一成不变的。

（5）投资价值。投资价值是预期的未来收益的价值，该价值是根据项目所能产生的税后净现金流量和投资者所能接受的最低收益率（折现率），计算所得到的投资者购置该资产所支付的最大款额。从上面分析可知，投资价值是潜在购买者为购置某一项物业所能承受的最高价格，或者物业出售方出售手持物业的最低价格。从这里也可以看出，对于同一项物业而言，买方和卖方对其投资价值的认可存在差异，这是交易得以顺利进行的前提；并且，即使对于同一物业的众多可能买方来说，对其投资价值的辨别也同样存在差异。影响这些差异的因素有很多，比如，投资者对于风险偏好的不同、投资者对该物业未来收益的预期、投资者对于该项物业现在或将来市场供求情况的判断、投资者可以利用资源的多寡（如融资渠道、税收优惠等方面）等。

虽然我们一直追求理性的投资决策行为，但投资行为终归是一种主观行为，它不得不受众多主、客观因素的影响，从而使不同的投资者对于投资价值的评估千差万别，最终的投资效果也因人而异。

（6）投资价值与市场价值的不同。某一项物业的投资价值，是该物业对于某一具体投资者的经济价值，是该投资者根据自身的投资约束条件（如自有资金、融资条件、经营管理能力等），结合对市场状况及其发展趋势的主观综合判断，对该物业的价值作出的评价。而物业的市场价值，则是物业的现在及未来一段时间内实际的市场供求状况、物业经营期间的社会平均收益水平等客观因素对物业价值的综合反映。显然，市场价值是客观的、非个人的价值，而投资价值是建立在主观的、个人因素基础上的价值。在某一时点，市场价值是唯一的，而投资价值因投资者不同而不同。

投资价值与市场价值的评估方法可能相同，但其中评估参数的选择却可能存在不同。例如，当都采用收益法（基本原理是，价值是未来净收益的现值之和）对某物业的投资价值和市场价值进行评估时，其中的折现率是某个具体的投资者所要求的最低预期收益率；而收益法中的折现率是该物业的风险程度对应的社会一般收益率（或社会平均收益率），显然前后这两种收益率的高低存在差异。

从以上分析可知，投资价值常为房地产投资分析人员使用；市场价值常为房地产评估人员使用。

**2. 关于投资价值的进一步探讨**

房地产的投资价值来源于某一项物业在持有期间所产生的现金流或收益流的多寡，以及在持有期结束之后的预期市场价值，即这两部分构成了物业预期收益的总量。显然，物业的预期收益总量如果在每个时间点上的分布不同，则对物业的投资价值影响也是不同的。因为，越是遥远的收益，折算到现在的价值就越小，或者说，在未来较长时间内才能获得收益的物业投资价值要小于现在就能获得收益的物业投资价值。并且，获取预期收益的确定性程度也会影响物业的投资价值。对于确定性程度的理解和判断，要看每个投资者的风险偏好情况了，风险偏好不同的投资者在预期收益和不确定性之间的最终选择是不同的。

从以上分析可知，房地产的投资价值取决于收益的总量、获取收益的时间及获得收益的确定性程度三个方面。

由于每一个投资者的市场熟悉程度和投资经验可能不同，他们对某项物业所具有的收益能力预测也会存在一定的差异；对于未来收益相关的风险识别和判断甚至会大相径庭。因此，即使每个投资者对房地产投资中所涉及的种种问题都能作出恰当的考虑，但他们通过分析和判断得出的投资价值结果也会是不同的。

### 1.3.2 关于投资者的目标和风险

对于不同的房地产投资者而言，他们投资某项物业的目标或许并不相同。例如，有的是为了获取稳定的收益，有的是为了投机以获得高额的资本增值，有的是为了实现财富的保值，也有的是为了实现避税；甚至还有的是为了实现将成本转化成能够增值的资本。例如，有的公司并不是通过租赁的方式获得办公场所，而是直接通过购置办公物业的方式使原来的租赁成本支出转换成了有可能在今后获得增值的资本投资。但是，尽管这些投资者的各自目标是不一样的，但从本质上讲，所有的理性投资者都要通过所提供的资源和承担的风险获得相应的财务回报。

面对不确定的投资回报，所有投资者都会面临或大或小的风险。关于投资者对待风险的态度，有些人天生就喜好风险，他们爱冒风险，不仅勇于接受风险，而且还有意去承担风险。而有些人则千方百计去规避风险，他们把安全性放在首位，常常不惜牺牲自己的预期收益。大多数投资者介于上述两个极端之间。他们愿意承担较小的风险而接受相对稳定的低收益，也不要那种成功可能性不大的高回报。这类投资者会随着他们总财富的增加而越来越倾向于规避风险。这类投资者的行为往往被认为是理性的投资，其对待风险和预期收益的态度可以用图1-3表示。

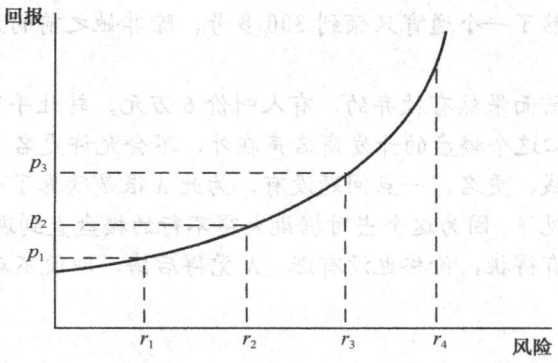

图1-3　风险规避型投资人对于预期风险和回报的关系

对于风险规避型或理性的投资者而言，在确定的预期收益下，他们愿意承担更小的风险；而在确定的预期风险下，理性投资者希望获得更高的投资收益。随着风险的增加（从 $r_1$ 增加到 $r_2$ 和从 $r_2$ 增加到 $r_3$ 时），投资者要求增加的预期回报也越来越大，承担风险的意愿也越来越低。当预期风险增加到 $r_4$，无论回报能达到多少，风险规避型的投资者都不再涉足该项投资。

显然，不同的风险态度曲线形式是不同的，如图1-4所示，越是规避风险的投资者，其风险曲线就越陡，而不太规避风险的投资人，曲线则变得平缓。偏好风险的投资者实际上甚至为额外的风险而不惜牺牲预期的回报。

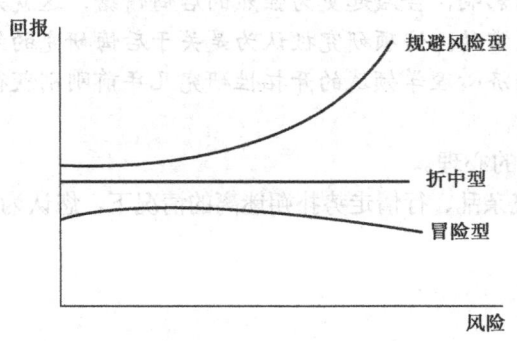

图1-4　投资者对待风险的态度

就如前面所述，房地产投资具有高风险的特征，其风险受多种不确定性因素的影响。作为理

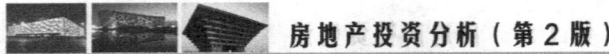

性的投资者，应该对每一项投资作出相应的风险分析，从而不至于对自己所作出的投资决策过度乐观和过度悲观。

【专题1-3】　　　　　　　　　买房？不买房？

好友搬进新家刚刚"满月"，周末约姐妹淘小聚，顺带参观，170多平方米的跃层被她东隔西隔，整得像个小别墅，看得人心动不已。于是，话题免不了转到房子上。

有位朋友一直没开口，这位从去年底开始，经常问我，该不该买房，什么时候买合适，现在反而沉默了。"买不买都怕后悔。"她说，朋友的朋友，我们姑且叫她A。A去年11月想买九堡某知名楼盘的房子，当时市场正火爆，A四处托人，开发商内部的消息说这个楼盘的房号已经炒到了15万元一个——保证有房。15万元？那实在太贵了，A决定等开盘的时候，提前一天去排队，碰碰运气。

她的运气不算太好，熬了一个通宵只领到300多号，除非她之前的大部分购房者选择放弃，否则她根本别想买到房子。

她的运气也不算差，前面果然有放弃的，有人叫价6万元，转让手里的房号，A还价到4万元，成交。当时朋友还担心这个楼盘的开发商名声在外，不会允许更名，托我帮A打理关系，结果黄牛比我牛，拿号、付钱、更名，一点问题没有，为此A很是欣喜了一阵。

只是最近A的欣喜不见了，因为这个当时据说火得不行的楼盘直到现在还有房源，无需买号，不必排队、户型、楼层都有得挑，价格也没有涨。A觉得后悔，即便不后悔买房，也后悔多花了这4万元。

后悔是种什么感觉？

比如你气喘吁吁，冒着被高跟鞋崴断腿的风险跑到公交车站，却只能眼睁睁看着车开走，又吹了二三十分钟冷风没等来第二辆车天却开始飘起雨来，这时大概会后悔刚才怎么就没再跑快一些。想必当时与A一起排队，却没买上房的人，多是如此。殊不知，好不容易挤上了车的人也在后悔，一没座位、二没空调，体味混杂，路况又差，早知道，不如当初再等等。

据说20多年前有两个美国大学教授，做过一项在我们看来纯属"吃饱了撑"的测试：假设有两个股民，一个将他买的B公司的股票换成了A公司，结果B股票大涨，如果他不换股就能赚1 200美元；另一个买了A公司的股票，想换买B公司，考虑再三却没换，同样没赚到这1 200美元。两个人都很后悔，谁更后悔一些呢？

换作是你，遇上哪种情况更后悔？在当时的测试中，有92%的人觉得前者更后悔。研究的结果是，作了决定却产生负面影响，会激起更为强烈的后悔情绪，这就是"作为效应"，"不作为"是正常态，而"作为"是反常的。这项研究被认为是关于后悔研究的经典实验，两位"吃饱了"的教授，其中一位因为在经济心理学领域的开拓性研究几年前刚刚获得了诺贝尔经济学奖。

思考题：
1. 请分析A买房置业的心理。
2. 在目前市场信息纷飞杂乱、行情走势扑朔迷离的情况下，您认为买房时机应该如何把握呢？

 **本章小结**

房地产能够作为一种良好的投资对象，是跟其本身具有的资产特性分不开的。资产特性的概念是相对于普通的消费品（如家电、日用品等）而言的。正因为房地产具有资产特性，才使房地产成为社会和个人财富的主要体现方式和载体。不过，房地产的资产特性又跟房地产的自然属性和经济

属性是密切相关的。房地产的自然属性主要体现在房地产位置的固定性、耐久性和异质性上；而房地产经济属性则主要体现在房地产的稀缺性、高价值特性、投资和消费的双重性以及房地产利用的外部性等方面。总之，房地产的资产特性是我们进行一切房地产投资分析的前提和依据。

房地产投资就是投资者放弃现在的消费，将资源投入房地产当中以获取未来预期收益的一种行为。而房地产投机与房地产投资的差异主要体现在：房地产投机行为的短期化和买涨不买落。

房地产投资的类型按不同的分类方式可以分为好多种。从房地产投资形式来说，房地产投资分为直接投资和间接投资两类。而直接投资又可分为开发投资和置业投资两种；间接投资则可分为房地产企业股票或债券投资、房地产信托基金投资、房地产私募股权基金和住房抵押贷款证券投资等。如果从房地产投资的对象来分，房地产投资可分为土地开发投资、住宅房地产投资、商业房地产投资、工业房地产投资等。

房地产投资与其他领域的投资相比，具有自己的特点。体现在：房地产投资的巨额性和投资回收的长期性、房地产投资的高风险性、房地产投资的政策影响性、房地产投资的保值和增值性、房地产投资需要具备专业知识、房地产投资周期性波动明显等方面。

遵循一定的房地产投资分析步骤，通过投资分析，我们可以确定房地产投资的方向、测算投资的预期收益、对可能出现的风险进行评估和规避等。

投资价值取决于投资人所期望的预期收益、实现收益的时间、预期收益的确定性程度、对待风险的态度等方面。而最可能出售价格与投资价值相差越大，买卖的潜在利润也就可能也多。由于买卖双方对各自的投资价值和最可能销售价格的观点不相同，以至于存在一个市场交易的区间，并且，使买卖双方最终达成交易成为可能。不过，最终交易结果更加有利于买方还是卖方，要看双方的谈价能力及市场的状况如何。

## 本章思考题

1. 房地产投资与房地产投机的区别是什么？
2. 房地产投资与股票投资有何异同？
3. 房地产开发投资和房地产置业投资有何异同？
4. 阐述最可能销售价格和市场价值之间的区别。
5. 说明某一物业的交易区间是如何确定的。在确定交易区间时，投资价值的作用是什么？
6. 在何种情况下，销售价格和市场价值最可能基本保持一致？在何种情况下，它们之间会出现重大差异？
7. 为了更好地确定某物业在市场中的正确价格，是否可以先报一个最高价，然后耐心地等待潜在买家的还价，最后选择报价最高的一个成交？你认为这样的定价思路有何问题？
8. 如何正确理解投资者之间的不同目标？
9. 如何正确理解风险偏好的不同对投资者行为造成的影响？

# 第 2 章 房地产投资环境与市场分析

【本章能力点】
（1）理解和掌握房地产投资环境分析的主要内容
（2）理解和掌握房地产投资市场分析的主要内容
（3）理解和掌握房地产置业投资市场分析的主要内容
（4）能够进行简单的房地产投资环境与市场分析

## 2.1 房地产投资环境分析

### 2.1.1 房地产投资环境的含义

房地产投资环境，是指投资所在的地域（国家、地区、城市、街区或区块）在一定时期内所具有的能决定和影响房地产投资风险和收益的各种外部境况和条件的总和。从这一概念出发，房地产项目生存发展所必须依赖的政治、经济、社会、文化、习俗、科技等都将是房地产投资环境的重要构成部分。

通常来说，房地产投资环境对于单个投资者而言是无法改变和不可控制的，投资者只有尽可能地去认识它、适应它。无论从房地产开发投资角度，还是从房地产置业投资角度来说，在项目投资的前期机会研究以及项目的最终投资决策阶段，充分掌握该项目的投资环境状况，对于形成正确的项目投资方案、作出正确的项目投资决策，都具有重要意义。因此，正确掌握和理解房地产投资环境分析的内容和方法是进行理性房地产投资的前提条件。

### 2.1.2 房地产投资环境要素及其分析

如前所述，正确研判某一项目投资所在地的投资环境，从而选择最佳投资地点、对象和时机，已成为房地产投资决策的重要一环。然而，房地产投资环境是一个多层次、多因素，并且是动态发展的复杂系统，每个因素都是互相联系、相互影响的。例如，对于房地产投资来说，几乎包括一个城市（或区块）的所有情况，有政治、经济、社会文化、基础设施和配套设施、法律等诸多因素。

虽然投资环境的因素很多，但对于某一个投资项目来说，这些因素的影响程度是不一样的；有时，即使在其他因素都是有利因素的情况下，某一负面因素对该项目的影响也是致命的。所以，在对投资环境进行分析时，应该着重对那些可能对项目产生重要影响的主要因素进行分析，而不能对所有的因素都进行笼统、泛泛和表面的分析。

这里，我们从投资环境的形态表现把其分为硬投资环境和软投资环境。硬投资环境是指影响

## 第 2 章 房地产投资环境与市场分析

房地产投资的各种外部物质条件。它主要包括基础设施、配套设施（其中包括市政、办公、商业、娱乐、休闲、餐饮、学校、医院等）及自然地理状况。

软投资环境是指影响房地产投资的各种社会、政治、经济、文化等条件。它主要包括政治环境、经济环境、社会环境、文化环境和法律环境等。

### 1. 硬投资环境要素

（1）基础设施。基础设施是房地产投资的"硬环境"，十分重要。城市的基础设施主要包括能源供应、交通、水资源、邮电通信、生态环境等，这几大部分构成了城市基础设施的主体。其中，属于能源条件的主要包括电力供应、最近的变电站距离及其容量，天然气主干线管道的距离及其供应状况等；属于交通基础设施条件的内容有：距车站、机场、码头的距离，主要交通干线的分布及通达情况，重要的公共交通工具及数量等；水资源条件包括当地的自来水管网的分布、距主要自来水管道的距离，排水、排污设施及管道分布状况等；通信条件则包括通信电缆的位置、可设电话门数等；城市生态环境则指城市绿地、城市湖泊和河流分布状况等。

（2）自然环境。自然环境是指房地产项目所在地域的自然条件和风景地理特征。由于自然环境是一种投资者无法轻易改变的客观物质条件，具有相对不变和长久稳定的特点，而房地产又具有地理位置的固定性和不可逆性的特点，因而房地产投资十分重视自然环境要素的研究。

自然环境要素包括地理位置、地质条件、地貌特征、气温气候和自然风光等。地理位置对项目的影响主要体现在交通的便捷性上。因为，项目的地理位置决定了与相关配套设施（医院、学校、商业中心、银行等）的距离，从而会对业主入住后的生活成本造成较大影响。并且，虽然距离市中心较远的项目的土地成本不会很高，但由于周边缺乏必要的基础设施（如道路、公共交通等），开发商自己需要花钱进行配套和建设；因此，项目的地理位置也会直接影响项目的开发成本。地质地貌、气候条件和自然风光则会影响项目的基础设计和整体规划，如何利用项目地貌特点、自然风光、气候等自然环境条件，从均好性、与自然的和谐等方面改善和提升项目的品质，是工程师和设计师需要考虑的问题。

从以上分析可以看出，自然环境的各要素之间可能会发生冲突。例如，对于别墅项目而言，附近有山有水、优美的自然风光是高档别墅的必备条件之一，这就要求别墅需要建在距离城市较远的地方；但这又会导致其他一些问题。例如，别墅周边地势比较空旷，外人比较容易进入，则存在一定的安全隐患；而且，对于我国南方城市来说，由于气候条件的原因，被山水环绕的别墅往往是蚊子侵扰的对象；这些都会影响客户对别墅价值的理解。

（3）配套设施。生活配套主要指项目周边区域的生活设施，如商场、饭店、娱乐场所、邮局、银行、医院、学校等。生活配套决定了该区域生活氛围的优劣。一个生活配套不充分的项目，很难发展成为成熟社区，继而影响这一项目的整体形象和升值潜力。

近几年来，在房地产开发的推动下，城市的建设和扩张采取的都是"摊大饼"的模式。在整个过程当中，很多项目并没有在配套上下多大的工夫，只是指望于区域的整体成熟从而带动本项目的配套完善。有些业主满心欢喜入住后，才发现生活是如此不方便，实在忍无可忍又只好全家搬迁到原来市区的小房子里。目前各大城市诸多楼盘中存在的入住率不高及由此带来的一系列问题与配套设施的不完善有很大关系。配套设施的不完善导致了住房的使用价值无法得到根本体现，从而也影响了其投资潜力的发挥。

19

## 2. 软投资环境要素

（1）社会文化。社会文化是指一个地区在社会与文化等方面所具有的基本条件。它的内容比较广泛，主要包括民族语言、文字、宗教信仰、风俗习惯、文化传统、价值观念、道德准则、教育水平及人口素质等。作为意识形态的范畴，它是一定社会政治经济的反映，又给予政治经济的发展以巨大的影响。文化环境直接决定消费需求的形式和内容，直接影响项目开发和经营的过程，从而制约项目投资方案和投资决策。

（2）政治环境。政治环境是指拟投资地区的政治制度、政局的稳定性、政策的连续性以及是否存在战争风险等方面的基本条件。

政治体制是国家政权的组织形式及其有关的管理制度。作为一种投资环境要素，投资者关注的是该国政治体制变革及政权更迭过程中体现的渐进性与平和性。显然，动荡不安的政治局势，必然带来社会的不稳定，从而影响投资。

政治局势的稳定是社会稳定、经济繁荣的基础。通常的政治局势有国内局势与对外局势两类。国内政治局势的动荡一般是由政治斗争或国内重大的社会经济问题而引起的；对外政治局势的动荡则是由外交问题、边界问题而引发的。显然，动荡不安的政治局势，必然带来社会的不稳定，从而影响投资。

政策法规即国家或政党为实现一定历史时期的路线而制定的行动准则。作为政治环境要素的政策，投资者最关注的还是经济政策和产业政策。与房地产投资相关的政策主要包括：土地政策、金融信贷政策、税收政策以及其他与房地产开发和交易相关的政策。对于房地产置业投资来说，产生直接影响的应该是房地产流通环节和持有环节的一些税费政策；因为这些政策一方面对置业投资的收益会产生重要的影响；另一方面，对置业投资者的投资信心和市场预期也会产生比较大的作用。其他的如金融政策、房地产开发政策、新城市发展规划的出台等也会对置业投资产生或大或小的影响。

战争是为了一定政治目的而进行的武装斗争。战争一起，一切正常的社会经济秩序都将遭到破坏，生命财产也失去保障，更不用说项目投资的安全与效益了。因而，投资者在政治环境研究中，尤其要关注所投资地区的战争风险程度。

（3）经济。经济环境，是影响房地产投资决策最重要、最直接的因素之一。它包括的内容较多，主要有宏观经济环境、市场环境、财务环境和资源环境等。

宏观经济环境，是指一国或地区的总体经济环境。如该地区的国内生产总值、人均国民收入、国民经济增长率等反映国民经济发展状况的指标。当地居民的收入与消费状况、物价水平、存款余额等描述社会消费水平和消费能力的指标等。它衡量了一国或地区的总体经济环境，为房地产投资项目提供宏观指导。

市场环境，包括市场规模、市场结构、竞争状况等。如房地产市场吸纳量的现状及未来发展趋势、市场供应量的现状及未来的估计、同类楼盘的分布及其现状、竞争对手的状况、市场价格水平及其走势等。

财务环境，主要指项目面临的资金、成本、税收等方面的条件。包括融资渠道、融资成本、税收负担、税收减免、同类项目的运营成本、盈利水平等。

资源环境，主要是指人力资源、土地资源、原材料资源、能源等。对于房地产开发项目来说，能否获得熟悉当地房地产市场的专业人才是至关重要的；而土地资源获得的难易程度及其成本高低则会直接影响某一开发商是否愿意进军该地区的房地产开发市场。

（4）法律。法律环境，是从法律的完备性、法制的稳定性和执法的公正性三个方面来研究的

# 第 2 章　房地产投资环境与市场分析

投资环境。法律完备性主要研究投资项目所依赖的法律条文的覆盖面，主要的法律法规是否健全；法制的稳定性主要研究法规是否变动频繁、是否有效；执法的公正性是指法律纠纷和争议仲裁过程中的客观性、公正性。

**【例 2-1】** 某房地产开发项目投资环境分析

## 1 杭州市宏观社会与经济环境分析

### 1.1 城市概况及发展规划

#### 1.1.1 城市概况

（1）地理位置

杭州是浙江省省会，全省政治、经济、科教和文化中心，全国重点风景旅游城市和历史文化名城，副省级城市。杭州地处长江三角洲南翼、杭州湾西端、钱塘江下游、京杭大运河南端，是长江三角洲南翼重要中心城市和中国东南部交通枢纽。杭州市区中心地理坐标为北纬 30°16′、东经 120°12′。

（2）自然条件

杭州有江、河、湖、山交融的自然环境。全市丘陵山地占总面积的 65.6%，平原占 26.4%，江、河、湖、水库占 8%，世界上最长的人工运河——京杭大运河和以大涌潮闻名的钱塘江穿城而过。杭州西部、中部和南部属浙西中低山丘陵，东北部属浙北平原，江河纵横，湖泊密布，物产丰富。杭州素有"鱼米之乡"、"丝绸之府"、"人间天堂"的美誉。杭州属亚热带季风性气候，四季分明，夏季气候炎热，湿润，有小火炉之称，相反，冬季寒冷，干燥。春秋两季气候宜人，是观光旅游的黄金季节。全年平均气温 17.5℃，平均相对湿度 69.6%，年降水量 1 139 毫米，年日照时数 1 762 小时。

（3）旅游资源

杭州拥有两个国家级风景名胜区——西湖风景名胜区、"两江一湖"（富春江—新安江—千岛湖）风景名胜区；两个国家级自然保护区——天目山、清凉峰自然保护区；六个国家森林公园——千岛湖、大奇山、午潮山、富春江、青山湖和瑶琳森林公园；一个国家级旅游度假区——之江国家旅游度假区；全国首个国家级湿地——西溪国家湿地公园。杭州还有全国重点文物保护单位 25 个、国家级博物馆 9 个。全市拥有年接待 1 万人次以上的各类旅游景区、景点 120 余处。目前杭州正在以"三江四湖一山一河一溪三址"为重点发展观光游，以把西博会打造成世界级会展品牌为目标发展会展游，以举办世界休闲博览会为契机发展休闲游，形成观光游、会展、休闲游"三位一体"的新格局，合力打响"游在杭州"品牌。

（4）行政区划

杭州市辖上城、下城、江干、拱墅、西湖、高新（滨江）、萧山、余杭 8 个区，建德、富阳、临安 3 个县级市，桐庐、淳安 2 个县，共 57 个街道、110 个镇、39 个乡（包括 1 个民族乡），678 个社区、65 个居民区、3666 个行政村；其中市辖区共有 44 个街道、49 个镇、3 个乡、597 个社区、4 个居民区、807 个行政村。全市总面积 16 596 平方千米，其中市区面积 3 068 平方千米。

（5）人口状况

人口 2009 年年末全市常住人口达 810 万人，比上年增加 13.4 万人。其中户籍人口 683.38 万人，比上年年末增加 5.74 万人。在户籍人口中，农业人口 328.9 万人，非农业人口 354.48 万人。按公安部门统计的全市人口出生率为 9.18‰，人口自然增长率为 3.42‰。

### 1.1.2 杭州城市发展规划

根据杭州市委、市政府 2002 年提出的《关于构筑大都市、推进城市化的实施意见》，杭州大都市包括 8 城区和 5 县（市）。杭州将通过实施"城市东扩、旅游西进，沿江开发、跨江发展"战略，优化生产要素配置，重构城市空间形态，形成以市区为核心、县城为依托、中心镇为基础，资源共享、功能互补、协调发展的市域网络化城市。规划中杭州都市区域由"一主三副、双轴六大组团、六条生态带"组成。"一主三副"即主城——老城区，即下城、上城、西湖、拱墅、江干五区和副城——江南（滨江及萧山）、临平、下沙城；"双轴"即东西向以钱塘江为轴线的城市生态轴、南北向以主城——江南城为轴线的城市发展轴；"六大组团"即临浦、瓜沥、义蓬、塘栖、余杭、良渚组团；"六条生态带"即西湖—灵龙（灵山、龙坞）、径山—西溪、超山—半山、皋亭山—彭埠、石牛山—湘湖、青化山—航坞山—新街，以及东部沿江湿地等相间于中心城区、外围组团之间设置的 6 条生态隔离带。跨江沿江建设新城，东扩南下加快发展，西进北上发展旅游，形成"东动西静南新北秀中兴"的城市新格局，推动杭州从"西湖时代"迈入"钱塘江时代"。

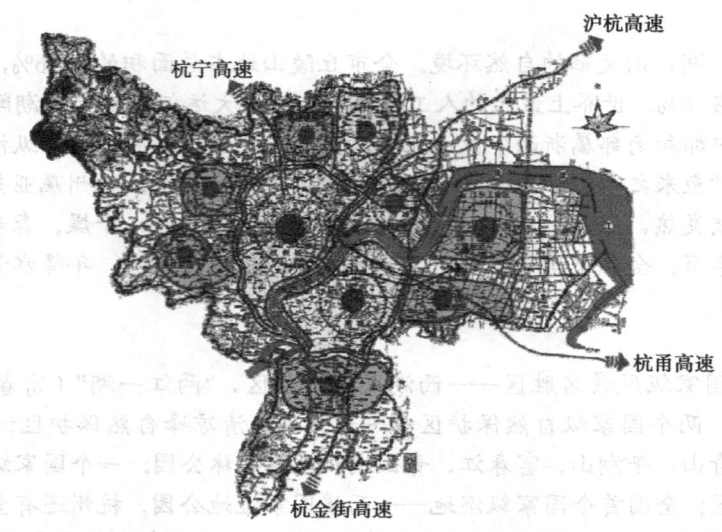

- "东动"——沿江建设钱江新城，江东和临平工业区要建成现代化大型制造业基地，为构筑大都市东部产业带、发展 21 世纪杭州加工业提供充足空间，并带动义蓬组团；下沙城要建成集教育科研、商务居住等功能于一体的花园式生态型的现代化新城。
- "西静"——城市西部地区要调整产业结构，加强基础设施建设，提升综合服务功能，建成城市旅游扩展区和生态保护区，并辐射余杭组团。
- "南新"——江南城要接纳主城的部分市级功能和人口，拓展城市发展空间，建成具有大都市新功能的城市副中心，并辐射瓜沥和临浦组团。
- "北秀"——要贯彻"积极保护"方针，妥善保护和利用好良渚文化遗址，良渚和塘栖组团要增强休闲度假、旅游观光和科教产业功能。
- "中兴"——西湖核心景区要整合南线景区资源，改造北山路，实施"西湖西进"，建设湖滨商业特色街区；运河（杭州段）和市区河道要实施综合整治和开发。

## 1.2 杭州市整体经济发展状况

### 1.2.1 杭州市 GDP 总量及增长率

2009 年，杭州全市实现生产总值达 5 098.66 亿元，按可比价计算比上年增长 10%，人均 GDP

## 第2章 房地产投资环境与市场分析

达到 10 968 美元。过去的 2009 年，尽管国际国内经济环境是 21 世纪以来最困难的一年，但杭州经济增长稳定，连续 19 年实现两位数增长，增速快于全国和全省水平。按户籍人口计算，人均 GDP 达到 74 924 元，增长 9.1%，按 2009 年平均汇率计算，达到 10 968 美元；按常住人口计算，达到 9 292 美元。

表 2-1  历年杭州市国内生产总值及增幅情况

| 年　份 | 2003 | 2004 | 2005 | 2006 | 2007 | 2008 | 2009 |
|---|---|---|---|---|---|---|---|
| GDP（亿元） | 2 092 | 2 515 | 2 918.61 | 3 440.99 | 4 103.89 | 4 781.16 | 5 098.66 |
| GDP 增速 | 15% | 15% | 12.5% | 14.3% | 14.6% | 11% | 10% |

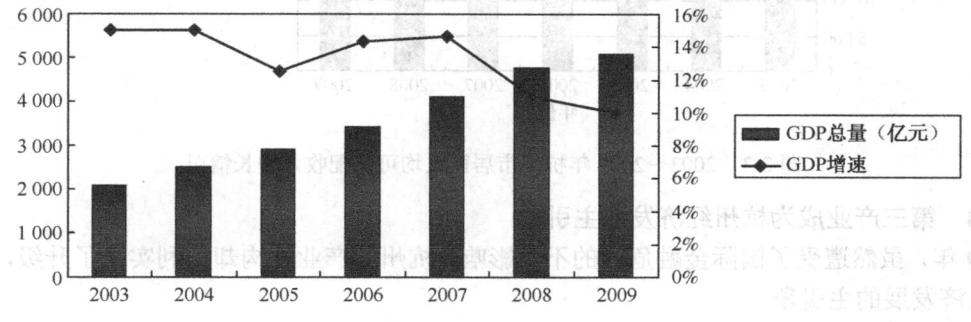

图 2-1  2003～2009 年杭州市 GDP 及增幅情况

从表 2-1 中我们可以看出 2003 年至 2009 年杭州地区生产总值每年都在增加，且增长幅度较大，每年保持在 10%以上，说明杭州经济呈现一个良好的发展态势。

目前，从国内其他已经公布数据的城市来看，北京 GDP 同比增长 10.1%，按常住人口计算人均 GDP 为 68 788 元，按年平均汇率折合 10 070 美元；苏州 GDP 为 7 400 亿元，同比增长 11%；陕西 GDP 增长 13.6%，人均 GDP 达到 21 732 元人民币，首次突破 3 000 美元大关。杭州的 GDP 增长已接近北京，超过其他多个城市。

### 1.2.2  固定资产投资

近几年来，杭州的固定资产投资持续增长，2009 年达到 2 291.65 亿元。从图 2-2 中可以看出，最初几年波动明显，此后虽然增幅明显回落，但增长一直平稳。

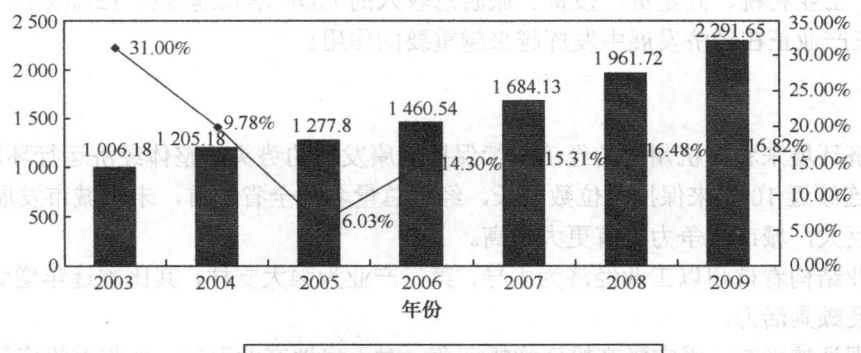

图 2-2  杭州市历年固定资产投资及增幅情况

### 1.2.3 杭州市居民收入增长情况

从图2-2中我们可以了解到2003年至2009年杭州市居民人均支配收入呈现一个稳步增长的态势。2003年杭州市居民人均支配收入为12 898元左右，随着每年城市经济的快速发展，至2009年杭州市居民人均支配收入已经达到26 864元左右。伴随着城市居民收入的不断提高，意味着支付能力加强，如能进行合理的消费引导，将非常有利于房地产业的发展。

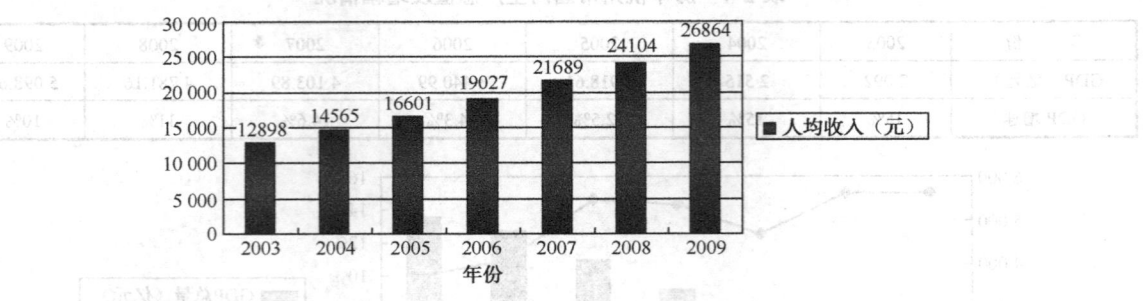

图2-3　2003～2009年杭州市居民人均可支配收入增长情况

### 1.2.4 第三产业成为杭州经济发展主引擎

2009年，虽然遭受了国际金融危机的不良影响，杭州的产业结构却顺利实现了升级，第三产业成为经济发展的主引擎。

统计部门的数据显示，2009年全年，杭州三次产业增加值分别为190.25亿元、2 434.89亿元和2 473.52亿元，三次产业结构由上年的3.7∶50.0∶46.3调整为3.7∶47.8∶48.5，产业结构排序由"二三一"变为"三二一"。第三产业对GDP增长的贡献率为64.6%，超过第二产业贡献率30.7个百分点，拉动杭州GDP增长6.5个百分点。

表2-2

| GDP 类别 | 工业增加值 | 财政总收入 | 工业利税 | 固定资产投资 | 旅游总收入 |
|---|---|---|---|---|---|
| GDP(亿元) | 2 157.1 | 1 019.43 | 859.3 | 2 291.65 | 803.12 |
| GDP 增速 | 6% | 12% | 15.50% | 15.70% | 13.60% |

从表2-2中我们可以看到工业增加值、财政总收入、固定资产投资的GDP增加总量比较大；财政总收入、工业利税、固定资产投资、旅游总收入的GDP增长速度在12%以上，增长速度很快。可见第三产业正在经济发展中发挥越来越重要的作用。

【小结】

- 从经济环境来看，杭州市的经济继续保持健康发展的势头，整体经济运行环境比较健康。
- GDP连续近10年来保持两位数增长，经济总量名列全省之首，未来城市发展后劲十足、潜力巨大，城市竞争力将有更大提高。
- 从产业结构看杭州以工业经济为主导，第三产业为强大支柱，其比重逐年增大，区域经济的发展颇具活力。
- 受宏观调控影响，固定资产投资增幅回落，对于房地产业而言，面临着投资降温，开发受限的局面。然而整体市场需求旺盛，未来发展前景依然看好。
- 人民富足，生活条件优越，收入不断增长。就整个长三角区域而言，杭州人民的购买力处于中上游的水平，对房地产市场形成有效的购买力支撑。

第 2 章　房地产投资环境与市场分析

【专题2-1】　　　　　　　　　　当地铁与房产相遇

"从学理的角度上分析，快速轨道交通有利于降低经济要素转移的成本，也就是说，建成了地铁，它的经济效益是与距离成本成反比的。比如，有了地铁，你从某一个地方到另一个地方，距离越远，其实你获得的经济效益越大。"长期从事地产与金融研究的个人投资理财网 CEO 洪曦以这样更宽泛的开场白起头。

地铁建成以后，许多事物的价值判断原本是以空间距离来衡量的，现在就开始变成以时间长短来衡量。比如房地产业就是最突出的一个例子，"一般来说，房地产的价值是随着与市中心的距离越来越远而价值递减，这也就是所谓的一类地块、二类地块的划分，但现在情况不同了，而是以时间为考量单位，比如 A 楼盘位于市中心一类地块，但从 A 楼盘出发到市中心步行需要 25 分钟，而另一个 B 楼盘位于市郊的地铁站出口边，坐地铁到市中心的地铁出口需要 20 分钟，如果没通地铁，两个楼盘的价格可能相差十万八千里，如果地铁一通，B 楼盘与 A 楼盘的价格很可能非常接近，甚至会出现 B 楼盘价格高于 A 楼盘的情况"。

地铁对楼盘价格的带动作用，洪曦用"出乎一般人意料"来描述。他认为，从地铁规划出来，到地铁动工兴建乃至地铁施工阶段，规划中的地铁沿线楼盘价格会有比较大的涨幅；而到了地铁真正开通，其房价的上涨反而趋缓，在上海就存在着这种情况。"这主要是因为通地铁这一消息的利好效应已经在地铁还没有开通前就提前释放出来，所以真正地铁通到那里，房价涨势也变平和了。"

谈到对商业地产的影响，洪曦认为，地铁确实能带来一定的人流量，使商业地产的开发有了基础。但对人流量我们要加以区分，一般来说，人流可以分成目的人流量、休闲人流量、过路人流量，对于商业地产来说，最有意义的是目的人流量；他们来这里就是为了购物，目的很明确，而休闲人流量则次之，最没有意义的是过路人流量。

所以地铁是否能带动某个区域的商业地产，最重要的还是要看这个区域自身的商业状况。如果某个区域，哪怕是远郊，若有一两个比较大型的 SHOPPINGMALL、超大型专业市场等，那地铁能带来大量的目的人流，这对商业地产的繁荣是立竿见影的。"像杭州要建地铁，这当然能够对一些区域的商业地产带动比较大，这有利于集合城市内部的经济要素的快速转移，肯定能释放GDP；而如果外部也能够建立起这样的快速转移机制，比如在上海和杭州之间建立快速铁路，这对杭州地产的提升简直就是爆炸式的。"洪曦说。（来源：杭州网）

思考题：
1. 地铁是如何影响房地产价值的？
2. 当地如果有条件发展地铁，将对整个城市的房地产市场产生怎样的影响？你是如何评价的？
3. 能不能提供更多有关地铁与房地产发展的相关信息？

## 2.2　房地产投资市场分析

### 2.2.1　房地产市场的特征

房地产市场，从狭义上来说，它是指进行房地产买卖、租赁、抵押、典当等交易活动的场所；从广义上来讲，房地产市场是指整个社会房地产交易关系的总和。在市场经济条件下，房地产市场遵循一般性的市场规律,即房地产市场通过价格机制调节供求关系。但由于房地产商品具有不同于其他商品的一系列特征,因此房地产市场也体现了不同于一般商品市场的特征。

### 1. 房地产市场是信息不充分的市场

房地产市场信息的不充分,主要体现在:买卖双方对供求关系、产品质量、心理价位等方面互相缺乏共同的认知和了解。例如,开发商肯定比客户更了解自己产品的质量,并且,由于客户是分散的个体,无论是从获得信息的量上,还是从是否专业来说,开发商相对于客户总是处于具有信息优势的一方。因而,开发商可以依据市场行情实施销售控制、哄抬房价、囤积房源等不利于客户的行为,而客户只能是被动接受。对于二手房市场来所,信息不充分的问题也非常严重。例如,出售房屋的一方和购买房屋的一方无法高效地获得配对成交,而有的卖方则故意隐瞒房屋的质量问题、产权问题以及其他一些不利于购房者的信息,从而损害了购房者的利益。

房地产市场的信息不充分还反映在买卖双方对国家政策的理解和对后市的预期上。例如,有些房屋出售者由于害怕更为严厉的政策继续出台,宁愿亏本将房屋尽快脱手,从而造成了不少房屋其成交价格偏离了实际价值。如果这些房屋出售者数量比较大,则其整体行为会造成市场恐慌和市场信息的扭曲。

### 2. 房地产市场的区域性强

由于房地产的不可移动性,导致了房地产不可能像其他普通商品一样可以在全国范围内调节余缺、互通有无。而且,由于不可移动性,导致了产品的特点、价格等带有明显的地域性。并且,不同地区间房地产市场的条件、供求关系、价格水平也都存在着较大差异。房地产市场的区域性还体现在每个地区受到宏观调控的影响程度不一样。有时,宏观调控的结果在不同的区域会体现出截然相反的态势。最终,房地产市场的区域差异性使房地产市场不可能像股票、期货等投资市场一样,形成统一的全国性的房地产交易中心。

### 3. 房地产市场产品的异质性

房地产市场产品的异质性表现在多个方面,例如地段的因素。两种房地产产品,由于地段的不同会产生巨大的差异;还有就是房地产本身的因素,如房屋的结构、建筑材料、朝向、楼层、通风、采光等都会影响房地产/产品的价值和使用特性;再者,开发商的品牌、物业管理水平等也会对某一房地产产品产生重要的影响。正因为这样,世上没有两种完全一样的房地产产品,这也使房地产市场的参与者该如何评价房地产产品的价值产生了困难。

### 4. 房地产市场的垄断性

房地产市场的垄断性,源于土地的稀缺性、所有权形式和不可移动性;也源于房地产开发是一项资本密集型活动。正因为土地是国家或集体所有,数量又非常有限,那么只有少数具备资金实力、较强政府公关能力的开发商才能获得土地开发的权利,自然就形成了区域性房地产市场的寡头垄断格局。资金和土地获取方面的障碍,在阻止其他开发商进入本地市场的同时,也给这些寡头垄断厂商提供了定价的主动权,从而使其可以获得超额利润。

从经济学理论角度分析,一个垄断的市场无论是对社会还是对消费者来说,其福利都将受到损失。并且,由于房地产市场的垄断性,国家一些针对房地产市场的宏观调控政策将有可能大打折扣。例如,当房地产市场中大盘开发的比重上升时,其寡头垄断的性质就越加明显,开发商的价格控制能力就越强,而且容易导致国家有关土地调控的政策效果不明显。另外,也正是因为房地产市场存在垄断性质,有些学者强调应该公开每个项目的房地产开发成本数据,提高房地产项目市场运作的透明度。

#### 5. 房地产市场对商品短期供求变化反映不灵敏

由于房地产开发需要大量的资金,开发周期也较长,并且由于土地的短期供给弹性几乎为零,因此,当市场需求由于某些因素增加时,开发商并不能迅速地提供产品以满足市场的需求。经过一段时间后,当开发商根据以往的判断开发了大量的商品房后,发现市场需求已完全不是原先的样子了。由于房地产市场对商品短期供求变化反映不灵敏,当受到供求关系变化或政府政策等因素的影响时,房地产市场的波动就不可避免,这无疑增加了房地产投资者的风险。

### 2.2.2 房地产市场的效率

市场效率是指市场在传递产品质量、价格等信息时所发挥的作用。如果市场信息能够迅速而又低成本地传递,而且这些信息能够及时反映在市场价格上,那么这个市场就是一个高效的市场。市场价格反映最新信息所需要的时间是衡量市场效率的一个标准。在一个低效率的市场中,人们需要花费更长的时间去传递信息,并且,有些信息在市场价格中永远得不到反映。市场效率越低,市场参与者就需要花费更多的时间和精力,才能获得准确的价格信息并使产品顺利交易。

房地产市场是典型的低效率市场。许多房地产交易价格所反映的信息并不比过去相似物业的价格所反映的信息多。而且,由于交易不频繁,交易信息的收集很困难,且费用也很高,买卖双方想在较短的时间内获取某项物业全部的交易信息似乎是不可能的。

#### 1. 房地产市场低效率的原因

(1) 房地产产品的异质性。我们知道,世上不存在任何两种完全相同的物业。这也决定了房地产产品之间的替代性较差。虽然,有时市场上也会存在一些可接受的替代物业(买主可以在这些具有相同吸引力的物业之间进行选择),但在大多数情况下,由于买主的购买偏好通常是确定的,因此在买方所希望的地块上往往很难找到理想的替代物业。显然,在可接受的替代物业数量有限的情况下,卖方对物业销售的垄断性控制便会开始出现,并最终阻碍市场效率的发挥。

(2) 寻找交易伙伴存在较大难度。由于房地产市场无法形成统一的交易市场,买卖双方要在短时间内完成配对存在较大难度。对于一手房来说,由于房源比较集中(同在一个楼盘),并且,开发商通过设立售楼处、发放楼书和投放广告等方式可以较快的速度搜寻到自己的目标客户;不过,花费的成本却不低。由于在售的楼盘数量总不会很多,买方也可以较快地找到自己喜欢的一手新房。

而对于二手房交易来说,房源的坐落不仅是分散的,而且房源信息也都分散在各个经纪公司,此时的配对过程就可能比较烦琐。例如,买家需要先搜寻到适合自己的房源信息,然后通过经纪人进行房屋的实地勘察,如果不满意,则需要再次搜寻其他信息。由于二手房源质量通常良莠不齐,往往需要买方花时间对每套房源逐一勘察,找到自己喜欢的房子并非易事。况且,后面还需要与卖方洽谈交易方面的事宜(如价格、税费由谁承担等问题),这将导致交易的不确定性进一步增加。

(3) 房地产交易过程较为复杂。房地产交易从本质上来讲是一种权益的交易,并且由于房地产本身具有价值量大的特点,因此其中涉及的交易环节并不像在商场买电器一样简单便捷。例如,大多数人买房都需要得到按揭贷款的支持,而按揭贷款涉及的程序不少,其中包括开具各类证明、办理贷款申请手续、等待贷款的审批、贷款的最终发放等环节,这些环节和程序都要花费购房者不少的时间和精力；另外，在房地产交易过程中还要涉及不少关于合同和权证的相关问题。对于一手房交易而言，购房者一方面要审查开发商的开发和售楼资格证明（如国有土地使用证、建筑工程施工许可证、建设用地规划许可证、建设工程规划许可证、商品房预售许可证等）；另一方面，在与开发商签订合同时，购房者还要注意许多涉及切身利益的细节问题，最后还有等待取得所购房屋相关的权属证明（如房屋所有权证、土地使用权证、共有产权证等）。对于二手房交易来说，购房者首先要审查房屋的权属情况，即审查房屋权属是否清晰、是否存在抵押情况、共有产权人情况等，中间还涉及买卖双方之间的协商、签合同等环节。因此，不管是一手房交易还是二手房交易，其交易环节较为复杂，任何一个环节出了问题，都无法使交易继续下去。

正因为房地产交易过程较为复杂、耗时、费力，因此，房地产市场的效率大为降低。例如，由于二手房交易需要花费较长的时间（一般至少要3个月的时间），在市场变化比较快的情况下，之前由买卖双方确定的价格很难真正体现房屋的现实价格和供求状况，这就导致单方面突然终止交易甚至违约的现象时有发生。在一手房交易中，不少购房者在整个购房过程当中，并没有仔细阅读和审查相关的证明材料和合同文件，导致交房后与开发商的纠纷时有发生，这使购房者的交易成本大大增加。

**2. 市场的低效率与投资机会**

从前面分析可知，房地产市场确实是一个低效率的市场。但是，正因为是低效率的市场，房地产市场中的信息无法及时地反映在价格中，从而提高了投资者对某项物业价值判断的难度。在这种情况下，不同的投资者其获得的信息途径、信息量的多少、信息的准确程度会存在一定的差异，再结合自己的风险偏好，最终得出的投资价值判断可能会千差万别，这就给不同投资者提供了发现投资价值的动力。对于那些拥有更多的信息、良好的信息处理能力和判断能力的投资者来说，其发现价值被低估的房地产的机会就多，获得高收益的概率也大。

但是在一个高效的房地产市场中就不一样。因为，房地产价格已经完全、及时地反映了与房地产价值相关的所有市场信息，此时，投资者想通过自己有效的信息收集、处理、判断的能力来发现房地产的投资价值就变得不现实了，获取收益也就无从谈起（不过，也可以通过其他的途径获取收益，如创新等，但难度更大）。

房地产市场的低效率提醒投资者不仅需要自己主动地去收集和处理市场中已经存在的信息，而且要通过这些信息来判断市场有可能会发生的变化以及由此对价格或收益造成的影响。其实，房地产投资市场分析就是为了解决投资者对市场信息掌握不足或不准确的问题，以此为投资者作出正确的投资决策提供依据。

### 2.2.3 房地产开发项目投资市场分析的主要内容

房地产市场分析是通过信息将房地产市场的参与者与房地产市场联系起来的一种活动，即通过房地产市场信息的收集、分析和加工处理，寻找其内在的规律和含义，预测市场未来的发展趋势，用以帮助房地产市场的参与者掌握市场动态，把握市场机会或调整其市场行为。

**1. 市场分析的三个层面**

（1）城市房地产市场分析。城市房地产市场分析是对项目所在城市内总的房地产市场及各专业市场总供需情况的总体分析。通过城市房地产市场分析，可以让房地产投资开发商对项目所在城市房地产市场总的状况及发展趋势有一个全面的了解，以避免"只见树木，不见森林"而影响项目的开发决策。

（2）区域房地产市场分析。区域房地产市场分析是对某区域内总的房地产市场及各专业市场总供需情况的综合分析。其中，专业房地产市场分析是对区域内各专业物业市场（住宅、办公、商业或工业物业）或专业子市场的供需分析，是在前一层次分析的基础上，对特定子市场的供需情况进行单独估计和预测。它侧重于某一类物业市场的供求分析。

（3）房地产项目市场分析。房地产项目市场分析是在前两个层次的基础上，对特定地点特定项目作竞争能力分析，预测一定价格和特征下的销售率及市场占有率情况，对项目的租金及售价、吸纳量及吸纳计划进行预测。它侧重于项目竞争能力分析等内容。

## 2. 市场分析的内容

（1）房地产市场供给分析。供给量的数据对于开发商来说是非常重要的。供给市场分析包括市场供给总量分析、供给结构分析及供给预测（今后的供给特征）分析三个方面。

（2）房地产市场需求分析。房地产市场需求分析包括需求容量分析和需求客户分析。

需求容量分析可以运用人口资料进行分析，也可运用收入统计资料进行分析。其中，运用人口资料分析住宅需求容量的方法，在实际运用中非常普遍，即运用人口资料和人口自然增长率与人口机械增长率推知新增人口数量及人均居住面见的数量，进而对住宅消费需求进行预测。

**【例 2-2】** 东莞市主城四区近两三年内住宅有效需求量预测

主城四区（莞城区、东城区、南城区、万江区）未来两三年内的有效住宅需求容量可按以下公式预测：

$$住宅需求套数 = P/h \times a \times b$$

式中：$P$——城镇总人口，包括户籍人口和暂住人口；

$h$——户均人口数；

$a$——主城区中高收入人群占总人群的比例；

$b$——未来两三年内打算购房的人群比例。

根据统计年鉴资料，2000 年东莞主城四区总人口 66.82 万人，其中常住户籍城镇人口 15.69 万人，户均 3.3；外来暂住人口 51.13 万人，户均 1.5 人。据调查，本地常住居民经济状况普遍较好，其高收入人群保守估计约占本地常住人口的 20%，其住房状况一般解决较好，近年内准备购房的不多，仅占 10% 左右；其中偏高收入人群估计约占本地常住人口的 30%，其购房换代或购房出租的比例约占 30%。外来暂住人口经济状况较差，其中中偏高收入人群仅占外来暂住人口的 10%，其购房比例占 30%。根据以上资料则可预测未来两三年内主城区有效住宅需求容量为：

$H$ = 常住人口有效住宅需求户数 + 暂住人口有效住宅需求户数

  = 15.69 万/3.3 ×（20% × 10% + 30% × 30%）+

   51.13 万/1.5 × 10% × 30%

  = 15 456（套）

因此，东莞主城四区在未来两三年内形成的有效住宅需求可能为 15 456 套。如果每套平均按 70m² 计算，则主城四区未来两三年内有效住宅需求面积估计约为 108 万 m²，平均每年需求约为 35 万~55 万 m²。

不同物业对需求数量的分析方法不尽相同，要根据市场的特性来研究（如对写字楼市场需求的分析就不同于住宅需求的分析，关于写字楼需求的分析见案例 2-2）。并且，尽可能进行供求缺口对比分析，即把不同子市场的供给量和需求量进行对比，需求大于供给的差额就是供求缺口。

需求客户分析则包括消费者的构成、分布及消费需求的层次情况；收入水平变化及购买偏好；消费者的购买意向、购买动机的类型；不同消费者的购买行为、购买模式等。

（3）房地产市场租售情况分析。包括房地产的租售价格、租售数量、租售速度、销售比例、空置率以及这些指标的变化等方面的分析。

（4）房地产市场竞争分析。竞争分析主要包括竞争对手分析和竞争项目分析两方面的内容。

竞争对手分析内容主要有：竞争对手现在在做什么，竞争对手能做什么，竞争对手的基本竞争策略，竞争对手的强项和弱项分析等。

竞争项目分析主要内容包括：产品定位、房型组合、公共设施分摊方式、规划特色、定价方式、付款方式、销售技巧、销售状况等。

### 3. 房地产投资市场分析案例

**【例2-3】** 东莞市写字楼市场供求情况分析

**1 东莞写字楼市场分析**

**1.1 写字楼市场供给分析**

**1.1.1 东莞写字楼供给模式**

东莞写字楼是伴随制造业和现代物流业的繁荣而迅速发展起来的。其供给模式大致有四种情况：一是房地产开发公司独立开发或联合开发的纯粹写字楼或混合型写字楼，如鸿禧商业大楼、宏远大厦、金源中心等；二是原为其他类型物业后由房地产开发公司整体包租进行改造后再分租的写字楼，如金海大厦、金朗大厦等；三是以商住楼名义立项开发后转变为写字楼出租的，如三元大厦等；四是原为单位自用的办公楼后改为对外出租的写字楼，如丝绸大厦、美佳大厦、糖酒大厦；五是小区住宅楼里不挂牌的隐形办公室。除了第一种情形属于显形供给外，其余四种均为隐形供给，且后者多于前者。

**1.1.2 写字楼供给总量分析**

（1）全市写字楼供给总量分析

由于东莞写字楼有显性市场和隐性市场，政府对写字楼的监管相对薄弱，除纯粹的商业性写字楼在开发报批时有统计外，其他隐性的写字楼均未报建统计。因此，以现有统计年鉴资料分析写字楼供给总量变化时，其分析结论只能反映纯粹商业性写字楼的开发供给情况，而无法反映其他隐性写字楼供给问题。以下分析，仅以东莞市统计年鉴记载的数据为基础。

就纯粹商业性写字楼而言，东莞的供给量是逐年递增的，1997~2001年的五年间，东莞商业性写字楼的投资从1997年的1170万元增加到2001年的4141万元，年均递增50.8%，五年累计投资2.05亿元；施工面积从1.80万平方米增加到7.64万平方米，年均增长64.9%，五年累计施工面积30.63万平方米；竣工面积从1997年的0.71万平方米增加到2000年的5.85万平方米，年均递增180.9%，五年累计竣工12.99万平方米。各年写字楼的供给并非稳定增长，1999年是写字楼的投资高峰期，之后出现衰退（详见表2-3和图2-4）。

表2-3 东莞历年商业性写字楼投资、施工及竣工情况

|  | 1997 | 1998 | 1999 | 2000 | 2001 |
|---|---|---|---|---|---|
| 投资总额（千万元） | 1.17 | 3.64 | 8.50 | 3.06 | 4.14 |
| 施工面积（万平方米） | 1.80 | 2.86 | 9.80 | 8.53 | 7.64 |
| 竣工面积（万平方米） | 0.71 | 2.35 | 3.52 | 5.85 | 0.56 |

资料来源：1997~2001年《广东统计年鉴》、《东莞统计年鉴》。

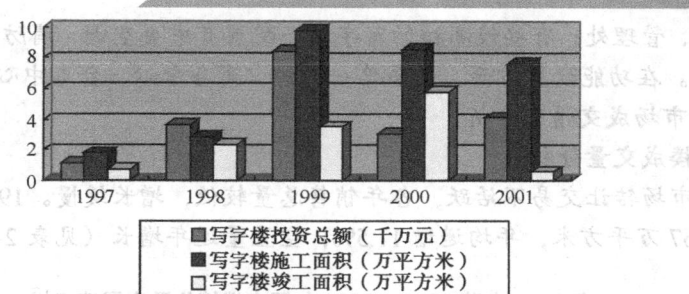

图 2-4　东莞历年写字楼开发投资、施工及竣工变化情况

以上仅是单一商业性写字楼开发供给情况的分析。但就东莞现状来看，由于大量隐性写字楼的存在，实有写字楼的供给总量远高于统计资料记载的名义供给量。根据实际调查，单一商业性写字楼在东莞现实写字楼供给总量中所占比例较低。

（2）莞太大道写字楼供给总量分析

东莞莞太大道纵贯南城区，从文化广场起，沿线 5km 路段内分布着众多银行、政府机构、酒店、贸易公司、证券公司等单位，可以称得上是东莞现有的中央商务街，沿途写字楼林立，是除莞城区外，东莞主城区写字楼分布最密集的地段之一；主要有金源中心、丝绸大厦、外运大厦、美佳大厦、鸿禧商业大厦、胜和大厦、金海大厦、金朗大厦、亨美大厦、三元大厦、宏远大厦等临街单一型写字楼及临街混合型写字楼；其中，除了鸿禧商业大厦及金源中心外，其余写字楼均为隐性供给的写字楼。根据实地调查，莞太大道各类显性和隐性写字楼供应量保守估计约为 15 万平方米。

### 1.1.3　莞太大道写字楼供给特点分析

（1）莞太大道主要写字楼调查
- 调查对象：莞太大道沿线在租在售的各档次写字楼；
- 调查方法：实地观察法与访问法；
- 调查内容：各写字楼开发规模、规划特点、户型结构、租售状况、进驻公司、优势劣势等；
- 主要写字楼分析。

本次调查的楼盘主要有：金源中心、丝绸大厦、外运大厦、美佳大厦、鸿禧商业大厦、胜和大厦、金海大厦、金朗大厦、亨美大厦、三元大厦、宏远大厦等。各写字楼的特点详见附表2。

（2）莞太大道主要写字楼供给特点
- 莞太大道的写字楼主要是伴随交通的改善和商业配套的完善而发展起来的。其交通便利，商业配套完备，政府部门与金融机构林立，吸引了商贸公司的聚集。
- 莞太大道的写字楼是随着商贸兴旺而由其他物业改变过来的，主要以隐形供给为主，显形供给较少。例如，有些是从原单位的办公楼改变来的（如美佳大厦）；有的本来打算建为酒店，但中途改变功能，转变为写字楼的（如丝绸大厦）；有些是房地产开发公司整体包租，经改造为写字楼后，再行出租的（如金海大厦、金朗大厦）。所有隐形供给的写字楼均未按法律规定办理用途变更手续。
- 莞太大道的写字楼大部分为单纯性写字楼，少部分为酒店＋办公式的混合型写字楼。内部空间主要为大开间布局，多数可以根据业主需要自由分割。
- 莞太大道的写字楼配置一般，除公共过道及大厅外，写字间室内普遍未装修。在设施配置上，除了配置一些强制性规范所要求的设施之外，所有写字楼都另配有停车场、电梯、大堂、保安、管理处；有些较高档的写字楼还配置有中央空调、消防自动报警系统、中央监控系统等。在功能配置方面，大多单一，缺少商务中心、会务中心、食堂、员工休息室。

### 1.2 写字楼市场成交情况分析

#### 1.2.1 写字楼成交量分析

东莞写字楼市场转让交易不活跃，各年销售总量较低，增长缓慢。1997～2001年的五年间，全市累计销售4.67万平方米，年均递增11.5%；空置量逐年增长（见表2-4）。

表2-4　东莞1997～2001年写字楼销售及空置情况[6]

|  | 1997 | 1998 | 1999 | 2000 | 2001 |
| --- | --- | --- | --- | --- | --- |
| 销售面积（万平方米） | 0.63 | 1.16 | 1.46 | 1.42 | 0.99 |
| 空置面积（万平方米） | 0.51 | 2.26 | 2.52 | 1.54 | 6.29 |

#### 1.2.2 写字楼成交特点分析

（1）东莞写字楼交易方式主要采用租赁形式，大部分写字楼因各种原因采用只租不售的经营方式，如莞太大道沿线的部分写字楼。

（2）写字楼的客户既包括外地驻东莞的分公司或机构，也包括东莞本地公司，行业涉及通信、IT、贸易、机电、化工、服装、鞋业、保险、金融、证券、餐饮、咨询、广告、装饰、建筑、装卸及运输等。各公司规模因行业和公司实力而异，除IT、咨询、广告类的公司规模相对较小外，其他通信、机电、化工、服装、保险、金融、证券、贸易、餐饮、建筑、装饰、装卸及运输类的公司规模普遍较大。

（3）东莞主城区写字楼的租金一般在20～40元/$m^2$·月，最高的达到60元/$m^2$·月，最低为10多元/$m^2$·月；管理费一般为2～5元/$m^2$·月。

（4）中偏低的写字楼由于租金便宜，其出租率普遍较高，大多数在95%以上；高档写字楼由于租金较高，其出租率相对较低，如金源中心，出租率还不到40%。

### 1.3 写字楼市场需求分析

#### 1.3.1 东莞写字楼需求特点分析

（1）写字楼需求调查（略）

（2）统计分析结果（略）

（3）写字楼需求特点分析

- 绝大部分公司愿意租用写字楼，只有少部分公司愿意购买写字楼。大多数公司对购买写字楼持谨慎态度。一方面不愿将过多资金押在物业上，另一方面也担心业务衰退时变现困难，普遍认为租用写字楼可以进退自如。
- 多数公司普遍看中写字楼的形象，为显示公司实力，希望租用面积要大，其办公面积最低要求也在100$m^2$以上，多者高达上千平方米。
- 大部分公司愿意在莞城中心区和莞太大道租用写字楼，其原因在于其区位优越、紧邻相关政府办公机构、交通便利和商业配套较好；对新城市中心期望较高，前景看好，但目前会持观望态度。
- 位置好、造型美、周边配套齐全、有政府机构、银行、商业及公司分布、租金合理、停车方便的写字楼普遍受到欢迎。多数公司认同开敞式布局，希望配置有餐厅、中型多功能会议室、收发室、员工休息室、自动取款机等配套功能。
- 部分公司对机电设备及智能化设施的配置有一定要求，如宽带网接口、背景音乐系统、多媒体电视会议系统、独立智能水表及电表等；部分公司希望配置中央空调，但又担心运行费用及管理费用较高。
- 大多数公司容易接受的租金水平为 20~30 元/m²·月，可以接受的管理费用为 2~5 元/m²·月。

### 1.3.2 东莞主城区写字楼需求量分析

（1）东莞企业增长情况

写字楼需求取决于企业增长情况；而企业的变化又与社会经济发展密切相关。自20世纪90年代以来，东莞经济迅速增长，企业数量急剧增加，私营企业、内资企业、外资企业，以及"三来一补"企业，如雨后春笋般地发展。1996~2000年的五年间，全市工商注册的企业总数从1996年的37 624个增加到2000年的42 860个，年均递增2.4%（见表2-5）。各类企业的迅猛发展导致办公物业需求的剧增。

表2-5 东莞市1996~2000年工商注册企业统计情况[7]　　　　单位：户

|  | 1996 | 1997 | 1998 | 1999 | 2000 |
| --- | --- | --- | --- | --- | --- |
| 私营企业 | 3 478 | 4 527 | 5 974 | 7 271 | 8 160 |
| 内资企业 | 17 033 | 16 806 | 16 101 | 17 718 | 18 084 |
| 外资企业 | 5 455 | 5 285 | 5 509 | 4 173 | 4 533 |
| 三来一补企业 | 11 658 | 12 738 | 12 688 | 11 422 | 12 083 |
| 合　计 | 37 624 | 39 356 | 40 272 | 40 584 | 42 860 |
| 新增企业 |  | 1 732 | 916 | 312 | 2 276 |

（2）东莞每年新增写字楼需求量

每新注册一个企业，就会产生新的写字楼需求量。因此，每年新增写字楼需求量可以根据企业数的增加情况进行预测，即

$$IDO = IE \times D$$

式中：$IDO$——每年新增写字楼需求量；

$IE$——每年新增企业数；

$D$——平均每个企业需求的写字楼面积。

自1997年以来，东莞每年新增企业数从1997年的1 732个上升到2000年的2 276个（见表2-5），平均每年新增1 309个，年均新增比例为7.85%。根据现有调查，大多数企业租购写字楼的面积一般在50~200m²。假定每个企业按100m²的需求量估算，则东莞每年因新注册企业的增加而产生的新增写字楼需求量（包括自建、租购等需求）为：

$$1\ 309 \times 100 = 13.09（万平方米）$$

（3）主城区未来两年内新增写字楼需求总量

东莞每年新增企业或机构1 000多个，但在区域分布上存在着较大差异。由于主城区是东莞政治、经济、文化、商业中心，大多数企业都愿将公司总部或办事处设在主城区。因此，每年新注册的企业或机构，40%左右集中在主城区，使主城区形成较大的写字楼需求量。

按目前东莞新注册企业或机构的增长趋势，未来两年内，主城区新增企业或机构数共计可达：

$$1\ 309 \times 2 \times 40\% = 1\ 047（户）$$

如果假定每个企业按100m²的需求量估算，则主城区未来两年内因新注册企业的增加而产生的新增写字楼需求量大约为10.5万平方米。

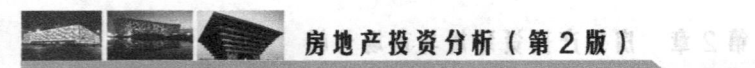

**(4) 未来两年内莞太大道及新城中心写字楼需求量**

莞太大道是东莞主城区目前写字楼相对集中的地方之一。其便利的交通、成熟的区位、完善的商业配套，对众多公司及机构都具有较大吸引力；新城中心紧邻莞太大道，是东莞未来的行政文化中心，其巨大的发展潜力正在引起许多公司及机构的关注。根据调查，目前对莞太大道及新城中心感兴趣的企业及机构约占50%。考虑到调查的不完全性，暂按30%估算，未来两年内，愿到莞太大道及新城中心写字楼的新增需求量大约为3万平方米。

### 2.2.4 房地产置业投资市场分析的主要内容

由于房地产置业投资的主要目的一是可以获得可观的租金收益，二是可以得到较高的增值收益，两者兼而有之则为最佳。因此，从分析的层面上来讲，主要是两个：一是客户的需求；二是这一项目今后在市场中的表现，即增值情况。

**1. 客户需求分析**

很显然，对于不同的物业类型，客户需求分析是不一样的。例如，对于住宅物业与商业物业的客户需求分析就很不一样，前者主要从租客的数量、职业类型、收入情况、受教育程度等方面进行分析；而后者则是从商圈的角度进行分析和预测。再者，同属于住宅物业，也要分高中低档物业进行分析，找出其中的潜在客户。

**2. 增值情况分析**

不同的物业类型，其增值规律是不一样的。例如，对于住宅类物业而言，其增值前景主要跟市场整体的价格走势有关，也就是市场的供需情况变化有关。但对于商业物业来说，其增值潜力就与所处商圈的成熟度密切相关。

这里需要指出的是，从市场角度分析某一类物业的增值情况并不充分，更多还应该从配套是否完善、建筑本身的品质、开发商的品牌、物业管理、城市规划等角度去分析。

## 本章小结

房地产投资环境，是指投资所在的地域（国家、地区、城市、街区或区块）在一定时期内所具有的能决定和影响房地产投资风险和收益的各种外部境况和条件的总和。主要包括硬投资环境因素和软投资环境因素两大部分；而硬投资环境因素又可以基础设施、配套设施（其中包括市政、办公、商业、娱乐、休闲、餐饮、学校、医院等）及自然地理状况等方面，软投资环境是指影响房地产投资的各种社会政治、经济、文化条件，主要包括政治环境、经济环境、社会环境、文化环境和法律环境等。

要对房地产市场进行分析，首先要了解房地产市场的特征。其主要特征有房地产市场的信息不充分、房地产市场的区域性强、房地产市场产品的异质性、房地产市场产品的垄断性以及房地产市场对商品短期供求变化反映滞后五个方面。

另外，房地产市场还是典型的低效率市场。房地产市场低效率的原因主要有三个方面：一是房地产产品的异质性；二是寻找交易伙伴存在较大难度；三是房地产交易过程较为复杂。房地产市场的低效率提醒投资者不仅需要自己主动收集和处理市场中已经存在的信息，而且要通过这些信息来判断市场有可能会发生的变化以及由此对价格或收益造成的影响。

## 第 2 章　房地产投资环境与市场分析

房地产投资市场分析主要涉及三个层次的分析，分别是城市房地产市场分析、区域房地产市场分析和房地产项目市场分析。市场分析的内容主要包括需求分析和供给分析两个方面。

最后，对于房地产置业投资分析，主要涉及客户需求和物业增值前景分析两大块。

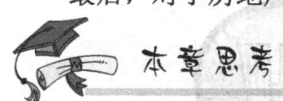

### 本章思考题

1．房地产开发项目投资环境分析与房地产置业投资环境分析两者在分析的侧重点上有何不同？

2．有人说"卖得好，不一定租得好；但是，租得好，就一定卖得好"，请问，您是怎么理解这句话的，它对置业投资的市场分析有何指导意义？

3．您能说出最近三个月内出台的有关房地产宏观调控的相关政策吗？

4．结合目前的市场情况，请您谈谈对置业投资的看法。

5．在目前的市场行情下，对于开发项目的投资市场分析，您认为最主要应从哪几个方面进行，如何进行？

6．影响房价的主要因素有哪些？请以您认为最重要的三个因素进行深入分析。

7．房价飞涨会对房地产商、消费者、投资（或投机）者、政府部门等各方产生什么样的影响？

8．地价和房价，究竟谁决定谁？

9．"十二五"期间全国将建设保障房 3 600 万套，将逐步形成我国住房供应领域的双轨制，请问保障房的大规模供应对商品房市场有何影响？

10．列举最近一年国内房地产市场的热点问题或关键词，提出自己的看法。

11．您熟悉所在城市的日、月及年成交量的一般水平，以及它们的变化趋势和特征吗？请您结合价格走势，尝试着利用量、价关系分析当地房地产市场的供求现状及趋势，并对未来一段时间的走势作出预判。

# 第3章 资金的时间价值计算及其应用

【本章能力点】
（1）能够正确理解和掌握资金时间价值的含义及其在房地产投资分析中的应用
（2）能够正确理解和掌握复利终值和复利现值的计算及其在房地产投资分析中的应用
（3）能够正确理解和掌握年金终值和现值的计算及其在房地产投资分析中的应用
（4）能够正确理解和掌握递延年金与永续年金的计算及其在房地产投资分析中的应用

房地产投资分析中常常需要对物业的投资价值作出判断，用来判断的基础数据就是物业现在和未来发生的支出或收入金额。此时，对于基础数据的处理方法有两种：一种是终值法，即把现在和预期各时点上发生的金额计算成未来某一个时点上的值（称为终值）；另一种是现值法，即把预期各时点上发生的金额计算成现在的价值（称为现值）。这两种方法都以资金时间价值作为讨论的基础。

## 3.1 资金的时间价值概述

### 3.1.1 资金时间价值的概念

资金的时间价值是投资分析中的一个重要概念和理论依据。资金的时间价值受多种因素的影响，即使在不考虑风险和通货膨胀因素的情况下，资金在不同时间点的价值也是不同的。例如，今天的1元钱和一年后的1元钱的价值是不相等的，尽管它的金额数量没有发生变化。如果我们将这1元钱储藏起来不用（例如放到家里的抽屉里），则一年后，这笔钱的数量当然还是1元。但是如果将某一笔钱存入银行，他就可以得到一定数量的利息。例如，将今天的100元存入银行，如果按10%的利率计算的话，现在的100元在一年以后已经变成110元了（因为多了10块钱的利息）。这个例子说明，如果不考虑其他因素，今天的100元钱跟一年后的110元钱才是等值的。另外，从生产与再生产的角度来说，如果将100元钱投入到再生产过程（例如，投入到房地产开发过程中），也会带来一定的利润。这里，我们把利息或利润称为资金的时间价值，或者说，利息形式或利润形式是资金时间价值的两种表现形式（有学者认为，资金通过生产与再生产体现的时间价值只是其资本增值中的一部分，即利润的一部分，而不是全部。笔者认为这一观点值得借鉴，详见专题3-1），如图3-1所示。

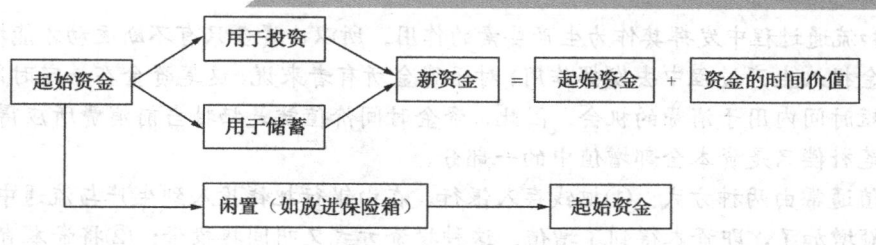

图 3-1 资金的时间价值（不考虑通货膨胀等因素）[8]

### 3.1.2 资金时间价值在房地产投资分析中的应用

通过以上分析可知，资金的时间价值是客观存在的经济范畴，同时也是在房地产投资分析中需要考虑的重要因素。一方面，对于短期（如不到一年）的房地产投资项目而言，由于涉及的时间较短，资金的时间价值对项目的投资效果影响并不会很大，因此，此时资金的时间价值可以忽略不计。另一方面，对于长期（如一年以上）的房地产投资项目来说，由于整个项目产生的现金支出和收入发生在不同的时点上，而且这些时点间隔较长，如果不考虑每一笔收支额的时间价值的话，投资者就不能对该项目的投资效果作出准确的判断和评价，也无法就不同的备选方案进行准确的比较和决策。因此，通常情况下，在对房地产投资项目进行经济评价时，应对项目的各期收益和费用进行时间价值的计算，即把不同时点上的费用和收益，折算成同一时间点（如期初或期末）上的价值，使它们具有进行相互比较的基础，这就是在房地产投资分析中考虑资金时间价值的基本思路。

依据是否考虑资金的时间价值问题，我们把房地产投资分析的方法分为两种：一种是静态分析方法，另一种是动态分析方法。静态分析方法就是在计算房地产投资的经济效果时，不考虑资金的时间价值，只是将各期发生的支出和收入进行直接的简单加减乘除运算，以获得需要的静态经济指标。虽然，静态方法在进行投资分析时简单易行，但由于它没有考虑资金的时间价值因素，因而就不能全面反映出房地产投资项目的实际经济效果。

而动态分析方法就考虑了不同时点上发生的资金的时间价值，在计算项目的投资经济效果时，将不同时点上发生的资金折算成同一时点上的价值，从而不仅可以更加客观真实地反映项目的投资经济效果，并且使不同的投资方案和不同项目的经济效果具有了可比性。根据折算时点的不同，动态分析方法也分为两种，一种是现值法，即把项目整个计算期内发生的资金折算到期初求其现值；另一种就是终值法，即把项目整个计算期内发生的资金折算到期末求其终值。

【专题 3-1】　　　　　　对资金时间价值的再认识[9]

要准确理解资金时间价值的含义，首先需要弄清楚资金时间价值和资本增值的关系。资本在扩大再生产及其循环的过程中随着时间的变化会产生增值。资本之所以能够增值，是由于资本投入生产或流通领域中，不断运动，并与其他生产要素相结合，形成有机、完整、现实的生产力，生产出价值更大的劳动成果，从而实现了资本增值。可见资本增值是资本在循环过程中与其他生产要素有机结合后产生的结果，说明资本增值是所有生产要素共同发挥作用造成的，而不仅仅是资本的功劳。

劳动者的劳动和多种生产要素（包括资本）的组合是资本得以实现增值的根源，也是资金时间价值的源泉。如果资金不投入生产或流通领域中去周转，不和劳动者的劳动及其他生产要素相结合，它就不可能增值。一笔货币如果保存起来，数年之后仍为数量相等的货币，它没有增值，因为它并没有在生产和流通过程中发挥其作为生产要素的作用。所以，资金只有不断运动才能增值。

一笔资金投入生产过程中去发挥作用，对于资金所有者来说，这笔资金在一定时间内被占用，就失去了在短时间内用于消费的机会。因此，资金时间价值就是牺牲当前消费所应得到的价值补偿。当然这笔补偿只是资本全部增值中的一部分。

资本增值通常由两种方式：①把钱存入银行，再由银行把钱投入到生产与流通中去。经过一定时间，金额增加了，即资本得到了增值。这种投资方式又叫间接投资；②将资本直接投入到生产经营活动中去，用资本这种生产要素购买其他各种生产要素，经过企业家的经营才能使这一生产要素整合后，生产出适销对路的产品，销售后又得到资金。通常情况下，这一过程资本的增值往往比本金高出很多。投资者得到比本金多出的那部分增值额，即利润，应该是资本的全部增值额。事实上，利润并不是由资金本身所创造的。但是，由于生产过程结束后衡量劳动成果价值的计量单位，与生产过程开始前衡量生产要素价值的计量单位都是采用货币单位来表示的，这就给人一种假象，似乎资本的全部增值都是由资金本身带来的，即所谓"钱能生钱"。实际上这种资本的增值是生产者和经营者以及其他生产要素相组合的共同成果，其中也包括了资本的一份功劳。如果承认资本的增值是各种生产要素在生产过程中相互配合、共同作用的结果，那么资本的全部增值就应该归结为劳动、土地、资本、技术、信息、经营才能等所有生产要素共同被占用了一定时间的时间价值，而不单单是资本的时间价值。

因此，资本的时间价值就是资本这个单一生产要素被占用一定时间而应该得到的价值补偿，或经营者为得到资本在一段时间内的使用权而必须付出的代价。由于把资金存入银行的投资方式仅仅是向社会提供了单一的生产要素，所以这时从银行得到的全部资本增值额就理所当然都是资金的时间价值。

需要把资本增值和资金时间价值区别开来的另一个理由是，如果定义资本的全部增值都是资金时间价值的话，就会和净现值的经济含义自相矛盾。净现值是指项目全部增值的折现值超出资金时间价值的额外增值部分，是技术和经营才能的时间价值。所以要严格区分资金的时间价值和资本增值这两个既有联系又有区别的概念。

问题思考：
1. 你是怎么理解资金时间价值的？资金的时间价值与哪些因素有关？
2. 现实生活当中，普通投资者（他们并没有学过投资的相关知识）在计算和衡量投资价值时，是怎么体现和考虑资金时间价值的？

## 3.2 复利终值与现值的计算及其应用

### 3.2.1 利率与计息方式

**1. 利率**

单位时间内增加的利息与原金额之比，用百分比表示，称为利率。计算公式为：

$$利率 = (单位时间内增加的利息 \div 原金额) \times 100\% \quad (3\text{-}1)$$

用以表示利率的时间单位称为计息周期。计息周期可以是年、季、月、周等，通常采用的时间单位是年。

其实，利率也可以理解为资金的价格，它的高低取决于资金的供求状况、信贷政策和借出资金所承担的风险大小等。

## 2. 单利计算与复利计算

常用的资金时间价值计算方法，有单利计息和复利计息两种基本形式。

（1）单利计息

单利计息是指对本金计利息，每一计息周期末的利息不再计利息。其计算公式是：

$$F = P \times (1 + n \times i) \tag{3-2}$$

式中　$P$—期初本金；$n$—计息期数；$i$—每一计息期利率；$F$—$n$期末本利。

【例 3-1】　存入银行 10 000 元，定期三年，年利率为 3.27%，三年后本利为：

$$F = 10000 \times (1 + 3 \times 3.27\%) = 10981 \text{（元）}$$

银行存款利息都用单利法计算。单利的缺点是每期末的利息不再计利息，即不再考虑利息的时间价值，因此不能完成反映资金的时间价值。

（2）复利计息

复利法是把每一计息期的本利和都作为下一计息周期的本金，因此不仅对本金计息，对利息也计息，也称"利滚利"法。它克服了单利法的缺点，对本利都考虑其时间价值，真实地反映了资金随时间增值的客观规律。复利计息的计算公式是：

$$F = P \times (1 + i)^n \tag{3-3}$$

【例 3-2】　在上例中，如果是复利计息，则三年后的本利为：

$$F = 10000 \times (1 + 3.27\%)^3 = 11013.4 \text{（元）}$$

上述概念是针对银行存贷款而言，对于房地产投资项目来说，应把 $i$ 理解为投资的收益率水平，本金理解为投资额，利息理解为利润。其实，这里的 $i$ 还可以有其他意义，如某项物业的价值上涨率、租金的上涨率等，应根据具体情况而定。这里需要注意的是，当把 $i$ 理解为投资的收益率时，隐含的意思是其中利润的再投资收益率也为 $i$。

## 3. 实际利率与名义利率

在实际经济活动中，常常会遇到利率的时间单位与计息周期不一致的情况。例如，利率的时间单位为一年（即年利率），而计息周期可能是年、半年、三个月、一个月等。此时，如果我们分别按照单利和复利两种方式，在相同的计息周期条件下计算单位时间的利息，则结果显然是不一样的。同样，用这两种方法计算出来的单位时间的利率值也是不相等的。

按利率的定义，我们把一个单位时间内按复利计算的利息与本金之比称为该单位时间的实际利率，用 $i_{实}$ 表示；同时，我们把一个单位时间内按单利计算的利息与本金之比称为该单位时间的名义利率，用 $i_{名}$ 表示。通常所说的年利率，其实一般情况下指的就是名义利率。

实际利率和名义利率的关系是：

$$i_{实} = \left(1 + \frac{i_{名}}{m}\right)^m - 1 \tag{3-4}$$

式中，$m$ 是每年计息次数。

【例 3-3】　一笔资金为 1 000 元，年利率为 10%，试计算计息周期为一年、半年、三个月、一个月的年末本利和实际利率。

解：

（1）计息周期为一年：

$$\text{本利} = 1000 \times (1 + 0.10) = 1100 \text{（元）}$$

年利率即为实际利率。

（2）计息周期为半年
$$本利=1\,000\times(1+0.10/2)^2=1\,102.5（元）$$
$$实际利率=（102.5/1\,000）\times100\%=10.25\%$$

（3）计息周期为三个月
$$本利=1\,000\times(1+0.10/4)^4=1\,103.8（元）$$
$$实际利率=（103.8/1\,000）\times100\%=10.38\%$$

（4）计息周期为一个月
$$本利=1\,000\times(1+0.10/12)^{12}=1\,104.7（元）$$
$$实际利率=（104.4/1\,000）\times100\%=10.47\%$$

从例 3-3 可见，名义利率和实际利率存在以下关系：

（1）当计息周期为一年时，名义利率和实际利率是相等的；计息周期短于一年时，实际利率大于名义利率；

（2）计息期越短，计息次数越多，实际利率越高；

（3）名义利率无法完全反映资金的时间价值，实际利率才真实反映资金的时间价值。另外，对于本例的计算，我们也可以直接套用公式（3-4）直接得出。

例如，当计息周期为一个月时，则：
$$i_{实}=\left(1+\frac{i_{名}}{m}\right)^m-1=\left(1+\frac{10\%}{12}\right)^{12}-1=1.104\,7-1=0.104\,7$$

### 3.2.2 复利终值计算及其应用

**1. 复利终值的计算**

复利终值（$F$）也称将来值、未来值。指发生在某一时间序列终点的资金值（收益或费用），或者把某一时间序列其他各时刻资金折算到终点的资金值。终值的计算公式为：

$$F_n=P\times(1+i)^n \tag{3-5}$$

式中：$P$ 为现值，即初始资金；

$i$ 为利率；

$n$ 为计息期数。

【例 3-4】 一笔本金为 10 000 元，按复利年利率为 10%，则 1 年后该笔本金的终值为：
$$\begin{aligned}F_1&=P\times(1+i)^n\\&=10\,000\times(1+10\%)^1\\&=11\,000（元）\end{aligned}$$

显然，第 2 年年初的资金就不再是 10 000 元了，而是 11 000 元。因此，第 2 年后的资金终值为：
$$\begin{aligned}F_2&=P\times(1+i)^n\\&=11\,000\times(1+10\%)^1\\&=10\,000(1+10\%)^2\\&=12\,100（元）\end{aligned}$$

依此类推，第 $n$ 年后的资金终值为：
$$F_n = P \times (1+i)^n$$

这里，我们将 $(1+i)^n$ 称为复利终值系数，含义就是初始资金为 1 元的存款以每期利率 $i$ 复利计算，$n$ 期后的终值，记作 $(F/P,i,n)$。如果给定 $i$ 和 $n$ 值，复利终值系数的大小也可通过查复利系数表求得（在本书的附表中）。因此，复利终值的公式也可写成：

$$F_n = P \times (F/P,i,n) \tag{3-6}$$

【例 3-5】 计算例 3-4 中 8 年后的终值，经查表，得 $(F/P,i,n) = (F/P,10\%,8) = 2.144$。
$$\begin{aligned}F_n &= P \times (1+i)^n = P \times (F/P,i,n)\\ &= 10\,000 \times 2.144 \\ &= 21\,440\,（元）\end{aligned}$$

因此，该笔资金在 8 年后的终值为 21 440 元。

考虑到名义利率和实际利率之间的关系时，我们可以得到修正后的复利终值计算公式：

$$F_n = P \times \left(1+\frac{i}{m}\right)^{n \times m} \tag{3-7}$$

式中：$m$ 为年计息次数；$i$ 为利率；$n$ 为计息年数。

【例 3-6】 某人在银行存入 10 000 元钱，存期 3 年，年利率为 5%，按季计息复利，计算第 3 年后的终值。

**解：**
$$\begin{aligned}F_3 &= P \times \left(1+\frac{5\%}{4}\right)^{3 \times 4}\\ &= 10\,000 \times 1.16\,075 \\ &= 11\,607.5\,（元）\end{aligned}$$

### 2. 复利终值计算的应用

【例 3-7】 对过去几年里同类房地产的出售价格进行调查，结果显示，房地产的价值平均每年递增 3%，如果这种趋势持续下去，那么，一幢今天价值 750 000 元的房产 10 年后将卖多少钱？

**解：** 用公式（3-5）计算为：
$$F_{10} = 750\,000 \times (1+3\%)^{10} = 750\,000 \times 1.343\,92 = 1\,007\,940\,（元）$$

【例 3-8】 某投资者用 100 万元投资某一项物业，假设该物业的年投资收益率为 8%，则 1 年和 2 年后该投资起始资金的终值为多少？

**解：** 一年后，该投资起始资金终值为：
$$\begin{aligned}F_1 &= P \times (1+i)^n\\ &= 100 \times (1+8\%)^1 \\ &= 108\,（万元）\end{aligned}$$

而第二年后的资金终值为：
$$\begin{aligned}F_1 &= P \times (1+i)^n\\ &= 100 \times (1+8\%)^2 \\ &= 116.64\,（万元）\end{aligned}$$

这里需要读者注意的是，在计算 2 年后的终值时，我们有一个隐含的假设，即假设 1 年后获得的投资收益 8 万元（108－100=8 万元）的投资收益率仍为 8%，或假设 8 万元的再投资收益率为 8%。否则，就不能用复利终值公式直接计算其终值。通常情况下，我们都假定项目的收益率和再投资收益率是相等的，理解这一点对于学习资金的时间价值计算及后面的投资经济评价分析相关内容是非常有必要的。

### 3.2.3 复利现值计算及其应用

#### 1. 复利现值的计算

发生在某一时间序列起点（零点）的资金值（收益或费用），或者把某一时间序列其他各时刻资金用折现办法折算到起点的资金值，称作现值，记作 $P$。

现值的概念在房地产投资分析中非常重要，同时，它也是判断投资价值的重要依据。实际上，从数学角度来看，复利现值就是复利终值的逆运算，所以，本金就是终值的现值。

由公式（3-5）调整得出现值的公式为：

$$P = \frac{F}{(1+i)^n} = F \times (1+i)^{-n} \tag{3-8}$$

由式（3-8）可知，复利现值的计算即由终值求现值，一般称为贴现或折现，其中使用的利率 $i$ 也称为贴现率或折现率，而 $(1+i)^{-n}$ 称为现值系数或贴现系数、折现系数，可以简写成：$(P/F,i,n)$，该系数的值也可以通过复利系数表查得。因此，式（3-8）又可以写成：

$$P = F \times (P/F,i,n) \tag{3-9}$$

这里需要注意的是，从公式（3-8）可知，终值 $F$ 是发生在第 $n$ 年的年末。

【例 3-9】 某储户想在第 5 年年末的时候得到本息共 10 000 元，年利率为 12%，问该储户应该在年初存入多少钱？

**解**：依题有，$F = 10 000$ 元，$i = 12\%$，$n = 5$ 年，则：

$$(P/F,i,n) = 0.567\ 4$$
$$P = F \times (P/F,i,n)$$
$$= 10\ 000 \times 0.401\ 9 = 5\ 674（元）$$

【例 3-10】 一笔投资预计 8 年后获得本利共 100 万元，如果该项投资的收益率为 10%，则最初应投入多少资金？

**解**：依题意，这里的投资收益率可以看成是 $i$，即贴现率或折现率 $i = 10\%$，并且，$F = 100$ 万元，$n = 8$。则有：

$$P = F \times (P/F, 10\%, 8)$$
$$= 100 \times 0.466\ 5 = 46.65（元）$$

#### 2. 复利现值计算的应用

【例 3-11】 有一幢房产预计 5 年后其市场价值为 60 万元，如果你希望得到 10% 的回报，现在你愿意出多少价格购买？

**解**：由公式（3-9）计算：

$$P = F \times (P/F, 10\%, 5)$$
$$= 60 \times 0.620\ 9 = 37.25（元）$$

【例 3-12】 如果一项房地产投资贴现率为 10%，并保证可以得到下面的一系列租金收入（在每年年初得到租金，不计其他税费），而且，在第 5 年年末可以价格 15 万元净价售出，那么投资者现在愿意出多少价格购买呢?

| 年份 | 租金收入（元） |
|---|---|
| 1 | 6 000 |
| 2 | 6 000 |
| 3 | 6 000 |
| 4 | 6 000 |
| 5 | 6 000 |
| 第 5 年年末出售价格为 15 万元 | |

**解**：从题意知，本题就是求各年租金的现值与出售价格现值之和，所以可以用公式（3-9）计算（注意：租金收入发生在每年年初）：

$P = 6\,000 + 6\,000 \times (P/F, 10\%, 1) + 6\,000 \times (P/F, 10\%, 2)$
$\quad + 6\,000 \times (P/F, 10\%, 3) + 6\,000 \times (P/F, 10\%, 4) + 150\,000 \times (P/F, 10\%, 5)$
$\quad = 6\,000 + 6\,000 \times 0.909\,1 + 6\,000 \times 0.826\,4 + 6\,000 \times 0.751\,3 + 6\,000 \times 0.683\,0$
$\quad + 150\,000 \times 0.620\,9$
$\quad = 118\,153.8$（元）

本题的租金收入折现计算，其实可以利用先付年金现值公式进行直接求解，关于年金的计算见后续内容。

**【例 3-13】** 某房地产开发公司在销售房屋时，采用一次性付款和分期付款两种方式，客户采用分期付款时，可以分三次付清，每年支付一次（都在年初支付），其中，第一次支付房款的 30%，第二次支付房款的 50%，第三次支付剩余房款部分。问，开发商为了促进销售，当客户采用一次性付款时，可以给予几折优惠？假设年利率为 10%。

**解**：假设房屋销售总价为 $V$。对于分期付款方式，我们要看分期付款方式的现值是多少。即：

$P = V \times (30\% + 50\% \times (P/F, 10\%, 1) + 20\% \times (P/F, 10\%, 2)$
$\quad = V \times (0.3 + 0.5 \times 0.909\,1 + 0.2 \times 0.826\,4)$
$\quad = 0.92V$

因此，如果客户采用一次性付款的方式，开发商只能最多给予 0.8 折的优惠（即可以打 9.2 折）。

### 3.2.4 现值和终值的影响因素

从以上讨论中可知，影响一项投资的现值和终值的因素主要有：(1) 各期时点上发生的金额大小；(2) $i$ 值的大小；(3) 计算期数的多少，或计息次数的多少，即 $n$ 值的大小。

显然，如果我们知道 $P$、$i$ 和 $n$ 值，就可以求得 $F$ 的大小；同样的，如果知道 $F$、$i$ 和 $n$ 值，也可以求得 $P$ 值的大小。而且，如果知道了其他三个值，$i$ 和 $n$ 的值也可以求得。

**【例 3-14】** 某投资者在某项物业上投入资金 80 万元，并希望这笔资金在 3 年内至少增长 30%，问，理想的年投资收益率最低应为多少？

**解**：

$$F_n = P \times (F/P, i, n)$$
$$80 \times (1 + 30\%) = 80 \times (F/P, i, 3)$$

求得：
$$(F/P, i, 3) = 1.3$$

经查表，在 $n = 3$ 的情况下，终值系数大于等于 1.3 的 $i$ 最小值为 10%，因此，该投资者要想在3年内使原始资金获得30%的增长,就必须保证该投资的年收益率在10%左右。

**【例3-15】** 某投资者在某项物业上投入资金80万元,预期的投资收益率为12%,问,这位投资者需要多长的时间才能使这笔资金增长40%?

解:
$$F_n = P \times (F/P, i, n)$$
$$80 \times (1+40\%) = 80 \times (F/P, 12\%, n)$$

求得:
$$(F/P, 12\%, n) = 1.4$$

经查表,在 $i=12\%$ 的情况下,终值系数大于等于1.4的 $n$ 最小值为3年。因此,该投资者要想在12%的投资收益率下使投入的起始资金获得40%的增长,需要3年的时间。

## 3.3 年金的终值和现值计算及其应用

### 3.3.1 年金的概念

年金是指一定时期内,以相同的时间间隔连续发生的等额收付款项,如租金、折旧、等额支付的月供款等。年金的种类大致可以有四类:第一类是后付年金,指的是每笔收付款项发生在每期的期末;第二类是先付年金,即每笔收付款项发生在每期的期初;第三类是递延年金,即第一次年金发生的时间距离"现在"还有较大距离,例如,投资一项房地产,投资是期初发生的,但租金收益可能要等到2年后才开始发生;第四类就是永续年金,即年金的收付没有终止时间。下面就这四种不同的年金形式进行分别讨论。

### 3.3.2 后付年金的计算及其应用

后付年金又称普通年金,是指每期期末等额系列收付款项的年金,在投资分析实践中最为常见。

**1. 后付年金的终值计算及其应用**

由图3.2可见,可把等额系列视为 $n$ 个一次收付的组合,即每一次收付的终值计算可以运用复利终值计算公式进行求解,然后将各项结果相加就是整个等额系列的终值 $F$。

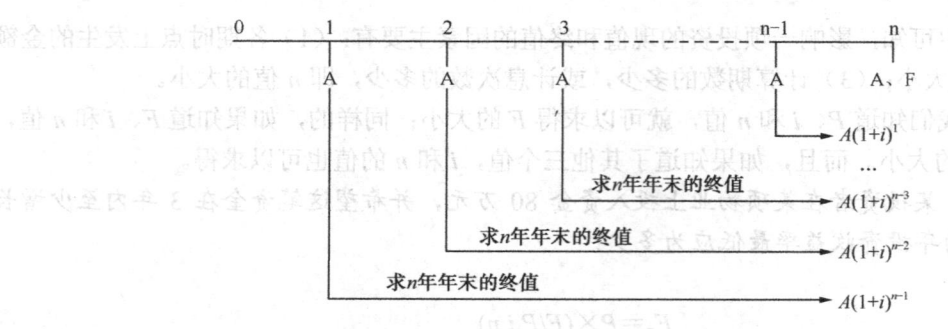

图3-2 后付年金终值计算示意图

$$F=A(1+i)^{n-1}+A(1+i)^{n-2}+\cdots+A(1+i)^2+A(1+i)+A$$
$$=A\times[(1+i)^{n-1}+(1+i)^{n-2}+\cdots+(1+i)^2+(1+i)+1]$$
$$=A\times\sum_{t=1}^{n}(1+i)^{n-t}$$
$$=A\times\frac{(1+i)^n-1}{i}$$

即
$$F=A\times\frac{(1+i)^n-1}{i} \tag{3-10}$$

式中，$\frac{(1+i)^n-1}{i}$ 为年金系列复利终值系数，可简写成 $(F/A,i,n)$，其值可由复利系数表查得。则年金系列复利终值系数也可以写成：

$$F=A\times(F/A,i,n) \tag{3-11}$$

【例 3-16】 每年年末存入 10 000 元，年利率为 8%，求第 5 年末的本利和。

**解**：由公式（3-11）可得

$$F=A\times(F/A,i,n)=10\ 000\times(F/A,8\%,5)$$
$$=10\ 000\times5.867=58\ 670（万元）$$

我们将公式（3-10）转换成下式：

$$A=F\times\frac{i}{(1+i)^n-1} \tag{3-12}$$

式（3-12）用于已知终值 $F$，求与之等值的等额系列后付年金 $A$。式中系数 $\frac{i}{(1+i)^n-1}$ 称为年金系列资金存储系数，记作 $(A/F,i,n)$，其值也可通过查表求得。所以，式（3-12）也可写成：

$$A=F\times(A/F,i,n) \tag{3-13}$$

【例 3-17】 需在 5 年后一次偿还银行贷款本息共 100 万元，年利率为 10%，求从现在起的每年年末等额存储多少资金以偿还该项贷款？

**解**：由式（3-13）可得

$$A=100\times(A/F,10\%,5)=100\times0.163\ 8$$
$$=16.38（万元）$$

### 2. 后付年金的现值计算及其应用

后付年金现值即一定时期内每期期末等额的系列支付款项的现值之和，如图 3-3 所示。

由图 3.3 可得，后付年金的现值计算如下：

$$P=A(1+i)^{-1}+A(1+i)^{-2}+\cdots+A(1+i)^{-(n-1)}+A(1+i)^{-n}$$
$$=A\times\sum_{t=1}^{n}(1+i)^{-t}$$
$$=A\times\frac{(1+i)^n-1}{i(1+i)^n}$$

即
$$P=A\times\frac{(1+i)^n-1}{i(1+i)^n} \tag{3-14}$$

45

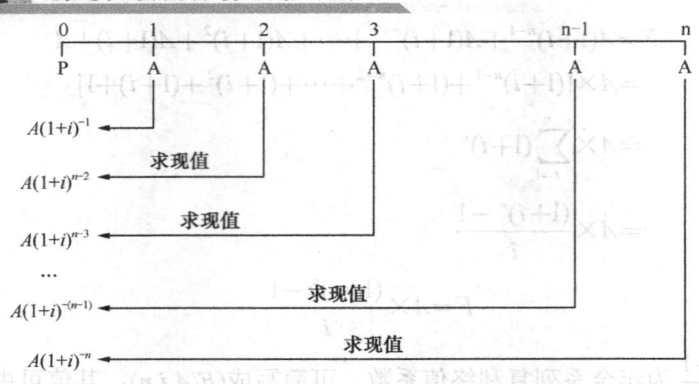

图 3-3　后付年金的现值计算示意图

式中，$\dfrac{(1+i)^n-1}{i(1+i)^n}$ 称为年金系列复利现值系数，记作 $(P/A,i,n)$，其值也可在复利系数表中查得。因此，式（3-14）也可写成：

$$P=A\times(P/A,i,n) \qquad (3-15)$$

【例 3-18】　某项目通过银行贷款进行投资，还贷期为 10 年，年利率为 8%，建成后每年获得利润 120 万元，如年利润全部用来还贷，问，贷款额度应控制在多少才能在 10 年内还清贷款？

**解：** 由式（3-15）可得

$$P=120\times(P/A,8\%,10)=120\times 6.710\ 1=805.21（万元）$$

【例 3-19】　某投资者投资一项物业，年净租金收入为 5 万元（租金为年末支付），其要求的收益率水平为 12%，求该投资者出租此物业 10 年后，所得净租金收入的现值总和。

**解：**
由式（3-15）可得

$$P=5\times(P/A,12\%,10)=5\times 5.650\ 2=28.25（万元）$$

我们将式（3-14）转换成下式：

$$A=P\times\dfrac{i(1+i)^n}{(1+i)^n-1} \qquad (3-16)$$

式（3-16）中的系数 $\dfrac{i(1+i)^n}{(1+i)^n-1}$ 称为年金系列资金回收系数，记作 $(A/P,i,n)$，其值可由复利系数表查得。

【例 3-20】　现在投资 1 000 万元，预计年收益率为 15%，8 年内收回全部投资，每年应等额地回收多少资金？

**解：** 由式（3-16）可得

$$A=P(A/P,i,n)=1\ 000\times(A/P,15\%,8)$$
$$=1\ 000\times 0.222\ 9=222.9（万元）$$

### 3.3.3　先付年金的计算及其应用

先付年金是指在每期期初收付的年金，又称预付年金。显然，先付年金与后付年金的区别在于款项发生的时间不同，两者的款项发生次数是相同的，因此，先付年金的现值和终值计算可以借助于后付年金的计算求得。

### 1. 先付年金的终值计算及其应用

在收付款次数相同的前提下，由于每一期先付年金终值的计算比后付年金多计算一期利息，如图3-4所示。所以，我们可以先计算后付年金的终值，再乘以$(1+i)$便可得到先付年金的终值，计算公式如下：

$$F_{先付}=A\times(F/A,i,n)\times(1+i) \qquad (3-17)$$

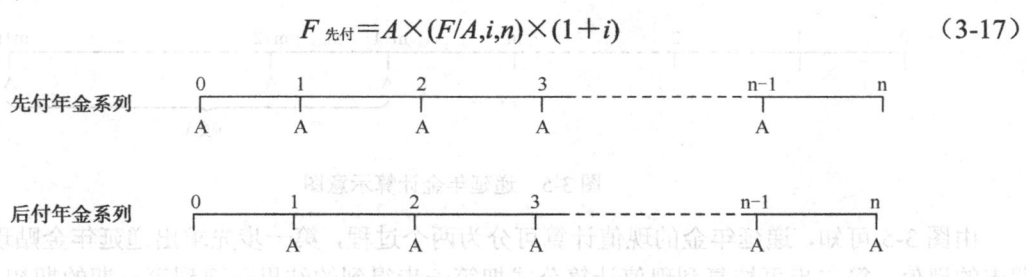

图 3-4 先付年金系列和后付年金系列

【例3-21】 某房地产合伙企业预计，在接下来的5年里每年年初应支付其合伙人10万元，假定合伙人欲得到6%的年收益率，那么，5年后合伙人将得到多少资金？

解：由公式（3-17）可得：

$$\begin{aligned}F_{先付}&=A\times(F/A,i,n)\times(1+i)\\&=10\times(F/A,6\%,5)\times(1+6\%)\\&=10\times5.637\times1.06\\&=59.75（万元）\end{aligned}$$

### 2. 先付年金的现值计算及其应用

在收付款次数相同的前提下，由于每一期后付年金现值的计算比先付年金多折现或贴现一期，如图3-4所示。所以，我们可以先计算后付年金的现值，再乘以$(1+i)$便可得到先付年金的现值，计算公式如下：

$$P_{先付}=A\times(P/A,i,n)\times(1+i) \qquad (3-18)$$

【例3-22】 某公司租用写字楼，每年年初需支付租金15万元，其预期租期10年，年折现率为8%，则这些租金现值为多少？

解：由公式（3-18）可得

$$\begin{aligned}P_{先付}&=A\times(P/A,i,n)\times(1+i)\\&=15\times(P/A,8\%,10)\times(1+8\%)\\&=15\times6.710\ 1\times1.08\\&=108.70（万元）\end{aligned}$$

【例3-23】 在【例3-12】中，我们也可以运用公式（3-18）进行计算，即：

$$\begin{aligned}P&=A\times(P/A,i,n)(1+i)+F\times(P/F,i,n)\\&=6\ 000\times(P/A,10\%,5)(1+10\%)+150\ 000\times(P/F,10\%,5)\\&=6\ 000\times3.790\ 8\times1.1+150\ 000\times0.620\ 9\\&=25\ 019.28+93\ 135\\&=118\ 154.3（元）\end{aligned}$$

### 3.3.4 递延年金的现值计算及其应用

在房地产投资分析中，有时收付款项的时间距离期初会有一段时间，如某项物业的租金收入会在购买几年后才会开始发生，像这种情况我们称为递延年金。递延年金的现值，就是从期初开始 m 期没有发生款项收付的情况下，将后 n 期每期期末发生的等额款项贴现到第一期期初的现值，如图 3-5 所示。

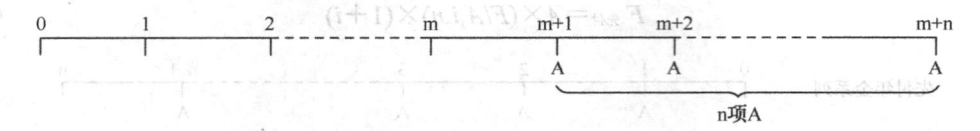

图 3-5 递延年金计算示意图

由图 3-5 可知，递延年金的现值计算可分为两个过程，第一步先求出递延年金贴现至第 m 期期末的现值；第二步再按复利现值计算公式把第一步得到的结果贴现到第一期的期初，其计算公式为：

$$P_{递延} = A \times (P/A, i, n) \times (P/F, i, m) \quad (3-19)$$

【例 3-24】 某投资者花了 50 万元购买了一套酒店式公寓，预计 3 年后可以对外出租，年净租金收入预计可达 3.5 万元（年初支付），折现率为 10%，问，出租 5 年的租金净收益折现到现在的总价值为多少？（如图 3-6 所示）

**解：**

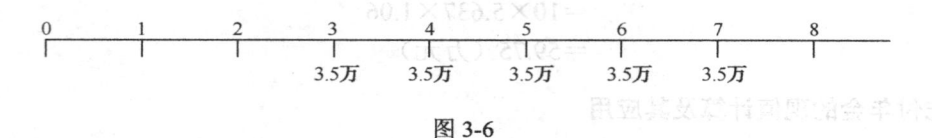

图 3-6

由公式（3-19）可得

$$\begin{aligned}
P_{递延} &= A \times (P/A, i, n) \times (P/F, i, m) \\
&= 3.5 \times (P/A, 10\%, 5) \times (P/F, 10\%, 2) \\
&= 3.5 \times 3.7908 \times 0.8264 \\
&= 10.96 \text{（万元）}
\end{aligned}$$

### 3.3.5 永续年金现值的计算及其应用

永续年金也就是无限期的等额收付年金，由于永续年金没有终止的时间，因此，$n \to \infty$，则由公式（3-14）得

$$P = \lim_{x \to \infty} A \times \frac{(1+i)^n - 1}{i(1+i)^n} = \lim_{x \to \infty} A \times \frac{1-(1+i)^{-n}}{i} = \frac{A}{i}$$

即永续年金现值的计算公式为：

$$P = \frac{A}{i} \quad (3-20)$$

【例 3-25】 某项物业的年租金净收入为 6 万元，基准收益率为 12%，求该物业的价值。

**解：** 由式（3-20）可得

$$P=\frac{A}{i}=\frac{6}{12\%}=50（万元）$$

### 3.3.6 资金时间价值基本计算公式汇总表及注意点

**1. 资金时间价值基本计算公式汇总表**

**表 3-1 资金时间价值的基本计算公式汇总表**

| 问题类型 | 已知 | 待求 | 计算公式 | 计算系数 |
|---|---|---|---|---|
| 复利终值问题 | $P$ | $F$ | $F=P\times(1+i)^n$ | 复利终值系数 $(F/P,i,n)$ |
| 年金终值问题 | $A$ | $F$ | $F=A\dfrac{(1+i)^n-1}{i}$ | 年金终值系数 $(F/A,i,n)$ |
| 复利现值问题 | $F$ | $P$ | $P=F\times(1+i)^{-n}$ | 复利现值系数 $(P/F,i,n)$ |
| 年金现值问题 | $A$ | $P$ | $P=A\dfrac{(1+i)^n-1}{i(1+i)^n}$ | 年金现值系数 $(P/A,i,n)$ |
| 资金存储问题 | $F$ | $A$ | $A=F\dfrac{i}{(1+i)^n-1}$ | 资金存储系数 $(A/F,i,n)$ |
| 资金回收问题 | $P$ | $A$ | $A=P\dfrac{i(1+i)^n}{(1+i)^n-1}$ | 资金回收系数 $(A/P,i,n)$ |

注：表 3-1 中没有包括先付年金、递延年金和永续年金的计算公式。

**2. 注意点**

表 3-1 中的公式并不需要全部死记，只要记住其中的复利终值问题和年金终止问题求解方法，就可以推导出其他任何一个问题的计算公式。

并且，在直接套用表 3-1 的基本计算公式进行求解有关问题时，需要注意以下几点：

（1）本年年末，就是下一年的年初；

（2）现值 $P$ 是在第一期的期初发生的；

（3）终值 $F$ 是在第 $n$ 年年末发生的；

（4）年金 $A$ 是在考察期间的各年年末发生的。当问题包括 $P$ 和 $A$ 时，系列的第一个 $A$ 是在 $P$ 发生 1 年后的年末发生的；当问题包括 $F$ 和 $A$ 时，系列的最后一个 $A$ 是和 $F$ 同时发生的。

## 本章小结

为了更为准确地估计物业的投资价值，我们就必须考虑资金的时间价值。资金的时间价值指的是资金的价值会随着时间的推移而发生变化，这种现象在不考虑通货膨胀和其他风险的情况下同样会发生。我们通过分析发现，资金的时间价值体现为两种形式，即利息和利润。如果我们把资金以储蓄的方式存入银行，则过一段时间后我们就可以得到相应的利息。如果我们将资金投入生产过程当中，则通过产品的销售最终可以得到一定数量的利润。房地产投资过程中的资金时间价值更多的属于后一种情况。

依据是否考虑资金的时间价值问题，我们把房地产投资分析的方法分为两种，一种是静态分析方法，另一种是动态分析方法。

一般，资金的时间价值计算可以分为现值计算和终值计算。将现在和预期各时点上发生的金额计算成未来某一个时点上的值的方法就是终值计算；而把预期各时点上发生的金额计算成现在价值的方法称为现值计算。在进行时间价值计算时，需要搞清有关利率和计息方式的概念，和由于计息方式的不同，导致的实际利率和名义利率之间的差异。

在复利现值和复利终值计算时，需要注意：现值发生的时点是整个计算期的初始时点（即0点），而终值发生的时点是在计算期的期末时点。对于年金的时间价值计算分为先付年金和后付年金两种情况，能够利用年金现值系数、年金终值系数、资金存储系数和资金回收系数直接查表计算的是后付年金。所以，在利用资金时间价值的基本计算公式进行求解有关问题时，要特别注意资金发生的时点，切不可在什么情况下都用基本公式进行直接求解和计算。

关于年金的时间价值计算，还要注意有关递延年金和永续年金的计算这两种情况。永续年金的计算在房地产价值评估当中应用广泛。

### 本章思考题

1. 什么是资金的时间价值？主要表现形式有哪些？影响资金时间价值的因素有哪些？

2. 什么是名义利率和实际利率？两者关系如何？请分析在住房按揭借款合同当中，购房者与银行约定的合同利率是实际利率还是名义利率呢？

3. 对过去几年里同类房地产的出售价格进行调查，结果显示，房地产的价值平均每年递增5%，如果这种趋势持续下去，那么，一幢今天价值60万元的房产5年后将卖多少钱？

4. 一笔房地产投资，预计3年后收入20万元，年收益率为15%，求现值$P$。

5. 有一幢房产预计7年后其市场价值为50万元，如果你希望得到12%的回报，现在你愿意出多少价格购买？

6. 在例3-13中，如果开发商向客户推出的是一次性付款和按揭两种方式，那么开发商应该如何考虑一次性付款折扣的问题呢？

7. 如果一项房地产投资贴现率为12%，保证可以得到下面的一系列租金收入（在每年年初得到租金，不计其他税费），在第5年年末可以价格18万元净价售出，那么投资者现在愿意出多少价格购买呢？

| 年份 | 租金收入（元） |
| --- | --- |
| 1 | 5 000 |
| 2 | 5 000 |
| 3 | 5 000 |
| 4 | 5 000 |
| 5 | 5 000 |
| 第5年年末可以18万元净价出售 ||

8. 假设每年年初投入1 000元，期限为5年，按利率5%计算复利，那么第5年的总额是多少？

9. 某项投资如分期进行，每年末需投入1万元，共需5年，假设利率为10%，则最初一次性投入多少资金才相当于上述各期的投资总和？

10. 某公司租用写字楼，每年年初需支付租金16万元，其预期租期8年，年利率设为10%，则这些租金现值为多少？

11．如果你有一幢房子，预计5年后需更换屋顶，成本是55 000元。如果你从每年的收入中扣除一部分按利率5%存起来，那么每年年底存多少才能在5年后获得55 000元呢？

12．某投资者花了60万元购买了一间商铺，预计2年后可以对外出租，年净租金收入预计可达5万元（年初支付），折现率为12%，问，出租5年的租金净收益折现到现在的总价值为多少？

13．假设某商住楼的平均租金为2元/平方米·天，其中某套住宅的建筑面积为150平方米，商住楼的土地使用年限为70年，无银行贷款，开发商希望的年投资收益率为15%，物业管理费为2元/月·平方米，保险等其他费用占年收益的0.002。房产等各种税率为12%。试计算该套住宅目前售价多少较为合适？请用年金现值公式和永续年金公式两种计算方法分别进行求解。

# 第4章 房地产投资经济评价

**【本章能力点】**
（1）能够正确理解和掌握房地产投资经济评价的含义、内容及其指标体系
（2）能够正确理解和掌握几个传统评价指标在房地产置业投资分析中的应用
（3）能够正确理解和掌握静态指标和动态指标在房地产投资分析中的应用
（4）能够正确掌握 Excel 在房地产投资分析中的应用

房地产投资效果的好坏可以通过某些定性和定量的分析方法予以确定。例如，某项投资的经济效果可以通过一些定量的参数来评价，而该项投资所产生的社会效果（如对环境产生的影响、对城市形象和品位的提升等）就可能只有通过一些定性的方法来进行阐述了。本章主要探讨如何运用一些参数和方法对房地产投资项目的经济效果进行评价。

## 4.1 房地产投资经济评价概述

### 4.1.1 房地产投资经济评价的内容

房地产投资效果的经济评价是房地产开发投资或置业投资评价的重要内容，是广大投资者都非常重视的问题。房地产投资的经济效果可以通过一些参数和指标来进行衡量，并且，投资者可以以此来判断某一项目在经济上的可行性，或者判断某一项目与其他项目比较时的优劣程度。显然，房地产投资经济评价是房地产投资可行性研究的重要组成部分和核心内容。

**1. 房地产投资经济评价的步骤**

房地产投资经济评价是在对某一项目的投资环境和市场进行分析和研究的基础上，对其经济效果进行的评价。主要包括以下几个步骤：

（1）评价依据、原则及方法的确定。房地产投资经济评价依据，指的是正确进行某项投资经济效果评价的有关政府文件、项目文件以及在此之前已经完成的该项目投资的环境和市场分析结论。评价原则指的是在进行某一项目投资的经济效果评价时所坚持的基本思路，例如，评价侧重的是静态分析还是动态分析、是定量分析还是定性分析，以及对风险的态度是谨慎的还是激进的等诸方面。而评价方法的确定则包括一些假设条件的设定及评价参数和指标的选择等。

（2）基础数据的收集、整理和计算。基础数据的收集、整理和计算是房地产投资经济评价进行定量分析的基础和前提。房地产开发项目投资的基础数据主要涉及开发成本费用（包括土地费用、前期工程费、基础设施建设费、建安工程费、公共配套设施建设费、开发间接费、管理费用、销售费用、财务费用）、开发项目的租售收入（包括租售价格和面积、开发和销售进度的安排、不同物业类型的比例等）、自有资金和融资安排、税费减免情况等；而对置业投资项目来说，基础数据的项目要少得多，主要包括物业的价格和面积、各种交易税费、银行按揭贷款情况（包括

利率、期限、额度)、出租情况(租金、租期、租赁税费等)等。基础数据的有关内容将分别在第二篇和第三篇中进行详细讲解。

(3) 有关财务报表的编制及指标的计算。财务报表的编制是进行房地产投资经济评价指标计算的前提。对于房地产开发项目来说，财务报表包括基本报表：现金流量表、损益表、资金来源与运用表、资产负债表，以及辅助报表：成本费用估算表、投资计划与资金筹措表、贷款还本付息表、销售收入估算表、出租收入估算表等。而对于置业项目来说要简单得多，一般只需要编制现金流表就可以满足相关指标的计算和分析。在编制好有关报表之后，就可以利用报表进行项目的经济评价指标计算了，对于指标的讲解见后面内容。

(4) 经济评价结论。完成了相关评价指标的计算之后，就可以依据相应的标准对该项目的经济效果进行最终评价。例如，各项指标如果都达到预期要求，则说明该项目在经济或财务上是可行的。

**2. 房地产投资经济评价的方法**

通常情况下，房地产投资经济评价采用以定量分析为主，以定性分析为辅的方法。在房地产投资经济评价中，定量计算结果不仅直观，而且还可以作为方案比选的直接依据。房地产投资分析中普遍采用的定量分析方法主要有以下两种：

(1) 静态分析。即在进行经济评价时，并不考虑项目资金的时间价值。显然，运用静态分析对项目的经济效果进行评价相对简单和易于理解，其在房地产开发项目投资分析特别是在房地产置业投资分析中一直有较广泛的运用。不过，通过静态分析得出的指标值并不能全面准确地反映项目的投资经济效果，因此，只是作为投资分析的初步参考。

(2) 动态分析。动态分析的方法在考虑了项目整个存续期的基础上，将资金的时间价值反映在整个计算过程当中，因此，此方法能更加真实地体现项目的经济效果。不过，投资者对其指标的准确理解和计算也增加了难度。

### 4.1.2 房地产投资经济评价指标体系

一项房地产投资的效果好坏，需要从多个方面进行分析。例如，我们不仅要分析某项投资收益水平或盈利水平的高低，同时，还应分析该项投资在投资成本的回收期限上是否满足投资者的要求；并且，在借款的偿还期限上，还需分析是否达到了银行的贷款偿还期限要求等。因此，如果只用某一个指标来衡量一项房地产投资的经济效果，其结论显然是不全面的。为此，人们设计了众多的经济评价指标以满足不同投资者对某项房地产投资从多个角度对其经济效果进行分析和评价，这些指标构成了房地产投资的经济评价指标体系，表4-1只列出了常用的房地产投资经济评价指标。

**表4-1 房地产投资分析常用经济评价指标体系**

| 评价内容 | 财务分析指标 | | | 备 注 |
|---|---|---|---|---|
| | 静态指标 | | 动态指标 | |
| | 传统指标 | 现代指标 | 内部收益率 | 其中静态指标中的传统指标一般只适用于置业投资分析，静态指标中的现代指标和动态指标一般情况下既适用于置业投资分析，也适用于开发投资分析。清偿能力分析指标一般用在开发投资分析中 |
| 盈利能力 | 收益乘数 | 静态投资回收期 | 净现值 | |
| | 全面资本化率 | 净现金流量 | 动态投资回收期 | |
| | 股本化率 | 投资利润率 | 净现值率 | |
| | 现金回报率 | 投资利税率 | — | |
| | 经纪人收益率 | 资本金利润率 | — | |
| 清偿能力 | 借款偿还期(见第八章) | | — | |

从表 4-1 可知，房地产经济评价指标体系按评价内容主要可以分为盈利能力指标和清偿能力指标两大类，其中盈利能力指标主要衡量某项房地产投资的获利能力；而清偿能力分析主要探讨该项目收入偿还金融机构借款的能力，虽然衡量项目清偿能力的指标还包括还本付息比率、资产负债率、流动比率以及速动比率等，但本书仅讨论经常用到的借款偿还期这一指标。

同时，这些经济评价指标又可分为静态指标和动态指标。前面章节已经谈到，所谓静态指标就是指没有考虑资金时间价值的指标。因此，这些指标并不能真实、准确地反映房地产投资活动的经济效果，但是，由于其计算较为简便，经济含义直观、容易理解，在项目分析中特别是置业投资分析中得到广泛的使用。这里，我们把静态指标分成了传统指标和现代指标，其中传统指标一般用在置业投资分析中，这些指标包括收益乘数、全面资本化率、股本化率、现金回报率及经纪人收益率；而静态指标中的现代指标（包括静态投资回收期、净现金流量、投资利润率、投资利税率和资本金利税率指标）与动态指标（包括内部收益率、净现值、动态投资回收期及盈利指数指标）则既适用于置业投资分析也适用于开发投资分析。这些指标都将在下一节进行详细讲解。

### 4.1.3 现金流量、现金流量表及现金流量图

**1. 现金流量及现金流量表的含义**

在对某一投资进行分析时，把各个时期或时间点上实际发生的资金流出或流入叫现金流量（CF，Cash Flow）。流入系统的资金称为现金流入（CI，Cash Inflow），流出系统的资金称为现金流出（CO，Cash Outflow），现金流入与现金流出的代数和称为净现金流量（NCF，Net Cash Flow）。通常情况下，现金流入表现为项目在某一时期或时点上的收入，而现金流出则表现为项目在某一时期或时点上的支出。

由现金流入、现金流出和净现金流量三部分及对应的时期或时间点一起可组成一张现金流量表，如表 4-2 所示。从表 4-2 中可以看出，这张表主要由现金流入、现金流出和净现金流量三大项构成，其中，现金流入和现金流出又分别由各自的小项加总而成。显然，这张表并没有考虑资金的时间价值，如果要考虑资金的时间价值，则这张表还需要加入其他几项内容，见后面的分析。

表 4-2 现金流量表示例

| 时间<br>项目 | 1 | 2 | 3 | … | n |
|---|---|---|---|---|---|
| 1 现金流入（1.1+1.2+…） | | | | | |
| 1.1 现金流入项目 1 | | | | | |
| 1.2 现金流入项目 2 | | | | | |
| … | | | | | |
| 2 现金流出（2.1+2.2+…） | | | | | |
| 2.1 现金流出项目 1 | | | | | |
| 2.2 现金流出项目 2 | | | | | |
| … | | | | | |
| 3 净现金流量（1+2） | | | | | |

**2. 现金流量图的含义及其绘制**

现金流量图（Cash Flow Diagram）则是把投资项目系统的现金流量用时间坐标表示出来的一种示意图。时间可以以年、半年、季度或月为单位，如图 4-1 所示。

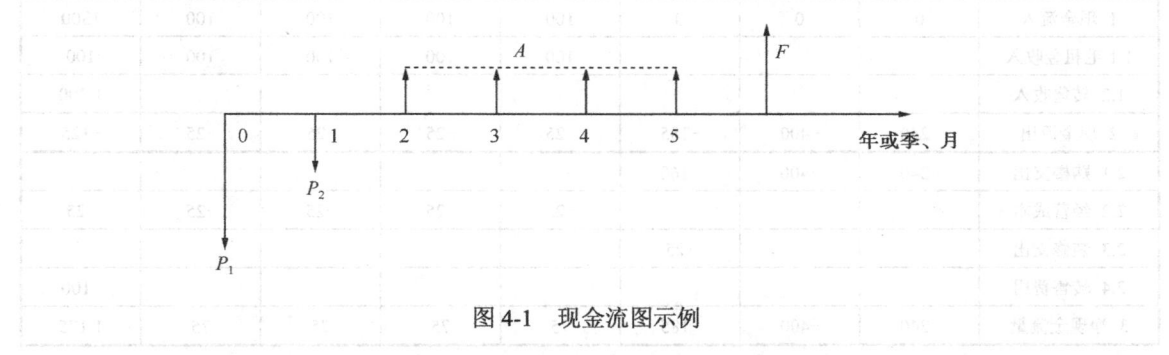

图 4-1 现金流图示例

从图 4-1 可知，现金流量图可以很直观地看出某项目的现金流出、流入或净现金流量按一定时间间隔分布的情况。现金流图的作图过程如下：

第一步：画一条水平线作为时间标度。根据需要把水平线划分成若干相等的格，每一格代表一个时间单位，也就是一个计息周期。时间的推移是自左向右的，也就是说，时间点是从 0 到 1、2……直到 $n$，每一个时间点都表示该计息期周期的期末时点。具体来说，时间点 0 表示资金运动的时间始点或某一基准时刻，通常表示资金发生在 0 期期末，不一定是指日历年度的年初；时间点 1 表示第一个计息周期的末尾，同时也是第二个计息周期的开始。其他均以次类推。

第二步：根据实际情况，在各标度上画上现金流量，箭头表示现金流动的方向，箭头向下表示现金支出，箭头向上表示现金收入，箭头的长短与收入或支出的大小成比例。

第三步：在箭头上标出现金流量的具体数字。

【例 4-1】 2007 年，某投资者计划用三年时间，以 800 万元的价格按照分期付款的方式购买一栋写字楼。已知前两年的付款比例分别为 30%、50%，余下在第三年付清，并在该年年末装修完毕，第四年年初即出租，毛租金为 100 万元，经营成本为 25 万元，并假设今后几年毛租金和经营成本均保持不变。出租 5 年后，该投资者把楼转售给别人，获得 1200 万元的收入，其中还支付了 100 万元的转售费用。如果装修成本为 25 万元，并假设投资和经营期间的收支均发生在年末，要求：

（1）编制该写字楼投资项目的现金流量表；
（2）绘制该写字楼投资项目的净现金流量图。

**解：**

（1）求出项目的现金流入、现金流出及净现金流量

依题意：本项目的现金流入＝毛租金收入＋转售收入

本项目的现金流出＝购楼支出＋经营成本＋装修支出＋转售成本

而项目的净现金流量＝现金流入－现金流出

根据以上公式，可以编制出相应的现金流量表，并在表中填入现金流出、现金流入及净现金流量的有关数据，结果如表 4-3 所示。

表 4-3　项目投资现金流量表　　　　　　　　　　　　　单位：万元

| 年份<br>项目 | 2007 | 2008 | 2009 | 2010 | 2011 | 2012 | 2013 | 2014 |
|---|---|---|---|---|---|---|---|---|
| 1 现金流入 | 0 | 0 | 0 | 100 | 100 | 100 | 100 | 1300 |
| 1.1 毛租金收入 | | | | 100 | 100 | 100 | 100 | 100 |
| 1.2 转售收入 | | | | | | | | 1 200 |
| 2 现金流出 | −240 | −400 | −185 | −25 | −25 | −25 | −25 | −125 |
| 2.1 购楼支出 | −240 | −400 | −160 | | | | | |
| 2.2 经营成本 | | | | −25 | −25 | −25 | −25 | −25 |
| 2.3 装修支出 | | | −25 | | | | | |
| 2.4 转售费用 | | | | | | | | −100 |
| 3 净现金流量 | −240 | −400 | −185 | 75 | 75 | 75 | 75 | 1 175 |

（2）绘制净现金流量图

根据表 4-3 中的各年净现金流量数据，可绘制出该项目的净现金流量图，如图 4-2 所示。

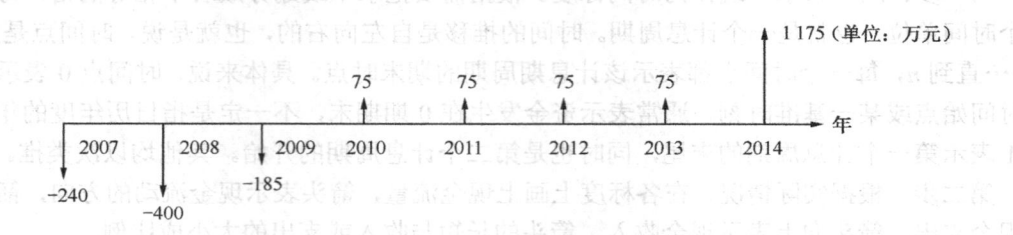

图 4-2　项目净现金流量图

## 4.2　房地产投资静态分析

如前所述，静态指标并不考虑货币或资金的时间价值，其特点是静止地看待问题，不计算货币或资金的时间价值，所采用的每一期（如每一年或每个月等）现金流量是当期的实际数值，而不是折现值。静态指标在置业投资分析中经常使用，并且在建设工期短的小型项目的投资分析中也有一定的使用价值；而对大中型、期限较长的投资项目而言，只在投资机会研究或初步可行性研究阶段有较多应用。常见的静态分析指标主要有：投资利润率、投资利税率、资本金利润率、静态投资回收期以及其他传统的静态分析指标，如收益乘数、全面资本化率、股本化率、现金回报率、经纪人收益率等。

### 4.2.1　投资利润率

**1. 含义与计算公式**

投资利润率又称投资收益率，是指房地产投资项目开发建设完成后正常年度的年利润总额与项目总投资额的比率（对于置业投资项目来说，则不包括开发建设期）。其计算公式为：

$$投资利润率 = \frac{年利润总额或年平均利润总额}{项目总投资} \times 100\% \quad (4-1)$$

式（4-1）中，关于年利润总额的计算按置业投资和开发投资分为两种情况：

（1）如果是置业投资项目，则年利润总额的计算应按下式进行：

年利润总额＝年租金毛收入－经营成本（包括租赁税费）－贷款按揭本息支付（如果是一次性支付，则该项为0）－其他成本

（2）对于开发投资项目来说，年利润总额的计算则按下式进行：

年利润总额＝年产品销售收入－年产品销售税金及附加－年总成本费用

不过，以上计算按照收益或利润计算内容的不同，实际工作中将投资利润率分为税前投资利润率和税后投资利润率。

**2. 投资利润率的应用及注意问题**

在进行经济评价时，只要将本项目的投资利润率与行业平均利润率或与事先确定好的可以接受的投资利润率基准进行比较，就可以判断该项目的投资经济效益或盈利能力是否达到预期水平。如果预期的投资利润率高于或等于基准投资利润率，说明该项目的投资经济效益高于或相当于本行业的平均水平，可以考虑接受；若预期的投资利润率小于基准投资利润率，则该项目的经济效益并未达到平均水平，一般不予接受，或对该项目的投资计划进行修改，此时需要重新计算投资利润率大小。

显然，关于基准投资利润率的确定并不是一件很容易的事情，因为，它不仅与当前的宏观经济形势、银行贷款利率以及其他行业的投资利润率水平有关，同时也与具体的房地产投资项目类型有关，并且还跟投资者自身的投资个性有关等。一般而言，宏观形势好，利率高、其他行业投资利润率水平高，则某项房地产投资的基准投资利润率也会高；而对于商业物业的投资来说，其基准利润率一般又会比居住物业要高；即使对于相同类型的物业，高档物业的基准收益率也会比中低档物业要高；最后，不同投资者也会对基准收益率有不同的要求。

投资利润率指标的优点是计算简单、直观、易于理解，缺点是正常年度的利润额选择有困难，特别对于房地产开发项目来说，要准确确定其正常年份的利润额是有困难的；所以，一般情况下都按几年的平均值作为年利润总额来计算房地产开发项目的投资利润率。而对于置业投资项目来说，由于其租金收益的可预测性较强，因此，其年利润总额的计算相对简单。

投资利润率指标一般使用于投资额小、比较简单的项目的经济评价，对各年收益不同的多个方案进行比较做方案选择是不合适的。

### 4.2.2 投资利税率

**1. 含义与计算公式**

投资利税率是指项目利税额与总投资额的比值，一般只适用于房地产开发项目投资的经济效果度量。其计算公式为：

$$投资利税率 = \frac{年利税总额或年平均利税总额}{项目总投资} \times 100\% \quad (4-2)$$

这里的分子与投资利润率的分子情况相同，年利税总额则是年利润总额与年销售税金及附加之和，或者是年销售收入与年总成本费用之差。

## 2. 投资利税率的应用

计算出的投资利税率同样也要与规定的行业基准投资利税率或行业平均投资利税率,或与事先确定好的可以接受的投资利税率基准进行比较;如果前者大于或等于后者,认为项目是可以考虑接受的。

### 4.2.3 资本金利润率

**1. 含义与计算公式**

资本金利润率是项目的利润总额(或年平均利润总额)与项目资本金(即自有资金或权益资金)之比。其计算公式为:

$$资本金利润率 = \frac{利润总额或年平均利润总额}{资本金} \times 100\% \quad (4-3)$$

式中,利润总额为所得税前利润;资本金为项目的全部注册资金或自有资金。

**2. 资本金利润率的应用**

计算出的资本金利润率要与规定的行业基准资本金利润率或行业平均资本金利润率,或与事先确定好的可以接受的资本金利润率基准比较,如果前者大于或等于后者,认为项目是可以考虑接受的。

【例 4-2】 某房地产开发项目总投资支出为 120 000 万元,从开发第二年起,开始有建成房屋可售,每年可实现利润总额为 23 000 万元,销售税金为 7 800 万元,年所得税率为 33%,资本金为 40 000 万元。如果基准收益率为 15%,试计算项目的投资利润率、投资利税率、资本金利润率;并判断该项目是否可行。

解:
投资利润率 = 23 000 ÷ 120 000 × 100% = 19.2%
投资利税率 = (23 000 + 7 800) ÷ 120 000 × 100% = 25.7%
资本金利润率 = 23 000 ÷ 40 000 × 100% = 57.5%

从以上计算可知,投资利润率、投资利税率和资本金利润率分别为 19.2%、25.7% 和 57.5%,均大于基准收益率 15%,因此,此项目可以考虑接受。

### 4.2.4 静态投资回收期

**1. 含义与计算公式**

静态投资回收期是指在不考虑时间价值的条件下,以房地产项目的净收益抵偿全部投资所需要的时间。它是考察项目在财务上的资金回收能力的主要静态评价指标。对于购置物业进行出租经营的投资者而言,静态投资回收期更具有实用价值。因为,对于一次性付款的项目来说,这一指标表示的是每年净租金收入之和刚好等于初始投入所需要的年限。静态投资回收期一般以年表示,并从投入资金起始年算起。

静态投资回收期的具体计算方法有两种:

(1) 当项目投入运营后,每年的收益额大致相同时

$$投资回收期 = \frac{项目总投资}{项目年平均收益额} \quad (4-4)$$

式中的项目总投资额一般应考虑投资贷款利息。项目的年平均年收益额是由项目的年平均营业收入（租金收入）扣除年平均经营成本（不含折旧）及各种税金后的余额。

（2）当项目投入运营后，每年的收益相差较大时

$$投资回收期 = (累计净现金流量开始出现正值期数 - 1) + \frac{上期累计净现金流量的绝对值}{当期净现金流量}$$

（4-5）

其中的净现金流量和累计净现金流量可直接用现金流量表中的数据计算得到。当累计净现金流量等于零或出现正值的年份，即为项目静态投资回收期的最终年份。

**2. 静态投资回收期的应用**

如果计算得出的投资回收期小于等于投资者所能承受的投资回收期，则认为该项目能在预期的时间内收回投资。

静态投资回收期指标计算简单、容易理解、直观，其缺点是没有考虑项目回收资金以后的情况，不能评价项目计算期内总收益和盈利能力，并且其中没有考虑资金的时间价值因素，因此通常不能只根据投资回收期的长短来评价项目的优劣；而必须和其他指标（如财务内部收益率和财务净现值）结合使用，才能避免得出错误结论。

【例4-3】 某投资者投资某项目，各年的净现金流量状况如表4-4所示。试计算项目的静态投资回收期。

表4-4　　　　　　　　　　　　　　　　　　　　　　　　　　　　单位：万元

| 年　末 | 0 | 1 | 2 | 3 | 4 | 5 | … |
|---|---|---|---|---|---|---|---|
| 净现金流量 | -50 | -50 | 20 | 30 | 35 | 35 | 35 |
| 累计净现金流量 | | | | | | | |

解：依据表4-4中的净现金流量数据，计算各期的累计净现金流量，如表4-5所示。

表4-5　　　　　　　　　　　　　　　　　　　　　　　　　　　　单位：万元

| 年　末 | 0 | 1 | 2 | 3 | 4 | 5 | … |
|---|---|---|---|---|---|---|---|
| 净现金流量 | -50 | -50 | 20 | 30 | 35 | 35 | 35 |
| 累计净现金流量 | -50 | -100 | -80 | -50 | -15 | 20 | 55 |

则根据公式（4-5），投资回收期的求解如下：

$$投资回收期 = 5 - 1 + \frac{|-15|}{35} = 4.43 \text{（年）}$$

**4.2.5　静态分析的几个传统指标**

目前，在房地产投资经济评价的静态分析中，分析者通常采用以上几个指标，而往往忽略了一些传统静态指标在分析中的作用。其实，某些传统指标在房地产投资分析特别是置业投资分析中是很有效的。下面就对这些指标做一简单介绍。

### 1. 收益乘数

收益乘数指的是某一项物业的市场价格与总收入或净收入之间的比值关系。收益乘数按计算基数的不同，分为总收益乘数和净收益乘数，其计算公式如下：

$$总收益乘数 = \frac{市场价格}{总收入} \tag{4-6}$$

$$净收益乘数 = \frac{市场价格}{净经营收益} \tag{4-7}$$

总收益乘数也称为总租金乘数，反映的是物业的市场价格与总收入或毛租金之间的关系。显然，这里的总收入或毛租金的计算时间一般按年计。并且，可以注意到，在实际运用过程中，物业的市场价格一般是确定的或容易估计的，但对总收入的估计却可能存在着较大的误差，例如对其中物业空置期及坏账损失的估计就会有很大的不确定性。

净收益乘数反映的是物业的市场价格与净经营收益（即在毛租金的基础上扣除经营成本、有关租赁税费等项目）之间的比值关系。相对于总收益乘数而言，净收益乘数计算相对复杂一些，但却能较真实地体现物业的实际价值。

从计算公式（4-6）和公式（4-7）可知，收益乘数的数值越小，表示物业的投资价值越高，可获得的投资回报率也越高。

### 2. 全面资本化率

全面资本化率表示预期净经营收益占市场价格的百分比大小，这一指标与净收益乘数指标成倒数关系，其计算公式如下：

$$全面资本化率 = \frac{净经营收益}{市场价格} \times 100\% \tag{4-8}$$

显然，全面资本化率值越大，表明物业的回报率也越高。但是，全面资本化率与前面讲到的收益乘数都有一个同样的缺点，就是都没有考虑融资条件。例如，对于同一项物业，当分别采用一次性付款和银行按揭付款两种方式时，其对投资者回报率的影响显然是不同的；但如果按照全面资本化率或收益乘数进行计算时，两种付款方式对投资的影响是无差异的。所以，投资者在运用这两项指标时，需要注意它们的局限性和适用性。

### 3. 股本化率

股本化率表示税前（即扣除所得税前）现金流量占初始股本投资的百分比。其计算公式如下：

$$股本化率 = \frac{税前现金流量}{初始股本投资} \times 100\% \tag{4-9}$$

显然，股本化率在一定程度上弥补了全面资本化率的不足。因为，它反映的是投资者自有资金的回报率大小。其中，税前现金流量指的是净经营收益与年债务本息（即全年的按揭月供之和）之差。对公式（4-9）中的分子和分母项进行细化之后，便可得到下式：

$$股本化率 = \frac{（净经营收益 - 按揭月供款）\times 12}{首期房款 + 期房时间内的按揭款} \times 100\% \tag{4-10}$$

股本化率考虑了不同融资条件对物业投资回报的影响，但是它未能考虑所得税对投资项目的影响。若物业间所得税状况相差较大时，则股本化率这一分析指标也有缺陷。

### 4. 现金回报率

现金回报率正好弥补了股本化率的不足，它指的是扣减所得税后的现金流量与股本投资之比，其计算公式如下：

$$现金回报率 = \frac{税后现金流量}{初始股本投资} \times 100\% \tag{4-11}$$

对公式（4-11）中的分子和分母项进行细化之后，便可得到下式：

$$现金回报率 = \frac{（净经营收益 - 按揭月供款 - 所得税）\times 12}{首期房款 + 期房时间内的按揭款} \times 100\% \tag{4-12}$$

当然，即使包含了所得税的扣减，作为一个静态指标，它仍然存在不足，因为它没有考虑物业价值的变动和税后现金流量随时间的变化对投资回报的影响。

### 5. 经纪人收益率

对于通过银行按揭取得物业的投资者来说，随着投资者每个月不断地偿还银行贷款的本息以及伴随着物业的增值，其对物业的权益值也是逐月增加的。例如，对于总价为 100 万元的物业，如果首付是三成，即 30 万元，则投资者在还款初期对该项物业拥有 30 万元权益值。假设在某一时间段后，已还本金 20 万元，并且物业市场价值已增加至 110 万元，则此时投资者对该项物业的权益值已经达到了 60 万元（30+20+10=60 万元）了。因此，在计算物业的现金回报率时，还应把投资者对物业的权益增加值或物业价值的变动考虑在内，此时我们就得到了经纪人收益率指标，其计算公式如下：

$$经纪人收益率 = \frac{税后现金流量 + 权益增加额}{初始股本投资} \tag{4-13}$$

对公式（4-13）中的分子和分母项进行细化之后，便可得到下式：

$$经纪人收益率 = \frac{（净经营收益 - 按揭月供款 - 所得税）\times 12 + 全年已偿还的本金 + 物业增值额}{首期房款 + 期房时间内的按揭款}$$

$$\tag{4-14}$$

比较这五个传统指标，我们可以发现，其中最能体现物业吸引力的指标是经纪人收益率。

**【例 4-4】** 某项商业物业（现房）的市场价值为 60 万元，其中按揭首付款为 30 万元，另外 30 万元采用每月等额还款（贷款期限为 10 年），假设每年等额偿还 40 000 元（其中第一年偿还本金 22 000 元）。并且规定该项物业的年折旧额为 1.5 万元。预计物业的毛租金收入为 12 万元，空置与收租损失（坏账损失）为毛租金收入的 10%，包括租赁税费、物业管理费等运营费用为毛租金收入的 30%。所得税率为 33%，并预计该商业物业每年市场增值 5%。请计算和评价该项物业投资效果的几个传统指标。

**解：**

（1）所需基本数据的计算

① 净经营收益：100 000×（1-10%-30%）=60 000（元）；

② 年还本付息额为 40 000 元，其中第一年偿还本金为 22 000 元；

③ 所得税前净现金流量：60 000-40 000=20 000（元）；

④ 折旧额为 1.5 万元；

⑤ 所得税额为：（净现金流量+本金-折旧）×所得税税率

= （20 000+22 000-15 000）×33%

= 9 570 元；

⑥ 所得税后净现金流量：20 000－9 570＝10 430（元）；

（2）计算各静态传统指标（第一年）

① 总收益乘数＝市场价格÷总收入＝600 000÷100 000＝6；
② 净收益乘数＝市场价格÷净经营收益＝600 000÷60 000＝10；
③ 全面资本化率＝净经营收益÷市场价格＝60 000÷600 000＝10%；
④ 股本化率＝税前净现金流量÷初始股本＝20 000÷300 000＝6.7%；
⑤ 现金回报率＝税后净现金流量÷初始股本＝10 430÷300 000＝3.5%；
⑥ 经纪人收益率＝（税后净现金流量＋权益增加额）÷初始股本投资
　　　　　　　＝（10 430＋22 000＋600 000×5%）÷300 000
　　　　　　　＝20.81%。

## 4.3 房地产投资动态分析

房地产投资动态分析采用了折现现金流量的方法，其计算特点是考虑了资金的时间价值，能如实反映资金实际运用情况和全面体现项目整个寿命期内的经济活动和经济效益，因而比静态指标更能够正确地对项目投资的经济效果作出符合实际的评价。其主要指标有净现值、净现值率、内部收益率、动态投资回收期等。

### 4.3.1 净现值（NPV）

**1. 含义与计算公式**

所谓净现值（NPV），就是将投资期限内不同时间发生的净现金流量，以一定的折现率折现到投资期初，并将各期的净现金流量现值相加求和。换句话说，净现值就是指按照投资者最低可接受的收益率或设定的基准收益率 $i$（即贴现率），将房地产投资项目各期净现金流量折现到投资期初的现值之和。其表达式为：

$$NPV = \sum_{t=0}^{n}(CI-CO)_t(1+i)^{-t} = \sum_{t=1}^{n}(CI-CO)_t(1+i)^{-t} - I_0 \qquad (4-15)$$

式中：$I_0$——某项目投资建设前期的实际投入，即现在必须支付的成本；

$(CI-CO)_t$——第 $t$ 期的净现金流，即表示第 $t$ 期的现金流入与第 $t$ 期的现金流出之差；

$i$——基准收益率或折现率，它反映了资金的时间价值；显然，当折现率越大，计算得到的净现值就会越小，甚至会出现负值；

$n$——投资期数；

$t$——第 $t$ 期。从公式（4-15）可知，当 $t$ 值越大时，第 $t$ 期净现金流量的现值会越小。

净现值指标表示现金流入现值补偿现金流出现值后的余额，可通过相应的现金流量表求得。

**2. 净现值的作用**

净现值是用来判别投资项目是否可行的动态评价指标之一，它可能大于零，也可能小于零。净现值评价标准的临界值是零。

当净现值大于零，即 $NPV>0$ 时，表明投资项目的预期收益率不仅可以达到基准收益率或折现率所预定的收益水平，而且尚有盈余（即大于基准收益率或折现率）；

当净现值等于零，即 NPV=0 时，表明投资项目收益率恰好等于基准收益率或折现率所预定的收益水平；

当净现值小于零，即 NPV<0 时，表明投资项目收益率达不到基准收益率或折现率所预定的投资收益水平（即小于基准收益率或折现率），导致项目可能出现亏损。此时项目不可行，应不予接受。

因此，只有 NPV≥0 时，投资项目在经济上才是可行的，值得进一步考虑。同时，我们注意到，在投资总额相等的情况下，净现值越大经济效益也越显著。

### 3. 净现值指标的优缺点

净现值的优点是考虑了项目寿命期内各年现金流量的时间价值，并且，在投资总额相等的情况下可以按净现值的大小对项目或方案进行优劣排序。

但它也有明显的缺点：

（1）不适用于投资额不相等的投资项目比较；

（2）折现率不易确定。折现率是计算净现值必不可少的依据。然而在一般情况下，其确定只能靠主观判断；

（3）虽能够反映项目在整个计算期内的绝对效果，但不能反映单位投资的效果。为了克服这一缺点，我们有了净现值率这一指标；

（4）即使知道了净现值大于零，我们也无法判断该项目的预期收益率真正是多少。为了克服这一缺点，我们又有了内部收益率指标。

**【例 4-5】** 在【例 4-1】的基础上，假设基准收益率或贴现率为 12%，求：

（1）计算项目净现金流量的现值之和，即净现值 NPV 的大小；

（2）在不考虑其他投资的情况下，判断该物业是否值得投资。

**解：**

（1）在表 4-3 的基础上，按折现率 12%并依据公式（4-15）进行计算。如下：

$$NPV = \sum_{t=0}^{n} (CI-CO)_t (1+i)^t$$

$$= -240 - 400(1+0.12)^{-1} - 185(1+0.12)^{-2} + 75(1+0.12)^{-3} + \cdots + 1\ 175(1+0.12)^{-7}$$

$$= -31.51（万元）$$

从以上可知，本题将 2007 年年末看成是计算期的期初。

不过，求解过程也可以直接在现金流量表中进行，此时将表 4-3 扩展为表 4-6，如下：

表 4-6　项目投资现金流量表　　　　　　　　　　　　　单位：万元

| 每年年末<br>项　目 | 2007 | 2008 | 2009 | 2010 | 2011 | 2012 | 2013 | 2014 |
|---|---|---|---|---|---|---|---|---|
| 1 现金流入 | 0 | 0 | 0 | 100 | 100 | 100 | 100 | 1 300 |
| 1.1 毛租金收入 |  |  |  | 100 | 100 | 100 | 100 | 100 |
| 1.2 转售收入 |  |  |  |  |  |  |  | 1 200 |
| 2 现金流出 | −240 | −400 | −185 | −25 | −25 | −25 | −25 | −125 |
| 2.1 购楼支出 | −240 | −400 | −160 |  |  |  |  |  |

续表

| 每年年末<br>项　目 | 2007 | 2008 | 2009 | 2010 | 2011 | 2012 | 2013 | 2014 |
|---|---|---|---|---|---|---|---|---|
| 2.2 经营成本 | | | | −25 | −25 | −25 | −25 | −25 |
| 2.3 装修支出 | | | −25 | | | | | |
| 2.4 转售费用 | | | | | | | | −100 |
| 3 净现金流量 | −240 | −400 | −185 | 75 | 75 | 75 | 75 | 1 175 |
| 折现系数（$i=12\%$） | 1 | 0.892 85 | 0.797 19 | 0.711 78 | 0.635 51 | 0.567 42 | 0.506 63 | 0.452 34 |
| 4 净现金流量的现值 | −240.00 | −357.14 | −147.48 | 53.38 | 47.66 | 42.56 | 38.00 | 531.51 |
| 5 净现金流量的现值累计 | −240.00 | −597.14 | −744.62 | −691.24 | −643.58 | −601.02 | −563.02 | −31.51 |

（2）从表 4-6 的计算结果看，在基准收益率为 12% 的条件下，本项目的净现值为：$NPV=-31.51$ 万元 $<0$，因此该物业不值得投资。

【例 4-6】某投资者打算一次性投资 120 万元购买一幢住宅用于出租经营，共租出 7 年。租约规定每年年初支付租金，前两年租金均为 10 万元，以后每年租金在上一年租金的基础上增加 5%，在租约期满后将住宅转售，转售净价为 150 万元；假设不计其他租赁成本，并且，投资项目的基准收益率或折现率为 12%。求本项目投资的净现值 NPV 大小，并判断该物业是否值得投资。

**解：**

先根据题意，编制出该投资的现金流量表（如表 4-7 所示）。在编制该项目现金流量表时需要注意的是，售楼时间是第 7 年年末或第 8 年的年初。

表 4-7　项目投资现金流量表　　　　　　　　　　单位：万元

| 每年年初<br>项　目 | 1 | 2 | 3 | 4 | 5 | 6 | 7 | 8 |
|---|---|---|---|---|---|---|---|---|
| 1 现金流入 | 10.000 | 10.000 | 10.500 | 11.025 | 11.576 | 12.155 | 12.763 | 150.000 |
| 1.1 租金收入 | 10.000 | 10.000 | 10.500 | 11.025 | 11.576 | 12.155 | 12.763 | |
| 1.2 转售收入 | | | | | | | | 150.000 |
| 2 现金流出 | −120.000 | | | | | | | |
| 2.1 购楼费用 | −120.000 | | | | | | | |
| 3 净现金流量 | −110.000 | 10.000 | 10.500 | 11.025 | 11.576 | 12.155 | 12.763 | 150.000 |
| 折现系数（$i=12\%$） | 1.000 0 | 0.892 9 | 0.797 2 | 0.711 8 | 0.635 5 | 0.567 4 | 0.506 6 | 0.452 3 |
| 4 净现金流量的现值 | −110.000 | 8.929 | 8.371 | 7.847 | 7.357 | 6.897 | 6.466 | 67.852 |
| 5 净现金流量现值累计 | −110.000 | −101.071 | −92.701 | −84.854 | −77.497 | −70.599 | −64.133 | 3.719 |

从表 4-7 中可知，本项目投资的净现值为：$NPV=3.719$（万元）$>0$，因此，判断该项目可行，值得投资。

### 4.3.2　净现值率（NPVR）

净现值率是项目财务净现值与全部投资现值的比值，即单位投资的净现值，是反映项目效果的相对指标。其表达式为：

$$NPVR = \frac{NPV}{I} \qquad (4\text{-}16)$$

式中，$I$ 为总投资的现值。

净现值率可以作为财务净现值的一个补充指标。一般，净现值率大的方案为可选方案。

**【例 4-7】** 设某一房地产项目的开发建设有以下三个投资方案（如表 4-8 所示），请计算这三个方案的净现值率，并比较其大小。

表 4-8　三个投资方案　　　　　　　　　　　　　　　　　　　　单位：万元

| 方　案 | 净　现　值 | 总投资现值 |
| --- | --- | --- |
| 方案一 | 1 500 | 8 000 |
| 方案二 | 1 000 | 5 000 |
| 方案三 | 900 | 4 000 |

**解：**

分别计算这三个方案的净现值率：

方案一：$NPVR_1 = 1\,500 \div 8\,000 \times 100\% = 18.75\%$；

方案二：$NPVR_2 = 1\,000 \div 5\,000 \times 100\% = 20\%$；

方案三：$NPVR_3 = 900 \div 4\,000 \times 100\% = 22.5\%$；

计算结果表明，三种方案的净现值率大小排序为：$NPVR_3 > NPVR_2 > NPVR_1$。

### 4.3.3　内部收益率（IRR）

**1. 含义与计算公式**

在项目投资过程中，使项目现金流入现值之和等于现金流出现值之和的折现率，称为内部收益率（IRR）。也就是说，内部收益率是指使项目的净现值为零的折现率。内部收益率的表达式为：

$$\sum_{t=0}^{n}(CI-CO)_t(1+IRR)^{-t}=0 \qquad (4\text{-}17)$$

式中：$CI$——现金流入量；

$\qquad CO$——现金流出量；

$\qquad (CI-CO)_t$——第 $t$ 期的净现金流量；

$\qquad n$——项目投资期数。

从经济角度看，内部收益率是指在这样的折现率（等于 IRR）条件下，到项目计算期结束时，当初的所有投资（考虑了资金的时间价值）都可以完全被收回。

从公式（4-17）可以看出，它与计算项目净现值的公式（4-15）实际上是相同的。只是公式（4-17）是在净现值已知（等于 0）的条件下求折现率的大小而已。

不过，要求出内部收益率却不是一件容易的事情。因为我们注意到，公式（4-17）其实是个高次方程，如果采用方程求解的方法，计算过程会非常烦琐。但是，我们同样也注意到了净现值与折现率之间的关系，

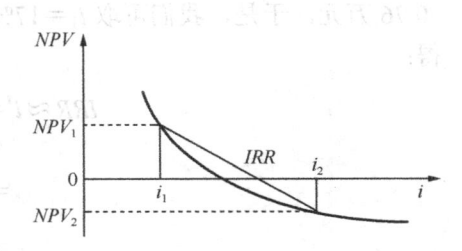

图 4-3　内部收益率线性内插法示意图

即根据财务净现值的计算公式，如果现金流量每年保持不变，则财务净现值将随折现率的变化而呈反方向变化，即财务净现值与折现率呈反方向变动关系，如图 4-3 所示。

在图 4-3 中，当 $i<IRR$ 时，$NPV$ 为正值。当 $i<IRR$ 时，$NPV$ 为负值。则在折现率由小到大（从 $i_1$ 变化到 $i_2$）的变化过程当中，必然有一个折现率使 $NPV$ 为 0，此时的折现率即为内部收益率 $IRR$。按照这样的分析思路，本文介绍一种计算内部收益率的方法，即内插法。其计算步骤如下：

（1）初估 $IRR$ 的试算初值；

（2）试算，找出 $i_1$ 和 $i_2$ 及其相对应的 $NPV_1$ 和 $NPV_2$；并且，为保证 $IRR$ 的精度，$i_1$ 与 $i_2$ 之间的差距一般以不超过 2% 为宜，最大不宜超过 5%。

（3）用线性内插法计算 $IRR$ 的近似值，公式如下：

$$IRR \approx i' = i_1 + \frac{NPV_1}{NPV_1 + |NPV_2|} \times (i_2 - i_1) \tag{4-18}$$

式中：$i_1$——当净现值为接近于零的正值时的折现率；

$i_2$——当净现值为接近于零的负值时的折现率；

$NPV_1$——采用低折现率时净现值的正值；

$NPV_2$——采用高折现率时净现值的负值。

【例 4-8】 某投资项目各年净现金流量如表 4-9 所示，求该项目的内部收益率。

表 4-9 某项目各年净现金流量　　　　　　　　　　　　　　　单位：万元

| 年　份 | 0 | 1 | 2 | 3 | 4 | 5 |
| --- | --- | --- | --- | --- | --- | --- |
| 净现金流量 | -100 | 20 | 30 | 30 | 40 | 50 |

解：

初步估算 $IRR$ 值。

当选择 $i=10\%$ 时，其相应的净现值为：

$$NPV = -100 + \frac{20}{(1+0.1)^1} + \frac{30}{(1+0.1)^2} + \frac{30}{(1+0.1)^3} + \frac{40}{(1+0.1)^4} + \frac{50}{(1+0.1)^5}$$

$$= 23.88（万元）$$

计算结果表明，净现值大于零，而且结果偏大，因此，所选取得 10% 数值偏小，应进一步增加 $i$ 的值。当取 $i=15\%$ 再次计算得相应净现值 $NPV=7.53$ 万元，仍然大于 0，说明还要继续增大折现率。最后，当取 $i_1=17\%$ 时，相应的 $NPV_1=1.89$ 万元；而取 $i_2=18\%$ 时，相应的 $NPV_2=-0.76$ 万元。于是，我们可取 $i_1=17\%$，$NPV_1=1.89$；$i_2=18\%$，$NPV_2=-0.76$，利用公式（4-18）得：

$$IRR \approx i' = i_1 + \frac{NPV_1}{NPV_1 + |NPV_2|} \times (i_2 - i_1)$$

$$= 17\% + \frac{1.89}{1.89 + 0.76} \times (18\% - 17\%)$$

$$= 17.71\%$$

因此，$IRR \approx 17.71\%$，即该项目的内部收益率约为 17.71%。

除了利用内插法对内部收益率可以进行求解外，也可以利用 Excel 电子表格进行求解，具体内容见后面讲解。

### 2. 内部收益率的作用

财务内部收益率是项目折现率的临界值。在进行房地产投资项目的分析评价时，一般是在求得投资项目的内部收益率后，与同期贷款利率、同期行业基准收益率相比较，以判定项目在经济上是否可行。如果同期贷款利率水平为 $i$，同期行业基准收益率或投资者可接受的最低收益率为 $i_c$，则有：

（1）$IRR$ 与 $i$ 比较时，反映项目的盈亏状况：

当 $IRR>i$ 时，项目盈利；

当 $IRR=i$ 时，项目盈亏平衡；

当 $IRR<i$ 时，项目亏损。

（2）$IRR$ 与 $i_c$ 比较时，反映项目与行业基准收益率或投资者可接受的最低收益率相比的盈利情况：

当 $IRR>i_c$ 时，项目盈利超出行业平均收益水平或投资者要求的最低收益水平；

当 $IRR=i_c$ 时，项目盈利等于行业平均收益水平或投资者要求的最低收益水平；

当 $IRR<i_c$ 时，项目盈利低于行业平均收益水平或投资者要求的最低收益水平。

在进行房地产投资分析时，运用 $IRR$ 指标跟银行的贷款利率进行比较以判断某一项目投资效果的优劣的情形并不多见。通常情况下，投资者一般将 $IRR$ 指标与行业的基准收益率或自己要求的最低收益率进行比较；当 $IRR \geqslant i_c$ 时，则认为项目的盈利能力已满足最低要求，该项目值得进一步研究；否则，项目即可放弃。

### 3. 内部收益率的优缺点及与净现值的比较

（1）内部收益率的优缺点

内部收益率主要有以下几个优点：①内部收益率考虑了资金的时间价值；②比较直观、容易理解，计算时不需事先确定一个折现率；③内部收益率表示投资项目内在收益率，所以能在一定程度上反映投资效率的高低。

其主要缺点是：①内部收益率并不能直观地显示项目投资获利数额的多少；②其计算比较复杂、费事；③当投资项目各年净现金流量不是常规模式时，一个投资项目的内部收益率可能存在多个解或无解，此时，内部收益率无明确的经济意义。

（2）净现值与内部收益率的比较

净现值指标与内部收益率指标的区别主要体现在：①经济意义不同。净现值表示的是一项投资在一定期限内使资金增加或减少的现值，而内部收益率则在一定程度上表示投资项目内在的利润率；②在计算净现值时需要首先确定折现率的大小，而内部收益率的计算则不需要。

### 4. 内部收益率指标存在的问题

内部收益率指标虽有不少优点，但却也存在着一些问题。这些问题可能会导致由内部收益率指标得出的投资分析结论产生偏差甚至错误，现分析如下：

（1）再投资利率问题。关于再投资利率问题，其实我们在第三章已经提到过了。什么叫再投资利率呢？假如有个项目初期投入了 100 万元，如果年收益率为 10%，则一年后项目的收益为 10 万元，当我们把这 10 万元继续投入到该项目或其他收益率同样为 10% 的项目当中时，第二年的收益为 $100 \times 10\% + 10 \times 10\%$，此时其中 10 万元的收益率 10% 就是再投资收益率或再投资利率。显然，收益的再投资问题是复利计算中普遍存在的问题。在复利计算中，例如，在终值或现值求解过程当中，其实我们都已假定再投资利率与事先确定的折现率是相等的。但是，在实际投资活动中，一个项目在某个阶段产生的收益投入其他项目当中之后，其收益率并不一定与先前项目的收益率相同；即使再次投入先前的那个项目当中去，其前后两个收益率水平也并不一定完全相同。因此，此时如果利用一个事先已经给定的收益率利用复利计算的方法对期限为一年以上的项目收益进行求解就不一定符合实际情况。这种情况同样出现在内部收益率指标的计算中，从公式（4-17）可知，在 $t$ 从 $0\sim n$ 年这段时间内，其实我们都已假定，如果要使项目的净现值为 0，则各期的再投资利率都是 $IRR$（一个不变值），显然，这并不符合实际。特别是随着计算期限 $n$ 值的增大，$IRR$ 的数值会有越来越偏离实际的可能。但是，在现有房地产投资分析领域的复杂程度、投资者的收益水平和所有可能获得信息的条件下，人们仍然偏爱使用相对简单的内部收益率分析方法来判断一个投资项目的收益水平。

（2）多重根问题。由于不同的房地产投资项目其资金流状况是不同的，有的项目其净现金流量的模式如图 4-4 所示，而有的又可能如图 4-5 所示。从图 4-4 中可以看出，前面几期净现金流量均为负值，而后面几期则均为正值，像这种净现金流量模式为常规模式。因为在这种模式下，其内部收益率的解只有一个；但是，如果前面几期的净现金流量是负值，接着是正值，而后又出现了负的净现金流量，接着又是正值等，诸如此类的净现金流量，我们称之为非常规模式的净现金流量，因为，其解会有多个（即多重根），甚至是虚根。由于在实际运用中，这种情况并不多见，因此本书在这里提出这一问题，并不对其做进一步讲解。对内部收益率多重根问题感兴趣的读者，请参阅其他有关书籍。

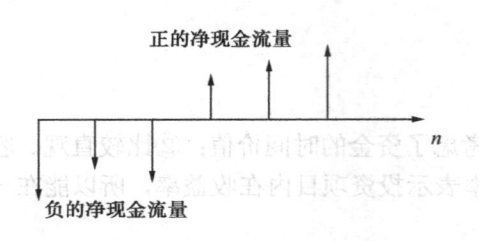

图 4-4　常规模式的净现金流量　　　图 4-5　非常规模式的净现金流量

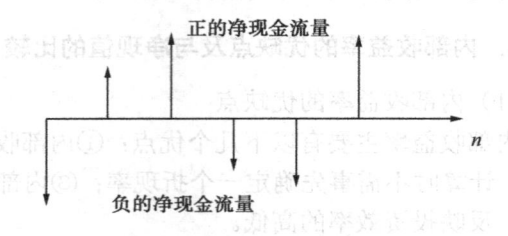

### 4.3.4　动态投资回收期

#### 1. 含义与计算公式

动态投资回收期是指在基准收益率（或投资者要求的最低收益率）的条件下，项目从投资开始到以净收益补偿投资额为止所经历的时间。基本表达式为：

$$\sum_{t=0}^{n}(CI-CO)_t(1+i_c)^{-t}=0 \qquad (4-19)$$

式中，$n$ 为动态投资回收期；其他符号意义同前。

动态投资回收期可直接从现金流量净现金流量的现值累计中求得。其详细计算公式为：

动态投资回收期＝净现金流量现值累计出现正值期数－1＋$\dfrac{\text{上年净现金流量现值累计的绝对值}}{\text{当年净现金流量的现值}}$ 　　(4-20)

## 2. 动态投资回收期指标的作用

动态投资回收期指标一般用于房地产投资项目需要多长时间收回全部投资。在项目经济评价中，计算出的动态投资回收期可以与行业规定的平均投资回收期或投资者要求的最短投资回收期相比较，如果前者小于或等于后者，则投资项目在经济上就是可以接受的。

## 3. 动态投资回收期的优缺点

与静态投资回收期指标相比较，动态回收期的优点是考虑了资金的时间价值因素，能够比较准确地反映资金的回收时间。不过动态回收期也有缺陷，例如，这一指标强调了投资回收的快慢，而忽视了投资资金的盈利能力，更没有考虑回收成本后的盈利情况。因此，从本质上来讲，投资回收期指标是一个比较保守的指标。一般来讲，在房地产投资分析中，不应以投资回收期指标作为评价的主要参考，只能作为其中的辅助指标。

**【例 4-9】** 以【例 4-6】中的数据，计算该投资项目的动态投资回收期。

**解：**

根据表 4-7 中的数据，可知，净现金流量现值累计出现正值年份为第 8 年，不过，由于表 4-7 中的年份是从 1 开始算起（而非 0 点开始算起），因此，实际上净现金流量现值累计出现的年份应该是第 7 年。根据计算公式（4-20）可得：

$$动态投资回收期 = 净现金流量现值累计出现正值期数 - 1 + \frac{上年净现金流量现值累计的绝对值}{当年净现金流量的现值}$$

$$= 7 - 1 + \frac{64.133}{67.852}$$

$$= 6.95（年）$$

不过，根据题意可知，6.95 年并不是该投资项目的真正动态投资回收期，因为，此时本项目投资的住宅还没有售出（题中规定住宅的出售时间为第 7 年年末）。所以，真正收回投资的时间应该是第 7 年年末，即动态投资回收期应该为 7 年。从本例可以看出，利用公式（4-20）计算得出的动态回收期和实际的回收期可能不一致，说明在计算投资回收期指标时除了应用公式外，还需结合实际情况来确定。

**【例 4-10】** 已知某房地产投资项目的现金流量如表 4-10 所示，假设投资者的目标收益率为 12%，求该项目的静态和动态投资回收期。

表 4-10　　　　　　　　　　　　　　　　　　　　　　　　　　单位：万元

| 年　份 | 0 | 1 | 2 | 3 | 4 | 5 | 6 |
|---|---|---|---|---|---|---|---|
| 现金流出 | -3 000 | -1 500 | -300 | -300 | 0 | 0 | 0 |
| 现金流入 | 0 | 0 | 0 | 3 000 | 2 000 | 2 000 | 1 000 |

**解：**

依据表 4-10，先求出各年的净现金流量、累计净现金流量、净现金流量的现值及净现金流量现值累计等项，如表 4-11 所示。

表 4-11　　　　　　　　　　　　　　　　　　　　单位：万元

| 年份 | 0 | 1 | 2 | 3 | 4 | 5 | 6 |
|---|---|---|---|---|---|---|---|
| 现金流出 | -3 000 | -1500 | -300 | -300 | 0 | 0 | 0 |
| 现金流入 | 0 | 0 | 0 | 3 000 | 2 000 | 2 000 | 1 000 |
| 净现金流量 | -3 000 | -1 500 | -300 | 2 700 | 2 000 | 2 000 | 1 000 |
| 累计净现金流量 | -3 000 | -4 500 | -4 800 | -2 100 | -100 | 1 900 | 2 900 |
| 折现系数（$i=12\%$） | 1.000 00 | 0.892 86 | 0.797 19 | 0.711 78 | 0.635 52 | 0.567 43 | 0.506 63 |
| 净现金流量的现值 | -3 000.00 | -1 339.29 | -239.16 | 1 921.81 | 1 271.04 | 1 134.85 | 506.63 |
| 净现金流量的现值累计 | -3 000.00 | -4 339.29 | -4 578.44 | -2 656.64 | -1 385.60 | -250.75 | 255.88 |

根据表 4-11 的数据，我们可以分别求出该项目的静态投资回收期和动态投资回收期，计算过程如下：

$$\text{静态投资回收期} = 5 - 1 + \frac{100}{2\,000} = 4.05 \text{（年）}$$

$$\text{动态投资回收期} = 6 - 1 + \frac{250.75}{506.63} = 5.50 \text{（年）}$$

所以，从计算结果可以看出，对于同一个项目而言，其静态投资回收期往往要比动态投资回收期短。

## 4.4　Excel 在房地产投资经济评价中的应用

从本章前面内容的学习中可以看到，在房地产投资经济评价中往往需要编制一些表格（如现金流量表以及后面章节中要讲到的其他财务表格），并且，还要利用表格中的数据进行有关指标的计算，例如，对动态投资回收期、静态投资回收期的计算等。虽然，对于某一项目的净现值、内部收益率等指标可以直接利用公式进行计算，但直接手算实在太麻烦而且又费时费力，当我们运用 Excel 工具对这些指标进行求解时就显得非常方便了。因此，作者认为，每个学习房地产投资分析的人都应该掌握熟练运用 Excel 进行房地产投资经济评价的技巧。

在这里需要说明的是，学习本节内容时，读者应该已经掌握或熟悉 Excel 软件的有关基本操作，例如，对 Excel 软件中的菜单栏、工具栏、编辑栏、工作簿、工作表等有关概念和操作已经较为熟悉，与建立工作表有关的操作：文字输入、数字输入、日期和时间的输入、单元格区域的选择和引用、快速输入数据（即填充柄的使用）、数据的修改、复制和移动、清除和删除、插入单元格、行和列以及保存、打开和建立工作簿等也已经较为熟练。在此前提下，本节将在讲解与编制房地产投资经济评价表格及计算相关分析指标有关的 Excel 常用公式和函数的基础上，探讨 Excel 软件（本书采用 Excel 2000 为讲解对象）在房地产投资经济评价中如何应用的问题。

### 4.4.1　Excel 中的常用公式和函数

**1. Excel 中的常用公式**

公式是在工作表中对数据进行分析的等式，用于对工作表数据进行加、减、乘、除等运算。公式必须以等号（=）开始，后面是参与运算的元素和运算符。元素即运算数，可以是数值、单元格区域的引用、标志、名称或函数等。例如，要得到存放在单元格 C1，D3 和 B4 的 3 个数值的平均值，并将计算结果存放在 A6 单元格中，则在 A6 单元格中输入以下公式并按"Enter"键即可：

$$=（C2+D3+B4）/3$$

（1）运算符。运算符用于对公式中的元素进行运算。Excel 包含了四种运算符：算术运算符、比较运算符、文本运算符和引用运算符。在房地产投资分析中，比较常用的是算术运算符和引用运算符，所以我们只对这两种运算符进行讲解。

① 算术运算符。算术运算符用于完成基本的数学运算，如加、减、乘、除等，具体如表 4-12 所示。

表 4-12　算术运算符

| 运算符 | 含义 | 示例 |
| --- | --- | --- |
| ^ | 幂 | =A1^2 |
| ＋ | 加 | =A1+A2 |
| － | 减 | =A1-A2 |
| * | 乘 | =A1*A2 |
| / | 除 | =A1/5 |

② 引用运算符。引用运算符用于标记工作表中的一个或多个单元格，以便确定公式使用哪些单元格的值，如表 4-13 所示，一般比较常用的是区域（冒号）运算符。

表 4-13　引用运算符

| 运算符 | 含义 |
| --- | --- |
| 区域（冒号） | 对包括两个引用区域在内的所有单元格进行引用 |
| 联合（逗号） | 产生由两个引用合成的引用 |
| 交叉（空格） | 产生两个引用的交叉引用 |

③ 运算符优先级。当公式中同时使用了多个运算符时，Excel 的运算顺序是：引用运算符、负号（-）、百分比（%），^、* 和/、+和-，文本运算符（&）和比较运算符。当公式中包含多个相同优先级的运算符时，则从左到右进行计算。如果要修改运算顺序，请把公式中要先计算的部分括号在圆括号内。例如，公式＝8+3*6 的结果是 26，这是因为 Excel 先计算乘法再计算加法。又如，公式＝(8+3)*6 的结果是 66，这是因为 Excel 用圆括号来改变运算顺序。在使用运算符时，如果不清楚有些底运算符之间的优先级，建议采用圆括号来限定运算顺序的方法。例如，如果要将下式写成 Excel 中的公式：

$$\frac{i\sqrt{1+i}}{(1+i)^{2+n}-i}$$ 应写成：$i*(1+i)\wedge 0.5/((1+i)\wedge(2+n)-i)$。

（2）输入公式。输入公式主要有两种方法，一种是直接输入，另一种是选择引用单元格。在实际中，一般采用选择引用单元格的输入方法较为方便，步骤如下：

① 双击待输入公式的单元格，如 B4；

② 输入等号（＝）；

③ 单击要在公式中出现的单元格（如 B2），该单元格周围出现动态选择框，其地址将出现在编辑栏中（见图 4-6（a））；

④ 然后输入运算符（如"＋"），运算符也将出现在编辑栏中；

⑤ 单击要在公式中出现的单元格（如 B3），该单元格周围也会出现动态选择框，其地址也将出现在编辑栏中（见图 4-6（b））。需要的话，继续输入单元格地址和运算符，直至结束；

(a)

(b)

图 4-6　选择引用单元格输入

⑥ 单击编辑栏的"输入"或按"Enter"键得到运算结果。如果要计算出此后各年的净现金流量，则只需使用填充柄功能通过鼠标拖动单元格（从 B4 拖到 H4）即可完成，请读者自己试试，结果如图 4-7 所示。

图 4-7　运算结果

另外，请读者自己将图 4-7 中以 Excel 文件格式编辑的现金流量表填充完整。

2. Excel 中的常用函数

函数是预定义的内置公式，实现函数运算所使用的数值称为参数，函数返回的数值称为结果。

（1）输入函数。输入函数时，要先输入函数名称，然后输入左括号、参数和右括号。如果函数以公式的形式出现，那么在函数名称的前面要输入等号。括号告诉 Excel 参数从哪里开始，到哪里结束。括号必须成对出现，而且前后不能有空格。

（2）常用的函数。比较常用的函数是 SUM（求和）、AVERAGE（求平均值）等。这里探讨如何运用函数向导来完成函数的运算，下面以函数 SUM 为例。其步骤是：

72

① 选择待插入函数的单元格（如 I4）；
② 从"插入"菜单中选择"函数"命令或单击常用工具栏的"插入函数"按钮"$f_x$"，弹出"插入函数"对话框（见图 4-8）；

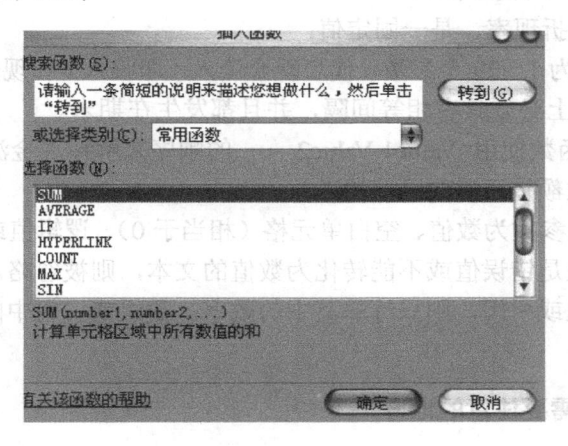

图 4-8  "插入函数"对话框

③ 从"选择类别"框选择待插入函数的类型（如常用函数），然后从"选择函数"框中选择待插入的函数名（SUM）；
④ 单击"确定"按钮，弹出公式选项板（见图 4-9），其中列有函数的名字、函数的每个参数、函数功能和参数的描述及函数的当前结果等；

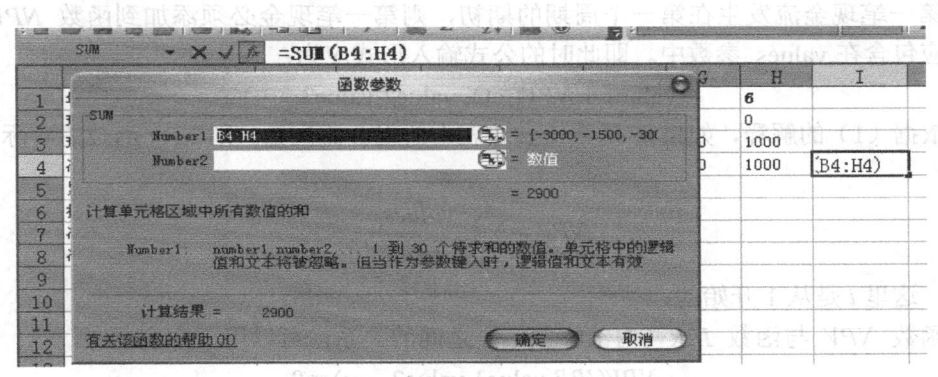

图 4-9  公式选项卡

⑤ 输入作为参数的单元格区域或数值；
⑥ 单击"确定"按钮。

除了以上常用函数会在房地产投资分析中有所运用外，还有几个更重要的财务函数（如净现值函数、内部收益率函数等）在房地产投资分析中会经常碰到，下面就这几个函数的应用分别做一个讲解。

### 4.4.2  Excel 中净现值函数（NPV）的应用

**1. 净现值函数的定义**

根据以前的定义，净现值指的是项目各期净现金流量现值的总和。在 Excel 中，净现值函数属于财务函数的一种，其在单元格中的公式表达形式如下：
$$=NPV(rate,value1,value2,\cdots) \tag{4-21}$$

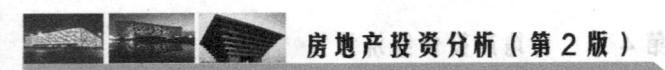

式（4-21）括号中的各项意义如下：

Rate：为某一期间的折现率，是一固定值；

Value1, value2, …：为 1~29 个参数，代表现金流入（即收入）和现金流出（即支出）。并且，Value1, value2, …在时间上必须具有相等间隔，并且都发生在期末。

在 Excel 中，NPV 函数使用 Value1,Value2, … 的顺序来解释现金流的顺序。所以应用时，必须保证支出和收入的数额按正确的顺序输入。

在程序处理时，如果参数为数值、空白单元格（相当于 0）、逻辑值或数字的文本表达式，则都会计算在内；如果参数是错误值或不能转化为数值的文本，则被忽略。

如果参数是一个数组或引用，则只计算其中的数字。数组或引用中的空白单元格、逻辑值、文字及错误值将被忽略。

### 2. 运用净现值函数需要注意的地方

由于 Excel 净现值函数已经事先对现金流的模式进行了设置，因此，需要注意以下几个问题：

（1）函数 NPV 假定投资开始于第一期的期末，并结束于最后一笔现金流的当期。所以，此时公式输入形式为：

$$=NPV(rate,value1,value2,\cdots)$$

如果第一笔现金流发生在第一个周期的期初，则第一笔现金必须添加到函数 NPV 的结果中，而不应包含在 values 参数中。即此时的公式输入形式应为：

$$=value1+NPV(rate, value2,value3,\cdots)$$

（2）依据（1）的解释，如果 $n$ 是数值参数表中的现金流次数，则 NPV 函数的实际公式表达如下：

$$NPV=\sum_{i=1}^{n}\frac{values_i}{(1+rate)^i}$$

注意，这里 $i$ 是从 1 开始的。

（3）函数 NPV 与函数 IRR（内部收益率）之间的关系，可以用下式表示：

$$NPV(IRR,value1,value2,\cdots)=0$$

【例 4-11】 图 4-10 是某一项目投资的有关数据，请利用 Excel 中的净现值函数计算该项目投资的净现值。

|   | A | B |
|---|---|---|
| 1 | 数据 | 说明 |
| 2 | 12% | 年折现率 |
| 3 | -100000 | 第一年年末的投资额 |
| 4 | 30000 | 第二年年末的收益 |
| 5 | 25000 | 第三年年末的收益 |
| 6 | 50000 | 第四年年末的收益 |
| 7 | 35000 | 第五年年末的收益 |
| 8 | 50000 | 第六年年末的收益 |

图 4-10 某项目投资有关数据

**解：**

从图 4-10 中可以看出，此项目的现金流都发生在期末，则可以利用公式：＝NPV(rate,value1, value2,…)进行计算。如下图 4-11 所示：

| | A | B | C | D | E |
|---|---|---|---|---|---|
| 1 | 数据 | 说明 | | | |
| 2 | 12% | 年折现率 | | | |
| 3 | -100000 | 第一年年末的投资额 | | | |
| 4 | 30000 | 第二年年末的收益 | | | |
| 5 | 25000 | 第三年年末的收益 | | | |
| 6 | 50000 | 第四年年末的收益 | =NPV(A2，A3：A8) | | |
| 7 | 35000 | 第五年年末的收益 | | | |
| 8 | 50000 | 第六年年末的收益 | | | |

图 4-11　净现值函数公式的输入

按"Enter"键后，得到结果为 29392。

**【例 4-12】** 图 4-12 是某一项目投资的有关数据，请利用 Excel 中的净现值函数计算该项目投资的净现值。

**解：**

从图 4-12 中可以看出，此项目投资发生在第一年的年初，而以后的收益都产生于期末，则可以利用公式：＝value1＋NPV(rate,value2，value3,…)进行计算，如图 4-13 所示。

| | A | B | C | D |
|---|---|---|---|---|
| 1 | 数据 | 说明 | | |
| 2 | 12% | 年折现率 | | |
| 3 | -100000 | 第一年年初的投资额 | | |
| 4 | 30000 | 第一年年末的收益 | | |
| 5 | 25 000 | 第二年年末的收益 | | |
| 6 | 50000 | 第三年年末的收益 | | |
| 7 | 35000 | 第四年年末的收益 | | |
| 8 | 50000 | 第五年年末的收益 | | |

图 4-12　某项目投资有关数据

| | A | B | C | D | E | F |
|---|---|---|---|---|---|---|
| 1 | 数据 | 说明 | | | | |
| 2 | 12% | 年折现率 | | | | |
| 3 | -100 000 | 第一年年初的投资额 | | | | |
| 4 | 30000 | 第一年年末的收益 | | | | |
| 5 | 25000 | 第二年年末的收益 | | | | |
| 6 | 50000 | 第三年年末的收益 | =A3+NPV(A2，A4:A8) | | | |
| 7 | 35000 | 第四年年末的收益 | | | | |
| 8 | 50000 | 第五年年末的收益 | | | | |

图 4-13　净现值函数公式的输入

按"Enter"键后，得到结果为 32 919。

从以上两个例子可以看出，在运用净现值函数时，一定注意到现金流发生的不同模式；并在此基础上，套用相应的函数表达公式。

75

### 4.4.3 Excel 中内部收益率函数（IRR）的应用

**1. 内部收益率函数的定义**

根据以前的定义，内部收益率指的是使项目各期净现金流量现值总和为零时的折现率。在 Excel 中，内部收益率函数属于财务函数的一种，其在单元格中的公式表达形式如下：

$$=IRR(value1：values, guess) \quad (4-22)$$

式（4-22）中括号内的各项意义如下：

values：为数组或单元格的引用，包含用来计算返回的内部收益率的数字。并且，在输入 values 时有如下规定：

（1）value1, value2, …, values 在时间上必须具有相等间隔；

（2）value1, value2, …, values 必须包含至少一个正值（正的净现金流量）和一个负值（负的净现金流量）。通常情况下，在非常规模式的净现金流量条件下，同样可以得到一个正确的内部收益率值；

（3）第一个负的净现金流量发生在第一期的期初，而其他净现金流量则都发生在当期的期末，这与净现值函数中的净现金流量发生时点是不同的；

（4）函数 IRR 根据数值的顺序来解释现金流的顺序。故应确定按需要的顺序输入了支付和收入的数值；

（5）如果数组或引用包含文本、逻辑值或空白单元格，这些数值将被忽略。

Guess：为对函数 IRR 计算结果的估计值。Excel 使用迭代法计算函数 IRR。从 guess 开始，函数 IRR 进行循环计算，直至结果的精度达到 0.00001%。如果函数 IRR 经过 20 次迭代，仍未找到结果，则返回错误值 #NUM!。在大多数情况下，并不需要为函数 IRR 的计算提供 guess 值。如果省略 guess，假设它为 0.1（10%）。如果函数 IRR 返回错误值#NUM!，或结果没有靠近期望值，可用另一个 guess 值再试一次。

**2. 运用净现值函数需要说明的地方**

虽然，上面提出了 IRR 函数中 Values 值（即净现金流量数值）发生时点与净现值函数中净现值发生的时点存在差异，但是，IRR 函数和 NPV 函数之间的关系还是可以用如下等式表示：

若 $IRR=IRR(values1:values)$，则有：

$$NPV=NPV(IRR(values1:values),values1:values)\approx 0$$

**【例 4-13】** 图 4-14 是某一项目投资的有关数据，请利用 Excel 中的净现值函数计算该项目投资的净现值。

|   | A | B | C | D | E | F | G |
|---|---|---|---|---|---|---|---|
| 1 | 年份 | 0 | 1 | 2 | 3 | 4 | 5 |
| 2 | 1现金流入 | 10 | 10 | 30 | 50 | 40 | 30 |
| 3 | 2 现金流出 | −120 | | | | | |
| 4 | 3 净现金流量 | −110 | 10 | 30 | 50 | 40 | 30 |
| 5 | 内部收益率（IRR） | | | | | | |
| 6 | | | | | | | |

图 4-14 某投资项目的有关数据

**解：**

依据图 4-14 中数据，可以利用公式：＝ *IRR*（values1：values） 进行计算，如图 4-15 所示：按"Enter"键后，得到结果为 12.28%。

| | A | B | C | D | E | F | G |
|---|---|---|---|---|---|---|---|
| 1 | 年份 | 0 | 1 | 2 | 3 | 4 | 5 |
| 2 | 1现金流入 | 10 | 10 | 30 | 50 | 40 | 30 |
| 3 | 2 现金流出 | -120 | | | | | |
| 4 | 3 净现金流量 | -110 | 10 | 30 | 50 | 40 | 30 |
| 5 | 内部收益率 | =IRR(B4:G4) | | | | | |

图 4-15　内部收益率函数公式的输入

## 本章小结

房地产投资经济评价就是通过一系列的经济评价指标和参数对房地产投资的经济效果进行评价。一般来讲，房地产经济评价主要包括评价依据、原则及方法的确定、基础数据的收集、整理和计算、财务报表的编制及经济评价结论等内容。

房地产经济评价指标体系按是否考虑资金的时间价值分为静态指标和动态指标。静态指标包括传统和现代指标两个部分，传统指标主要适用于置业投资分析；而静态指标中的现代指标和动态指标，一般既适用于置业投资又适用于开发投资分析。

在静态指标中主要包括：投资利润率、投资利税率、资本金利润率、静态投资回收期以及其他传统的静态分析指标，如收益乘数、全面资本化率、股本化率、现金回报率、经纪人收益率等；而在动态指标中则主要包括：净现值、净现值率、内部收益率、动态投资回收期等。另外，在运用这些指标对房地产投资的经济效果作出评价时，应该注意到每个指标的优点及缺点，从而不致由于某个指标的缺陷导致评价结果产生偏差。

在第四节中，还专门讲到了 Excel 在房地产经济评价中的应用。利用 Excel 的强大功能可以使房地产投资分析人员比较容易地进行现金流量表等财务表格的编制，并且可以获得较高的数据计算准确性。此外，利用 Excel 对有关经济评价指标（如净现值、内部收益率等）进行计算也是相当方便的。当然，怎样更有效地利用 Excel 进行房地产投资分析和计算，需要读者在学习和实践当中进行不断的总结和提升。

## 实 训 项 目

1. 实训项目名称：房地产投资现金流量表的编制及经济评价指标计算。
2. 实训内容及要求：熟悉使用电子表格 Excel 编制现金流表，并能够求解有关经济评价指标。
3. 实训条件假定：

（1）实训条件 A

A1：2011 年，某投资者计划用三年时间，以 1 000 万元的价格按照分期付款的方式购买一栋写字楼。

A2：2011 年，某投资者计划用三年时间，以 1 100 万元的价格按照分期付款的方式购买一栋

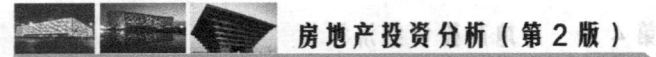

写字楼。

A3：2011年，某投资者计划用三年时间，以1 200万元的价格按照分期付款的方式购买一栋写字楼。

（2）实训条件B

B1：已知前两年的付款比例分别为30%、50%，余下在第三年付清，并在该年年末装修完毕，第四年年初即出租，毛租金为120万元，经营成本为25万元，并假设今后几年毛租金和年经营成本均保持不变。

B2：已知前两年的付款比例分别为30%、40%，余下在第三年付清，并在该年年末装修完毕，第四年年初即出租，毛租金为100万元，经营成本为30万元，并假设今后几年毛租金和年经营成本均保持不变。

B3：已知前两年的付款比例分别为40%、40%，余下在第三年付清，并在该年年末装修完毕，第四年年初即出租，毛租金为130万元，经营成本为20万元，并假设今后几年毛租金和年经营成本均保持不变。

（3）实训条件C

C1：出租5年后，该投资者把楼转售给别人，获得1 300万元的收入，其中还支付了100万元的转售费用。

C2：出租6年后，该投资者把楼转售给别人，获得1 250万元的收入，其中还支付了110万元的转售费用。

C3：出租8年后，该投资者把楼转售给别人，获得1 500万元的收入，其中还支付了200万元的转售费用。

（4）实训条件D

D1：装修成本为20万元，并假设投资和经营期间的收支均发生在年末。

D2：装修成本为35万元，并假设投资和经营期间的收支均发生在年末。

基准折现率为12%。

每位同学请按自己的学号选择实训条件的组合，如表4-14所示。

4．实训成果要求：

（1）编制该写字楼投资项目的现金流量表；

（2）绘制该写字楼投资项目的净现金流量图；

（3）计算该写字楼投资项目的净现值、内部收益率及动态投资回收期。

实训成果请以WORD格式排版并打印后上交，其中应有适当的文字说明。

表4-14 实训条件组合

| 学号 | 条件组合 | 学号 | 条件组合 | 学号 | 条件组合 |
| --- | --- | --- | --- | --- | --- |
| 1 | A1＋B1＋C1＋D1 | 19 | A2＋B1＋C1＋D1 | 37 | A3＋B1＋C1＋D1 |
| 2 | A1＋B1＋C1＋D2 | 20 | A2＋B1＋C1＋D2 | 38 | A3＋B1＋C1＋D2 |
| 3 | A1＋B1＋C2＋D1 | 21 | A2＋B1＋C2＋D1 | 39 | A3＋B1＋C2＋D1 |
| 4 | A1＋B1＋C2＋D2 | 22 | A2＋B1＋C2＋D2 | 40 | A3＋B1＋C2＋D2 |
| 5 | A1＋B1＋C3＋D1 | 23 | A2＋B1＋C3＋D1 | 41 | A3＋B1＋C3＋D1 |
| 6 | A1＋B1＋C3＋D2 | 24 | A2＋B1＋C3＋D2 | 42 | A3＋B1＋C3＋D2 |

续表

| 学号 | 条 件 组 合 | 学号 | 条 件 组 合 | 学号 | 条 件 组 合 |
|---|---|---|---|---|---|
| 7 | A1+B2+C1+D1 | 25 | A2+B2+C1+D1 | 43 | A3+B2+C1+D1 |
| 8 | A1+B2+C1+D2 | 26 | A2+B2+C1+D2 | 44 | A3+B2+C1+D2 |
| 9 | A1+B2+C2+D1 | 27 | A2+B2+C2+D1 | 45 | A3+B2+C2+D1 |
| 10 | A1+B2+C2+D2 | 28 | A2+B2+C2+D2 | 46 | A3+B2+C2+D2 |
| 11 | A1+B2+C3+D1 | 29 | A2+B2+C3+D1 | 47 | A3+B2+C3+D1 |
| 12 | A1+B2+C3+D2 | 30 | A2+B2+C3+D2 | 48 | A3+B2+C3+D2 |
| 13 | A1+B3+C1+D1 | 31 | A2+B3+C1+D1 | 49 | A3+B3+C1+D1 |
| 14 | A1+B3+C1+D2 | 32 | A2+B3+C1+D2 | 50 | A3+B3+C1+D2 |
| 15 | A1+B3+C2+D1 | 33 | A2+B3+C2+D1 | 51 | A3+B3+C2+D1 |
| 16 | A1+B3+C2+D2 | 34 | A2+B3+C2+D2 | 52 | A3+B3+C2+D2 |
| 17 | A1+B3+C3+D1 | 35 | A2+B3+C3+D1 | 53 | A3+B3+C3+D1 |
| 18 | A1+B3+C3+D2 | 36 | A2+B3+C3+D2 | 54 | A3+B3+C3+D2 |

## 本章思考题

1. 什么是房地产投资经济评价？房地产投资经济评价主要包含哪些步骤？
2. 简述房地产投资经济评价的指标体系。
3. 房地产投资经济评价中静态指标和动态指标之间的最大差异在哪里？
4. 什么是净现值？其优缺点有哪些？
5. 什么是内部收益率？其优缺点有哪些？并阐述内部收益率和净现值指标之间的异同点。
6. 在利用 Excel 中的净现值函数求解项目的净现值时应该注意什么问题？
7. Excel 中的净现值函数和内部收益率函数之间的等式关系如何？它们在净现金流量发生的时点要求上有何不同，这一不同是否会对净现值函数和内部收益率函数之间的等式关系产生很大影响？
8. 某项商业物业（现房）的市场价值为 80 万元，其中按揭首付款为 40 万元，另外 40 万元采用每月等额还款（贷款期限为 10 年），假设每年等额偿还 45 000 元（其中第一年偿还本金 28 000 元）。并且规定该项物业的年折旧额为 2 万元。预计物业的毛租金收入为 13 万元，空置与收租损失（坏账损失）为毛租金收入的 10%，包括租赁税费、物业管理费等运营费用为毛租金收入的 30%。所得税率为 33%，并预计该商业物业每年市场增值 5%。请计算并评价该项物业投资效果的几个传统指标。
9. 某房地产开发项目总投资支出为 150 000 万元，从开发第二年起，开始有建成房屋可售，每年可实现利润总额为 30 000 万元，销售税金为 8 500 万元，年所得税率为 33%，资本金为 45 000 万元。如果基准收益率为 15%，试计算项目的投资利润率、投资利税率、资本金利润率，并判断该项目是否可行。
10. 某项目净现金流量如表 4-15 所示，假设投资支出只发生在项目期初（即 0 点），请求解该项目的静态投资回收期、净现值、净现值率、内部收益率和动态投资回收期（$i=10\%$）。

表 4-15　　　　　　　　　　　　　　　　　　　　　　　　　　　　　单位：万元

| 年 | 0 | 1 | 2 | 3 | 4 | 5 | 6 |
|---|---|---|---|---|---|---|---|
| 净现金流量 | -160 | 80 | 40 | 60 | 60 | 60 | 60 |

11. Dallas 开发公司打算以 100 000 美元购置一个公寓项目。预计将在今后 10 年内每年年末收入 15 000 美元。第 10 年年末，该项目的价值为零。如果该公司购买了该项目，则其内部收益率将是多少？如果公司坚持必须实现 9%的年收益率，那么这个项目是理想的投资吗？

# 第二部分

## 置业投资篇

- 第5章　住房抵押贷款理论与实务
- 第6章　住宅房地产投资
- 第7章　商业房地产投资

# 第 5 章　住房抵押贷款理论与实务

【本章能力点】
（1）理解和掌握抵押贷款利率的确定、杠杆原理等内容
（2）熟悉住房抵押贷款的运作过程
（3）掌握等额本金及等额本息付款的原理、特点及其有关计算
（4）熟悉国内普通住房抵押贷款的类型、特点
（5）熟悉国内住房抵押贷款创新品种的特点
（6）能够进行住房抵押贷款融资分析与规划

由于房屋的价值巨大，大多数居民都无法在购房时一次付清房款，而必须借助一定的融资手段才能完成购房过程，其中住房抵押贷款就是常见的购房融资形式。住房抵押贷款在中国香港被称为"按揭"，大陆普遍也采用"按揭"这一名称来表示住房抵押贷款。但其实两者的内涵还是有差异的，住房抵押贷款的含义比"按揭"贷款的含义要广，因为"按揭"贷款是一种以将欲购买的房屋为抵押到银行贷款的行为；而住房抵押贷款则是一种将已有的住房抵押给银行，取得贷款以投资其他领域或用于紧急情况。不过，从本质上来讲，两者并没有区别，都是以房产作为今后还款的担保，取得贷款。为了避免混淆，这里我们统称为住房抵押贷款。

## 5.1　与抵押贷款相关的几个概念

### 5.1.1　抵押贷款的利率及其确定

**1. 影响抵押贷款利率的因素**

影响抵押贷款利率的因素是预期的真实利率、通货膨胀率和贷款风险。

（1）真实利率。预期的真实利率是指扣除预期的通货膨胀率以后的实际收益率，这是吸引人们进行储蓄的主要动力。这里指的是银行真正具备发放贷款动力的真实利率水平。

（2）预期的通货膨胀率。除了考虑预期的真实利率以外，所有投资者在作投资决策时还必须关心通货膨胀对投资收益的影响。例如，假定一个1年期的1万元的贷款，贷款合同利率为10%，那么到年底贷款将收回11 000元的贷款本息。如果当年通货膨胀率是6%，那么年底收回的11 000元的实际价值就只有10 377元。这样虽然名义利率为10%，而实际抵押贷款利率小于4%（377元÷10 000）。于是，我们可以得出结论：如果贷款人想要得到4%的真实收益，那么他就必须要求大于10%的利率以补偿由于通货膨胀所引起的价格变化。

对于发放贷款的银行来讲，通货膨胀率是在发放贷款时对通货膨胀率的预期，银行在设定贷款利率时，必须考虑这一可能发生的风险。

（3）贷款风险。贷款风险，指的是银行贷款的实际收益的不确定性，或者是实际收益与预期收益的偏差。因为，影响银行贷款实际收益的因素，除了通货膨胀以外，还有各种不确定的因素。这些因素有可能造成银行的损失。因此，银行方面就有理由获得相应的风险补偿。通常来讲，所承担的风险越大，贷款人应该索取的风险补偿就越高。对于住房抵押贷款来说，风险主要有：

① 坏账风险。所谓坏账风险是指借款人不能按约清偿债务的风险。造成这种风险的原因主要有：一个是借款人的收入水平降低，这主要是由于借款人失业、伤亡或下岗等原因造成的；另一个就是物业价值的降低，这主要是由于宏观和微观层面的因素导致的房地产价格波动引起的。

② 利率风险。即使银行在发放贷款的时候已经考虑了通货膨胀率走势，实际的利率水平和合同利率水平还是会产生一定的偏差；并且，由于政策等因素导致的利率变化风险，也是很难反映在开始的贷款合同利率当中的；因此，银行面临的利率风险在所难免。

③ 提前还款风险。通常的抵押贷款合约都允许借款人提前还清部分或全部的贷款。特别是在利率波动比较频繁的情况下，借款人的提前还款将给银行带来较大风险。例如，当贷款利率处于下降的时候，而合同利率仍然保持在原来的较高水平，这时借款人可能会提前还款，还掉原来较高利率水平的贷款，重新借入较低水平的贷款。而对于银行来讲，就面临着收益损失的风险。

④ 其他风险。政策风险也是贷款人必须面对的不可预见风险。除了国家实行利率管理外，国家对房地产的宏观调控政策，也会对贷款人产生较大风险。

**2. 抵押贷款利率的确定**

通过以上分析，我们发现抵押贷款利率 $I$ 受到以下因素的影响：预期的真实利率、预期通货膨胀率、利率风险、坏账风险、提前还款风险和其他风险。它们之间的关系可以用下式表示：

$$I = r + p + f \tag{5-1}$$

式（5-1）表明，为了确保贷款人能够获得预期的真实利率 $r$，贷款利率中必须包含预期的通货膨胀率 $f$ 和足够的风险补偿 $p$ 以补偿他们所承担的各种风险。

### 5.1.2 杠杆原理

杠杆原理实际上就是利用借贷资本来补充自身资金的不足，以完成更大规模的投资。由于房屋价值量大，在购买过程中多利用银行等金融机构的这一杠杆作用。

**1. 杠杆原理的特性**

假设一房屋价值 10 万元，年净营业收益为 1.2 万元，则资产总收益率为 12%（即 12 000÷100 000）。如果购买房屋可以取得 75% 的银行贷款，且利率为 10%，则第一年应还贷款利息为 0.75 万元；购房人首付款 2.5 万元。则第一年年末购房者净营业收益为 12 000－7 500＝4 500 元。第一年后购房人投资的收益率可写成：

$$权益资金收益率 = \frac{投资者净营业收益}{自有资金（首付）} = \frac{4\ 500}{25\ 000} = 18\%$$

投资者权益资金收益率为 18%，高于总资产收益率 12%。也就是说，如果投资者一次性付款 10 万元获得该住房，其权益收益率为 12%，而如果利用银行贷款，则其权益资金收益率为 18%。因此，利用他人资金为自己的投资服务是抵押贷款购房的目标所在。

## 2. 杠杆作用的表现形式

通过银行的住房抵押贷款这一融资途径，使居民的购房成为可能。但这并不表明借贷比例越高越好。因为杠杆作用如果用公式表示可有以下形式：

$$R=(M \times i)+(E \times Y) \tag{5-2}$$

式中：$R$——资产总收益率；

$M$——借贷资金占总房价的比例；

$i$——银行贷款利率；

$E$——自有资金占总房价的比例；

$Y$——自有资金（权益资金）的收益率。

在上题中，我们已经求出了权益资金收益率（18%）和总资产收益利率（12%），则我们可以验证式（5-2），如下：

$$12\%=(0.75 \times 10\%)+(0.25 \times 18\%)$$

从以上计算可以看出资产总收益率是借贷资金、权益资金收益率依其占资产份额的加权平均值。如果要求出权益资金的收益率则我们可以通过式（5-2）得到：

$$Y=\frac{R-M \times i}{E}=\frac{R-M \times i}{1-M}=\frac{R-i}{1-M}+i=i+[1/(1-M)] \times (R-i) \tag{5-3}$$

设 $L=1/(1-M)$，$L$ 称为杠杆因子。则

$$Y=i+L \times (R-i) \tag{5-4}$$

即借贷对权益资金收益率的影响取决于杠杆因子和总资产收益率与贷款利率的差。显然由于 $R$ 和 $i$ 的大小变化不一样，可能导致对 $Y$ 影响也是多样的，主要有以下几种情况：

（1）杠杆正作用。杠杆正作用是说明通过借款的途径可以提高借款者的权益资金收益率，这是因为借款的利率小于资产收益率，因而使权益资金收益率提高。

（2）中性杠杆作用。如果借款利率与资产收益率相等，则借贷资金对资产收益率和权益资金收益率都没有影响，保持为中性。

（3）杠杆负作用。杠杆的负作用是指借贷资金的利率较资产收益率高，通过借贷的方式不仅不会增加借款者的资产收益率，还会因借贷利率过高反而会使权益资金收益率降低。

【例 5-1】 假设有一房屋以 12 万元购入，每年的净营业收益为 1.44 万元，即每年的总资产收益率 12% 保持不变。假设可按 10%、12% 和 14% 三种利率依 80% 左右的贷款比例取得抵押贷款，借款额为 10 万元，则一年后，借贷对权益资金收益率的影响如表 5-1 所示。

表 5-1 不同借款利率对权益资金收益率的影响

|  | A | B | C |
| --- | --- | --- | --- |
| 利率 | 10% | 12% | 14% |
| 购入价（元） | 120 000 | 120 000 | 120 000 |
| 贷款数量（元） | 100 000 | 100 000 | 100 000 |
| 净营业收益 | 14 400 | 14 400 | 14 400 |
| 一年后支付的利息 | 10 000 | 12 000 | 14 000 |
| 权益资金收益率 | 22% | 12% | 2% |
| 杠杆作用 | 正 | 中 | 负 |

## 【专题5-1】　　　　　　　认识金融杠杆在"炒"房中的作用

近年来，人们对"炒房"这个词已经耳熟能详。但究竟什么是"炒房"，其实大多数人并不甚了解。许多人认为，非自住目的地多套购房，在房价上涨后卖出去就是"炒房"。严格来说，这种"炒"法只能算"初级班"。这里我们举例说明一点专业的"炒法"，利用这个例子来揭示"炒房"的秘密，同时也是阐述"最优化"决策的道理。

假定一个人花100元万买了一套房子。再假定这100万元购房款是三成首付，七成按揭，也就是说购房人自己出了30万元，另外从银行贷款70万元。大家记好这个假定的初始条件。

再假定，这个房子的价格涨到了130万元，而且没有悬念明天还会涨，涨到150万元、160万元、170万元都非常可能。现在的问题是，这个房子应当卖掉呢，还是应当继续持有？

恐怕很多人都会想，既然房价肯定还会涨，当然应当继续持有啊。错了，应当卖掉。从最优化目标看，如果房价还会继续涨，就一定要卖掉。

卖给谁呢？卖给你太太。130万元价格卖给你太太，如果仍是三成首付、七成按揭，你太太就可以从银行贷款91万元。替你还掉银行的70万元贷款，你已经"套现"21万元。如果房价真的继续涨，例如涨到160万元，再让你的太太把这套房子卖回给你。同样是三成首付、七成按揭，你可以从银行贷款112万元。替你太太还掉银行的91万元贷款，你又"套现"21万元。这时，你们两口子已经收回42万元，不仅最初投入的30万元全部收回，而且房子还在你们手上。这时，就是房价下跌也没关系。从160万元跌到150万元，甚至140万元也无妨。140万元卖掉，还掉银行112万元贷款，你仍可再收回28万元。

有点意思吧？这还是保守的"炒"法呢。再说一个激进的"炒法"。

初始条件和上面的例子一样。100万元买的房子，三成首付，七成按揭；房价涨到130万元了，预期房价仍将上涨。这时卖掉房子，收回130万元售房款；还掉银行70万元贷款，现在你手里还剩多少现金呢？60万元对吧？咱们上午卖下午买。再继续买一套房子。这次如果同样是三成首付、七成按揭，60万元现金可以买多少钱的房子呢？很容易算。200万元的房子。

"最优化"的关键问题就在这里了。如果房价确定无疑地会继续上涨，那么持有130万元的房子和持有200万元的房子，哪个收益更大呢？这是任何人都能明白的显然答案。

事情到此仍未结束。买了200万元的房子，我们仍然可以继续"炒"下去。假定房价真的又上涨了，例如涨30%，涨到260万元，那么如果如法炮制，再卖掉；这时用收回的260万元售房款还掉银行的140万元贷款，手持现金可达120万元；仍是上午卖下午就买，同样是三成首付、七成按揭的话，这次可以买400万元的房子。这个游戏继续做下去的话，房价再涨30%，涨到520万元；再卖在买，三成首付、七成按揭，可以买800万元的房子。当然，以次类推，房价再涨三成，涨到1040万元，卖掉在买；按照首付三成、七成按揭的方式就可以买到1 600万元的房子。我们不再推演下去了。（摘自陈淮著，《房地产经济学ABC》）

思考题：

1. 请问住房按揭贷款在当中起到了一个什么样的作用？如果调整首付比例，会出现怎样的情况？

2. 谈谈你对以上"炒"房模型的看法，得到什么启发？

## 5.2 住房抵押贷款的运作过程

### 5.2.1 住房抵押贷款的参与人

**1. 参与人**

抵押贷款购房活动中的核心参与人为购房者和银行。前者是借款人，后者为放款人。在抵押贷款运作的前期还有开发公司的介入（二手房则另当别论），它是作为房屋销售者同购房人和银行联系的。在抵押贷款开始运作以后，开发商退出抵押贷款关系，除非在工程质量保证期内出现质量问题，开发商在抵押贷款关系内没有任何权利和义务。抵押贷款合同生效后，保险公司加入抵押贷款关系中；保险公司对房产和其他责任的保险，使得放款人的资金安全得到了保障。

**2. 参与人之间的关系（对一手房按揭而言）**

在抵押贷款过程中银行同购房人的关系是抵押贷款的核心。在抵押贷款的初期或运作中开发商或保险公司介入。银行、购房者、开发商和保险公司的关系如图 5-1 所示。

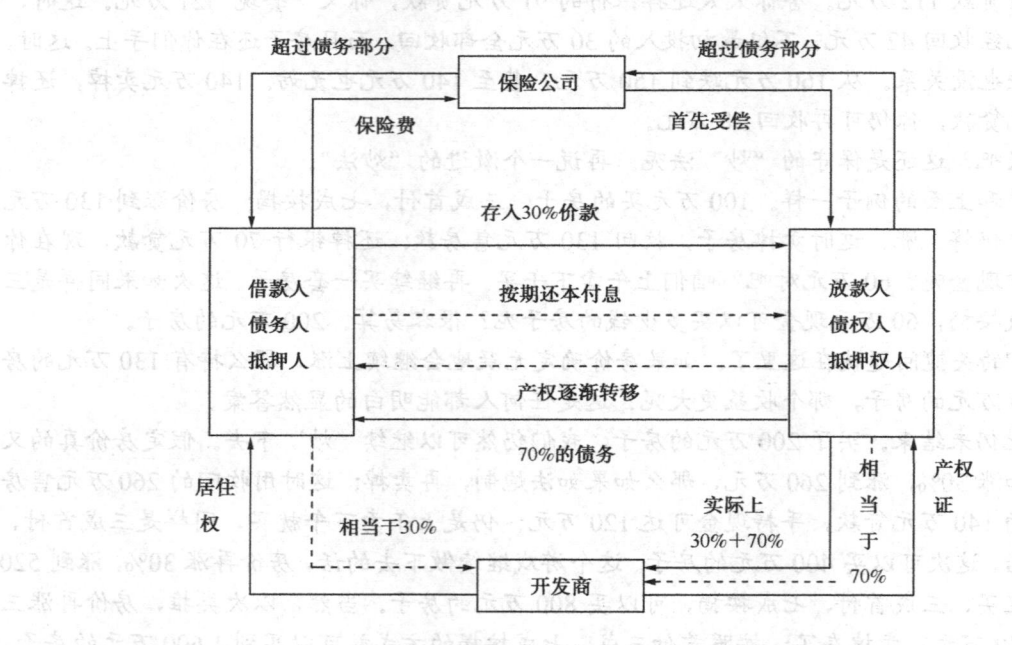

图 5-1　住房抵押贷款各参与人间关系图

（1）借款人、放款人和房地产开发商的关系。就购房过程而言，是购房人（借款人）同开发商之间的关系。由于购房资金不足，需要借款，所以就将银行拖进购房关系中。假设开发公司甲将房屋销售给购房者乙，而购房者乙没有足够的资金到银行丙处借款；在乙申请抵押的贷款得到批准后，乙将房价的 30%（这里假设贷款的首付款为 30%，贷款比例为 70%）的资金存入银行，丙将这 30% 的款项及乙欠甲的 70% 款项补齐一并划入开发商在银行中的账户。这是甲乙之间的房屋买卖关系结束，甲取得了房屋 100% 的价款，乙取得了房屋的使用权及 30% 的股本。银行支付了 70% 的价款取得的是购房合同及房屋产权证（登记）。随着甲乙买卖关系的结束，就产生和转化成为乙丙间的债务关系。乙欠银行 70% 价款的债务，乙须按照抵押贷款合同的有关规定按时交纳还款额，随着不断还款，乙在房屋中占有的份额不断增加；在贷款期限结束时，乙取得房屋的全部产权并从银行取得产权清晰的产权证。购房人和银行之间债权债务关系结束。

（2）借款人、放款人和保险公司的关系。在抵押贷款生效前，抵押人要到保险公司投保，也可以说房屋保险是抵押贷款要求的条件之一。抵押人有投保并交保费的义务，而保险公司的受益人为银行和抵押人，其中银行是第一受益人。

### 5.2.2 住房抵押贷款的运作过程

抵押贷款的运作过程，实际上是抵押贷款关系产生到抵押贷款债务消失的过程。整个过程也是债权、债务关系变化，产权转移的过程，如图5-2所示。

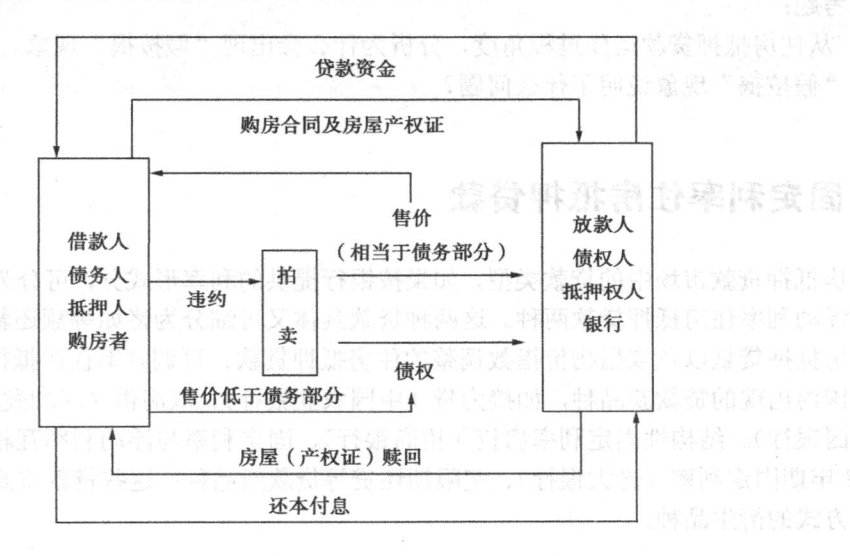

图 5-2 住房抵押贷款运作过程图

在抵押贷款中，抵押人以购房合同和房屋产权证换取抵押权人的贷款；抵押权人得到的是房屋产权证及抵押贷款合同承诺（按约还本付息），付出的是资金。在正常情况下，抵押人按约还本付息，到期取得房屋全部产权；银行收回本金和利息。只有当抵押人违约时，抵押房屋将被拍卖，拍卖收入首先偿还银行债务，剩余部分返还抵押人。如果拍卖价不能弥补银行债务，则成为抵押人欠银行的债务，抵押人向银行承担偿还义务。

【专题 5-2】　　　　　　　　　　"假按揭"现象

所谓个人住房贷款"假按揭"是指不以真实的购买住房为目的，开发商以本单位职工及其他关系人冒充客户作为购房人，通过虚假销售（购买）方式，套取银行贷款的行为。

"假按揭"形式多种多样。"假按揭"通常采用的方式是开发商虚拟若干购房人，并以这些购房人的名义与其签订不真实、虚假的购房合同，再以这些虚拟的购房人申请按揭贷款，从而套取银行资金。这样，开发商能够尽快"销售完"房屋收回投资，乃至实现获利。有的开发商通过虚拟购房人取得银行贷款后，待将房屋卖给真实的购房人取得资金后才偿还银行贷款；但有的开发商因无法将房屋卖出则干脆携款潜逃。

"假按揭"的主要特征是开发商将积压的房产套取银行信用，诈骗银行信贷资金。表现形式却是多种多样的：一是开发商不具备按揭合作主体资格，或者未与银行签订按揭贷款业务合作协议,未有任何承诺,不承担任何义务,与某些不法之徒相互勾结,以虚假销售方式套取银行按揭贷款;二是以个人住房按揭贷款名义套取企业生产经营用途的贷款;三是以个人住房贷款方式参与不具有真实、合法交易基础的银行债权置换或企业重组;四是银行信贷人员与企业串谋,向虚拟借款人或不具备真实购房行为的借款人发放高成数的个人住房按揭贷款;五是所有借款人均为虚假购房,有些身份和住址不明,有些为外来民工,或由开发商一手包办,或由包工头一手包办;六是开发商与购房人串通规避"零首付"的政策限制,将实际售房价提高一定比例后规定在售房合同中,再向购房人出具收到首付款的收据,双方按照售房合同规定的虚假售价,以银行要求的按揭成数办理贷款手续。采取这种"假按揭"的方式,购房人事实上未向开发商支付一分钱的首付款,而银行却要向购房人提供售房总价100%的借款。

思考题:
1. 从住房抵押贷款运作过程角度,分析为什么会出现"假按揭"现象。
2. "假按揭"现象说明了什么问题?

## 5.3 固定利率住房抵押贷款

住房抵押贷款市场中的贷款类型,如果按银行提供的利率形式分,可分为固定利率住房抵押贷款和浮动利率住房抵押贷款两种。这两种贷款具体又可细分为诸如等额还款、等本还款、分级付款住房抵押贷款以及依据物价指数调整的住房抵押贷款、可调利率住房抵押贷款等多种形式;前几年国内出现的贷款新品种,如接力贷(中国农业银行)、双周供(深圳发展银行)、直客式贷款(中国银行)、结构性固定利率房贷(招商银行)、固定利率与浮动利率互相转换业务(光大银行)、3年期固定利率(光大银行)、宽限期还贷等贷款新品种;这些贷款方式其实也都是以上两种贷款方式的衍生品种。

### 5.3.1 等额本金偿还的抵押贷款(CAM)

等额本金偿还的抵押贷款每月还款额由两部分组成:一部分是清偿的本金,它等于将贷款总额按月均摊,可以根据如下公式计算:

$$每月清偿的本金额 = \frac{贷款总额}{贷款年限 \times 12} \tag{5-5}$$

另一部分是当月应付的利息,可以通过如下公式计算得出:

$$每月支付的利息 = 当月贷款余额 \times 年利率 \div 12$$

由于每月都以同样的数额减少贷款本金,从而使得当月贷款余额以同样的速度减少,因此每月应支付的利息也逐月降低。实际上,每月还款额的递减速度可以根据如下公式计算出:

$$每月还款额递减速度 = \frac{贷款总额}{贷款年限 \times 12} \times 年利率 \div 12 \tag{5-6}$$

为了说明上述计算过程,现假定有如下一宗等额本金偿还的抵押贷款,贷款额度为10万元,贷款期限为30年,贷款利率为12%。根据上述计算公式,计算结果如表5-2所示。

表 5-2　每月付款额与贷款余额（本金等额偿还方式）

| （1）月数 | （2）当月贷款余额 | （3）利息（12%÷12） | （4）每月偿还本金 | （3）+（4）每月付款额 | （2）-（4）月末贷款余额 |
|---|---|---|---|---|---|
| 1 | 100 000 | 1 000 | 277.78 | 1 277.78 | 99 722.22 |
| 2 | 99 722.22 | 997.22 | 277.78 | 1 275.00 | 99 444.44 |
| 3 | 99 444.44 | 994.44 | 277.78 | 1 272.22 | 99 166.66 |
| 4 | 99 166.66 | 991.67 | 277.78 | 1 269.44 | 98 888.88 |
| ⋮ | ⋮ | ⋮ | ⋮ | ⋮ | ⋮ |
| 360 | 277.78 | 2.78 | 277.78 | 280.56 | 0 |

从表 5-2 中可以看出，第一个月的还款额为 1 277.78 元，其中 1 000 元用于偿还当月利息，277.78 元用于偿还本金。每个月的还款额以 2.78（277.78 元×月利率）元递减。本金和贷款余额的清偿过程如图 5-3 所示。

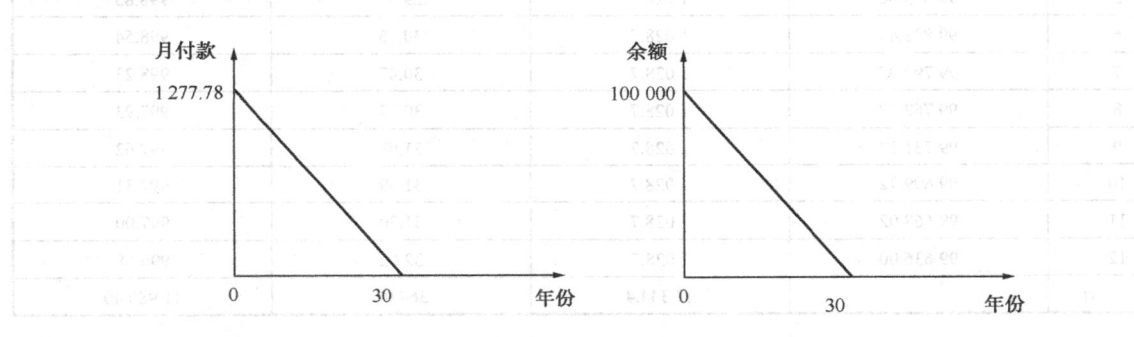

图 5-3　等额本金和贷款余额清偿过程图

等额本金偿还的抵押贷款由于过于注重本金的偿还，使得每月还款总额以一定比例递减，而这恰恰与居民收入水平和抵押房地产价值通常将稳步提高的事实相违背，这是等额本金偿还的缺点之一。

### 5.3.2　等额本息偿还的抵押贷款（CPM）

现在比较普遍的住房抵押贷款是所谓的等额本息抵押贷款。它与等额本金偿还法相似，利率在贷款期间内固定不变，所不同的是每月付款是恒定的。于是，根据期末年金现值原理，我们将每月付款额作为等额年金看待，那么所有年金的现值之和就是贷款本金。所以有：

$$M_p = P \times \frac{\frac{R_n}{12}}{\left[1 - \left(1 + \frac{R_n}{12}\right)^{-12 \times n}\right]} \tag{5-7}$$

式中：$M_P$——每月付款额；

　　　$M$——抵押常数；

　　　$P$——贷款总额；

　　　$n$——贷款年限；

　　　$R_n$——年利率。

不同利率和不同贷款期限的抵押常数 M 可以从利率表中查找，或者利用计算器通过上式直接计算得出。然后将抵押常数乘以贷款本金，就得到每月付款额。表5-4列出的是贷款本金为10万元、贷款期限为30年、贷款利率为12%的等额本息的抵押贷款的第一年还款情况。从表中可以看出，每月还款额由利息和本金两部分组成，而且是扣除利息之后，才能清偿本金。标准的固定利率抵押贷款中，每月付款额必须大于每月应付的利息额。由于在贷款初始阶段，贷款总额很大，因而在恒定的每月付款额中，绝大部分是用于清偿利息，本金减少量很少。

表5-3  10万元、30年期、利率为12%的等额本息偿还贷款第1年每月还款情况

| 月份 | 贷款余额 | 每月还款额 | 偿还的本金 | 偿还的利息 |
| --- | --- | --- | --- | --- |
| 1 | 99 971.30 | 1 028.7 | 28.70 | 1 000.00 |
| 2 | 99 942.31 | 1 028.7 | 28.99 | 999.71 |
| 3 | 99 913.04 | 1 028.7 | 29.28 | 999.42 |
| 4 | 99 883.47 | 1 028.7 | 29.57 | 999.13 |
| 5 | 99 853.60 | 1 028.7 | 29.87 | 998.83 |
| 6 | 99 823.44 | 1 028.7 | 30.16 | 998.54 |
| 7 | 99 792.97 | 1 028.7 | 30.47 | 998.23 |
| 8 | 99 762.19 | 1 028.7 | 30.77 | 997.93 |
| 9 | 99 731.12 | 1 028.7 | 31.08 | 997.62 |
| 10 | 99 699.72 | 1 028.7 | 31.39 | 997.31 |
| 11 | 99 668.02 | 1 028.7 | 31.70 | 997.00 |
| 12 | 99 636.00 | 1 028.7 | 32.02 | 996.68 |
| 合计 |  | 12 344.4 | 364.00 | 11 980.40 |

从表5-3中，我们发现，第1年，借款人只清偿了364元的本金，而支付的利息额却高达11 980.40元。但是，因为固定利率抵押贷款第一次还款就开始清偿部分本金，从而保证贷款本金随着付款次数的增加而逐渐减少，直到最后一次付款清偿全部债务。关于等额本息贷款的偿还特点及其与等本偿还贷款的比较见【例5-2】。

目前国内个人住房抵押贷款提供等额本金和等额本息两种选择。但是，由于贷款利率将依据人民银行公布的贷款利率进行调整，所以，我国现行的个人住房贷款，尽管在计算每月还款额和贷款余额时可参照上述方法，但已不是上面所说的固定利率抵押贷款了。同时，由于上述两种还款方式采用的利率是一致的，所以就不存在哪一种方式更合算的说法，更不能用借款人实际支付的利息多寡来衡量孰优孰劣，因为当月应付利息是当月贷款余额乘上月利率。等额本金方式由于在贷款初期通过比较高的月还款而提前偿还了部分本金，所以在整个贷款期限内支付的利息就相对较少。

### 5.3.3 贷款余额的计算

当人们通过住房抵押贷款的方式购得住房后，可能会在几年后将其卖掉，这时就需计算出售时该套住房还有多少贷款还没有还清，即会面临贷款余额的计算问题。

贷款余额当然可以按照上面的表5-2或表5-3进行逐月计算，但非常烦琐。实际上贷款余额有两种简便的计算方法。

一是现值法。等额还款方法的抵押贷款中，计算每月还款额的理论基础是"贷款期限内每月

还款的现值之和等于贷款本金"。现假定贷款已经清偿 $t$ 年，也就是说贷款期限还有 $(n-t)$ 年，或者说借款人还需偿付 $(n-t) \times 12$ 次款项，贷款才能全部清偿。

那么 $t$ 年时刻的贷款余额实际上就是未来 $(n-t) \times 12$ 次款项的现值。则有如下 $t$ 年贷款余额的计算公式：

$$MB = M_p \times \frac{1-\left(1+\frac{R_n}{12}\right)^{-12 \times (n-t)}}{\frac{R_n}{12}} = P \times \frac{\left(1+\frac{R_n}{12}\right)^{12 \times n} - \left(1+\frac{R_n}{12}\right)^{12t}}{\left(1+\frac{R_n}{12}\right)^{12 \times n} - 1} \quad (5-8)$$

式中：$MB$——贷款余额；

$M_P$——每月付款额；

$t$——已付款年数；

$P$——贷款总额。

另一种计算贷款余额的方式就是终值法。用已还款年份的年金终值占所有还款额的年金终值的比率表示已清偿的本金数额。贷款本金减去已清偿的本金就是贷款余额。

$$\text{每 1 元贷款的余额} = 1 - \frac{\text{还款年数的年金终值因素}}{\text{贷款期限内的年金终值因素}} \quad (5-9)$$

因此，贷款余额就是每 1 元贷款余额与贷款本金的乘积。

以上两种贷款余额的计算方法，结果是一样的。但在习惯上人们更倾向于使用现值法计算。

【例 5-2】 有一笔住房抵押贷款，金额为 60 000 元，期限为 30 年，年利率为 12%，下面分别就等额本金偿还和等额本息偿还两种还款方式进行比较。

解：

1. 等额本金偿还的计算：

（1）首月偿还金额：

$$M_{p1} = \frac{P}{N} + Pi = \frac{60\ 000}{12 \times 30} + 60\ 000 \times \frac{0.12}{12} = 166.7 + 600 = 766.67 \text{（元）}$$

（2）最后一月偿还金额：

$$M_{p360} = 166.67 + 600 - \frac{600}{360} \times 359 = 168.34 \text{（元）}$$

（3）逐期递减金额：

$$\frac{P}{N} i = \frac{60\ 000}{360} \times 0.01 = 1.67 \text{（元）}$$

（4）利息总额：

$$Pi \frac{N+1}{2} = 108\ 300 \text{（元）}$$

2. 等额本息偿还：

（1）每月还本付息：

$$M_p = PV \frac{i_m}{1-(1+i_m)^{-m}} = 60\ 000 \times \frac{0.12 \div 12}{1-(1+0.01)^{-360}}$$
$$= 60\ 000 \times 0.010\ 286\ 3 = 617.17 \text{（元）}$$

（2）首月本息偿付情况

首月偿付利息：

$$I_1 = Pi = 60\ 000 \times 0.01 = 600 \text{（元）}$$

首月偿付本金：
$$A_1 = M_p - I_1 = 617.17 - 600 = 17.17 \text{（元）}$$

（3）第 $15 \times 12 = 180$ 个月的本息偿付情况

第 180 个月偿付利息：

$$I_{180} = MB_{179} \times i = M_p \times \frac{1 - \left(1 + \frac{R_n}{12}\right)^{-12 \times (n-t)}}{\frac{R_n}{12}} \times i = P \times \frac{\left(1 + \frac{R_n}{12}\right)^{12 \times n} - \left(1 + \frac{R_n}{12}\right)^{12t}}{\left(1 + \frac{R_n}{12}\right)^{12 \times n} - 1} \times i$$

$$= 60\,000 \times \frac{(1+0.01)^{360} - (1+0.01)^{179}}{(1+0.01)^{360} - 1} = 500.92 \text{（元）}$$

第 180 个月偿付本金：
$$A_{120} = M_p - I_{180} = 617.17 - 500.92 = 116.25 \text{（元）}$$

（4）还款总额情况

还款总额：$617.17 \times 360 = 222\,181.20$（元）

利息总额：$162\,181.20$（元）

（5）贷款余额计算：

$$MB_{12} = 60\,000 \times \frac{1.01^{360} - 1.01^{12}}{1.01^{360} - 1} = 60\,000 \times 0.996\,371\,21 = 59\,782.27 \text{（元）}$$

$$MB_{180} = 60\,000 \times 0.857\,057\,13 = 51\,243.24 \text{（元）}$$

$$MB_{293} = 60\,000 \times 0.500\,508\,18 = 30\,030.49 \text{（元）}$$

从上式可以看出：293 个月 = 24 年 × 12 月/年 + 5 个月

也就是说，到 24 年零 5 个月，贷款本金才偿还一半。

根据等额本息贷款偿付的特点及以上计算结果，我们可以绘制出本息清偿图和本金余额变化图，如图 5-4 及图 5-5 所示。

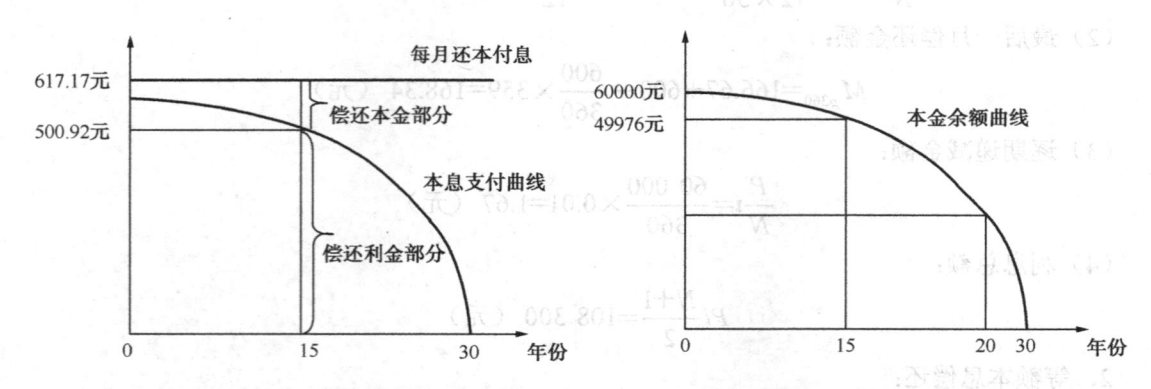

图 5-4　等额本息付款：本金与利息清偿图

图 5-5　等额本息付款：本金余额变化图

### 3. 等额本金（CAM）与等额本息（CPM）付款方式的比较

根据上面计算，我们可以得出等额本金和等本息付款方式的比较结果，如表 5-4、图 5-6 和图 5-7 所示。

表 5-4 CAM 与 CPM 的比较

|  | 等 额 本 金 | 等 额 本 息 | 差 异 |
|---|---|---|---|
| 现值 | 60 000.00 | 60 000.00 | 0.00 |
| 利率 | 0.12 | 0.12 | 0.00 |
| 初始付款 | 766.67 | 617.17 | 149.50 |
| 首月本金偿还 | 166.67 | 17.17 | 149.50 |
| 利息总额 | 108 300 | 162 181.20 | 53 881.20 |
| 贷款余额 | 直线下降 | 先慢后快降 | 前者更快降 |
| 付款总额 | 168 300.00 | 222 187.20 | 53 881.20 |

从表 5-4、图 5-6 和图 5-7 可知，等额本金初始付款为 766.67 元，并以每月 1.67 元的数量递减；而等额本息的初始付款为 617.17 元，每月数额保持不变。说明在其他条件都相同的情况下，等额本金付款方式的前期付款压力比等额本息要大，这一情况会一直持续到第 10 年才会改观，因为此时两种付款方式的月供刚好相等，从此以后，等额本金的月供才开始比等额本息方式要少。

从支付利息总额角度看，等额本息付款方式的利息支付总额为 162 181.20 元，而等额本金付款方式的利息支付总额为 108 300 元，显然，前者比后者多支付了 92 081.8 元。因此，从节省利息角度看，等额本金要优于等额本息方式；但同时要求借款人的偿还能力较高。

从贷款余额角度看，等额本金的贷款余额呈现直线均匀下降的态势；而等额本息则不同，其呈现先慢后快降的态势。并且，从整个贷款还款期限来看，等额本金的贷款本金清偿速度始终快于等额本息方式。

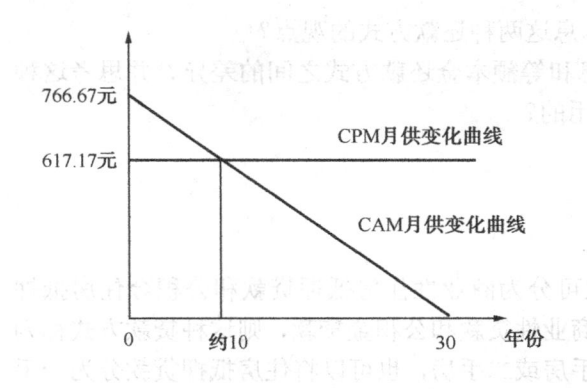

图 5-6 CAM 与 CPM 的月供比较 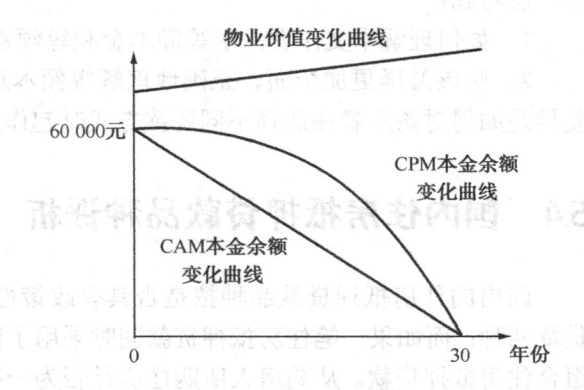　　　图 5-7 CAM 与 CPM 的贷款余额比较

【专题 5-3】　　　　等额本息法和等额本金法还贷方式的本质区别

一、贷款利息的多少由什么因素决定

大家都知道，钱在银行存一天就有一天的利息，存的钱越多，得到的利息就越多。同样，对于贷款来说也一样，银行的贷款多用一天，就要多付一天的利息，贷款的金额越大，支付给银行的利息也就越多。

银行利息的计算公式是：利息 = 资金额 × 利率 × 占用时间。

因此，利息的多少，在利率不变的情况下，决定因素只能是资金的实际占用时间和占用金额的大小，而不是采用哪种还款方式。这是铁定不变的道理！

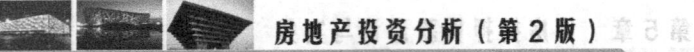

不同的还款方式，只是为满足不同收入、不同年龄、不同消费观念人们的不同需要或消费偏好而设定的。其实质，无非是贷款本金因"朝三暮四"或"朝四暮三"式的先还后还，造成贷款本金事实上的长用短用、多用少用，进而影响利息随资金实际占用数量及期限长短的变化而增减。

可见，不管采取哪种贷款还款方式，银行都没有做吃亏的买卖，客户也不存在节省利息支出的实惠。

二、等额本息还款法和等额本金还款法的比较

由于每月所还本金固定，而每月贷款利息随着本金余额的减少而逐月递减；因此，等额本金还款法在贷款初期月还款额大，此后逐月递减（月递减额＝月还本金×月利率）。例如同样是借10万元、15年期的公积金贷款，等额本息还款法的月还款额为760.40元，而等额本金还款法的首月还款额为923.06元（以后每月递减2.04元），比前者高出163.34元。由于后者提前归还了部分贷款本金，较前者实际上是减少占用和缩短占用了银行的钱，当然贷款利息总的计算下来就少一些（10年下来共计为3 613.55元），而并不是借款人得到了额外实惠！

此种还款方式，适合生活负担会越来越重（养老、看病、孩子读书等）或预计收入会逐步减少的人使用。

可见，等额本金还款方式，不是节省利息的选择。如果真正有节省利息的良方，那就是应当学会理智消费，根据自己的经济实力，量体裁衣、量入为出，尽量少贷款、贷短款，才是唯一可行的方法。

总之，对比的基础不同，对比本身就没有什么实际意义。如果非要将两种不同的贷款还款方式加以比较，得出支付的利息哪一种方法比哪一种少，那么只会对借款人产生误导、混淆视听！

思考题：

1. 如何理解本文作者关于等额本金和等额本息这两种还款方式的观点？
2. 应该怎样更加全面、正确地理解等额本息和等额本金还款方式之间的差异？并思考这种差异是如何对购房者在选择不同还款方式时起作用的？

## 5.4 国内住房抵押贷款品种评析

国内的住房抵押贷款品种按是否具有政策性可分为商业性住房抵押贷款和公积金住房抵押贷款两种；而如果一笔住房抵押贷款同时采用了商业性贷款和公积金贷款，则这种贷款方式称为组合住房抵押贷款。从购房人所购住房是否为一手房或二手房，也可以将住房抵押贷款分为一手房抵押贷款（或一手房按揭贷款）和二手房抵押贷款（二手房按揭贷款）。商业性住房抵押贷款和公积金住房抵押贷款在贷款对象、贷款条件、贷款额度、贷款利率以及办理贷款时所需提供的资料等方面都存在某些不同之处；而一手房抵押贷款或二手房抵押贷款同样在贷款期限、贷款额度、对住房的房龄要求等方面存在一定差异。本节首先就以上问题进行讨论，然后就目前国内普遍存在的住房抵押贷款提前还款问题作出详细分析。

此外，为了分析方便，本节在讨论商业性住房抵押贷款时，将其分为一手房抵押贷款和二手房抵押贷款两种情况进行分析，而对于公积金贷款则不做此安排。

### 5.4.1 商业性住房抵押贷款

**1. 一手房抵押贷款**

（1）一手房抵押贷款的对象。具有完全民事行为能力的除港、澳、台地区之外的中华人民共和国公民。

（2）申请一手房抵押贷款的用途。用于购买本楼盘的住房及商业用房。

（3）申请一手房抵押贷款的条件。

① 申请人年龄加贷款年限男性不超过 65 岁、女性不超过 60 岁；
② 具有稳定的职业和收入，信用良好，有偿还贷款本息的能力；
③ 已与开发商签订正式的购房合同或协议，并已支付不低于 20%的首期购房款；
④ 在该行开立个人账户，并委托该行将贷款金额一次性划至开发商在该行开立的售房款专户，同意该行直接从个人账户上扣还月供款；
⑤ 同意以所购房产作为抵押。

（4）申请一手房抵押贷款需要提供的材料。

① 申请人提交材料。
- 借款人、配偶或其他财产共有人的合法身份证明（指居民身份证、军官证、护照等）、户口簿、婚姻证明的原件和复印件；
- 借款人及配偶收入证明（薪金收入的客户提供单位盖章的收入证明；自办实业的客户，提供经营收入证明及营业执照、验资报告等或相关材料）；
- 商品房销（预）售合同原件；
- 首期付款证明。

② 申请人签署资料。
- 个人住房抵押（按揭）贷款申请审批书；
- 个人征信系统查询授权书；
- 委托中介办理按揭相关事宜的授权书；
- 财产共有人承诺书；
- 该行开卡申请表；
- 个人住房抵押借款合同；
- 房地产抵押设定、变更登记申请表。

（5）贷款额度、期限、利率。住房抵押贷款最高 8 成，最长 30 年；商业用房最高 6 成，最长 10 年。利率按照中国人民银行固定的期限档次执行，实行下限管理，最低可下浮 15%。

（6）一手房抵押贷款申请流程。第一步，准备资料。提供申请人相关证明材料，如身份证明、婚姻状况证明、收入证明等，以及与开发商签订的购房合同或协议。

第二步，办理申请手续，递交相关材料和证明。借款人在银行填写申请表并请信贷员初审，符合申请资格的，给予开具《申请通知单》。与此同时，申请人可提交已准备好的材料和证明，如身份证、户口本、婚姻证明、购房合同、收入证明、首付款证明，以及银行要求的其他资料。

第三步，银行审核资料的完备性、真实性。

第四步，银行对借款人资信、还款能力、担保进行分析、审查。主要由律师对借款申请人的材料进行初审并向银行出具《法律意见书》和《见证书》，对贷款申请人的身份以及资信状况作出评价，收取相关费用；

第五步，客户签订《个人房产抵押借款合同》。并签订担保合同、委托转账付款授权书及其他法律文件，如抵押登记等，并交纳相关费用；

第六步，银行审批；

第七步，期房办理预备案登记，现房办理他项权证。开发商提供阶段性担保；

第八步，银行放款，银行签署发放借款合同及其他材料递交借款人，贷款资金划入开发商账户。

第九步，借款人按照合同约定，按时偿还贷款。

整个流程如图 5-8 所示。

（7）提前还款。一般情况下，如果借款人偿还月供款已满一年以上，借款人则可以申请提前归还全部或部分贷款本金，提前归还部分应是万元整数倍或全部贷款本息。若借款人提前还款，应在还款日的一定天数（如 10 天或 30 天）的工作日以前书面向该行申请，并取得该行书面同意；提前还款部分按实际使用天数计算，按贷款合同约定的利率计收利息，利随本清，已收利息不退还。未提前还款部分，仍按合同约定执行（关于提前还款的具体分析见后面内容）。

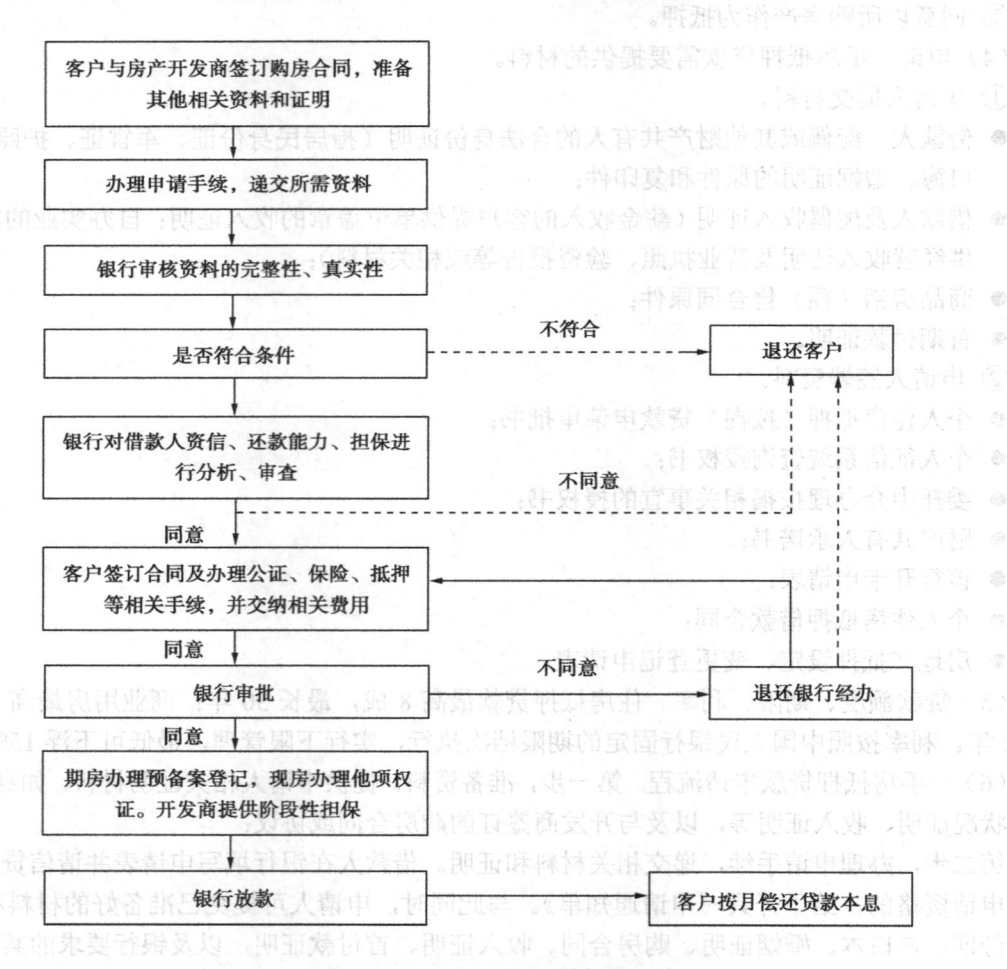

图 5-8　一手房抵押贷款流程图

（8）还款计划表。还款计划如表 5-5 和表 5-6 所示，这两张表采用的利率都是 2006 年 8 月 19 日开始执行的新利率，表 5-5 按基准利率计算，表 5-6 则按最新规定的在基准利率基础上下浮 15%所得到的利率计算。

并且，表 5-5 和表 5-6 都按等额本金还款和等额本息还款两种方式，贷款额度为 10 万元，贷款期限按 1 年期、2 年期、3 年期……29 年期、30 年期分为 30 种期限类别；对于等额本息偿还方式的贷款，列出了每个月需要还款的金额，以及整个偿还期内付息总额；而对于等额本金还款方式，则列出了首月还款的金额、每月还款递减金额及整个偿还期内付息总额。

对于表 5-5 而言，我们比较等额还款和等本还款这两种方式，随着贷款年限的拉长，等额方式较等额本金方式的多付利息总额也随之增多，例如，对于 1 年期、额度为 10 万元的贷款而言，等额方式较等本方式只多出 30.91 元，而如果贷款年限拉长到 30 年，则前者比后者多出了 32 768.07 元。不过，对于购房者而言，采用等额还款方式的前期还款压力要比等本方式小。对于借款人来说，选择何种还款方式要看是否适合自己的经济状况。选择还款方式的关键是要与借款人自己的收入趋势相匹配，尽量使收入曲线和供款变化相一致。

另外，在前一节已经谈到，等额本息还款法的特点是每个月归还一样的本息和，借款人容易做出预算。还款初期，月供款中支付的利息占大部分，随着本金的逐渐偿还，还款中的本金不重增加。而等额本金还款方式则是每个月归还的本金一样，利息则按递减的趋势变化（每月递减额固定不变）。

因此，结合以上分析，等额本息还款法更适合于现期收入少，预期收入将稳定或增加的借款人，一般为年轻人，特别是刚刚开始工作的年轻人就比较适合与选用这种方法，以避免初期太大的供房压力。而等额本金还款法适用于现在收入处于高峰期的人士，特别是预期以后收入会减少或是家庭经济负担会加重的家庭或个人。

表 5-5　10 万元商业性住房抵押贷款还款计划（基准利率）　　　　　单位：元

| 贷款年限 | 年利率 | 等额本息还款 月还款额 | 等额本息还款 利息总数 | 等额本金还款 首月还款 | 等额本金还款 月递减额 | 等额本金还款 利息总额 |
|---|---|---|---|---|---|---|
| 1 | 6.12% | 8 612.16 | 3 345.91 | 8 843.33 | 42.50 | 3 315.00 |
| 2 | 6.30% | 4 445.59 | 6 694.19 | 4 691.67 | 21.88 | 6 562.50 |
| 3 | 6.30% | 3 055.81 | 10 008.99 | 3 302.78 | 14.58 | 9 712.50 |
| 4 | 6.48% | 2 370.57 | 13 787.50 | 2 623.33 | 11.25 | 13 230.00 |
| 5 | 6.48% | 1 955.68 | 17 340.69 | 2 206.67 | 9.00 | 16 470.00 |
| 6 | 6.84% | 1 697.23 | 22 200.42 | 1 958.89 | 7.92 | 20 805.00 |
| 7 | 6.84% | 1 501.46 | 26 122.52 | 1 760.48 | 6.79 | 24 225.00 |
| 8 | 6.84% | 1 355.42 | 30 120.62 | 1 611.67 | 5.94 | 27 645.00 |
| 9 | 6.84% | 1 242.54 | 34 194.19 | 1 495.93 | 5.28 | 31 065.00 |
| 10 | 6.84% | 1 152.86 | 38 342.65 | 1 403.33 | 4.75 | 34 485.00 |
| 11 | 6.84% | 1 080.04 | 42 565.33 | 1 327.58 | 4.32 | 37 905.00 |
| 12 | 6.84% | 1 019.87 | 46 861.54 | 1 264.44 | 3.96 | 41 325.00 |
| 13 | 6.84% | 969.43 | 51 230.48 | 1 211.03 | 3.65 | 44 745.00 |
| 14 | 6.84% | 926.62 | 55 671.34 | 1 165.24 | 3.39 | 48 165.00 |
| 15 | 6.84% | 889.91 | 60 183.23 | 1 125.56 | 3.17 | 51 585.00 |
| 16 | 6.84% | 858.15 | 64 765.21 | 1 090.83 | 2.97 | 55 005.00 |
| 17 | 6.84% | 830.47 | 69 416.31 | 1 060.20 | 2.79 | 58 425.00 |
| 18 | 6.84% | 806.18 | 74 135.49 | 1 032.96 | 2.64 | 61 845.00 |
| 19 | 6.84% | 784.74 | 78 921.68 | 1 008.60 | 2.50 | 65 265.00 |

续表

| 贷款年限 | 年利率 | 等额还款 月还款额 | 等额还款 利息总数 | 等本还款 首月还款 | 等本还款 月递减额 | 等本还款 利息总额 |
|---|---|---|---|---|---|---|
| 20 | 6.84% | 765.72 | 83 773.78 | 986.67 | 2.38 | 68 685.00 |
| 21 | 6.84% | 748.77 | 88 690.63 | 966.83 | 2.26 | 72 105.00 |
| 22 | 6.84% | 733.60 | 93 671.06 | 948.79 | 2.16 | 75 525.00 |
| 23 | 6.84% | 719.98 | 98 713.86 | 932.59 | 2.07 | 78 945.00 |
| 24 | 6.84% | 707.70 | 103 817.78 | 917.22 | 1.98 | 82 365.00 |
| 25 | 6.84% | 696.61 | 108 981.57 | 903.33 | 1.90 | 85 785.00 |
| 26 | 6.84% | 686.55 | 114 203.95 | 890.51 | 1.83 | 89 205.00 |
| 27 | 6.84% | 677.42 | 119 483.61 | 878.64 | 1.76 | 92 625.00 |
| 28 | 6.84% | 669.10 | 124 819.23 | 867.62 | 1.70 | 96 045.00 |
| 29 | 6.84% | 661.52 | 130 209.50 | 857.36 | 1.64 | 99 465.00 |
| 30 | 6.84% | 654.59 | 135 653.07 | 847.78 | 1.58 | 102 885.00 |

表5-6 10万元商业性住房抵押贷款还款计划（下浮15%）　　单位：元

| 贷款年限 | 年利率 | 等额还款 月还款额 | 等额还款 利息总数 | 等本还款 首月还款 | 等本还款 月递减额 | 等本还款 利息总额 |
|---|---|---|---|---|---|---|
| 1 | 5.20% | 8 570.01 | 2 840.09 | 8 766.83 | 36.13 | 2 817.75 |
| 2 | 5.36% | 4 403.28 | 5 678.70 | 4 613.33 | 18.61 | 5 578.13 |
| 3 | 5.36% | 3 013.28 | 8 478.07 | 3 224.44 | 12.41 | 8 263.33 |
| 4 | 5.51% | 2 326.10 | 11 652.96 | 2 542.50 | 9.57 | 11 245.50 |
| 5 | 5.51% | 1 910.58 | 14 634.67 | 2 125.83 | 7.65 | 14 004.58 |
| 6 | 5.81% | 1 648.33 | 18 680.10 | 1 873.06 | 6.72 | 17 672.08 |
| 7 | 5.81% | 1 451.76 | 21 948.18 | 1 674.64 | 5.76 | 20 577.08 |
| 8 | 5.81% | 1 304.91 | 25 271.47 | 1 525.83 | 5.04 | 23 482.08 |
| 9 | 5.81% | 1 191.20 | 28 649.68 | 1 410.09 | 4.48 | 26 387.08 |
| 10 | 5.81% | 1 100.69 | 32 082.52 | 1 317.50 | 4.03 | 29 292.08 |
| 11 | 5.81% | 1 027.04 | 35 569.63 | 1 241.74 | 3.67 | 32 197.08 |
| 12 | 5.81% | 966.05 | 39 110.64 | 1 178.61 | 3.36 | 35 102.08 |
| 13 | 5.81% | 914.78 | 42 705.12 | 1 125.19 | 3.10 | 38 007.08 |
| 14 | 5.81% | 871.15 | 46 352.65 | 1 079.40 | 2.88 | 40 912.08 |
| 15 | 5.81% | 833.63 | 50 052.75 | 1 039.72 | 2.69 | 43 817.08 |
| 16 | 5.81% | 801.07 | 53 804.91 | 1 005.00 | 2.52 | 46 722.08 |
| 17 | 5.81% | 772.59 | 57 608.60 | 974.36 | 2.37 | 49 627.08 |
| 18 | 5.81% | 747.52 | 61 463.27 | 947.13 | 2.24 | 52 532.08 |
| 19 | 5.81% | 725.30 | 65 368.33 | 922.76 | 2.12 | 55 437.08 |
| 20 | 5.81% | 705.51 | 69 323.16 | 900.83 | 2.02 | 58 342.08 |
| 21 | 5.81% | 687.81 | 73 327.15 | 880.99 | 1.92 | 61 247.08 |
| 22 | 5.81% | 671.89 | 77 379.63 | 862.95 | 1.83 | 64 152.08 |
| 23 | 5.81% | 657.54 | 81 479.93 | 846.49 | 1.75 | 67 057.08 |
| 24 | 5.81% | 644.54 | 85 627.35 | 831.39 | 1.68 | 69 962.08 |

续表

| 贷款年限 | 年利率 | 等额还款 | | 等本还款 | | |
|---|---|---|---|---|---|---|
| | | 月还款额 | 利息总数 | 首月还款 | 月递减额 | 利息总额 |
| 25 | 5.81% | 632.74 | 89 821.18 | 817.50 | 1.61 | 72 867.08 |
| 26 | 5.81% | 621.99 | 94 060.69 | 804.68 | 1.55 | 75 772.08 |
| 27 | 5.81% | 612.18 | 98 345.13 | 792.81 | 1.49 | 78 677.08 |
| 28 | 5.81% | 603.20 | 102 673.74 | 781.79 | 1.44 | 81 582.08 |
| 29 | 5.81% | 594.96 | 107 045.76 | 771.52 | 1.39 | 84 487.08 |
| 30 | 5.81% | 587.39 | 111 460.40 | 761.94 | 1.34 | 87 392.08 |

**2. 二手房抵押贷款**

（1）二手房抵押贷款的对象。具有完全民事行为能力的除港、澳、台地区之外的中华人民共和国公民。

（2）申请二手房抵押贷款的用途。用于购买二手的住房及商业用房。

（3）申请二手房抵押贷款的条件。

① 申请人年龄加贷款年限男性不超过 65 岁、女性不超过 60 岁；

② 具有稳定的职业和收入，信用良好，有偿还贷款本息的能力；

③ 已签订了合法有效的购买合同、协议或有关批准文件等，借款人同意以所购房产作为抵押；

④ 不低于所购买房款 20%以上的首付款；

⑤ 中介公司与银行签订合作协议。

（4）申请一手房抵押贷款需要提供的材料。

① 个人借款申请表；

② 申请人和共有人有效身份证和户口簿；

③ 房屋买卖合同；

④ 规定比例的首付款证明；

⑤ 所购房屋的房地产权证；

⑥ 房产评估报告；

⑦ 家庭收入证明材料和有关资产证明；

⑧ 银行要求的其他证明文件。

（5）贷款额度、期限、利率。自 2004 年下半年以来，各银行贷款开始收紧，每家银行依据自己的情况都对贷款额度及期限进行了规定。对于贷款额度方面，各银行依据房屋建成年代的早晚进行了不同的规定，例如，有的银行规定建成于 1985 年（含）以前的房屋，贷款额度为评估价的 7 成以下，而建于 1986 年（含）以后的房屋，贷款额度可以为评估价的 7 成，对于建成距今 5 年以内的次新房，客户贷款额度可以为评估价的 8 成。并且，有些银行将借款人的资质也作为贷款额度的审核标准。例如，如果借款人是医生、教师、大学教授、国家公务员等，则其获得贷款额度成数可以高一些。

对于贷款期限的规定，有的银行规定贷款年数为：贷款年限＋房龄数不得超过 35 年。相对于一手房来说，二手房（特别是房龄较长的二手房）贷款期限受到了一定的限制。

二手房抵押贷款利率水平基本跟一手房相同，依每个贷款银行具体情况而定。

（6）二手房抵押贷款申请流程。二手房抵押贷款申请流程如图 5-9 所示。如果是自行配对完成二手房交易的，则其贷款流程图如图 5-10 所示。

图 5-9　二手房抵押贷款流程图

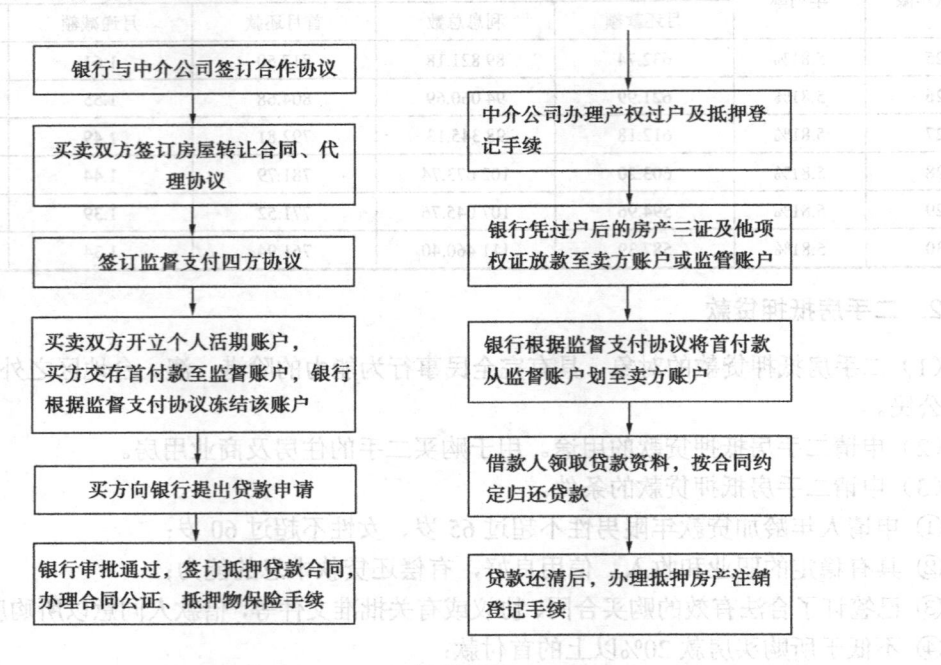

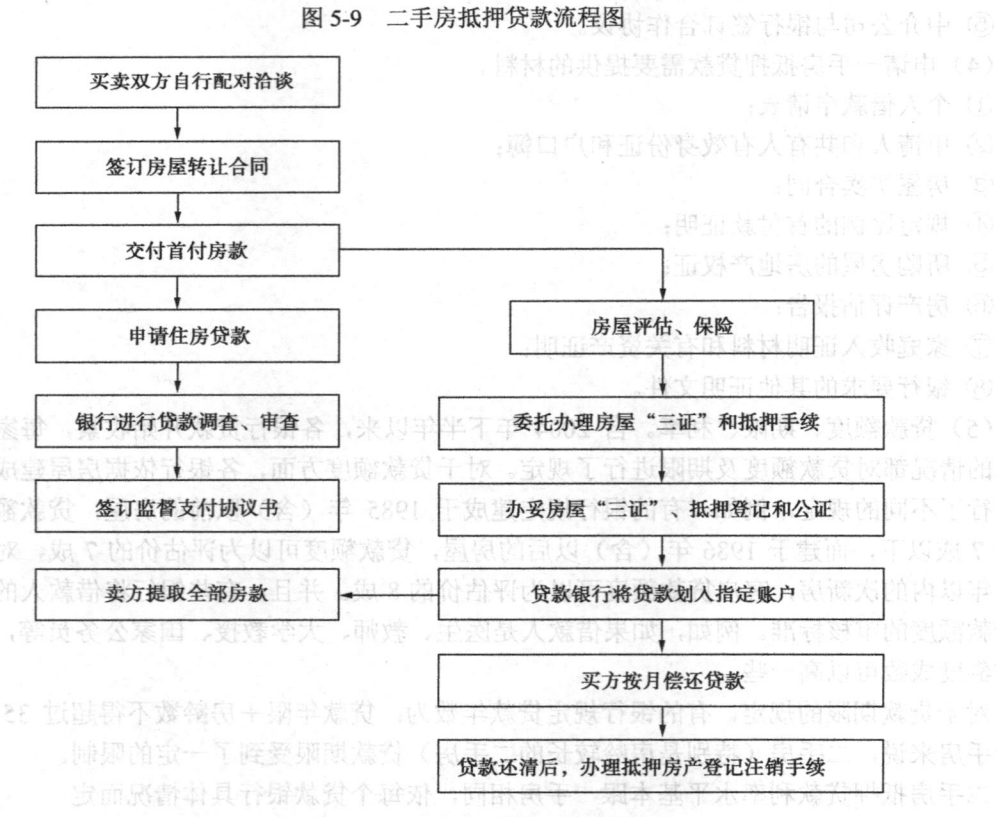

图 5-10　自行配对贷款流程图

### 5.4.2 公积金住房抵押贷款

**1. 贷款条件**

（1）职工首次申请住房公积金贷款，应当同时符合下列基本条件：

① 按规定正常足额缴存住房公积金，且在申请贷款时已连续缴存一年以上；

② 购买商品房或经济适用房为本市自住普通住房，有符合法律规定的购房合同和相关证明材料；

③ 购买商品房或经济适用房的，销售楼盘经公积金中心审批同意，符合贷款条件；

④ 首期付款不低于所购住房全部价款的30%，且同意以购房作为贷款担保；

（2）申请人首次住房公积金贷款的建筑面积在140$m^2$或其他规定标准以下，在贷款还清后因改善住房条件重新购房，且符合上述贷款基本条件的，可以申请二次住房公积金贷款。

**2. 贷款额度**

（1）额度和期限

① 住房公积金贷款最高限额为80万元；

② 贷款期限最长为30年，且不得超过申请人或其配偶的法定退休年龄；

③ 具体贷款额度和贷款期限由公积金中心根据申请人申请，以及申请人还款能力、个人信用、住房公积金缴存情况、购房状况和价格或评估价值等因素确定；

④ 职工住房公积金贷款额度不足的，可申请住房公积金组合贷款，组合贷款中商业贷款的期限、担保方式、还款方式应与住房公积金贷款一致。

（2）贷款利率。贷款利率按照人民银行规定的住房公积金贷款利率执行。年利率（截至2011年7月）为1～5年（含）4.45%；5年以上为4.9%。

**3. 贷款办理**

（1）贷款申请。职工可以向公积金中心或受公积金中心委托办理住房公积金贷款的商业银行（以下称委贷银行）提出贷款申请。申请时，提交借款申请表，申请人及其配偶和产权共有人的身份证、户籍证明、婚姻证明、收入证明，商品房或经济适用房购房合同，首期付款收据或购房发票等相关资料。

（2）贷款审批。

① 职工提交全部贷款申请资料后，由公积金中心对申请人身份、购房交易、住房公积金缴存情况、还款能力、个人信用、购房状况和价格或价值、担保能力等情况进行审核，提出具体贷款额度、期限、利率的审批意见。

② 贷款审批应当查验申请资料及购房交易的真实性。公积金中心或委贷银行与借款申请人应当履行面谈程序，建立面谈记录；必要时，公积金中心应当向房地产管理部门核实购房合同或房屋所有权证的真实性。

③ 贷款审批一般在15个工作日内完成。15个工作日未办完审批的，经公积金中心负责人批准，可延长5个工作日；延期原因由公积金中心或委贷银行告知申请人。

（3）合同签订。经公积金中心审批通过的，借款人及其配偶和产权共有人（抵押人）、保证人、委贷银行、公积金中心应当共同签订担保借款合同、申请合同公证、办理抵押登记，并由借款人签订借款借据。借款人签订合同时需根据公积金中心要求办理住房贷款综合险并缴纳相关费用。

（4）贷款发放。担保借款合同生效后，委贷银行根据担保借款合同约定的放款条件发放贷款。贷款资金以借款人名义转入售房单位的银行存款账户。

（5）贷款归还。

① 住房公积金贷款的还款方式包括等额本息还款和等额本金还款两种，由借款人在贷款申请时选择。

② 住房公积金贷款按月归还，借款人应按担保借款合同约定，在还款账户中存入足额还款本息金额，由委贷银行按月扣还。

③ 借款人在贷款发放 6 个月后方可申请提前还款，提前还款每年一次。借款人需提前还款的，应提前 15 日向公积金中心或委贷银行提出申请，经公积金中心同意后签订补充借款合同。

（6）贷款结清。借款人还清全部贷款本息后，应持委贷银行出具的贷款结清证明，到公积金中心办理贷款结清手续；由公积金中心向借款人出具抵押注销证明，签署抵押注销意见，将房屋他项权证和保险单退还借款人，由借款人到房地产权属登记管理部门办理抵押登记注销手续。

（7）违约责任。借款人未按担保借款合同约定的期限归还贷款本息的，应按担保借款合同约定计收逾期罚息或对抵押物进行处置。

### 5.4.3 提前还款的处理

**1. 提前还款的概念**

（1）基本概念。提前还款就是借款人出于自身利益在贷款未到期前，提前部分或全部偿还剩余贷款本金（从而减少利息支付）的行为。目前，在国内住房抵押贷款市场中，购房者提前还款已成为普遍现象。

（2）提前还款的影响因素。纵观国内提前还款的行为，其发生的主要原因有以下几个：

① 对升息的恐惧。两年之中连续几次的升息，已经使贷款购房者的利息成本增加不少，再加上对今后还会升息的预期，许多购房者都尝试尽早偿还掉剩余本金。

② 节省利息。不管利息是升还是降，购房者的利息支出确是一个不小的数目。我们在以前内容中已经分析过，对于等额本息贷款方式来说（现金实力和收入水平不是很高的购房者往往会选择这种方式），前期相当长的时间内其利息支付比例都是比较高的。因此，如果手中有了剩余资金，购房者会为了节省利息而提前偿还贷款。

③ 手中有盈余的资金，但无更好的投资渠道。目前，我国居民可以选择的投资渠道并不是很多，特别是近几年股市（包括基金）处于低迷状态，居民手中的钱更是找不到更好的投资机会。因此，对于那些贷款买了房，手中的资金又比较宽裕的情况下，他们会选择将购房贷款提前偿还。不过，一旦如果其他投资渠道开始活跃，情形就会发生逆转。例如 2006 年下半年之后的股市和基金市场就十分活跃，有的投资者为了实现短期盈利，甚至将原有的房子进行抵押贷款用于炒股。

**2. 提前还款的具体方式**

目前，国内各大商业银行提供给贷款买房者提前还款的具体方式有以下几种：

（1）全部还清剩余贷款本金，意味着借款人将全部的本金和利息结算清楚，贷款合同从此终止；

（2）提前偿还一部分本金，剩下的贷款保持月供额度不变，但缩短还款期限，利息支付节省较多；

（3）提前还一部分后，将月供减少，但还款期限不变，这种方式只是减少了月供的压力，利息也能节约不少；

（4）提前还一部分贷款后，将月供与还款期限都缩小，这样节约的利息也较多；

（5）只将还款期限缩短，剩余贷款本金总额不变，这样月供将会增加，对借款人的月供能力要求增加，当然，利息支付也能节约不少。

### 3. 提前还款对银行的影响

提前还款对借款人来说，节约了不少利息支出，而对于银行来说，则造成了一定的损失，一方面，破坏了银行的贷款组合安排，使银行处于被动地位；另一方面，银行在找到新的借款人再到重新放贷，不仅需要时间和费用，而且还须承担资金由于暂时闲置造成的损失；并且，在国外，提前还款多发生在市场利率降低的时期，借款人为了取得较低利率的借款，减少还款额，就采用提前还款措施，通过借得低利率的贷款来偿还先前较高利率的贷款，这样，将使银行的利息损失更大。

所以，一般来说，银行对实施提前还款行为的借款人收取罚息是合情合理的。不过，目前国内的各大银行为了吸引客户、争夺业务，银行除了对提前还款的条件进行了规定之外，往往不对提前还款行为采取惩罚措施。

### 4. 提前还款的处理

以下只讨论提前归还部分或全部本金，并保持贷款期限不变的情况。

（1）等额本金偿还方式下的提前还款处理。设借款人按贷款合同已还款 $n_1$ 个月后，进行提前还款，由于采用的是等本偿还方式，则借款人于提前还款日已还本金为：

$$P_1 = n_1 \times M$$

式中，$P_1$ 为已还本金，$n_1$ 为已还款月数，$M$ 为月还本金额。则尚欠银行本金有：

$$MB = P - P_1 = \frac{(n-n_1) \times P}{n}$$

式中，$P$ 表示期初贷款总额，$n$ 表示原贷款合同规定的总偿还月数。

如果，借款人此时提前还款的数额为 $P'$，则提前还款后，借款人还未偿还的剩余本金为：

$$MB' = MB - P'$$

至于提前还款后的月供款将变为多少，则要看具体采用的是哪种提前还款方式。

另外，由于提前还款并不一定都是在整月还款，所以除以上计算外，还应加上未到整月这一期限。借款人如提前还款都是刚好整月还款，利用上式就可求出还剩余多少本金。但如果不是整月还款，则须计算提前还款本金部分已占用天数的利息，将这一部分利息加上提前还款额，就是借款人在提前还款时须支付的全部金额。这部分利息的计算如下：

$$I' = P' \times d \times \frac{R}{30}$$

这里，$R$ 表示贷款的月利率，则借款人在提前还款时须支付的金额 $T$ 为：

$$T = P' + I' = P'\left(1 + d \times \frac{R}{30}\right)$$

上式中，如果此时提前偿还全部剩余本金（即 $MB$），则：

$$T = P' + I' = MB\left(1 + d \times \frac{R}{30}\right) = \frac{P \times (n - n_1)}{n} \times \left(1 + d \times \frac{R}{30}\right)$$

【例 5-3】 一客户于 2005 年 1 月 1 日向银行获得按揭贷款 10 万元，月利率为 0.5%，采用等本偿还方法，期限为 10 年内，按合同还款 15 个月后，于 2006 年的 4 月 18 日提前还款所有剩余本金，请问这位客户总共需付给银行多少金额，才能还清剩余贷款？

解：

$$T = \frac{(120 - 15) \times 100\,000}{120}\left(1 + 18 \times \frac{0.5\%}{30}\right) = 87\,762.5 \text{（元）}$$

该客户如果在 2006 年 4 月 18 日偿还全部贷款，则此时他须支付给银行的总金额为 87 762.5 元。

（2）等额本息偿还方式下的提前还款处理。现假定贷款总还款期数为 $n$ 期，每月还款额为 $M_P$，共已还款 $n_1$ 次，月利率为 $R$，则此时，这笔贷款本金余额的计算公式如下：

$$MB = M_p \times \frac{1 - (1+R)^{-(n-n_1)}}{R} = P \times \frac{(1+R)^n - (1+R)^{n_1}}{(1+R)^n - 1}$$

式中：$MB$——贷款余额；

$M_P$——每月付款额；

$P$——贷款总额。

如果，借款人此时提前还款的数额为 $P'$，则提前还款后，借款人还未偿还的剩余本金为：

$$MB' = MB - P'$$

提前还款部分资金占用利息以及最终须支付的金额计算如下（同前）：

提前还款部分资金占用利息：$I' = P' \times d \times \frac{R}{30}$；

最终须支付的金额：$T = P' + I' = P'\left(1 + d \times \frac{R}{30}\right)$，如果此时提前偿还全部剩余本金（即 $MB$），

则 $T = P' + I' = MB\left(1 + d \times \frac{R}{30}\right) = P \times \frac{(1+R)^n - (1+R)^{n_1}}{(1+R)^n - 1} \times \left(1 + \frac{R}{30} \times d\right)$。

【例 5-4】 一客户于 2011 年 1 月 1 日向银行获得按揭贷款 10 万元，月利率为 0.5%，采用等额本息偿还方法，期限为 10 年内，按合同还款 15 个月后，于 2012 年的 4 月 18 日提前还款所有剩余本金，请问这位客户总共须付给银行多少金额，才能还清剩余贷款？

解：

$$T = 100\,000 \times \frac{(1+0.5\%)^{120} - (1+0.5\%)^{15}}{(1+0.5\%)^{120} - 1} \times \left(1 + \frac{0.5\%}{30} \times 18\right) = 90\,789.00 \text{（元）}$$

该客户如果在 2006 年 4 月 18 日偿还全部贷款，则此时他须支付给银行的总金额为 90 789.00 元。

### 5.4.4 国内其他住房抵押贷款创新品种

国内商业银行推出的住房抵押贷款创新品种主要包括：接力贷（中国农业银行）、双周供（深圳发展银行）、直客式贷款（中国银行）、固定利率（招商银行、光大银行和建设银行）、等额递增（减）式还款（建行北京分行）、无障碍还款法（浙商银行）、宽限期还贷（上海银行）等，下面作简要介绍。

### 1. 直客式贷款

普通的"楼盘指定按揭",是指某家银行一旦向开发商发放了开发贷款,那么购买该开发商所开发楼盘的客户就必须到这家银行办理按揭贷款。而实行商品房"直客式按揭贷款"后,银行不通过开发商就可以向购房者本人发放购房贷款。这样,买房人可以先贷款后买房,同时,还可向开发商要求享受"一次性付款"的优惠。

### 2. 固定利率贷款

固定利率贷款主要是体现利率在贷款期限内保持不变。因此,固定利率的最大优点就是一旦选择了这项业务,将不用再为房贷利率操心,一旦利率上涨还能规避风险。但一旦利率水平不变或走低,在房贷利率固定的情况下,将出现购房者为房贷多交钱的情况。

这一贷款品种适用于对未来理财有完整周密的规划,同时对利率变动有一定风险承受能力的购房人。

### 3. 双周供

将原来每月还款一次,增加为每两周还款一次。因此,双周供最大的优点就是大大减少利息负担、有效缩短还款期限。如果客户在银行贷了一笔 50 万元的款,按照 30 年的贷款期限、基准利率 6.12% 来算,选择传统的按月等额还款法,每个月要还款 3 036 元;如果选择"双周供",每两周还款额为 1 518 元,相当于原月供的一半。而由于供款次数频密,本金减少速度加快,最后算下来借款者可以节省 115 186 元的利息支出,节省的利息比高达 19.4%。但对于月收入不宽裕的贷款人来说,双周供会增加一些压力,折合下来每年要多还一个月的贷款,而且对于投资者资金流动性提出了更高的要求。

双周供贷款方式适用于每月收入分多次入账,还款能力充足或欲缩短还款期限的贷款人。

### 4. 接力房贷

这种贷款方式的特点是:作为父母,可以通过指定子女作为共同借款人以延长还款期限;作为子女,可以通过增加父母作为共同借款人以增加贷款金额。

刚参加工作不久的年轻人,往往会因收入的问题无法独立承担起房贷的重担,而拥有一定积蓄的父母却因为年龄大了,在贷款年限上受很多限制。因此,农行推出的名为接力房贷的业务能够很好地缓解这种压力。

但这种还款方式除了规定作为共同借款人的父母和子女均具有稳定的职业和收入,共同借款人收入之和具有偿还贷款本息的能力之外,作为父母的借款人中年龄较大的一方不得超过 60 岁。这对家庭提出了较高的要求。

### 5. 等额递增(减)还款

等额递增还款方式和等额递减还款方式,是指投资者在申请个人住房抵押贷款业务时,与银行商定还款递增或递减的间隔期和额度;在初始时期,按固定额度还款;此后每月根据间隔期按相应递增或递减额度进行还款。其中,间隔期最少为 1 个月。它把还款年限进行了细化分割,每个分割单位中,还款方式等同于等额本息还款。区别在于,每个时间分割单位的还款数额可能是等额增加或者等额递减。

以贷款 10 万元、期限 10 年为例,如果选择等额递增还款,假设把 10 年时间分成等分的 5

个阶段，那么第一个两年内可能每个月只要还 700 多元，第二个两年每月还款额增加到 900 多元，第三个两年每月还款额增加到 1 100 多元，依次类推。等额递减还款恰恰相反，第一个两年每月需要还 1 300 多元，随后，每两年递减 200 元，直到最后一个两年减至每个月还 700 多元。

### 6. 组合还款法

还款人可以将整个还款期设定为多个期限，每个还款期限的还款额度可根据自己的情况决定还款额的多与少。比如先少还后多还，先多还后少还，甚至选择一段时间内停止归还贷款本金。例如，某先生向银行申请住房按揭贷款 50 万元，期限 20 年，利率 6.12%。选择等额本息还款法，每月还款 3 616.86 元；选择等额本金还款法，首期月供为 4 633.33 元。而如果选择组合还款法，这位购房者可以选择如下还款计划：前 8 年为第一阶段，每月还款 4 500 元；接下去 5 年为第二阶段，每月还款 2 000 元；最后 7 年每月还款 3 106.6 元。

### 7. 无障碍还款法

购房者在还款期内不限次数、不严格限制金额地在资金充裕时提前还款，资金紧张的时候还可及时取得二次抵押贷款，以此减少业主的利息支出。

### 8. 宽限期还款法

银行允许客户在一定期限内（称为宽限期，如入住前）只归还贷款额本期利息，以后再开始归还本金。这种贷款方式的主要好处是可以减轻客户第一年的还款压力。比如一些年轻人是为结婚而买房的，买房后在置办家具、筹办婚礼等方面还有较多的消费需求，而未来的收入预期也较稳定，这就适合选择"宽限期"还款方式。

不过，相对于传统的等额本息方式来说，宽限期还款法须多支出部分利息。以贷款 10 万元、期限 10 年、优惠利率 5.51% 为例计算，如果选择等额本息方式还款，则支付利息总额为 30 279 元；如果选择"宽限期"为一年的还款方式，则第一年选择"只还息、不还本"支付的利息，加后 9 年选择等额本息支付的利息，即 10 万×5.51%+27 050=32 560（元）。二者的差额是 32 560－30 279=2 281（元），即宽限期还款法比传统的等额本息还款方式多支出了 2 281 元。

### 5.4.5 住房抵押贷款融资规划与分析

在前面内容中，我们不仅介绍了两种传统的还贷方式（即等额本息和等额本金还贷方式），还介绍了多种近年来国内出现的住房抵押贷款创新品种。那么，对于置业者来说，在众多的住房抵押贷款品种之间，到底该如何进行选择是一个比较实际的问题。其实，我们在选择住房抵押贷款品种时，不仅要知道贷款成本是如何计算的，即需要明白每个月支付的利息和本金是多少以及本息支付变化的规律是怎样的，还需要结合自己的收入水平及其今后收入的变化预期、日常消费开支及自己的家庭理财习惯等方面，统筹进行安排。一般来讲，需要把握好以下几个方面的原则：

（1）计算好个人或家庭能够支付的最大首付款。因为这将决定置业者买什么样的房子（包括房子的价格、面积等）；

（2）计算好个人或家庭的正常可支配月收入，并能够根据个人或家庭其他成员的职业生涯发展情况，做出今后收入变化（增长或减少）的预期。在此基础上计算个人可以承受的最大月供额度，一般来讲，月供额度不要超过正常可支配收入的二分之一。这一环节将决定置业者是否由于买了房而影响其今后的生活质量；

（3）在已确定了能够承受的月供额度基础上，再来选择哪一种贷款偿还方式更适合自己。一方面，如果在商业性贷款和公积金贷款都可以选择的情况下，当然应该首选公积金贷款，因为公积金贷款可以节省不少利息；另一方面，如果贷款者的收入水平呈现增长态势，但目前并不高，则可以选择较长的贷款期限和等额本息的还款方式，并在今后某个时间可以实施提前还款；如果贷款者的收入水平今后可能会下降，而现在收入则比较可观，则可以选择较短的贷款期限和等额本金的还款方式。

（4）对于其他住房抵押贷款的创新品种，还是应根据置业者的不同情况加以选择。

总之，在进行住房抵押贷款品种选择时，应该结合自身的情况，选择最适合置业者自己的才是正确的。

**【例5-5】** 王先生有存款近5万元，每月收入大概4 000元，但不太稳定，多的时候7 000～8 000元，少的时候则只有3 000多元。其妻每月工资1 000多元，可以满足家庭的日常开支。他们现在想买一套100$m^2$左右的房子，房价大概1 700元/$m^2$，没有公积金，以前没向银行申请过住房贷款。

试问：王先生应选择哪种按揭贷款方式才比较理想？

**分析过程：**

对于没有公积金的家庭来说，只能办理自营性（商业性）个人住房贷款，最新5年期以上（不含5年）的贷款利率为6.84%。王先生即将办理的贷款是第一套住房，享受银行执行的下限利率5.81%（即基准利率6.84%，下浮15%）。

从王先生一家的收支情况来看，妻子工资供家庭日常开支，王先生的收入虽然较高，但不太稳定；办理按揭贷款后，每月需定期支付月供款，因此，宜以3 000元作为可支配工资。

拟购房产总价约为17万元，首付3成为5.1万元，王先生还需向银行按揭贷款12万元。还款方式及期限的选择取决于王先生的支付能力。

先看还款期限，还款期限是15年的，采用等额本息的月供为1 000.35元，累计利息支出60 063.29元；如果借款期限为20年，则月供额和利息总支出分别为846.61元和83 187.79元；而采用10年期的，月供为1 320.82元，利息支付38 499.02元。从王先生的可支配工资来看，选择10年期的比较划算，月供低于每月可支配工资的1/2，利息则可以省下几万元。

究竟该采用等额本金还是等额本息的还款方式呢？前者月供不断减少，前期还款压力比较大；后者每月月供一样。王先生的贷款采用10年期等额本金还款方式，第一个月月供为1 581元，从第57个月起，月供低于等额本息，这不会给王先生带来财务压力，利息支出总额为35 150.5元，只比等额本息少3 348.52元，因此，两种方式都可采用。

**【专题5-4】　　　　　　　　固定利率住房抵押贷款**

光大银行推出的固定利率房贷产品——"阳光生活"，根据期限分为三类：分别为1～5年、5～10年、10～20年，目前，各档产品的具体利率标准没有确定。不过，业内人士分析，固定房贷利率的利率基准将参考目前的房贷利率，会比6.12%稍微高一些。

据业内人士介绍，目前国内借款人与银行已签订的房贷合同都是浮动利率的，央行每一次加息，借款人的月供就要有相应的增加。

而固定利率房贷则不会"随行就市"，就是在贷款合同签订时，即设定好固定的利率，不论贷款期内利率如何变动，借款人都按照固定的利率支付利息。以贷款50万元期限为10年的房贷为例，从办理按揭后的第二年开始，如果央行每年加息0.25个百分点，浮动利率第十年的利息就为7.245%，而固定利率就算定为6.12%，10年下来，实行固定利率可以节省31 300元。

对于即将推出的固定房贷利率业务，不少购房者都表现出了相当浓厚的兴趣。有的投资者认为，房贷利率固定，也就固定了未来每个月的还款金额，比较容易从资金量上把握。但是，也有投资者表示，办理房贷不会选择固定利率。"对今后银行利率走势无法判断，如果以后银行下调利率，我感觉固定利率房贷会亏钱的。"

思考题：

（1）请阐述固定利率住房抵押贷款的特点。

（2）对于一些商业银行推出的固定利率住房抵押贷款，你是怎么理解的？自 2010 年以来，面对新一轮的加息周期，固定利率住房抵押贷款对按揭购房者还有吸引力吗？

## 本章小结

住房抵押贷款利率是由多种因素决定的，包括真实利率水平、预期的通货膨胀率、贷款风险（如利率风险、坏账风险、提前还款风险等）。

人们通过住房抵押贷款不仅可以提早实现拥有住房的梦想，对于投资者来说，通过住房抵押贷款，还可以提高自有资金（即权益资金）的收益率。因此，住房抵押贷款是现代社会中，置业者或置业投资者的普遍购房融资途径。

正确理解住房抵押贷款的运作过程和住房抵押贷款参与人之间的关系，有利于我们更好地理解住房抵押贷款的基本原理及可能会出现的风险等问题。

对于固定利率住房抵押贷款来说，最常见的还款方式就是等额本息还款和等额本金还款两种方式。等额本息还款的最大特点就是，每个月还款的本息总额是不变的，便于借款人对每个月偿还金额的估计。而等额本金还款的最大特点是，每个月偿还的本息总额中本金部分始终是保持不变的。从两者的比较来看，在贷款额度、还款期限和利率都相同的条件下，等额本息还款方式要比等额本金支付更多的利息，并且，等额本金的贷款余额呈直线下降趋势，而等额本息的贷款余额则呈现先慢降后快降的趋势。

国内的住房抵押贷款品种按是否具有政策性主要分为商业性住房抵押贷款和公积金住房抵押贷款，其中商业性住房抵押贷款又包括各种贷款的创新品种，而公积金贷款的主要优点是利率较商业性贷款低，这使购房者能够得到不少的实惠。同时，住房抵押贷款又可分为一手房和二手房住房抵押贷款，这两种贷款品种在贷款条件、贷款程序、贷款要求等方面都有不同之处。

在如何选择住房抵押贷款品种上，一定要根据置业者自己的收入、消费及平时的理财习惯等诸方面统筹考虑。总之，选择适合自己的贷款品种，才是正确的。

# 实训项目

1. 实训项目名称：家庭购房抵押贷款融资规划分析

2. 实训内容及要求：熟悉各种常见的住房抵押贷款品种及其特点，对每种贷款品种进行本息偿还的计算及其分析。

3. 实训条件假定：

（1）实训条件 A

A1：李先生夫妇有存款 50 多万元，每月收入大概 8 000 元，但不太稳定，多的时候 10 000～12 000 元，少的时候则只有 5 000 多元。

A2：李先生夫妇有存款60多万元，每月收入大概10 000元，但不太稳定，多的时候12 000～15 000元，少的时候则只有8 000多元。

A3：李先生夫妇有存款80多万元，每月收入大概20 000元，但不太稳定，多的时候23 000～30 000元，少的时候则只有13 000多元。

（2）实训条件B

B1：李先生妻子每月工资4 000多元，可以满足家庭的日常支付。他们现在想买一套110平方米左右的房子，房价大概每平方米13 000元。

B2：李先生妻子每月工资6 000多元，可以满足家庭的日常支付。他们现在想买一套120平方米左右的房子，房价大概每平方米15 000元。

B3：李先生妻子每月工资7 000多元，可以满足家庭的日常支付。他们现在想买一套135平方米左右的房子，房价大概每平方米20 000元。

（3）实训条件C

C1：夫妻俩有公积金（贷款额度可以达到80万元，公积金月缴存额为1 800元），以前没向银行申请过住房贷款。

C2：夫妻俩有公积金（贷款额度可以达到80万元，公积金月缴存额为2 500元），以前没向银行申请过住房贷款。

C3：夫妻俩有公积金（贷款额度可以达到80万元，公积金月缴存额为3 500元），以前没向银行申请过住房贷款。

贷款额度及利率按当前水平执行。

4．实训实施及成果要求：

（1）分析李先生夫妇俩的购房计划是否可行。

（2）如果可行，则其应选择何种比较理想的按揭贷款方式？

（3）成果要求：

① 每两人一组并进行编号，实训条件组合按编号进行选择；

② 每组同学按照书中的分析步骤进行阐述；

③ 保留本息偿还的计算过程。

实训成果请以WORD格式排版并打印后上交。

表5-7　实训条件组合

| 组号 | 条件组合 | 组号 | 条件组合 | 组号 | 条件组合 |
| --- | --- | --- | --- | --- | --- |
| 1 | A1+ B1+ C1 | 10 | A2+ B1+ C1 | 19 | A3+ B1+ C1 |
| 2 | A1+ B1+ C2 | 11 | A2+ B1+ C2 | 20 | A3+ B1+ C2 |
| 3 | A1+ B1+ C3 | 12 | A2+ B1+ C3 | 21 | A3+ B1+ C3 |
| 4 | A1+ B2+ C1 | 13 | A2+ B2+ C1 | 22 | A3+ B2+ C1 |
| 5 | A1+ B2+ C2 | 14 | A2+ B2+ C2 | 23 | A3+ B2+ C2 |
| 6 | A1+ B2+ C3 | 15 | A2+ B2+ C3 | 24 | A3+ B2+ C3 |
| 7 | A1+ B3+ C1 | 16 | A2+ B3+ C1 | 25 | A3+ B3+ C1 |
| 8 | A1+ B3+ C2 | 17 | A2+ B3+ C2 | 26 | A3+ B3+ C2 |
| 9 | A1+ B3+ C3 | 18 | A2+ B3+ C3 | 27 | A3+ B3+ C3 |

### 本章思考题

1. 影响住房抵押贷款利率水平高低的因素有哪些？
2. 什么是住房抵押款款的杠杆原理？结合目前房地产行情的实际，从正、副作用两个方面举例说明住房抵押贷款的杠杆原理及其对购房投资者的影响。
3. 假设一房屋价格为 80 000 元，年净营业收益为 10 400 元，贷款比率为 90%，贷款利率为 11.5%，求自有资金的收益率是多少？如果利率从 11%上升到 16%，请求出自有资金的收益率及杠杆作用。
4. 请阐述住房抵押贷款的运作过程。
5. 一位借款人获得一笔 20 年期、11%利率的 125 000 美元完全的 CPM 贷款。该贷款的每月付款是多少？如果采取 CAM 贷款，最初的 6 次付款会是多少？
6. 假设你借入一笔 20 年期，利率为 6%的贷款，贷款总额为 10 万元，如果你准备 5 年后提前还款，求：等额本息还款和等额本金还款两种方式下的实际还款支出情况（不计提前还款的成本）。
7. 商业性住房抵押贷款和公积金住房抵押贷款在哪些方面存在差异？
8. 如果一购房者利用住房抵押贷款于 2011 年 10 月 10 日购买了一总价为 100 万元的房子，首付 3 成，贷款利率为 5.81%，20 年还清：

（1）请给出等额本金和等额本息两种还款方式条件下的具体偿还表（总共是 240 个月，但只需给出前面 36 个月的偿还表即可）；

（2）如果该购房者采用的是等额本息还款法，并且将于 2013 年 10 月 25 日提前部分偿还本金（金额为 10 万元，假设利率保持不变，不计罚息），请问此时该购房者在实施提前还款行为时总共须支付多少金额？在实施提前还款行为后，该购房者还有多少剩余本金未偿还？

（3）如果保持贷款期限不变，则该购房者在实施提前还款后，每月的月供将变为多少（假设利率保持不变）？

9. 请选择三种国内的住房抵押贷款创新品种，对其进行阐述和分析。
10. 如果一购房者准备利用组合贷款的方式购买一总价为 100 万元的房子，首付 3 成，其中公积金贷款 50 元（利率为 4.90%），剩余的 20 万元利用商业性贷款（利率为 7.05%），20 年还清，采用等额本息还款方式：

（1）试计算其月供款为多少？

（2）如果偿还了 20 个月后，这位购房者提前还款了 15 万元的本金，请问公积金贷款和商业性贷款的剩余本金分别还有多少？

# 第6章 住宅房地产投资

**【本章能力点】**
（1）理解和掌握住宅房地产的类型、特点及户型评价等内容
（2）熟悉住宅房地产不同投资类型的特点
（3）掌握住宅房地产投资现金流分析
（4）掌握住宅房地产投资相关税费的计算及方法
（5）掌握住宅房地产投资租售决策分析
（6）理解住宅房地产投资的风险分析

## 6.1 住宅房地产投资概述

住宅是用于满足人类居住需要的房地产。自从我国实施住房商品化改革以来，住宅房地产市场在整个房地产市场发展过程中一直占据着最主要的位置。特别是最近几年，受到以前福利住房制度压制的住房需求得到了空前释放，住宅开发投资如火如荼，在满足了大量首次置业和改善性需求的同时，也带动了大量的住宅置业投资需求。作为传统的资产保值增值途径，住宅已经成为广大居民家庭资产最重要的组成部分了。

不过，由于我国房地产市场真正获得发展的历程还比较短，市场参与者各方（如开发商、消费者、置业投资者等）以及房地产市场本身还不够完善。导致近几年来，房地产市场特别是住宅市场投资规模增长过快、住宅供应结构不合理、住宅价格涨速过快等现象比较严重，并且，有些城市的房地产市场泡沫（主要是指住宅市场的泡沫）迹象也开始显现并日趋严重。与此同时，国家旨在平抑住房价格、改善住房供应结构的房地产市场宏观调控政策也相继出台；特别是2010年下半年以来，国家出台了包括"限购"、"限贷"政策在内的一系列史上最严厉的调控政策，一、二线城市出现了量跌价滞的局面，调控初显成效。由于短期很难获得高额回报并担心房价会下跌，许多民间资本纷纷撤出住房投资领域，转入商业地产以及其他热门投资领域。

但本书认为，从中长期来看，随着我国经济的持续、快速增长和城市化进程的不断推进，人们对于住宅需求的旺盛态势还将持续相当长的一段时间。因此，在现阶段，我国居民可以选择的投资品种非常有限的情况下，兼具增值和保值功能的房地产特别是住宅类房地产仍将是今后非常重要的投资考虑对象。

### 6.1.1 住宅房地产概述

**1. 住宅房地产的分类**

（1）按住宅建筑形式可以分为如下几类：

① 低层住宅（层数为1～3层）。低层住宅主要是指独立式住宅（包括别墅）、联排式住宅（包括TOWNHOUSE）。

低层住宅最大的优点是"顶天立地",具有很好的自然亲和性;一般每个房间都能拥有良好的采光和自然通风,户内基本上可以隔绝外界干扰(联排式住宅由于多了两堵共用的墙壁和院墙,在品质方面稍逊独立式住宅一筹)。低层住宅周围一般有或大或小的配套花园,社区有较大的中心绿地,环境较佳。

不过,低层住宅楼盘一般分布在距离市区较远的山水之间,距离完善的生活配套设施较远,往往超过人的步行距离,所以,低层住宅的住户基本上只能依靠私车交通。

不管是独立式住宅还是联排式住宅都应是住宅中的高档产品,面积一般不低于 200 平方米,总价高,购置低层住宅需要有较强的经济实力。并且,受到国家宏观调控政策、土地利用效率、市政及配套设施、规模等客观条件的限制,低层住宅在供应量上总是非常有限。

② 多层住宅（层高为 4~6 层）。多层住宅借助公共楼梯解决垂直交通,可以不设置电梯。多层住宅一般一梯两户,每户都能实现南北自然通风,基本能实现每间居室的采光要求,一梯三户或一梯三户以上则必须牺牲一户或多户的南北自然通风,此类住宅现在已不多见了。多层住宅一般采用单元式,共用面积很小,这有利于提高面积利用率,但是同时也限制了邻里的交往。多层住宅的住户（除了一部分首层住户）由于没有自家花园,对土地的亲近感淡薄了很多。在现阶段我国的都市里,多层住宅多属于中高档住宅,购买者一般是为了追求较高的生活品质。多层住宅也一般分布于离市中心较远的郊区地段。

③ 高层住宅（层数在 7 层或 7 层以上）。高层住宅是以电梯为主要交通方式的住宅（《国家住宅设计规范》规定:七层及以上的住宅必须设置电梯）。

高层住宅,由于其楼层越高景观视野也越好,所以一般高层住宅楼层越高单价越贵。而且离地面越远,大气的流动速度越大,自然通风效果越好。但是由于高层住宅离土地更远,住户对土地的亲和力更差。而且高层住宅投资大,建筑用的钢筋混泥土消耗量都高于多层住宅,同时还要配备电梯、高压水泵、增加公共走道和门窗等,使得高层住宅在单方造价进一步提升的同时,也使高层住宅的实际使用率较多层住宅更低。

（2）按照经营方式,可分为出售型住宅和租赁型住宅两种。住宅的价值可以通过两种途径实现,一种是自住,即住宅的拥有者通过享受住宅本身所具有的居住、生活功能,使其内含的效用得到体现;但住宅的拥有者付出的是使用该住宅的机会成本。另一种实现住宅价值的途径就是通过出售或租赁,住宅的出售包括新房的出售和二手房的出售两种;前者是开发商的行为,而后者则一般是个人行为。通过住宅的出售,住宅的拥有者可以较快地获得房款和实现住宅的交换价值。

通过租赁方式虽然也可以同样实现住宅的价值,但与出售方式却有明显不同。首先,在整个住宅出租期间内,住宅的所有权并没有发生变化,只是住宅的使用权从出租人一方转移到了承租人一方。也就是说,在出租期间,房屋的增值收益还是属于出租人。其次,相对于住宅出售而言,通过租赁方式实现住宅价值的速度较慢。在国内房价较高与租金水平相对较低的情况下,住宅的租赁收益水平往往不高。

这里需要指出的是,租赁住宅也可以分为市场型租赁住宅（即以营利性为目的租赁住宅）和政策型租赁住宅（如廉租住房）,本章主要讨论市场型租赁住宅的相关投资问题。

（3）按照价格构成,住宅可分为商品住宅和政策性住宅。商品住宅,是指从开发商拿地、建造及竣工验收到最后销售都是按照市场规则运作,交易价格体现市场价值的住宅。政策性住宅是政府为了满足中低收入居民的住房需求,在住房的建造过程当中给予开发商以一定的政策性补贴、土地出让金减免或税费减免,从而以较低的价格（或租金）出售（出租）给中低收入阶层的住宅。政策性住宅是我国住房保障体系的重要组成部分,主要包括经济适用房、公共租赁住房、廉租房等。

商品住宅不管从增量市场还是从存量市场角度来说，都占据了我国住宅市场的绝对市场份额。所以对于住宅投资来说，商品住宅投资是住宅投资品种的主流。

（4）按交房方式，可分为现房和期房。现房即房屋主体工程已完成了竣工验收的住宅。显然，通过购买现房，购房者可以降低买房的风险（如工程质量风险、开发商不能按期交房的风险以及其他危及到购房者利益的风险等）。不过，在目前房价预期上涨的情况下，购买现房的消费者或投资者可能会错过由于前期房价上涨带来增值收益的机会；并且，一般情况下，购买现房的价格要高于购买期房的价格。期房是我国实行商品房预售制度的产物，目前，商品房预售是我国主要的房屋销售模式之一。商品房预售是指房地产开发企业将正在建设中的房屋预先出售给承购人，由承购人支付定金或房价款的行为。由于房地产开发具有建设周期长、资金占用量大和销售周期一般较长的特点，即使开发商可以通过银行获得部分开发贷款，加上自身拥有的资本金，也很难满足整个建设期的资金需求，所以开发商借助于预售制度（即卖期房）来实现较快的资金回笼，从而达到以自己较少的资本金完成整个项目的开发。应该说商品房预售制度使开发商获得了四两拨千斤的效果。

但购买期房的消费者或投资者由于在房子还没有竣工的情况下，就已把全部房款支付给了开发商，其中可能会面临诸多风险，例如，工程质量风险、不能按期交房的风险、开发商卷款逃跑的风险、房价下跌风险等；而这一切风险很有可能都由购房者承担（还包括发放按揭贷款的银行）。

（5）其他类型。对住宅还可按照其他标准进行划分，如按新旧程度，可分为新建住宅、次新房、旧住宅等；按照销售对象，可分为内销商品房和外销商品房，内销商品房是以我国居民为销售对象的，以人民币标价和结算；外销商品房则以华侨、外国企业或个人作为销售对象，以外汇标价和结算。

**2. 住宅的基本功能要素及户型评价**

（1）住宅的基本功能要素。一套住宅应具备六大基本功能，即起居、饮食、洗浴、就寝、储藏、工作学习，这些功能根据其开放程度可以大体分为公、私两区；根据其活动特点可以分为动、静两区。

公共区：供起居、会客使用，如客厅、厨房、餐厅、门厅等。

私密区：供处理私人事务、睡眠、休息用，如卧室、卫生间、书房等。

动区：活动比较频繁，可以有较多的干扰源，如走廊、客厅、厨房等。

静区：要求安静，活动相对比较少，比如卧室、书房。

这些分区，各有明确的专门使用功能。在进行户型评价时，应分析这些功能分区之间的关系，并确定是否能够满足使用合理而不相互干扰的要求。

（2）对各功能空间面积的经济分析。任何一种住宅户型的总面积及各功能分区的空间净面积都有一个基本的面积大小的要求（可参见相关住宅设计规范），总面积过小则难以进行合理的功能分隔，致使无法达到每一功能分区的基本要求，面积过大则会造成浪费。对于购房者来说，总面积适中，而且各功能分区的面积大小合理、布置紧凑的户型应是首选。

显然，当住宅的建筑面积或使用面积一定时，某一种住宅功能面积的扩大，意味着其他功能面积的缩小，导致住宅的整体舒适性下降。而如果不限定面积，通过增加总面积的方法（即须多支付总房款），来扩大某一种或多种功能的面积，则购房者就要考虑，增加的购房费用与所换来的面积增加的效用是否成比例。对于置业投资者而言，则须考虑面积增加后的户型在未来出售或出租的过程当中是否对客户具有更大的吸引力。

（3）户型评价标准。一套好的户型，必须做到以下几个分离：

① 动静分离。客厅、餐厅、厨房等需要人来人往，活动频繁，如此一个家才有生气、有活力；而主要为休息、睡眠之用的卧室显然需要最大程度的静谧，因此应将它们严格分开。确保休息的人能安心休息，要走动娱乐的人可以放心活动。

② 公私分离。家庭生活的私密性必须得到充分的尊重与保护，不能让访客在进门后将业主家庭生活的方方面面一览无余。这就要求不仅需要将卧室（主卧、父母房、儿童房）与客厅、餐厅、音乐房、麻将室（娱乐室）进行区位分离，而且应注意各房间门的方向。

③ 主次分离。买房通常是人们事业奋斗有成，生活质量迈上台阶的体现。为了彰显业主的成功，也为了家庭成员之间的起居互不干扰，主人房不仅应朝向好（向南或向景观）、宽敞、大气，而且应单独设立卫生间，应与父母房略有距离分隔。如设有工人（保姆）房，则又应与主要家庭成员的房间有所分离。

④ 干湿分离。也即厨房、卫生间等带水、带脏的房间应与精心装修怕水怕脏的卧室等分开。

另外，在朝向上，一套好的户型，应安排尽可能多的房间（特别是客厅和主卧）朝向南面，以确保灿烂的阳光能照耀房间；与此同时，其他房间也要保证有良好的通风和采光效果等。

### 6.1.2 常见的住宅房地产投资类型及其特点

**1. 小户型住宅投资特点分析**

一般来讲，住宅房地产投资的分类也可以根据住宅房地产的分类标准进行。不过，从投资价值的角度看，许多不同类型的住宅在投资价值的高低上却很难得到明显的体现。例如，从层高的角度看，住宅可以分为低层、多层和高层；但是，如果仅仅从层高的角度来区分这三者之间的投资特点的优劣或投资价值的高低，确实较为困难；因为影响住宅投资价值的因素很多。既然无法通过层高来判别住宅投资价值的高低或特点的优劣，那也就没有必要以层高作为参考标准对住宅投资进行分类了。

但是，我们还是可以找到一些住宅房地产投资分类的依据，例如，小户型（面积一般在 $50m^2$ 以下）住宅的投资相对于大户型住宅（一般指 $120m^2$ 以上）的投资就有明显的特点。对于小户型住宅而言：① 其面积小，总价就低，从而按揭贷款的首付款和月供就少，这样可以使很多资金实力不太雄厚的投资者能够接受，并且容易实现以租还贷；② 小户型住宅虽然面积小，但是，房间的功能却很齐全，卧室、客厅、厨房和卫生间等一应俱全，所谓"麻雀虽小，五脏俱全"，这就使住宅的单位租金得到提升（小户型住宅的单位租金往往比大户型住宅的租金高出不少）；③ 小户型住宅不仅容易找到租户，即住宅的空置时间较短；而且，其转售时也较容易找到买家。自从国家对住宅市场实行"限购、限贷"政策以来，属于商业地产范畴的酒店式公寓（LOFT 公寓）受到了市场热捧，这类公寓主要是以小户型为主，比较适合长线持有以获取稳定的租金收益。

当然，从面积的利用角度看，大户型住宅也可以通过面积分割的办法可将原来的户型分成更多小房间，以提高面积的单位租金，这种方法在一些高教园区的房屋租赁市场比较普遍。况且，从住宅价值的绝对增值额角度看，大户型住宅的增值额显然要高于小户型住宅。

**2. 别墅型住宅投资特点分析**

别墅作为高端住宅物业，不管是投资者类型还是别墅的租客类型都与前面的普通公寓式住宅有着明显的不同。而且，别墅投资应非常重视对别墅项目周围环境的考察；对于自然资源，尤其是稀缺自然资源的考察，是别墅投资区别于其他类型住宅投资的一个重要特点。从市场平均租金收益率来看，别墅收益率也明显高于普通公寓。

别墅投资的兴起，也是与目前的经济背景、政策背景和行业发展背景密切相关的。主要体现在：① 国民经济持续增长，居民收入普遍提高，特别是高收入人群不断扩大和涌现，他们对于改善目前的居住条件有较强的动机，购买别墅将是他们的首选；② 国内、国际经济交往日益频繁，城市中的中外籍高端商务人士比重逐年增加，他们长期驻扎在某一城市，从事相关的商务活动，他们是高端住宅物业特别是别墅型物业租赁市场的主力客户群；③ 目前国家对别墅用地的审批已经越来越严格，有些地方已经不再审批别墅项目用地，致使原有的别墅变得奇货可居。

因此，总的来说，别墅投资不管是从租金收益还是从今后物业本身的增值来看，其前景都是看好的。当然，总体的发展趋势无法代表个别的别墅项目，更无法代表某一栋别墅的投资价值前景，这还需要结合多方面的情况进行分析和判断。

### 6.1.3 影响住宅房地产投资价值的主要因素

在第 2 章我们已经了解到，影响房地产投资的市场因素非常多，包括社会、政治、经济和自然环境等方面的诸多因素，这些因素当然同样也会影响某一项住宅房地产的投资价值。不过，虽然影响住宅房地产投资价值的因素非常多，但从目前来看，对住宅房地产投资价值影响最大的主要有以下两点。

**1. 住宅所处的地段**

一般来讲，住宅的投资价值在于较高的租金收益和良好的增值前景；而这两者都将仅仅依赖于住宅所处的地段优劣程度。一方面，住房的地理位置优越，即住宅附近的生活设施齐全、交通出行方便、周围环境能闹中取静等，会使该地段的租赁市场供不应求，租金也会随之水涨船高。另一方面，地段对住房总体价值的提升也是显而易见的。所谓住房的增值，从本质上来讲，主要是地段的增值或土地的增值。一般来讲，住房在长期使用过程始终伴随着物理上的折旧（即建筑结构本身存在着价值的不断下跌），而其下的土地则有可能随着城市社会经济的发展获得价值的提升。因此，从这一角度来说，地段的增值潜力是决定住宅投资成败的首要条件。特别是对于一些处于稀缺地段的住宅，其投资价值更是会被投资者看好和追捧。

不过，这里我们需要注意的是，虽然住宅所处的自然地理位置是固定不变的，但是，其社会经济位置随时可能发生变化。因此，住宅投资成功的关键在于地段位置的优劣，这并不意味着只有在已经形成的优良地段购置房产才能获得较高的投资收益和保值增值。因为，地段良好的住宅，虽然租金收益较高，其增值前景也令人期待，但其购买价格可能不低，相对于投资额来说，其回报率不一定就高。而如果我们在一个目前来看地段位置并不十分被别人看好，但今后有可能得到极大改善的地方购置了住宅，其价格不仅相对较低，而且极有可能获得惊人的回报。比如，城市的轨道交通规划会对现有的住宅市场格局特别是价格分布产生重要的影响。但是，在没有正式公布地铁路线的走向和地铁站点的确切位置分布之前，谁也不知道哪个小区的住宅会受益。

因此，住宅的地段优势或劣势会随着城市的经济建设、周边环境的改善而变化，这种变化可能是因交通建设或改道引起的，也可能是因城市区域的功能变化（如经济开发区、高教园区的建设和城市 CBD 的建设等）引起的。例如，社区人口的扩及服务功能的不断完善、政府的政策倾斜、基础配套设施的建设等。大凡具备这些条件的区域，或早或迟都会成为增值的热点，从而也会给投资者带来丰厚的回报。

### 2. 住宅的品质

从上面的分析可知，有利的位置不仅决定所投资住宅的优劣、售价的高低，还是住宅增值保值、吸引租客和其他投资者眼球的一个重要因素。但正如上面分析，房地产的地段优势却没有一成不变的，随着时间的推移，城市中心的拓展，地段优势的主导因素也会随着诸多因素的改变而改变。因此，为了更为全面地衡量一项住宅房地产的投资价值，还应重点关注其内在的东西，即住宅的品质。住宅品质是一个整合的概念，不仅涉及住宅本身的一些属性如户型功能布局、采光通风情况以及视野可达性等，还与所在楼盘的布局、设计、规划、施工及配套设施等诸多因素相关，甚至与小区的物业管理、社区服务等都有密切的联系。

作为普通置业投资者，可能不像专业置业投资者那样对住宅的品质作出全面细致的评价；但还是可以从几个方面着手考察以保证住宅的较高品质。一是关注开发公司的品牌，由知名开发商开发的楼盘质量已在社会上形成了口碑效应，因此，一般来讲，由知名开发商开发的楼盘住宅品质应该容易得到保证；另外就是进行实地考察（最好在专业人士的陪同下，如有验房师一起前往），对于现房来说，这应该是保证住宅品质的一个必需环节。而如果投资对象是二手住宅，则除了关注住宅本身的品质外，还应关注小区建成的年代、小区的物业管理情况等细节。

**【专题 6-1】　　　　　　　置业投资有学问，散户"炒"楼三招致胜**

**手法之一：短线操作，等待房价上扬。** 付上一部分房款，或者付上定金，把那套房子归入自己名下，待房价上扬再伺机出手。这种办法具有投资少盈利大的特点，但是，风险也大，而且对操作的要求也高。目前开发商大多采用低开高走、小步提价的销售策略。如刚开盘时为了树立楼盘形象，吸引人气，会以低价位出售一批房子，之后，分几批进行小幅提价。因此，刚开盘买进就比较划算。然后，看准时机，果断出手。短线操作有点像股市，到了合适的价位就尽快出手，应该留一点利润空间给接盘者，不要"一根甘蔗从梢吃到头"。

采用这种手法，选择一个具有升值潜力的楼盘，是至关重要的。它要求投资者非常熟悉所购的楼盘，投资股票的"技术分析法"和"基本面分析法"，对投资房地产也一样适用。"技术分析"是指要把握开发商操盘的节奏，与"庄"共舞，但更重要的是要看楼盘的品质如何，即"基本面分析"。比如，交通是否便利、户型是否合理、配套设施是否齐全、周边住宅开发情况及开发成本、开发商的实力等。在这些硬件之外，物业在软件方面也要做到优秀才有升值的基本保障。另外，要求投资者对整个房地产市场，乃至发展趋势应该非常了解。这种方法对大多数楼市投资者来说，难度太大，少操作为好。

**手法之二：以租养房，当房东。** 租赁市场的日益活跃，使以租养房成为可能。以租养房的投资方式，主要有两种：一种是原有一套住宅，通过按揭贷款购买新房，再将原有住宅出租，用租金偿还贷款；另一种则是直接购买商品房或二手房后用于出租，用所得租金偿还贷款。

对第一种投资者来说，由于原有住房的地段、房型、周边环境等已定型，房屋出租后租金收入受周边同类物业影响差距不会太大，而所得租金主要用于归还新房贷款，有时每月租金收入可能小于还款额。这时，最重要的便是如何增加月租金收入。笔者认为，比较简单有效的办法就是先花上几千元对原有住房作个性化的装修、整理，以提高物业的租赁价值，再寻找合适的房客租出去。这样，月租金往往会比同类物业高出一筹。

对第二类投资者来说，考虑的问题就要多些。因为房屋租赁市场与买卖市场对房产好坏的评判标准是不一样的，好卖的房子不一定好租，好租的房子不一定好卖。选择户型要和租赁市场的目标客户群相吻合，想出租给公司的最好买两居室以上，这样才能租出价格，但相对风险大一些，有可能租不出去。想出租给个人的宜买两居室以下，风险最低的是一居室。如果想出租给商户，楼层不宜过高，一、二层最好。如果想出租给个人，则楼层越高租金越高。另外，大户型不要与小户型夹杂在一起，否则就很难上档次，出租时也缺乏竞争力。

要注意的是，每月要支付物业管理费、银行贷款等这些都是固定支出，而每月的租金收入都是相对固定的。既然是投资就会有风险，以租养房的风险就在于房屋出租会有一个"空置期"，即从买入后到出租的那段时间。即使是已经出租的房子也可能会中途"断档"，这就需要投资者有周密的考虑，并预留一部分资金足够度过这样的"风险期"。

手法之三：利用装修，增加"附加值"。买入毛坯房，对它进行一番装修"包装"，使之升值，出售可以获得短期回报。只要眼光准，回报既快又高，不失为一种短线"炒"楼的好方法。但是，风险在于对市场的熟悉程度和判断力，不然，"炒"房就会"炒"成为房东了。

思考题：

1. 如果能够顺利实施"手法一"，需要满足什么样的条件？从市场、投资者自身条件等方面进行分析。

2. 如果能够顺利实施"手法二"，需要满足什么样的条件？从市场、投资者自身条件等方面进行分析。

3. 如果利用装修的途径来增加出售或出租房屋的"附加值"，则该如何考虑装修的问题？请用实例加以说明。

## 6.2 住宅房地产投资经济评价

在进行某项住宅物业进行投资时，投资者对其投资的经济效果是最为关注的，而投资的经济效果好与坏必须通过一定的投资经济评价方法进行判断。一般情况下，应包括三个方面的内容，一是对住宅投资的现金流量进行分析，这需要计算每个时期的收益和成本；二是在现金流量分析的基础上，通过计算得出的评价指标数据，进行租售决策；三是应该对其中蕴涵的风险进行适当的评估，并在此基础上对评价指标的计算结果或租售决策进行修正，以更加贴近实际。

### 6.2.1 住宅房地产投资现金流量分析

住宅房地产投资的现金流分析，也就是投资者在购置住宅时，对持有物业期间产生的现金流大小（流入的或流出的）以及出售该物业时产生的现金流大小（流入或流出的）所进行的分析。通常情况下，现金流量分析需要编制现金流量表，这在第4章中已有讲解。

**1. 住宅房地产持有期间的现金流量**

所有投资类房地产都可能以出租的方式产生收益。比如，某些公司会因办公需要去租用办公楼的写字间，而从事商业活动的客户则会租用大大小小的商铺作为他们经营活动的场所。这些租户，不管是公司还是个人，他们都宁愿向房地产的投资者租赁，而不肯出钱购买这些物业。住宅物业也一样，投资者同样可以通过租赁的方式获取一定的租赁收入。

影响某宗住宅房地产租赁收入的因素主要有两个：其一是该房地产吸引租户的能力；其二是它的营业费用。一般来讲，潜在总收入减去空置及坏账损失即为实际总收入，再减去相应的营业费用及维修费即为净营业收入。如果要得到净利润的话，还要考虑税费问题。

（1）潜在总收入。如果所有的房间都按既定租金租出去，此时的租金收入就是潜在总收入。一般通过考察同类房地产的租金水平及房地产历史上的租金水平（如果有的话）来估算潜在总收入。

（2）空置损失及坏账损失。空置损失可表示为潜在总收入的一个百分比，即空置率。影响空置率的因素很多，如租期结构、租金水平、房地产的运营周期、居民的人口特征、商业活动氛围、周围产业分布等。比如，新建房地产在开业初期可能会经历较高的空置率，然后随着小区的居住环境的逐渐成熟，其空置率也慢慢下降；而在一些郊区楼盘中，由于在交付较长一段时间内都还没有形成居住氛围，投资者即使以很低的租金可能也会在较长的时间里无法找到合适的租客。

坏账损失即应付而未付的租金，一般来讲，这种情况不会经常发生。

（3）营业费用。经营投资性房地产的营业费用一般涉及物业管理费及需要交纳的与出租有关的房地产税费。对于物业管理费用的缴纳要视情况而定，有的租赁合同规定物业管理费由租赁方承担，此时出租方则不需要将此项费用计算在内了；而有的则需要出租方自己负责缴纳物业管理费，此时就应该考虑此项费用。

对于租赁税费的缴纳，虽然，以前并没有多少投资者或房屋出租方交纳住宅房地产出租的相关税费，但是，今后这种状况可能要发生变化。例如，2006年10月31日，杭州市政府就通过了《杭州市房屋租赁管理规定》，明确将在2007年1月1日起，房屋租赁将实行备案登记制度，意味着房屋出租者从此之后如果还想"逃过"租赁税费的缴纳就难了。

关于房地产出租的相关税费交纳标准各地可能存在一定的差异，本书只是列出了目前杭州市出租类住宅房地产交纳税费标准，如表6-1所示。不过，需要指明的是，从目前实际操作来看，租赁税费的收取主要还是靠街道和社区的力量，因此，每个街道或社区在收费标准上可能有所不同，这要视情况而定。另外，目前租赁市场上时常出现出租方要求承租方支付"净租金"（即租赁税费由承租方承担）的情况，则此时出租方也就没要将此项费用计算在内了。

【例6-1】 王先生的房子（住宅）租金收入为2 000元/月，他每月需要缴纳的税费是多少？

解：

依据表6-2的标准，计算过程如下：

① 房产税：2 000元×4%＝80（元）；

② 印花税 2 000×0.1%＝2（元）；

③ 个人所得税（2 000－80－2－800）元×10%＝111.8（元）；

共计：80＋2＋111.8＝193.8（元）。

交纳税费总额占到毛租金收入的百分比为：193.8÷2 000≈10%。

**注意**：月租5 000元以下免收营业税、城建税、教育附加税及地方教育附加税。

【例6-2】 张大妈的房子（住宅）租金收入为6 000元/月，他每月需要缴纳的税费是多少？

解：

依据表6-1的标准，计算过程如下：

① 房产税：6 000元×4%＝240（元）；

② 印花税：6 000元×0.1%＝6（元）；

③ 营业税：6 000元×3%＝180（元）；

④ 城市建设维护税＋教育附加费＋地方教育附加费

＝所交营业税×（7%＋3%＋2%）

＝180元×12%＝21.6（元）；

⑤ 个人所得税：

（6 000－240－6－180－21.6－800）×（1－20%）×20%＝760.4（元）；

共计：240＋6＋180＋21.6＋760.4＝1 208（元）。

交纳税费总额占到毛租金收入的百分比为：1 208÷6 000≈20%。

表6-1 杭州市出租类住宅房地产缴纳税费标准（仅供参考，实际收取视具体情况而定）

| 物业类型 | 税 费 项 目 | 计算标准（参考） | 备 注 |
|---|---|---|---|
| 住宅 | 房产税 | 租金收入×4% | 月租金收入不足5 000元免征（不含5 000元） |
| | 印花税 | 租金收入×0.1% | |
| | 营业税 | 租金收入×3% | |
| | 城市建设维护税 | 所交营业税×7% | |
| | 教育附加费 | 所交营业税×3% | |
| | 地方教育附加费 | 所交营业税×2% | |
| | 个人所得税 | ［（租金收入－本表所列税费－修缮费用）－费用］×10% | |

注：1. 修缮费用扣除每次以800元为限，必须提供有效、准确凭证、证明，以证明修缮费用归属。

2.（租金收入－本表所列税费－修缮费用）后不超过4 000元的，减除费用800元；4 000元以上的减除20%的费用。

（4）净营业收入。一旦预测了某宗住宅物业的市场租金水平、空置率及各项营业支出和其他收入，就可以在假设房地产以市场租金出租的条件下计算潜在的净营业收入。

净营业收入＝潜在租金收入－空置和欠租损失＋其他收入－营业费用

（5）房地产的债务清偿。房地产的高价值决定了房地产投资中债务融资的必然性。因此，净营业收入首先应用来偿债。它包括：① 支付贷款余额的各期利息；② 在贷款期内分期偿还的贷款本金。贷款本息支付在当期都应算做现金流出。不过，本息偿付中的本金和利息对于投资者来说意义却是不一样的，其中，利息是作为借款的成本直接付给了银行，而本金的偿付却可以使投资者在所购房屋的所有者权益上得到增加（即本金虽然付给了银行，却还是属于自己的）。那么，本金部分的资金在什么时候可以变成现金流入呢，应该是在投资者出售房屋的时候，从其获得房屋出售价款的时候得到体现。因此，有人认为只要将本息偿付中的利息作为现金流出（而不计本金部分）是不合理的，因为这跟现金发生的时点不匹配。关于贷款本息支付在现金流量表中的体现见后面的例子。

（6）持有期间的最终净现金流量。通过以上的分析，我们得出持有期间的最终净现金流量计算公式：

持有期间的最终净现金流量＝净营业收入－支付给银行的本息

## 2. 住宅购买或出售时产生的现金流量

购买的住宅如果是一手房，则支付的房款（一般为首付款）和买房时支付的相关税费可以作为期初的现金流出项目。购买一手房时所支付的税费可按当地一手房交易税费标准进行计算。如果购买的是二手房，其税费标准与一手房有较大差异，也同样可以按当地的相关税费标准进行计算。

而在出售或处理住宅物业所得时，同样需要我们关注二手房交易成本的问题，即需要知道怎样计算卖方支付的税费金额。此时出售住宅所得的净收益可作为现金流入部分。

总的来说，关于二手房的交易税费每个地区和城市存在一定的差异，现就杭州市一、二手房交易税费的部分列表如表 6-2、表 6-3、表 6-4、表 6-5、表 6-6 及表 6-7 所示。

另外，国家税务总局公布的《关于个人住房转让所得征收个人所得税有关问题的通知》规定自 2006 年 8 月 1 日起，开始征收个人所得税。其中，关于所得税如何计征的问题较为复杂，要涉及多种不同的情况，每一种情况，其计算标准又不一样。关于个人所得税的计算，下面的【例 6-3】仅供参考，实际请参照当地有关规定进行计算。

**【例 6-3】** 下面分普通商品房、经济适用房和房改房三种情况（针对杭州市范围内）对住房转让过程中的个人所得计征问题作一分析。

1. 商品房

假设某套普通住房（一手房）（杭州市区为建筑面积 140m$^2$ 以下），买入时价格为 80 万元，卖出的价格为 100 万元（净价），装修花了 10 万元，房款支付为一次性付款。那么该房屋的合理费用为：购买时的契税 80 万元×1.5%＝1.2 万元，印花税 80 万×0.05%＝400 元，产权证登记费、地产交易手续费、土地证工本费、他项权证工本费之和为 203 元，可减去的装修费用 80 万×10%＝8 万元（根据国税总局的《通知》，商品房的住房装修费用最高扣除限额为房屋原值的 10%）。那么，该套房需要缴纳的个税为（100－80－1.2－0.04－0.020 3－8）×20%＝2.147 9 万元。

若该套房为 140 平方米以上的非普通住房，那契税这部分费用变为 80 万×3%＝2.4 万元。仍按照一次性付款计算，则需要缴纳的个税为（100－80－2.4－0.04－0.020 3－8）×20%＝1.907 9 万元。

若房主购房时采用的是按揭贷款，则差额计算中需要减去贷款利息，再乘以 20%来计算。

若该套房为房主的唯一住房，且居住满 5 年以上，可免缴个税。

若房主在卖出该套房一年内又购房，其出售现住房所缴纳的个人所得税先以纳税保证金形式缴纳，再根据他新买的房屋金额与卖出的这套房销售额的关系，全部或部分退还纳税保证金。

2. 经济适用房（含集资合作建房、安居工程住房）

按照国税总局的通知，经济适用房的原值根据原购房人实际支付的房价款及相关税费，以及按规定缴纳土地出让金计算。

假设某套经济适用房购买的价格为 30 万元，出让价格为 50 万元，装修费用最高可扣除 30 万元×15%＝4.5 万元（根据国税局的《通知》，经济适用房住房装修费用的最高扣除限额为房屋原值的 15%），契税 30 万元×1.5%＝4 500 元，印花税 30 万元×0.05%＝150 元。则该套房需要缴的个税为（50－30－4.5－0.45－0.015－补缴的土地出让金－贷款利息）×20%。

若该套经济适用房的原值无法计算，则按出让总价 50 万元×1%＝5 000。就不用减去房屋原值和装修等费用了。

3. 房改房

房改房即已购公房，国税总局的通知指出，房改房的原值计算为：原购公有住房标准面积按当地经济适用房价格计算的房价款，加上原购公有住房超标准面积实际支付的房价款以及按规定向财政部门（或原产单位）交纳的所得收益及税费。

假设一套房改房计算后的原值为 30 万元，出让价格为 50 万元，装修费用最高同样可扣除房屋原值的 15%即 4.5 万元。则该套房需要缴纳的个税为（50－30－4.5－契税－印花税）×20%（未计算贷款利息）。

若该套房改房的原值无法计算,则按出让总价 50 万元×1%＝5 000 元。以这种方式计算个税,就不用减去房屋原值和装修等合理费用了。

### 4. 总结

通过以上几种情况的分析,我们可以得出图 6-1。

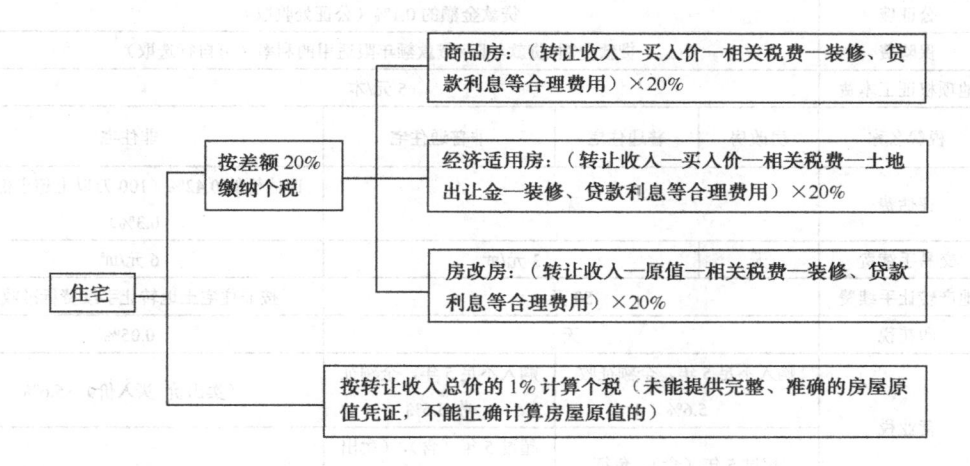

```
                      ┌─ 商品房:(转让收入—买入价—相关税费—装修、贷
                      │         款利息等合理费用)×20%
           ┌ 按差额20% ─┤
           │ 缴纳个税  ├─ 经济适用房:(转让收入—买入价—相关税费—土地
           │          │         出让金—装修、贷款利息等合理费用)×20%
  住宅 ────┤          │
           │          └─ 房改房:(转让收入—原值—相关税费—装修、贷款
           │                    利息等合理费用)×20%
           │
           └ 按转让收入总价的 1% 计算个税(未能提供完整、准确的房屋原
             值凭证,不能正确计算房屋原值的)
```

图 6-1 住房转让个人所得税计算标准

表 6-2 杭州市一手房交易税费(参考截止时间为 2011 年 8 月)

| 项目 | | 税费标准 | |
|---|---|---|---|
| 产权登记费 | | 85 元 | 165 元(非普通住宅) |
| 共有权证费 | | 10 元 | |
| 交易手续费 | | 3 元/m² | 6 元/m²(非住宅) |
| 契税 | | 90 m² 以下为成交价的 1%,90 至 140 m² 为 1.5%,非普通住宅为 3% | |
| 印花税 | | 售价×0.05% | |
| 土地证工本费 | | 38 元 | |
| 地产交易手续费 | | 50 元 | |
| 如需按揭 | 公证费 | 100 元 | |
| | 保险费 | (商业)贷款×保险费率×贷款年限 | |
| | | (公积金)成交金额×保险费率×贷款年限 | |
| 他项权证费 | | 15 元/本 | |

表 6-3 杭州市二手房交易税费(参考截止时间为 2011 年 8 月)

| | 税费名称 | 房改房 | 普通住宅 | 非普通住宅 | 非住宅 |
|---|---|---|---|---|---|
| 买方税费 | 评估费 | 评估价的 0.42%(100 万以上超出部分为 0.3%) | | | |
| | 产权证登记费 | 85 元/套 | 165 元/套 | | 1155 元/套 |
| | 契税 | 90 m² 以下为成交价的 1%,90 至 140 m² 为 1.5%,非普通住宅为 3% | | | 成交价的 3% |
| | 印花税 | 免征 | | | 成交价的 0.05% |
| | 土地出让金(划拨土地适用) | 土地分摊面积×土地等级的标准金额×年期修正系数 | | | |

续表

| | 税费名称 | 房改房 | 普通住宅 | 非普通住宅 | 非住宅 |
|---|---|---|---|---|---|
| 买方税费 | 地产转让手续费 | 50 元 | | | 按非住宅土地转让手续费标准收取 |
| | 土地证工本费 | 38 元 | | | |
| | 按揭印花税 | 贷款金额的 0.005%（银行收取） | | | |
| | 公证费 | 贷款金额的 0.1%（公证处收取） | | | |
| | 保险费 | 贷款金额×贷款年限×贷款额年限适用的利率（可自行选取） | | | |
| | 他项权证工本费 | 5 元/本 | | | |

| | 税费名称 | 房改房 | 普通住宅 | 非普通住宅 | 非住宅 |
|---|---|---|---|---|---|
| 卖方税费 | 评估费 | 无 | | | 评估价的 0.42%（100 万以上超出部分为 0.3%） |
| | 交易手续费 | 无 | 3 元/m² | | 6 元/m² |
| | 地产转让手续费 | 50 元 | | | 按非住宅土地转让手续费标准收取 |
| | 印花税 | 无 | | | 0.05% |
| | 营业税 | 购入不足 5 年，全额征收 5.6% | 购入不足 5 年，全额征收 5.6% | | （卖出价-买入价）×5.6% |
| | | 超过 5 年（含），免征 | 超过 5 年（含），（卖出价-买入价）×5.6% | | |
| | 个人所得税 | 购买不足 5 年，按照（出售价-房屋原值-合理费用）×20%来征收；无法提供原值凭证的，按照出售价格×1%来计算。购入满 5 年的唯一一套住宅免征；对于出售前后一年内重新购入房产的，可按照比例进行减免 | | | |
| | 土地增值税 | 免征 | | | 成交价的 0.5% |

注：营业税中规定的普通住宅标准应同时符合以下条件：(1) 单套建筑面积小于 140 平方米；(2) 住宅小区建筑容积率在 1.0 以上；(3) 实际成交价低于同级别土地上住房平均交易价格的 1.44 倍以下。

购买住房时间：以取得契证上的契税缴款书的填发日期作为购买房屋的时间，房改房以契证的填发日期作为购买房屋的时间。

### 表 6-4 土地出让金缴纳标准（元/m²）

| 土地等级 | 一 | 二 | 三 | 四 | 五 | 六 | 七 | 八 |
|---|---|---|---|---|---|---|---|---|
| 缴纳标准 | 600 | 500 | 400 | 300 | 200 | 100 | 80 | 50 |

### 表 6-5 年期修正系数

| 出让年期 | 20 以下 | 21~25 | 26~30 | 31~35 | 36~40 | 41~45 |
|---|---|---|---|---|---|---|
| 修正系数 | 0.5 | 0.55 | 0.6 | 0.65 | 0.7 | 0.75 |
| 出让年期 | 46~50 | 51~55 | 56~60 | 61~65 | 66~70 | |
| 修正系数 | 0.8 | 0.85 | 0.9 | 0.95 | 1 | |

### 表 6-6 杭州市房改房交易住房标准价款（万元）

| 项 目 | 一般干部 | 科级 | 处级 | 局级 | 厅级 |
|---|---|---|---|---|---|
| 享受面积（m²） | 70 | 80 | 90 | 100 | 120 |
| 1.3 倍 | 27.3 | 31.2 | 35.1 | 39 | 46.8 |
| 1.6 倍 | 33.6 | 38.4 | 43.2 | 48 | 57.6 |

表 6-7　杭州市二手房买卖代理收费标准（参考截止时间为 2011 年 8 月）

| 成交价格标准 | 50 万元（含）以下 | 50 万元至 100 万元（含） | 100 万元至 200 万元（含） | 200 万元以上 |
|---|---|---|---|---|
| 卖方 | 1% | 0.7% | 0.4% | 0.25% |
| 买方 | 1% | 0.7% | 0.4% | 0.25% |

注：收费依据表中标准进行分档累计计算，上浮不超过 25%，下浮不限。该标准于 2007 年 2 月 1 日试行。

【例 6-4】　某投资者于 2006 年在杭州购得建筑面积为 142m²、总价为 50 万元的一手商品房 1 套，当时装修费用花了 10 万元，按揭贷款截至 2010 年 6 月已付了总额为 45 000 元的利息，现该投资者欲将此套房屋以总价 80 万元（税费自理）卖出，请计算该投资者在出售过程中应承担多少税费（其中包括中介费）？如果房屋原值无法计算，则该投资者又该承担多少税费（其中包括中介费）？

解：

从题意可知，该投资者转让的住房为非普通的商品住房，而且购买时间与转让时间之间的间隔还没有超过 5 年。因此该套商品房的税费计算过程如下：

(1) 关于个税的计算。当房屋原值可以计算时，该房屋的合理费用为：

① 购买时的契税 50 万元 × 3% = 1.5 万（元）；

② 印花税 50 万 × 0.05% = 250（元）；

③ 产权证登记费、地产交易手续费、土地证工本费、他项权证工本费之和为 203 元；

④ 可减去的装修费用 50 万 × 10% = 5 万（元）（根据国税总局的《通知》，商品房的住房装修费用最高扣除限额为房屋原值的 10%）；

⑤ 可减去的按揭利息为：45 000 元；

那么，该套房需要缴纳的个税为（80 - 50 - 1.5 - 0.25 - 0.020 3 - 5 - 4.5）× 20% = 3.74 59 万元。

当房屋原值无法计算时：该套房屋需要缴纳的个税为：80 × 1% = 0.8 万元，显然比房屋原值可以计算时的个税缴纳金额要小得多。

(2) 关于二手房交易卖方需要缴纳的其他税费计算。依据表 6-3，可得

① 评估费：80 万元 × 0.42% = 3 360（元）；

② 交易手续费：142m² × 3 元/m² = 426（元）；

③ 地产转让手续费：50（元）；

④ 印花税：80 万元 × 0.05% = 400（元）；

⑤ 营业税：80 万元 × 5.6% = 4.48 万元；

以上 5 项之和为：0.336 + 0.042 6 + 0.005 0 + 0.040 0 + 4.48 = 4.903 6 万元。

(3) 关于支付中介费的计算。依据表 6-7，可得卖方须支付的中介费为：

50 万元 × 1% + (80 万元 - 50 万元) × 0.7% = 0.5 + 0.21 = 0.71 万元

(4) 卖方承担的各项税费（包括中介费）总额计算。该投资者如果采取交易双方税费自负的原则时，其应承担的各项税费总为：

当房屋原值可以计算时：3.7459 万元 + 4.903 6 万元 + 0.71 万元 = 9.359 5 万元；

当房屋原值无法计算时：0.8 万元 + 4.903 6 万元 + 0.71 万元 = 6.413 6 万元；

前者情况交易成本占毛收益的比重为：9.359 5 ÷ (80 - 50) = 31.2%；

后者情况交易成本占毛收益的比重为：6.413 6 ÷ (80 - 50) = 21.4%。

### 6.2.2 住宅房地产投资租售决策分析

购置一项住宅作为投资，始终要涉及一个问题，即关于租赁和出售的决策问题。在房地产价格上涨较快时期，也许投资者并不存在租售选择问题。因为，此时他可能实施的是一种短线操作策略，租赁行为在较短的时期内不仅收益不会太好，而且成本也较大，而他只要等待物业在一段时间上涨后即可出手获利。不过，随着国家对房地产行业宏观调控的进一步加强，在今后多少年内也许很难再出现以前几年房价几乎疯长的状况了。在这种局面下，住房投资者如果还是仅仅将住房购置后以空置的形式持有并等待增值后出售，特别是对于一些租赁市场潜力较大的区块，这种行为无疑将是一种非理性的行为。

应该说，目前住房的租赁市场虽然其收益相对来讲并不会很高（一般在 5%~8%），但从能够获得稳定收益、以租养房等角度来看，采取出租这种经营方式还是值得肯定的。现在，不仅有一些个人投资者通过自己购置住宅再以租赁的形式持有并伺机出售获利，还有部分机构或公司正在专门从事住房的租赁业务。像一些房屋中介公司的房屋银行就有一项业务是专门从事住房租赁业务。这项业务与中介公司代理客户出租房子不同，它首先是以房屋银行的名义从客户那里以契约的形式把房子承租过来，房屋银行则可能会对房子进行一些内部的装修后，再将房子出租给市场上的零散客户。还有一些代理公司甚至租赁整幢公寓用做其租赁业务的房源等。这些情况说明，住宅租赁业务的营利性是毋庸置疑的。

那么，是不是一直以租赁的形式持有住房为好呢？这就要看情况了；这涉及租赁和出售住房的选择问题。我们先来看一下较为简单的理论分析。

**1. 关于住房出租和出售的选择**

上面已经谈到，购置住宅后基本可以采取的经营方式就是两种：一种是出租，另一种就是出售。这里，我们可以采用前面学过的净现值法来对这两种方式进行选择。

（1）出租现值大于出售现值时，选择出租的方式。如图 6-2 所示，假设某投资者已经购买了某项物业（即期初投入成本保持不变），有出售和出租两种方式可以选择。设出售时现在就可以获得 80 万元，处于图 6-2 中的 $A_2$ 点；若出租则现在可以获得 40 万元和将来则获得 55 万元，以 $B$ 点表示。由图 6-2 可知，出售使收入模式转换到直线 $A_1A_2$ 上，出租则使收入模式转换到直线 $B_1B_2$ 上，很明显出租要好于出售。事实上，按照 10% 的折现率计算的话，我们可以得出，出租的现值为 90 万元，大于出售的现值 80 万元。

（2）出租现值小于出售现值，选择出售方式。假设另一投资者面临的情况与第一种情况不同，出售和出租的收入分别以图 6-3 中的 $A$ 和 $B$ 点表示。出售时现在获取 80 万元，出租则是现在和将来分别获取 40 万元和 33 万元。两种收入模式分别转换到直线 $A_1A_2$ 和 $B_1B_2$ 上时，可知出租的现值 70 万元，少于出售的现值 100 万元，此时，显然选择出售。

（3）出租现值等于出售现值，两种方式均可选择。设某投资者投资某项住宅物业，其出售收入 $A$（现值为 80 万元）和出租收入 $B$（现在租金收入为 40 万元和将来的 44 万元）分别转换到直线上时，两条直线正好重合，即收入模式相同，如图 6-4 所示。此时，该投资者可任意选择出售或出租经营方式。

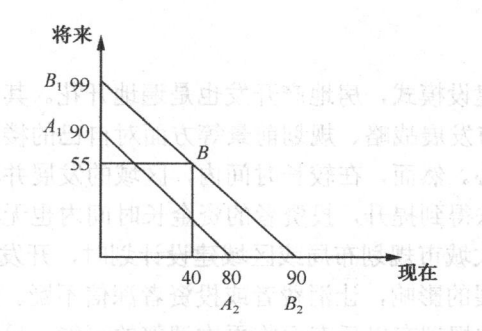

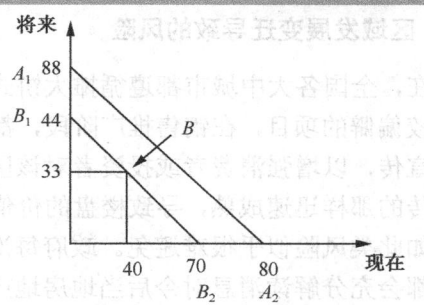

图 6-2　出租租金收入现值＞出售收入现值

图 6-3　出租租金收入现值＜出售收入现值

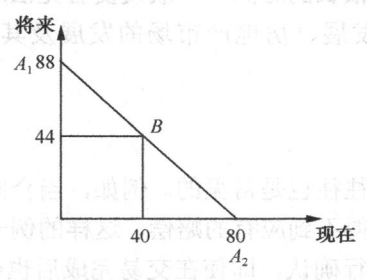

图 6-4　出租收入现值＝出售收入现值

### 2. 关于住房出售时机的把握

通常情况下，投资者持有某项住宅房地产物业不仅可以获得持有期内的租金收入，还可以获得一段时期后的住房增值收入。因此，仅仅考虑出租收入现值和出售收入现值两个方面是不全面的，应该还要考虑在持有期内的住房增值情况，即住房增值率的大小。住房增值率大小可以年为时间单位，即某套住房在一年内上涨的百分比是多少，这一增值率可与上面的折现率做一个比较。如果增值率大于折现率，则可以考虑持有住房；如果增值率小于折现率，则可以考虑出售住房，但此时应结合租金收入综合进行分析。

## 6.2.3　住宅房地产投资的风险分析

### 1. 政策风险

住宅房地产在我国房地产市场中的比例最高，由于涉及民生，因此，备受各界关注。经过几年的快速发展，住宅房地产市场已经暴露出不少问题，诸如价格上涨过快、供应结构不合理、对保障性住房供应重视不够等问题。因此，在构建和谐社会的大背景下，政府频频出台相关政策调控房地产市场，其中调控的重点就是住宅市场。为了促进整个房地产市场的健康发展，政府从土地、税收、金融、行政等方面对商品房开发和二手房交易、住房租赁等环节进行了调控，使市场参与各方的成本大大增加。例如，在二手房交易过程当中，营业税计税时间的调整、个人所得税的开征、租赁税的开征等将对住宅投资者的投资成本大大增加，再加上银行已经数次加息，使不少投资者已经对住宅市场缺乏投资信心。不过，对于那些资金实力雄厚、能够在较长期限内（至少 5 年以上）承担住宅投资各项成本（如按揭款的本息支出等）的投资者来说，住宅还是一项不错的长期投资项目。

### 2. 区域发展变迁导致的风险

现在，全国各大中城市都遵循摊大饼式的城市建设模式，房地产开发也是遍地开花。其中有一些比较偏僻的项目，在销售推广阶段，都借助城市发展战略、规划前景等方面对自己的楼盘进行大肆宣传，以增强消费者或投资者对该区域的信心。然而，在较长时间内，区域的发展并不像当初宣传的那样迅速成熟，导致楼盘的价值长期无法得到提升，投资者的资金长时间内也无法套现，诸如此类风险似乎很难避免。政府每次发布重大城市规划布局或区域建设计划时，开发商、媒体等都会充分解读消息对今后当地房地产市场发展的影响，让消费者或投资者深信不疑。但是事态的发展与开始想象的并不一样，一方面，当初的规划在以后有面临再次调整的可能；另一方面，从规划到真正实现，往往需要很长的时间，一般投资者无法忍受太长的投资期限。因此，还是需要投资者自己对当地的城市发展、房地产市场的发展及其之间的关系有一个充分的认识才行。

### 3. 交易风险

在住房投资市场中，交易风险往往也是常见的。例如，当合同的条款和约定等相关内容不利于买方时，发生问题后，买方常常得不到应有的赔偿，这样的例子屡见不鲜。在二手房交易过程当中，如果不对住房的权属问题进行确认，即使在交易完成后也会面临很大的法律风险。因此，选择运作规范的中介公司进行交易是规避二手房交易风险的一个有效途径。

在现实生活中，还有些人为了规避二手房交易过程中的有关税费，采用假赠与、假遗赠、抵押、典当等方式进行交易，这些方式虽可以少缴纳很多税费，但是在整个交易过程中，由于缺乏制度监管，其中蕴藏的风险也很大。

上面介绍了住宅投资过程当中可能面临的主要风险。其实，由于住宅投资涉及的环节很多，受影响的因素也很多，例如，可能还会面临工程质量风险、装修风险、开发商欺诈风险、假按揭风险等。总之，住宅投资是一项专业性质比较强的经济活动，为了有效规避其中的风险，投资不仅需要具备一定的专业知识，同时还需要具备丰富的实践经验。

【专题6-2】　　　　　　"租售比"走高加剧买房置业投资风险

目前"租售比"过高已经是大城市房价上涨的一个副产品。根据房地产中介机构的调查数据，2006年北京市二手房售价与租金的比例在242∶1～286∶1。中国国际金融公司对北京等城市的调研结果也显示，他们所调研的167个楼盘，购房资金成本与租金比率在2006年内的平均升幅超过11%。因此有业内专家指出，目前，房屋售价租金比过高，意味着房产投资收益将下滑，投资性买房高位踏空的风险也在增加。

"我们想买套小两居，房子都看到五环边上了，价格涨到7 000元/m$^2$，而这套70平方米的房子要是租的话，月租金也就1 300元左右。"刚毕业不久的张先生如是说。

目前，国际上用来衡量一个区域房产运行状况良好的售价租金比一般界定为200∶1～300∶1。如果售价租金比超过300∶1，意味着房产投资价值相对变小，房产泡沫已经显现；如果低于200∶1，表明该区的房产投资潜力相对较大，房产后市看好。售价租金比无论是低于200∶1还是高于300∶1，均表明房产价格偏离理性真实的房产价值。

一位金融专家解释道，售价租金比的合理范围，是根据资金的长期收益率确定的。如果把买房视作一种长期投资，那么200∶1～300∶1的售价租金比，折算成长期投资的年收益率，大约是4%～6%。由于房产还有房价上涨形成的增值收益，因此4%～6%的租金收益率是比较合理的。

但如果售价租金比高于 300∶1，则意味着收益率低于 4%。以目前的长期国债收益率为基准，低于 4%是划不来的。据介绍，目前美国房产的年租金收益率在 5%左右。

因此，目前国内房价下的"租售比"逼近国际警戒线并非危言耸听。近几年来的二手房租赁市场基本上处于不瘟不火的状态。许多新的理财产品的出现，正在弱化投资者对房地产的投资偏好。国家对房产交易环节实施"三税"政策，使得五年内二手房的交易成本很高，投资者买房后，更多地会充实到租赁市场，而这将使租金水平进一步下滑。

前几年，上海"炒楼花"较严重，投资性买房一路"炒"高房价，而租金水平一直没有跟上去，"租售比"随之不断走高；但"触顶"后，房价便开始下降了。对此，人们应该提高警惕。

思考题：

1. 请分析我国住房市场"租售比"过高的因素有哪些。
2. 请计算学校所在地附近的住房"租售比"大概是多少。对此进行怎样的评价？
3. 如上所述，国际上用于衡量住房"租售比"大小的一般标准对于评判我国住房市场来说有何参考价值？

## 6.3 住宅房地产投资分析实例

### 6.3.1 住宅房地产投资分析实例一

【例 6-5】 王小姐投资购置了上海淮海路附近的一处房产，总价为 800 万元，其中首付 300 万元，贷款 500 万元，等额本息偿还，年利率为 6%，期限为 20 年；目前的租金可以达到 2.5 万元/月，收取的押金按 3×第一年月租金计算，租金一年付一次（年初支付），预计房租平均每年调升 1.2 万元，基准收益率按 7%计算。请问：

（1）如果该房产 5 年内价格保持不变，请计算该投资项目的净现值和内部收益率。

（2）如果希望获得 8%的内部收益率，5 年后该处房产至少要涨到多少价格才行？（本例不计各项交易成本）

分析：

本例中，主要包括两大部分内容，一是关于按揭贷款本息支付计算；二是关于每年租金的计算。由于不计交易成本，即税费计算部分省略了，因此过程将大大简化。在计算时需要注意的问题是，需要知道第 5 年年末的未偿还本金是多少；另外还需明确在期初收取的押金在第 5 年年末是要返还给承租者的，这两项最终都要在现金流量表的现金流出中得到体现。

解：

（1）关于每年租金的计算

第一年租金的计算：2.5×12＝30（万元）

第二年租金的计算：30＋1.2＝31.2（万元），以后各年在此基础上每年加 1.2 万元；因此，第三、四、五年支付的租金分别为：32.4（万元）、33.6（万元）和 34.8（万元）。

（2）价格不变情况下的现金流量表及相关指标计算

表 6-8 为 5 年后价格不变情况下的现金流量表。

表 6-8　价格不变时的现金流量表　　　　　　　　　　　单位：万元

| 项　目 | 0 | 1 | 2 | 3 | 4 | 5 |
|---|---|---|---|---|---|---|
| 1 现金流入 | 37.50 | 31.20 | 32.40 | 33.60 | 34.80 | 800.00 |
| 　1.1 收取租金 | 30.00 | 31.2 | 32.40 | 33.60 | 34.80 | |
| 　1.2 收取押金 | 7.50 | | | | | |
| 　1.3 售房收入 | | | | | | 800.00 |
| 2 现金流出 | 300.00 | 43.59 | 43.59 | 43.59 | 43.59 | 474.47 |
| 　2.1 首付款支付 | 300.00 | | | | | |
| 　2.2 按揭款支付 | | 43.59 | 43.59 | 43.59 | 43.59 | 43.59 |
| 　2.3 期末剩余本金偿还 | | | | | | 423.38 |
| 　2.4 押金返还 | | | | | | 7.50 |
| 3 净现金流量 | −262.50 | −12.39 | −11.19 | −9.99 | −8.79 | 325.53 |
| 4 现值系数（I=7%） | 1.000 000 | 0.934 579 | 0.873 439 | 0.816 298 | 0.762 895 | 0.712 986 |
| 5 净现金流量的现值 | −262.50 | −11.58 | −9.77 | −8.15 | −6.71 | 232.10 |
| 6 净现金流量现值累计 | −262.50 | −274.08 | −283.85 | −292.01 | −298.71 | −66.62 |

从表 6-8 中可以看出，此时项目的净现值（即表中净现金流量现值累计这一行中的最后一格所对应的数据）为−66.62 万元<0。利用 Excel 可以求得内部收益率为 1.41%，显然也大大低于基准收益率水平。因此，可以得出结论，如果 5 年内房价不上涨，则 5 年后此项投资的效果并不理想，甚至是要亏本的。

（3）要获得 8%的内部收益率情况下的现金流量表及指标计算

如表 6-9 所示，如果要达到内部收益率 8%的要求，则利用 Excel 计算和调整后，可以得出结论：房价在 5 年后要上涨到 913 万元左右才行，即 5 年后上涨率应达到：（913−800）/800×100%＝14.13%才行。此时如果按照基准收益率计算，则投资的净现值为 13.95 万元。

表 6-9　房价上涨情况的现金流量表　　　　　　　　　　单位：万元

| 项　目 | 0 | 1 | 2 | 3 | 4 | 5 |
|---|---|---|---|---|---|---|
| 1 现金流入 | 37.50 | 31.20 | 32.40 | 33.60 | 34.80 | 913.00 |
| 　1.1 收取租金 | 30.00 | 31.2 | 32.40 | 33.60 | 34.80 | |
| 　1.2 收取押金 | 7.50 | | | | | |
| 　1.3 售房收入 | | | | | | 913.00 |
| 2 现金流出 | 300.00 | 43.59 | 43.59 | 43.59 | 43.59 | 474.47 |
| 　2.1 首付款支付 | 300.00 | | | | | |
| 　2.2 按揭款支付 | | 43.59 | 43.59 | 43.59 | 43.59 | 43.59 |
| 　2.3 期末剩余本金偿还 | | | | | | 423.38 |
| 　2.4 押金返还 | | | | | | 7.50 |
| 3 净现金流量 | −262.50 | −12.39 | −11.19 | −9.99 | −8.79 | 438.53 |
| 4 现值系数（I=7%） | 1.000 000 | 0.934 579 | 0.873 439 | 0.816 298 | 0.762 895 | 0.712 986 |
| 5 净现金流量的现值 | −262.50 | −11.58 | −9.77 | −8.15 | −6.71 | 312.67 |
| 6 净现金流量现值累计 | −262.50 | −274.08 | −283.85 | −292.01 | −298.71 | 13.95 |

(4) 结论

对于第一个问题，显然在房价不上涨的情况下，按照目前的租金及上涨率水平，该投资是不可行的；但是如果能在租金的提高上做些文章，则情况有可能会发生变化。例如，可以对房子进行适当的装修，并且寻找那些对价格不太敏感而对居住质量比较看重的租户，则租金可以在一定程度上得到提高。

对于第二个问题，如果要得到 8%的内部收益率，对于现在的住房投资市场来说，是比较高的收益率了，但从 13.95%的房价上涨率来看，如果能够保证原有的租金水平不变，则 5 年后要得到一个较高的收益率水平也不是不可能的。

### 6.3.2 住宅房地产投资分析实例二

【例 6-6】 某单位一员工宿舍楼，腾出后由一投资者整体包租，该单位收取固定租金收益。基本情况如下：

总建筑面积 10 000m$^2$，总户数 200 户，户型为一室（无厅无厨房，有卫生间与阳台）和二室一厅（有厨房、卫生间和阳台）。

整体包租价格：10 万元/月，按月支付；租期为 10 年；因装修免租 1 个月；押金相当于 1 个月的租金；整改装修、物业管理费及空置风险全部由包租者承担。

打算包租的投资者在对该楼各方面的情况进行了调查和市场分析之后，决定将该楼市场定位为白领公寓。这样，需要进行适当的整改装修，添置一些设施和设备，例如一房的阳台可增设简易灶台、电源插座等，供承租人生活使用，每户增设电话、电视插座；对原有的设施、设备进行维修更换；对外墙进行清洗、修补，对室内进行全面翻新装饰等。所需要整改投资共约 80 万元（全部为自有资金，利息在利润中体现）。

预测在未来的 10 年里，平均租金水平可在每平方米约每月 18 元（含物业管理费）。空置率为 20%（含管理用房）。

根据上述条件，请你以包租投资者的身份分析一下该楼是否值得投资经营。

在具体分析这个案例之前，我们先来看一下包租与一般出租的区别。

1. 包租投资者与置业后出租的投资者有些不同。后者本身是物业的业主所有者，把物业出租以获得租金收入，而包租投资者对手中的物业没有所有权，他只是从业主手里把物业以每年或每月固定租金的形式包下来，然后再对外出租。生活中这种情况常见。如有的业主拥有大量房地产，却不熟悉房地产市场，也不想对其进行经营管理，而以包租的形式委托给他人料理，收取固定的租金即可。而包租者投入一定的租金根据出租情况的需要，对受托（或承租）的房屋进行适度的整改，承担招租、经营管理和维修等义务。包租者所得营业收入，除固定租金上交业主和支付经营费用后，差额部分属包租者收益。

2. 包租投资的收益是建立在出租经营的基础上，在有限的经营年期里，经营顺利便有利可图，经营不善则导致投资失败，血本无归；置业出租的投资者在出租经营失败后，仍可将其购置的房地产转让出去，收回投资。另外，业主还可以将其产权进行抵押贷款，套取资金用于其他周转。出租经营收益、保值和升值，对于置业后出租投资来说，可谓双保险。

3. 包租投资经营的租金收取标准只能往上升，往下降的空间非常有限，同时交纳固定租金的压力始终都存在；置业出租投资可自由调整租金水平，如果是银行按揭贷款，在还款期也存在压力，但全款付清后，压力也随之消失。

4. 包租投资者无须承担由于不可抗拒的因素造成的房地产毁灭的巨大风险，承担的只是其前期整改投入与经营方面的市场风险；而置业后出租投资则必须承担其全部风险。两者相比，前者压力则相对小一些。

5. 从以上分析可知，包租投资比较适合于资金实力相对来讲不太雄厚的投资者，例如，有一些投资合伙人通过承租市场上大量零星分布的不同户型的住宅，对房屋进行整改装修后再次出租获利。如果这些投资者想通过自己购置房屋的形式进行出租经营，则对资金的需求要大得多。因此，对于想长期从事住宅等物业租赁投资的投资者来说，先从事包租经营，等到具备资金实力的时候再增加置业出租经营业务，应该是一条理想的发展路径。

现在解答如下：

**解：**

简要分析如下：

1. 相应指标计算

（1）整改装修费用：80 万元；

（2）押金：10 万元；

（3）年经营成本：

① 租赁推广费用：3 万元；

② 租赁经营、管理费用：6 万元；

③ 维修费用：3 万元；

④ 物业管理：6 万元；

⑤ 支付固定租金：120 万元。

（4）租金收入：18×10 000（1－20%）×12＝1 728 000（元）；

（5）有关税费：

① 营业税：1 728 000×5%＝86 400（元）；

② 城市建设维护税：86 400×1%＝864（元）；

③ 教育费附加：1 728 000×0.5%‰＝864（元）；

④ 房屋租赁管理费：1 728 000×2%＝34 560（元）；

本项合计：125 280 元≈12.5 万（元）。

通过以上数据，可以编制出该投资的现金流量表，如表 6-10 所示。

（6）投资收益指标

① 投资回收期：约为 4 年；

② 投资经营总收益：143＋10＝153 万（元）；

③ 年投资收益率：153÷10÷（90＋18＋10）×100%＝12.97%；

④ 资本金利润率：（153－10）÷90＝159%。

2. 分析与结论

通过以上计算，可得到包租投资经营理念流量表（见表 6-10）。从投资者角度看，税前资本金利润率为 15.9%，但从经营的角度看，年均投资收益率才 5.67%，虽有收益，但投资经营意义不大。由于经营利润空间有限，抗风险的能力有限。通过分析后，如果仍想进行投资经营，则应考虑如下几个方面：

（1）要求业主适当降租；

（2）要求业主给予至少 3 个月的装修过渡期；

(3) 出租租金是否还有提高的可能性;
(4) 有无降低出租空置率的可能性。

如果上述几个方面的问题能够得到解决,可以考虑进行投资经营。

表 6-10 包租投资经营现金流量表 单位:万元

| 年份<br>项目 | 1 | 2 | 3 | 4 | 5 | 6 | 7 | 8 | 9 | 10 |
|---|---|---|---|---|---|---|---|---|---|---|
| 1 现金流入 | 172.8 | 172.8 | 172.8 | 172.8 | 172.8 | 172.8 | 172.8 | 172.8 | 172.8 | 182.8 |
| 1.1 租金收入 | 172.8 | 172.8 | 172.8 | 172.8 | 172.8 | 172.8 | 172.8 | 172.8 | 172.8 | 172.8 |
| 1.2 退回押金 | | | | | | | | | | 10 |
| 2 现金流出 | 230.5 | 150.5 | 150.5 | 150.5 | 150.5 | 150.5 | 150.5 | 150.5 | 150.5 | 150.5 |
| 2.1 首次投入 | 90 | | | | | | | | | |
| 2.2 付年租 | 110 | 120 | 120 | 120 | 120 | 120 | 120 | 120 | 120 | 120 |
| 2.3 经营管理费用 | 18 | 18 | 18 | 18 | 18 | 18 | 18 | 18 | 18 | 18 |
| 2.4 税费 | 12.5 | 12.5 | 12.5 | 12.5 | 12.5 | 12.5 | 12.5 | 12.5 | 12.5 | 12.5 |
| 3 净现金流量 | −57.7 | 22.3 | 22.3 | 22.3 | 22.3 | 22.3 | 22.3 | 22.3 | 22.3 | 32.3 |
| 4 累计净现金流量 | −57.7 | −35.4 | −13.1 | 9.2 | 31.5 | 53.8 | 76.1 | 98.4 | 120.7 | 153 |
| 静态投资回收期 | 约为 4 年 ||||||||||

表注:① 假设租金收、付均无递增,经营管理费与税费均无变化。

## 本章小结

住宅是用于满足人类居住需要的房地产。从长远来看,住房投资将依然是我国居民重要的投资品种和投资渠道之一。

住房可以按照不同的建筑类型、经营方式、价格构成、交付方式等方面分为多种类型,每种类型从投资层面上看的或多或少都存在一些自身的特点和差异。

对于住宅投资者来说,需要了解住宅居住的适宜性问题,其中一个很重要的问题就是关于住宅功能要素及户型的评价。一套住宅应具备六大基本功能:起居、饮食、洗浴、就寝、储藏、工作学习;这些功能又可以分为公、私和动、静两组不同的区域。

在常见的住宅投资类型中,小户型投资具有明显的特点,例如,① 面积小,总价低;② 房间的功能齐全;③ 容易找到租户等。另一类就是包括别墅在内的高端物业。目前来看,高端物业的租金收益普遍高于其他住宅物业,究其原因主要是高端物业面向的高收入人群,其品质要求也与众不同,而且,高端物业市场的供给并不是很大,而需求则较多。

影响住宅投资价值的因素有很多,本章分析了两个方面,一是住宅所处的地段,二是住宅本身具有的品质。这两个方面其实涵盖了住宅投资价值因素的主要方面。

住宅房地产投资的现金流量分析涉及两个方面,一是持有期间的现金流,二是出售时发生的现金流。具体还牵涉有关租金的计算、租赁税费的计算及二手房交易时涉及的相关税费计算等问题。

关于出租和出售决策的选择,参考的标准就是计算两者净现值的大小,净现值大的则为选择对象,净现值小的则应放弃。

住宅房地产投资面临的风险很多,本章主要介绍了政策风险、区域发展变迁导致的风险及交易风险。

# 实训项目

1. 实训项目名称：住宅房地产投资分析
2. 实训内容及要求：熟悉利用电子表格 Excel 编制现金流量表，住宅房地产投资有关税费计算，并能够求解有关经济评价指标
3. 实训条件假定

（1）实训条件 A

A1：某投资者于 2010 年年初在杭州购得建筑面积为 142m$^2$、总价为 230 万元（已包括交易手续费）的一手商品房 1 套；

A2：某投资者于 2010 年年初在杭州购得建筑面积为 120m$^2$、总价为 230 万元（已包括交易手续费）的一手商品房 1 套；

A3：某投资者于 2010 年年初在杭州购得建筑面积为 130m$^2$、总价为 280 万元（已包括交易手续费）的一手商品房 1 套。

（2）实训条件 B

B1：当时装修费用花了 30 万元，并于 2011 年 1 月 1 日顺利租出，毛租金为 4 500 元/月（租赁税费自付），押金 10 000 元，今后几年租金水平保持不变；

B2：当时装修费用花了 30 万元，并于 2011 年 1 月 1 日顺利租出，毛租金为 4 500 元/月（租赁税费自付），押金 10 000 元，今后几年租金每年递增 5%；

B3：当时装修费用花了 30 万元，并于 2011 年 1 月 1 日顺利租出，毛租金为 4 300 元/月（租赁税费自付），押金 10 000 元，今后几年租金水平保持不变。

（3）实训条件 C

C1：采用按揭贷款方式，首付 90 万元，等额本息偿还（贷款期限为 20 年），利率为 6%。从 2010 年年初开始偿还贷款；

C2：采用按揭贷款方式，首付 90 万元，等额本息偿还（贷款期限为 20 年），利率为 6%。从 2010 年年初开始偿还贷款；

C3：采用按揭贷款方式，首付 110 万元，等额本息偿还（贷款期限为 20 年），利率为 6.5%。从 2010 年年初开始偿还贷款。

（4）实训条件 D

D1：于 2015 年年初卖出，房价已上涨了 30%；

D2：于 2017 年卖出，房价已上涨了 50%。

每位同学请按自己的学号选择实训条件的组合，如表 6-11 所示。

4. 实训实施及成果要求

（1）在每一组合如表 6-11 所示的条件下，计算投资的净现值（基准收益率都为 7%）和内部收益率指标；

（2）利用 Excel 表格进行现金流量表的编制；

（3）体现税费计算过程，税费计算遵循交易双方自理的原则进行（包括中介费）；

（4）对其他一些基础数据给出相应的说明和计算过程。

实训成果请以 WORD 格式排版并打印后上交，格式可以参见【例 6-6】。

表 6-11 实训条件组合

| 学号 | 条件组合 | 学号 | 条件组合 | 学号 | 条件组合 |
|---|---|---|---|---|---|
| 1 | A1+B1+C1+D1 | 19 | A2+B1+C1+D1 | 37 | A3+B1+C1+D1 |
| 2 | A1+B1+C1+D2 | 20 | A2+B1+C1+D2 | 38 | A3+B1+C1+D2 |
| 3 | A1+B1+C2+D1 | 21 | A2+B1+C2+D1 | 39 | A3+B1+C2+D1 |
| 4 | A1+B1+C2+D2 | 22 | A2+B1+C2+D2 | 40 | A3+B1+C2+D2 |
| 5 | A1+B1+C3+D1 | 23 | A2+B1+C3+D1 | 41 | A3+B1+C3+D1 |
| 6 | A1+B1+C3+D2 | 24 | A2+B1+C3+D2 | 42 | A3+B1+C3+D2 |
| 7 | A1+B2+C1+D1 | 25 | A2+B2+C1+D1 | 43 | A3+B2+C1+D1 |
| 8 | A1+B2+C1+D2 | 26 | A2+B2+C1+D2 | 44 | A3+B2+C1+D2 |
| 9 | A1+B2+C2+D1 | 27 | A2+B2+C2+D1 | 45 | A3+B2+C2+D1 |
| 10 | A1+B2+C2+D2 | 28 | A2+B2+C2+D2 | 46 | A3+B2+C2+D2 |
| 11 | A1+B2+C3+D1 | 29 | A2+B2+C3+D1 | 47 | A3+B2+C3+D1 |
| 12 | A1+B2+C3+D2 | 30 | A2+B2+C3+D2 | 48 | A3+B2+C3+D2 |
| 13 | A1+B3+C1+D1 | 31 | A2+B3+C1+D1 | 49 | A3+B3+C1+D1 |
| 14 | A1+B3+C1+D2 | 32 | A2+B3+C1+D2 | 50 | A3+B3+C1+D2 |
| 15 | A1+B3+C2+D1 | 33 | A2+B3+C2+D1 | 51 | A3+B3+C2+D1 |
| 16 | A1+B3+C2+D2 | 34 | A2+B3+C2+D2 | 52 | A3+B3+C2+D2 |
| 17 | A1+B3+C3+D1 | 35 | A2+B3+C3+D1 | 53 | A3+B3+C3+D1 |
| 18 | A1+B3+C3+D2 | 36 | A2+B3+C3+D2 | 54 | A3+B3+C3+D2 |

### 本章思考题

1. 简述住宅房地产的分类及其特点。
2. 简述住宅功能要素有哪些，住宅户型评价的标准如何。
3. 简述住宅空间面积的经济分析。
4. 常见住宅房地产投资类型及其特点有哪些？
5. 影响住宅房地产投资价值的主要因素有哪些？
6. 简述住宅房地产投资现金流的构成。
7. 在住宅交易过程当中，主要涉及的税费有哪些？

# 第7章 商业房地产投资

【本章能力点】
（1）理解和掌握商业房地产的类型、特点等内容
（2）熟悉商业房地产不同投资类型的特点
（3）掌握商业房地产投资的经济评价
（4）理解商业房地产投资的风险分析

## 7.1 商业房地产投资概述

近年来，伴随着国民经济的持续增长，城市商业活动也变得日趋活跃和频繁，从而产生了对商业房地产的巨大需求。在此背景下，我国的商业房地产投资与开发活动也得到了迅猛的发展。特别是自2004年以来，国家针对房地产业调控出台了一系列严厉的宏观调控政策，使整个房地产业得到了一次全面的洗礼。不过，这些政策似乎对商业房地产网开一面，不但没有对商业房地产市场产生明显负面的冲击，倒是从一定从程度上促进了商业房地产市场的快速发展。这一点在2010年政府对住宅市场实行"限购"和"限贷"政策后表现得尤为明显。

随着城市化进程的不断推进，以及城市居民生活和消费方式的升级换代，人们逐渐开始认识到各类商业地产中蕴涵着的巨大投资潜力，纷纷将目光投向了商业房地产的投资。时至今日，商业房地产市场已经成为我国房地产市场的重要组成部分，而商业房地产投资（开发或置业）也已成为受公司或个人青睐的重要投资领域。

### 7.1.1 商业房地产概述

**1. 商业房地产的概念**

商业房地产中的"商业"两个字一般指的是商业活动，而商业活动可以分为实物商品交易的买卖活动和并非以实物贸易为基础的服务类商业活动。前者可以包括顾客到商店、超市或商场购物，例如，顾客在超市选择自己需要的商品（实物形式），然后到超市出口处付钱结账，交易就算完成；而后者可以包括商业活动的双方在写字楼等办公场所洽谈生意、签订合同，最终促成交易，但双方也许都还没见到货物。通常情况下，后者的商业活动又称为"商务活动"。的确，现代的商务活动（后者）要比传统的商业活动（前者）在内涵上有着巨大的区别，因为两者之间面对的商业关系有着根本的不同。不过，它们之间也有相同的地方，即两者都以获取商业利益为目的，这一点，为我们定义商业房地产提供了依据。

商业房地产在实务界习惯称为"商业地产"，英文名称一般为"commercial real estate"。关于它的定义，国内的学者和专家对其有不同的看法，为了让读者更好地理解商业房地产的概念，本书列举了几种比较有代表性的说法：

(1) 众所周知，房地产可以划分为住宅房地产、写字楼房地产、商业房地产、工业房地产四大类。"这里所说的商业房地产主要就是指按照用途划分的用作商业用途的房地产，包括酒店、超市、临街商铺、大型住宅的商业配套、购物中心、特色商业街、商业广场、专业批发市场、Shopping Mall等用途的房地产"。显然，此概念主要涉及商业房地产所服务的传统商业活动。

(2) 商业房地产是指用于各种零售、餐饮、娱乐、健身服务、休闲设施等经营用途的房地产形式，从经营模式、功能和用途上区别于普通住宅，公寓、写字楼、别墅等房地产形式[21]。这一定义突出了商业房地产的营利性质，不过跟前者定义一样，因为它把商业活动和商务活动在一定程度上区分开了，所以并没有把写字楼这一项重要的营利性物业包括在里面。

(3) 还以一些比较笼统的关于商业地产的定义，例如有人认为："商业地产是以商业物业的建设和经营为目的的地产开发。国内大多数开发企业不参与商业经营，也不长期持有物业以从中获取租金收益。但从世界上其他国家的实践看，商业物业其实不采取出租的方式，而是和商户共同经营，获取巨大的增值额。"其实这一关于国内商业房地产开发的认识指的仅仅是前几年中国商业房地产发展的初期阶段，如今，已经有越来越多的开发商认识到自己持有自己开发的商业物业对于项目长期成功经营的重要性。

(4) 另外，有些国内商业房地产开发的早期开拓者也根据自己的实践提出了关于商业房地产的认识。例如，万达集团的董事长王健林就认为："商业地产不是商业，也不是地产，更不是简单的商业加地产。商业地产是以零售物业的租金收入为目的的长期房地产投资。目的明确，是以零售物业租金收入为目的，如果开发后销售出去，称不上商业地产。我们在大连有一个大型开发项目，做了5万多平方米的二层底商，建完后全部出售了，这就不叫商业地产，这是房地产，房地产开发本来就包含住宅、写字楼、底商建筑等。如果开发目的不是以零售物业租金收入为目的，就不能叫商业地产。"显然，王健林先生强调了在商业房地产开发中自己持有商业物业的重要性，同时从开发的角度提出了商业房地产开发的核心。

以上概念虽然都从不同的角度给出了商业房地产的定义，但是不全面。有的定义没有抓住商业房地产的本质，有的则仅仅从传统意义上的商业活动来理解商业房地产等。从笔者翻阅的大量资料来看，下面定义比较能够真正地体现商业房地产的内涵和本质：

"商业地产就是用于从事商业活动的房产或者地产，在商业活动中有经济效益的产生。人们的商业活动主要是指交换活动和生产活动，活动中使用的房地产不外乎商铺、商场、写字楼、工业厂房、仓库等，也即这些物业的价值在商业活动中得以体现，具有在使用中产生收益性的特征。所以从广义上讲，商业地产是指用于商业经营活动并通过经营产生收益性的物业，主要由商铺、商场、写字楼、工业厂房、仓库、酒店、宾馆、会展中心等组成，是生产要素。"

该定义从广义上指出了商业房地产包括服务于商业活动和商务活动的一切房产和地产，并指出商业房地产的本质在于收益性或营利性。并且该作者还指出，国内的商业地产活动主要局限于商铺和商场类物业，写字楼物业在大城市，如北京、上海、深圳等地需求旺盛。所以其进一步提出了狭义的商业地产概念，即主要是指商铺、商场、购物中心、商业街、批发市场、写字楼和宾馆酒店类物业。为此，本章将采纳其关于商业地产的定义，并主要围绕狭义的商业房地产展开论述。

**2. 商业房地产的分类**

(1) 按商业房地产的使用功能进行分类。对于广义的商业房地产，我们可以从其使用功能进行大致的分类，即按其用途进行划分，一般可以分为以下几类：

① 商业经营类物业。主要包括购物中心、社区商业、商业街、百货商场、超市、便利店、专业市场商铺、展览中心等。

② 商务办公用物业。主要包括写字楼、商住楼（如 SOHO）、传统的办公楼等。

③ 餐饮酒店娱乐类物业。主要包括酒店、饭店、餐馆、饭馆、酒吧、咖啡店、宾馆、茶楼、旅馆、健身房等。目前，此种类型的物业随着人们工作、生活和娱乐方式的日益丰富，新的业态也不断涌现。例如，市场上出现的酒店式公寓、产权式公寓等物业类型就满足了不同消费者和投资者的需求。

④ 物流仓储、厂房类物业。这一类型物业也属于工业房地产范畴，主要包括仓库、标准厂房、工业园区、物流基地等。

⑤ 城市综合体。所谓"城市综合体"是将城市中的商业、办公、居住、酒店、会展、餐饮、会议、文娱和交通等城市生活空间的三项以上进行组合，并使各部分间建立一种相互依存、相得益彰的共生关系，从而形成一个多功能、高效率的综合体。城市综合体是国内近几年才开始出现并逐渐兴起的一种商业房地产开发类型。

另外，狭义的商业房地产还可以根据消费者的消费行为、客户广度、建筑形式、市场覆盖面、销售产品的类型等角度进行具体的细分，结果如表 7-1 所示。

表 7-1 商业房地产按不同标准的细分

| 分类标准 | 类　型 | 备　注 |
|---|---|---|
| 按照功能类型 | 商务办公 | 写字楼、商务楼等 |
| | 零售功能 | 百货商场、超市、家居、建材、商业街、批发市场、大型购物中心等 |
| | 娱乐功能 | 电影城、娱乐城、KTV、游乐园等 |
| | 餐饮功能 | 大中型酒店、中小型快餐、各种特色的小吃店等 |
| | 健身、休闲服务 | 运动会所、健康中心、美容中心、桑拿中心等 |
| 按购买消费内容 | 物品类消费内容 | 为消费者提供购物场所，包含购物中心、家居建材市场、超市、商业街等 |
| | 服务类消费内容 | 为消费者提供某种服务的场所，如餐饮、酒店类等 |
| | 体验类消费内容 | 为消费者提供身心体验场所，如娱乐、健身、美容美发等场所 |
| 按客户广度 | 大众客户类 | 面向所有社会上的少数人群、为大众消费者提供服务，如超市、餐饮等 |
| | 小众客户类 | 面向社会上的少数人群，如面向年轻人的娱乐迪吧、面向高收入人群的高级会所等 |
| 按照建筑形式 | 单体商业建筑 | 单一建筑体，独立于其他商业建筑 |
| | 底层商业建筑 | 如住宅底层商铺 |
| | 地下商业建筑 | 地下商业街，多由人防工程改造而成 |
| | 综合商业建筑 | 多种商业建筑（如酒店、商场、写字楼等）的集合体，多种经营方式集合在一起 |
| 按照市场覆盖范围 | 近邻型 | 如小卖部、便利店、食品店、粮油店等 |
| | 社区型 | 菜市场、超市等 |
| | 区域型 | 蔬果批发市场、购物中心等 |
| | 超大区域型 | 中心商业街、大型专业批发市场等 |
| 按照商店销售产品类型划分 | 综合商店 | 提供不同类型货品和服务的综合性场所 |
| | 服装和饰品店 | 服装城、服装批发市场、女装店、鞋店等各式专卖店 |
| | 家具和家居用品店 | 家具店、装饰材料店等 |
| | 其他 | 书店、玩具店、箱包店、珠宝店和运动器材店 |
| | 便利店 | 包括超市、食品店和药房等 |

(2) 商业经营物业主要类型。

① 购物中心。购物中心是一种复合型的商业形态，它不仅是多种零售业态和若干零售店铺的大型购物场所，而且也是能向顾客提供具有附加价值的服务、乃至在消费服务过程中向顾客提供精神享受的商业服务场所。根据国际购物中心协会的定义，购物中心是："由开发商规划、建设、统一管理的商业设施；拥有大型的核心店、多样化商品街和宽广的停车场，能满足消费者的购买需求与日常活动的商业场所。"而国家质量技术监督局于 2004 年 8 月 13 日发布的国家标准《零售业态分类》（GB/T 18106－2004）中，对购物中心的定义为："是多种零售店铺、服务设施集中在由企业有计划地开发、管理、运营的一个建筑物内或一个区域内，向消费者提供综合性服务的商业集合体。"从业态结构角度看，购物中心是："由发起者有计划地开设，实行商业型公司管理，中心内设商店管理委员会，开展广告宣传等共同活动，实行统一管理。内部结构由百货店或超级市场作为核心店，以及各类专业店、专卖店等零售业态和餐饮、娱乐设施构成。服务功能齐全，集零售、餐饮、娱乐为一体。根据销售面积，设相应规模的停车场。选址为中心商业区或城乡结合部的交通要道。商圈根据不同经营规模、经营商品而定。"依据 2004 年的标准，购物中心根据选址和商圈不同，可分为社区购物中心、市区购物中心、城郊购物中心三类，具体如表 7-2 所示。

② 超级市场或超市。超市或超级市场，一般是指商品开架陈列，顾客自我服务，货款一次结算，以经营生鲜食品、日杂用品为主的商店超级市场是一种消费者自我服务、敞开式的自选售货的零售企业。超级市场一般经销食品和日用品为主，其特点主要是：

- 薄利多销，基本上下设售货员经营中、低档商品；
- 商品采用小包装、标明分量、规格和价格；
- 备有小车或货筐、顾客自选商品；
- 出门一次结算付款。根据商品结构的不同可以分为食品超市和综合超市。根据国家标准，实际营业面积 6 000 平方米以上，品种齐全，满足顾客一次性购齐的零售业态称为大型超市。

③ 便利店。便利店选址一般在居民住宅区、主干线公路边以及车站、医院、娱乐场所、机关、团体、企事业所在地，也可设在机场、码头、车站及加油站附近，为过往的旅客、行人提供方便。因此，便利店商圈服务范围较窄，一般设定在居民徒步购物 5～7 分钟可以到达的距离内。便利店的商品形态则趋向于加工食品以及啤酒、饮料等附加价值较高的大众商品，具有即时消费性、小容量、应急性等特点，商品种类数一般控制在 1 500～3 500 种，商品价格略高于一般其他零售业态的商品价格。并且，其营业面积较小，一般在 50～200 平方米，但营业面积利用率高，卖场内货架低，消费者进入后对自己所需的商品一览无余，可立即进行选货后付款。在营业时间上，便利店的营业时间一般在 16 小时以上，甚至 24 小时，终年无休日。便利店可随时满足消费者的各种需求，与其他零售业态相比，这是便利店最具竞争力的地方之一。

④ 折扣店。根据国家标准，折扣店就是店铺装修简单，提供有限服务，商品价格低廉的一种小型超市业态。拥有不到 2 000 个品种，经营一定数量的自有品牌商品。折扣店在国外称作为"outlets"，该业态最早出现在 100 多年前的美国，当时一些美国的服装厂把自家的库存、下架服装、放在门口的零售店销售，久而久之各品牌的折扣产品集中在一起销售，使喜爱品牌又图便宜的消费者趋之若鹜。从北美、欧洲、日本等经济发达国家的折扣店实践来看，其吸引人的主要原因是定位准确，即名牌集中、价格低廉，很多驰名世界的一线品牌在名品折扣店一折起卖，所有商品全年都不高于 5 折。我国的折扣店行业还处于起步阶段，但发展迅速，因为，折扣店的出现

解决了那些刚刚步入品牌消费领域的消费者既不愿到街边地摊购货,又无法承担直接到高级专卖店购物所需巨大花费的问题。

以上是根据我国《零售业分类》标准列举了几种常见的商业经营物业类型,包括其他的几种物业类型情况,如表 7-2 所示。

另外,从商业房地产置业投资的角度,我们还可以将商业经营物业分为以下几种类型:

① 产权式商铺。产权式商铺指的是开发商在项目开发建成后,将项目的产权划分为一个一个的零散产权并对外公开销售。在商铺的后期经营管理过程中,有专业商业经营管理公司负责对外招商和整体经营,并根据合同约定,投资根据产权的多少获得相应的租金回报。例如,专业市场中的商铺或商场中的商铺都可以进行分割产权并对外销售。产权式商铺的特点是产权分散,统一管理、统一招商和统一租赁,甚至还为投资置业者包租。

② 商业街商铺。商业街商铺指以平面形式按照街的形式布置的单层或多层商业房地产形式,其沿街两侧的铺面及商业楼里面的铺位都属于商业街商铺。例如建材、汽车配件、精品服装、文化用品、精品鞋类、美容美发用品、酒吧一条街等。商业街商铺的经营情况完全依赖于整个商业街的经营状况。

③ 社区商铺和住宅底商商铺。社区商铺是指作为社区配套设施建造和销售的商铺。其经营对象主要是住宅区的居民,商业业种可以是零售、美容美发、建材、文体、药品、图书、餐饮、洗染、维修等服务。住宅底商商铺是指位于住宅底层的商铺,其功能与经营对象均与社区商铺有交叉之处。住宅底商按服务对象分为两种:服务于小区内部的住宅底商和服务于小区外部的住宅底商。服务于小区内部的底商主要以居民为服务对象,以综合经营各类、各层次的消费品为主。在功能设定上则结合小区业主的消费档次、消费需求、消费心理、生活习惯而设定。对于服务于小区外部的商铺,则根据周边商业业态、街区功能其商铺的功能也会有较大差异。

(3) 商务写字楼类型。写字楼是企业或公司人员从事生产、经营、咨询、服务等活动的场所,以前我们一般称之为办公楼,即为公家办事的意思(显然带有明显的行政和计划经济时代色彩)。但不管怎样,随着社会经济的发展,我国的写字楼或办公物业形态及自身品质经历了从低级、中级到高级,从落后、比较落后到先进的过程。如果从横向看,目前我国的写字楼或办公物业由于品质档次、规模档次、智能化程度、配套服务、管理水平等方面的差异,则形成了高档(甲级写字楼)、中档(乙级写字楼)、低档物业(丙级写字楼)的市场供应结构。其中,高档物业实际上又可细分为两个部分:顶级(国际级)和甲级写字楼。顶级写字楼与国际写字楼标准相符;而甲级写字楼在国内尚没有统一的评价标准,一般都是按照本地市场或一些著名的咨询公司自制的标准划分。

另外需要说明的是,所谓甲级写字楼主要是参照了四星级酒店或五星级酒店的评级标准,是房地产业内的一种习惯称谓。由于写字楼物业跟其他房地产物业一样具有较强的区域性,当地的写字楼分类标准通常是基于所在市场的相对质量而言,例如,一些中小城市的所谓甲级写字楼在其他大城市可能连乙级的标准都达不到。

尽管国内写字楼等级分类没有统一的标准,但我们还是可以从建筑面积、装饰情况、配套设施、设备情况、客户情况、区位交通、智能化程度、物业服务等方面对其有一个大致的了解,具体可以参考有关写字楼方面的书籍或网络资料。

表7-2 商业经营物业分类及其基本特点

| 序号 | 业态 | 选址 | 商圈与目标顾客 | 规模 | 基本特点 商品（经营结构） | 商品售卖方式 | 服务功能 | 管理信息系统 |
|---|---|---|---|---|---|---|---|---|
| 1 | 食杂店 | 位于居民区内或传统商业区内 | 辐射半径0.3公里，目标客户以相对固定的居民为主 | 营业面积一般在100平方米以内 | 以香烟、饮料、酒、休闲食品为主 | 柜台式和自选式结合 | 营业时间12小时以上 | 初级或不设立 |
| 2 | 便利店 | 商业中心区交通要道，以及车站、医院、学校、娱乐场所、办公楼、加油站等公共活动区 | 商圈范围小，顾客步行5分钟内到达，目标顾客主要是单身者、年轻人。顾客多为有目的的购买 | 营业面积100平方米左右，利用率高 | 即时食品、日用小百货为主、有即时消费性、应急性等特点，商品品种在3 000种左右，售价高于市价平均水平 | 以开架自选为主，结算在收银处统一进行 | 营业时间16小时以上，提供即时性食品的辅助设施，开设多项服务项目 | 程度较高 |
| 3 | 折扣店 | 居民区、交通要道等租金相对便宜的地区 | 辐射半径2公里左右，目标顾客主要为商圈内的居民 | 营业面积300~500平方米 | 商品平均价格低于市场平均水平，自有品牌占有较大的比例 | 开架自选，统一结算 | 用工精简，为顾客提供有限的服务 | 一般 |
| 4 | 超市 | 市、区商业中心、居住区 | 辐射半径2公里左右，目标顾客以居民为主 | 营业面积在6 000平方米以下 | 经营包装食品、生鲜食品和日用品。食品超市和综合超市商品结构不同 | 自选销售，出入口分设，在收银台统一结算 | 营业时间12小时以上 | 程度较高 |
| 5 | 大型超市 | 市、区商业中心、城郊结合部、交通要道及大型居住区 | 辐射半径2公里以上，目标顾客以居民、流动顾客为主 | 实际营业面积6 000平方米以上 | 大众化衣、食、日用品齐全，一次性购足，注重自有品牌开发 | 自选销售，出入口分设，在收银台统一结算 | 设不低于营业面积40%的停车场 | 程度较高 |

① 参见：中华人民共和国《零售物业分类标准》（GB/T 18106—2004）。

续表

| 序号 | 业态 | 选址 | 商圈与目标顾客 | 规模 | 商品（经营结构） | 商品售卖方式 | 服务功能 | 管理信息系统 |
|---|---|---|---|---|---|---|---|---|
| 6 | 仓储式会员店 | 城乡接合部的交通要道 | 辐射半径5公里以上目标顾客以中小零售店、集团购买和流动顾客为主 | 营业面积6 000平方米以上 | 以大众化衣、食、用品为主，自有品牌占相当部分，商品在4 000种左右，实行低价、批量销售 | 自选销售，出入口分设，在收银台统一结算 | 设相当于营业面积的停车场 | 程度较高并对顾客实行会员制管理 |
| 7 | 百货店 | 市、区级商业中心，历史形成的商业集聚地 | 目标顾客追求时尚和品位的流动顾客为主 | 营业面积6 000平方米至20 000平方米 | 综合性、门类齐全，以服饰、鞋包、化妆品、家庭用品、家用电器类商品为主 | 采取柜台销售和开架面售相结合 | 注重餐饮、娱乐等服务项目和设施 | 程度较高 |
| 8 | 专业店 | 市、区级商业中心及百货店、购物中心 | 目标顾客以购买某类商品的流动顾客为主 | 根据商品特点而定 | 以销售某类商品为主，体现专业性、深度性、品种丰富，选择余地大 | 采取柜台销售或开架面售方式 | 从业人员具有丰富的专业知识 | 程度较高 |
| 9 | 专卖店 | 市、区级商业中心，专业街以及百货店、购物中心 | 目标顾客以中高档消费者和追求时尚的年轻人为主 | 根据商品特点而定 | 以销售某一品牌系列销售商品为主，销售量少，质优、高毛利 | 采取柜台销售或开架面售方式，商店陈列、照明、包装、广告讲究 | 注重品牌声誉，从业人员具备丰富的专业知识，提供专业性服务 | 一般 |
| 10 | 家具建材商店 | 城乡接合部、交通要道或消费者自有房产比较高的地区 | 目标顾客以拥有自有房产的顾客为主 | 营业面积6 000平方米以上 | 商品以改善、建设家庭居住环境有关的装璜、装修等用品、日用杂品为主 | 采取开架自选方式 | 提供一站式购物和一条龙服务，停车位300个以上 | 较高 |

续表

| 序号 | 业态 | 选址 | 商圈与目标顾客 | 规模 | 商品(经营结构) | 商品售卖方式 | 服务功能 | 管理信息系统 |
|---|---|---|---|---|---|---|---|---|
| 11 | 社区购物中心 | 市、区级商业中心 | 商圈半径为5~10公里 | 建筑面积5万平方米以内 | 20~40个租赁店,包括大型综合超市、专业店、饮食店及其他店 | 各个租赁店独立开展经营活动 | 停车位300~500个 | 各个租赁店使用各自的信息系统 |
| | 市区购物中心 | 市级商业中心 | 商圈半径为10~20公里 | 建筑面积10万平方米以内 | 40~100个租赁店,包括百货店、大型综合超市、各种专业店、专卖店、饮食店以及娱乐服务设施等 | 各个租赁店独立开展经营活动 | 停车位500个以上 | 各个租赁店使用各自的信息系统 |
| | 城郊购物中心 | 城乡接合部的交通要道 | 商圈半径为30~50公里 | 建筑面积10万平方米以上 | 200个租赁店以上,包括百货店、大型综合超市、各种专业店、专卖店、饮食店以及娱乐服务设施等 | 各个租赁店独立开展经营活动 | 停车位1 000个以上 | 各个租赁店使用各自的信息系统 |
| 12 | 工厂直销中心 | 一般远离市区 | 目标顾客多为重视品牌的有目的购买 | 单个建筑面积100~200平方米 | 为品牌商品生产商直接设立,商品均为本企业品牌 | 采用自选式售货方式 | 多家店共有500个以上停车位 | 各个租赁店使用各自的信息系统 |

141

不过，在写字楼投资过程中，可能最常见的写字楼类型就是甲级写字楼。为了使读者对甲级写字楼有更清楚的认识，我们把国际物业顾问公司第一太平戴维斯的国际写字楼和甲级写字楼标准列于表7-3中，以供参考。

说到商务楼，我们不得不提及一种介于写字楼和高档公寓之间的产物，即商住楼。由于传统的写字楼价格太高，而价格较低的写字楼硬件又比较偏弱，不适合现代商务办公。许多中小型企业只有选择在一些公寓办公。商住楼作为写字楼市场中的细分产品，为投资者和使用者都提供了一种新的选择。

表7-3 第一太平戴维斯的国际级写字楼和甲级写字楼标准

| 衡量标准 | 国际甲级写字楼 | 甲级写字楼 |
| --- | --- | --- |
| 地理位置 | 位于中央商务区，交通便利、基础建设包括公交线路以及轨道交通设施 | 位于写字楼聚集区，交通便利、基础建设（包括公交线路以及轨道交通设施等）齐备 |
| 停车车位 | 至少每150平方米有一个停车位，对于综合用途的项目还需更多停车位或者周边必须有足够的车位提供 | 至少每200平方米有一个停车位，对于综合用途的项目还需更多停车位或者周边必须有足够的车位提供 |
| 大厦品质 | 标准的交付；架空地板；龙骨吊顶；配备充足的灯光（最少500Lux）；为客户提供最少每平方米90Va的电源供应；配有后备电源；24小时分别提供冷暖水；每平方米最少承重为250公斤，等等 | 标准的交付，架空地板、充分的电源供应并配有后备电源，如项目有一定规模的商场，则需有单独的写字楼入口 |
| 净高 | 2.7米以上 | 2.7米以上（包括2.7米） |
| 电梯 | 每3层一部电梯 | 等候时间不超过30秒 |
| 电话线 | 平均每12平方米有一根电话线并提供ISDN，DDN，T1等通信电缆，并可考虑提供光缆等多种服务设施 | 平均每20平方米有一根电话线 |
| 物业管理公司 | 丰富经验的国际知名物业管理公司 | 丰富经验、有知名度的物业管理公司 |
| 租或售 | 基本不出售 | 对于连续几个楼层的销售是可行的，但如果单层或部分楼层销售于小业主或投资客户，则会引起大厦的管理及维修事宜 |
| 空调 | 4管制空调系统 | 4管制空调系统 |

（4）商务宾馆分类。目前商务宾馆酒店类的房地产物业开发已经突破了传统的开发模式，一些新型的物业类型，如酒店式公寓、产权式酒店、公寓式酒店等的出现使众多的个人投资者也可以开始涉足酒店宾馆这些以前都被机构投资者垄断的物业。下面就对这些物业进行一个简单的介绍。

① 产权式酒店。国内的产权式酒店概念起源于国外的分时度假酒店。分时度假指消费者每年都有一个固定的度假计划，因而度假酒店或度假村能把房间或别墅的使用权以周为单位分时段卖给多位客人，使用权的期限可以是20年、30年甚至更长的时间。顾客购买了一个时段（即一周）的使用权后即可每年在此享受一周的度假，与此同时还享有该时段权益的转让、馈赠、继承等系列权益及公共配套设施的优惠使用权。所以产权式酒店又可称为"时权酒店"。

而国内的产权酒店与国外的分时度假酒店不同，它是开发商通过将酒店每间客房分割成独立产权从而出售给投资者，因此，此时投资者不仅买断时段而且还买断了产权。不过，投资者一般并不在酒店居住，可以像购买住房一样投资置业，将客房委托给酒店经营分取投资回报，从经营利润中分红。同时还可获得酒店赠送的一定期限的免费入住权。从这个意义上说，产权式酒店实质就是"分时度假＋房产投资"。

② 酒店式公寓和公寓式酒店。酒店式公寓最早源于欧洲，是当时旅游区内租给游客，供其临时休息的物业，由专门管理公司进行统一上门管理，既有酒店的性质又相当于个人的"临时住宅"。这些物业就成了酒店式公寓的雏形。从其名称上理解，就是"酒店式的服务，公寓式的管理"；它不仅提供酒店式的管理服务，还集住宅、酒店、会所多功能于一体，实际上是一种酒店物业的延伸业态。

酒店式服务公寓与传统酒店的本质区别在于，这种物业可将每个单元出售给个体买房者，由于拥有产权的业主居住或委托酒店物业管理公司统一出租经营，所以从本质上来说，它是拥有私家产权的酒店。与传统的酒店相比，酒店式服务公寓在硬件配套设施上毫不逊色，而服务就更胜一筹了。它能够为客人提供酒店的专业服务，如室内打扫、床单更换、24小时送餐和一些商业服务等；重要的是它向住客提供了家庭式的居住布局：客厅、卧室、厨房和卫生间一应俱全，以及家居式的服务，既有了"居家"的私密性和生活氛围，又有了高档酒店的良好环境和专业服务。其最大的特点是要比传统的酒店更多了家的味道，而且租价更合理。由于它吸收了传统酒店与传统公寓的长处，因此，较受中短期租用需求的白领、商务人士和异地旅游人士的青睐。

而对于公寓式酒店，简单地说，就是设于酒店内部的公寓形式的酒店套房。此种物业的特点在于：其一，它类似公寓，拥有居家的格局和良好的居住功能，客厅、卧室、厨房和卫生间，一应俱全；其二，它配有全套的家具电器。同时，能够为客人提供酒店的专业服务，如室内打扫、床单更换及一些商业服务等。它既有公寓的私密性和居住氛围，又有高档酒店的良好环境和专业服务。四星级以上的公寓式酒店提供的服务则更为周到。

表7-4列出了酒店式公寓与公寓式酒店的异同。

表7-4　酒店式公寓与公寓式酒店的异同

| | 建筑类型 | 居住目的 | 居住时间 | 房间大小 | 房屋设计 | 配套 | 管理服务 | 产权形式 |
|---|---|---|---|---|---|---|---|---|
| 酒店式公寓 | 住宅类 | 家居生活、企业办公 | 较长、客户稳定 | 大，面积80～150平方米甚至更大，适合居住 | 公寓式住宅 | 家居用品，家庭装修 | 酒店式服务，内容少，物业管理公司基本胜任 | 混合产权、单一产权 |
| 公寓式酒店 | 酒店类 | 商务出差、旅游逗留 | 短期停留、周转多 | 小，40～80平方米为主，适合短期居留 | 酒店套房 | 商务活动，配套用品 | 酒店类配套齐全，酒店管理公司管理 | 混合产权、单一产权 |

#### 7.1.2　常见的商业房地产投资类型及其特点

如前所述，商业房地产的类型按照不同的分类方法都有很多种，每一种类型的商业物业都应该具有区别于其他物业的特点，隐含的意思就是，每一种商业物业的投资都有其自身的一些特点和规律。本书并不准备对所有的商业物业投资类型进行分析和梳理，只是按照大致的分类，从商铺投资、写字楼投资和产权式酒店投资三个方面进行阐述。

**1. 商铺投资及其特点**

我国居民素来就有商铺投资的习惯，俗话说："家有万贯，不如有个店面"、"一铺养三代"等。前面提及的多种商业经营物业类型中，很多都是以商铺的形式进行经营或投资，例如购物中心商铺、社区商铺、专业市场商铺、住宅底商商铺、写字楼商铺等。商铺投资的特点可以归结为以下几点：

（1）投资的稳定性。商铺投资的稳定性主要体现在租约的稳定性上，相比较而言，住宅的租约期限相对较短，一般为半年到一年，而商铺通常为3～5年，甚至更长。从承租户的角度来看，作为一项商业经营行为，必然是一项中长期的行为，加上对盈利的良好预期，可以保证商铺租约的较高稳定性。

（2）投资的增值性。商铺投资是一个长期过程，它不会因房龄增长而降低其投资价值。相反，好的商铺因其稀有性会随着商圈的发展成熟不断升值。价值提升的同时，租金增长是必然的。

（3）投资的高回报率。一般情况下，商铺投资较住宅有更高的回报率，原因就在于商铺价值与所在的商圈有着密切的联系，成熟的商圈意味着人流、车流就大，从而给商铺经营带来巨大的商机。通常情况下，住宅的投资回报率为6%～8%，而商铺的投资回报率可达到8%～12%，有的甚至达到15%以上。

（4）商铺可以出租，也可以自己持有经营，获利方式灵活。与住宅投资一样，商铺投资在购置商铺后，一方面可以出租给商户经营，也可以自己持有从事商业经营活动。对于前者而言，租金收入是显性，而对于后者而言，租金则表现为隐性成本，并且，两者都可以获得商铺增值收益。

### 2. 产权式酒店投资及其特点

产权式酒店是将房产与酒店经营相结合，向公众提出了一种既是消费又是投资、既是购房置业又是消费享受、既是资本保值更是财富增值的全新概念，孕育着丰富的商机。产权式酒店作为新兴的物业投资类型，对投资者来讲，一方面，可以持有明确的产权作为投资凭证，具有很强的稳定性；另一方面，投资者通过与专业的酒店管理公司签订《委托租赁合同》，提高酒店整体的经营业绩和有效降低经营风险，从而可以获得较高的投资回报。总而言之，产权式酒店的投资价值在于投资者能够享有固定回报（租金收入），并由专业酒店管理公司经营，无须投资者费神；其物业面积一般较小，总价低，首付相对少，比较适合大众投资者。

### 3. 写字楼投资及其特点

写字楼市场由于其供量较小、而需求量大，因而会有较高的投资回报率，近年来成了广大房地产投资客户的新宠。但同时由于写字楼面积较大，投资总价很高，并且变现期长，对于个人投资来说需要更为理性和专业的分析；而且写字楼相对于其他物业而言也有较多的限制，例如当写字楼租不出去的时候，它只能空置在那里，而不能像住宅一样可以自己住；另外，银行的贷款政策限制较多、土地出让年限较短等。

## 7.1.3 商业房地产投资价值的影响因素

### 1. 商铺投资价值的影响因素

（1）地段。与住宅房地产投资一样，地段也是商铺投资的重要影响因素。因为地段决定了商铺所在商圈的性质及发展程度，从而影响未来商铺的经营效益和租金水平。商铺的地段一般可分为三类：第一类是成熟的核心商业区或中央商务圈，如北京的王府井、西单商业街、上海的南京路、淮海路、杭州的武林广场等，这类地区商铺投资量大，中小投资者较难涉足；第二类是成型中的商圈，大多数临近大型的住宅区或商务中心区（能吸收大量就业人口的商务办公楼群或经济开发区，如杭州的庆春路、文三路电子信息一条街等）；第三类是住宅小区内部。后两类应该是个人商铺置业投资的重点。同时，地段对商铺价值的影响也体现在其对商铺经营品种（或业种）的影响上。例如，有些地段的商铺适合开设专卖店或精品店，甚至是经营高档品牌商品，而有的则只能经营满足人们日常生活需要的超市或便利店等零售业态，显然，前后两种商铺的价值体现将会差异很大。

（2）商圈。所谓商圈，是指以商铺坐落点为圆心，向外延伸某一距离，以此距离为半径，形成圆形的消费圈。简单地讲，商圈就是指到商家选购商品的顾客的居住范围。商圈是零售业者主要的经营活动区域，只有确定了商圈，才能详细了解商圈的市场机会、竞争环境及商圈内的消费者特征，从而为进一步制定市场经营战略提供指导依据。一般来讲，商圈半径在 250～500 米为核心商圈；半径在 1 公里左右为中心商圈；公共交通线路可以伸达的区域为次中心商圈；整个城市四周郊区及卫星城镇区域为外层商圈等。对于核心商圈而言，在该商圈的顾客占顾客总数的比率最高，每个顾客的平均购货额也最高，顾客的集中度也较高；而对于中心商圈来说，在该商圈的顾客占顾客总数的比率较少，顾客也较为分散；而在此中心商圈、外层商圈等边缘商圈内，其顾客占顾客总数的比率相当少，且非常分散。对于中小型商铺而言，起到决定性作用的是核心商圈，其次是中心商圈和次中心商圈，而外层商圈及其以外商圈则可以不考虑。对于区域级的购物中心等业态商铺的商圈则需要扩大其影响半径。

（3）客流量。客流量对商铺价值的影响也是至关重要的。在火车站、长途汽车站等人员往来密集的地方，一般商铺价值普遍就高。再则，由于城市街角会聚四方人流，人们立足时间较长；街角上的铺位价值也一般比较高。不过，谈到客流量对商铺价值的影响时，需要注意的是不能把人流量当成了客流量。因此在分析客流量对商铺价值的影响时，需要调查过往人员的人口特征。

（4）可视性。商铺的"可视性"指经过建筑师创造性的设计，最大限度使得尽可能多的商铺在平面、立面范围内极容易被消费者看到。

此外还有商铺所在的楼层、交通条件、停车条件、商铺的硬件条件（例如面宽、进深、层高、装修程度）、招商力度和商铺的物业管理等方面都会对商铺的价值产生影响。

**2. 产权式酒店投资价值的影响因素**

影响产权式酒店投资价值的影响因素同样也较多，包括酒店的位置、经营形式、物业的区域性和发展前景等都会影响其投资价值。同时，专业酒店管理公司的管理经验和能力也将会对产权式酒店的物业价值产生影响，也就是说，只有有经验、有实力、有眼光的经营者，才能保证投资者的收益。

**3. 写字楼投资价值影响因素**

（1）区位。区位对写字楼投资价值的影响是至关重要的。是否位于城市的主中心区或核心商务区，是衡量一幢写字楼的档次和是否具有投资价值的首选要素。

（2）商务配套。写字楼附近的商务配套，如商务酒店、酒店式公寓、会展中心、康体中心、金融服务机构、商业经营物业配套等能够向写字楼提供完善的商务服务，同时也对写字楼的价值产生影响。

（3）写字楼的品质。显然，写字楼的品质与写字楼的价值是正相关的，包括交通的便利程度、停车场的设计是否合理、物业建筑立面、建筑品质、大堂的品位和布置、电梯质量与配置状况、结构布局是否适用、采光通风是否良好等。

（4）写字楼的软性配套与物业管理。高价值的写字楼不仅需要配备星级的硬件设施，还需要匹配一流的软性配套。在软性配套方面，写字楼的信息化配置和智能化配置情况是重要的方面。而物业管理的好坏是决定某项写字楼物业投资能否保值和增值的至关重要的因素，包括物业管理公司的品牌和社会口碑，以及物业管理公司是否能做到严谨、安全、细致、周到、快捷等具体细节方面。

---

**【专题 7-1】　　　　　　　　　住宅底商的特点**

住宅底商有其区别于其他商铺形式的特点，这些特点对其投资、经营等方面都会有影响。

1. 建筑形式特点

住宅底商建筑形式上表现为依附于住宅楼的特点，整个楼的一层、二层/地下层的用途为商业，楼上建筑的用途为居住。为了确保居住、商业运营两种功能的有效性，开发商会通过合理规划设计对居民和底商的消费者和经营者进行独立引导，出入口独立开来，以保证楼上居民的生活尽可能少受到底商的影响。

2. 铺面、铺位类型

住宅底商的主要类型多数是铺面形式，少数是铺位形式。铺位住宅底商良好的"可视性"使其价值最大化有了可能性，这也是住宅底商引起市场关注的原因，或者说是住宅底商得到商铺投资者青睐的原因。

有些开发商在进行住宅底商设计时，为了使其标新立异，在住宅底商有限的空间里进行了超越通常意义的底商开发，可能将此住宅底商项目开发成为规模较大的步行街，或别的形式，这些市场意义的创新，使住宅底商的概念复杂化了。

3. 经营形态特点

住宅底商作为社区商铺的一大类，也主要用做人们生活密切相关的生活用品销售和生活服务设施，其中零售型住宅底商的商业形态为便利店、中小型超市、药店、小卖部、书报厅，及少量服装店等；服务型住宅底商的商业形态主要为餐厅、健身设施、美容美发店、银行、干洗店、彩扩店、花店、咖啡店、酒吧、房屋中介公司、装饰公司、幼儿园等。

4. 投资策略

住宅底商作为市场基础最成熟的商业房地产类型，很适合个人投资者。一方面，只要售价合理，投资风险相对比较低，空租率比较低，租金收益可以得到保证；另一方面，如果住宅项目规模大，居住人口消费能力强，其投资收益可以得到很好的保证。

思考题：

1. 住宅底商的投资价值一般由哪些因素决定？
2. 请选择当地某个比较有代表性的住宅楼盘，对其附属的底商进行有关建筑形式、商业形态、租金与价格水平、经营情况等方面的调查与分析。

## 7.2　商业房地产投资经济评价

商业房地产投资经济评价的内容与方法基本上与住宅房地产投资经济评价相同，主要包括三个方面的内容，一是对商业房地产投资的现金流量进行分析；二是进行租售决策；三是对商业房地产投资的风险进行适当的评价。两者最主要的不同点体现在投资价值的决定上，即商业房地产的投资价值主要是由其背后的商业经营价值所决定，而住宅则不是，这一点是我们在进行商业房地产投资分析时需要特别注意的地方。

### 7.2.1 商业房地产投资现金流量分析

对于商业房地产投资的现金流量分析而言，基本上可以采用第 6 章中有关住宅房地产投资现金流量分析的方法。

**1. 商业房地产持有期间的现金流量**

商业房地产持有期间的现金流量与住宅一样，同样涉及潜在总收入、空置损失及坏账损失、营业费用、净营业收入、房地产的债务清偿、持有期间的最终净现金流量等几个方面的计算。对于每一项的解释与第 6 章相同，其中，主要不同的地方体现在营业费用的计算上。

我们知道，对于商业房地产，同样需要缴纳一定的营业费用，包括物业管理费和与出租有关的房地产税费等。而与商业房地产出租相关的税费标准与住宅是不一样的，如表 7-5 所示。

表 7-5　杭州市商业房地产缴纳税费标准（仅供参考，实际收取视具体情况而定）

| 物业类型 | 税费项目 | | 计算标准（参考） | 备注 |
| --- | --- | --- | --- | --- |
| 商业用房 | 出租 | 房产税 | 租金收入×12% | 月租金收入不足5 000元免征（不含5 000元） |
| | | 印花税 | 租金收入×0.1% | |
| | | 营业税 | 租金收入×5% | |
| | | 城市建设维护税 | 所交营业税×7% | |
| | | 教育附加费 | 所交营业税×3% | |
| | | 地方教育附加费 | 所交营业税×2% | |
| | | 个人所得税 | [（租金收入－本表所列税费－修缮费用）－费用]×20% | |
| | 自营 | 房产税 | 房屋总价×70%×1.2% | |

注：1. 修缮费用扣除每次以 800 元为限，必须提供有效、准确凭证、证明，以证明修缮费用归属。
　　2.（租金收入－本表所列税费－修缮费用）后不超过 4 000 元的，减除费用 800 元；4 000 元以上的减除 20%的费用。

**【例 7-1】** 张先生购买了市中心商业用房 150 平方米，每年出租金额为 250 000 元，张先生每年需要缴纳多少税费？

解：

依据表 7-5 的标准，计算过程如下：

① 房产税：250 000 元×12%＝30 000 元；

② 印花税：30 000 元×0.1%＝30 元；

③ 营业税：250 000 元×5%＝12 500 元；

④ 城市建设维护税＋教育附加费＋地方教育附加费
　＝所缴营业税×（7%＋3%＋2%）
　＝12 500 元×12%＝1 500 元；

⑤ 个人所得税：
（250 000－30 000－30－12 500－1 500－800×12）×（1－20%）×20%＝31 419.2 元；

共计：30 000＋30＋12 500＋1 500＋31 419.2＝75 449.2 元

缴纳税费总额占到毛租金收入的百分比为：75 449.2÷250 000≈30.17%。

### 2. 商业房地产购买或出售时产生的现金流量

商业房地产购买或出售时产生的现金流计算可以参见第 6 章表 6-2～表 6-7 的标准，这里不再进行分析。

#### 7.2.2 商业房地产投资的风险分析

近年来，由于住宅领域受到了前所未有的政府政策调控，加上股市的重新繁荣，不少投资者已逐渐或完全退出了住宅投资领域。与此不同的是，商业房地产由于受到政府宏观调控政策的影响较小和良好的盈利预期，正越来越受到置业投资者的追捧。但不可否认，在商业房地产投资如火如荼的发展进程当中，其中一些突出的风险也逐渐引起了投资者的注意。

### 1. 商业房地产投资的后期经营管理风险

不同于住宅，商业房地产的投资价值基本上取决于商业经营背后的租金流的大小、稳定性及持久性。而租金收益状况则又由物业交付后的物业招商、品牌推广、租户管理等后期管理工作决定。例如，对于商铺投资者来说，虽然开发商在出售物业时有"售后包租"、"高租金收益承诺"等为了吸引买家而采取的销售策略，其实，投资者并不一定就能够真正拿到预期的高额回报。特别是对于一些郊区楼盘的社区型商铺或底商，由于小区长时间内入住率较低、人气不旺、招商不得力等，导致商铺的出租无人问津，最终由于商铺的长期空置而使投资者面临较大损失。

另外，当同一个项目的商铺不进行统一的招商工作时，会由于投资者各自寻找租户而导致的直接结果就是，商铺的租金没有一个统一的标准，商铺经营的业态也是杂乱不堪、交叉冲突，无法体现项目的整体价值等。

### 2. 商业房地产投资的市场风险

商业房地产投资的市场风险主要体现在市场供求变化对投资者造成的影响。例如，对于商铺而言，从目前来看，由于开发商在前期规划设计阶段都普遍看好商铺的销售情况，致使在同一区块，大量的商铺同时涌现，导致该区块的商铺供应量大大超过市场的吸纳量，同样会造成市场中商铺的大量空置，给已经购置了商铺的投资者带来风险。对于写字楼来说，同样也存在由于市场供求不平衡给投资者带来风险的可能。

### 3. 商业房地产投资的其他风险

众所周知，任何房地产投资，物业所处的地段始终是决定其价值最重要的因素。不过，地段的价值并不是绝对的，例如，有些物业原来并不是处于热点地段，但由于物业旁边新建了地铁站出入口，或者是有新的高架、主干道；或者是其他一些商务设施的出现而实现前所未有的升值；但是，如果原来预期中的配套设施（例如地铁等）并未如期实现，则会对这些物业的价值产生较大负面的影响。因此，作为房地产投资者，做好评析城市未来发展这一门功课，永远是非常有必要的。

除了以上比较常见的风险以外，其他诸如交易风险、融资风险等也是投资者需要给予关注的。

【专题 7-2】　　　　　　　　出售型商铺五大软肋

不管卖得多火，只要卖，商铺从被卖的那一刻起，巨大的风险就缠上了买家。

软肋之一：开发商与投资客"分家"

一般情况下，商铺卖完，其后如何投资，如何经营则是买方或租方自己的事了，开发商可能拍拍屁股就不管了。这难免会令开发商与购买者或投资者的"劲不往一处使"。

软肋之二：开发模式转型不彻底

有部分开发商意识到商业与地产是两个不同的、专业的概念，但转型并不彻底，很多开发商依然以住宅开发的模式来做商业地产，根本不考虑后期的经营管理。"我们社区底商的商家就像走马观灯似的，换了一家又一家，理发店、洗衣店等大量充斥，一些中高档商店又没有。"家住海淀某小区的费先生表示。

软肋之三：急功近利追求回报

一位曾在某商铺项目负责招商经营的专家认为："大型零售品牌在进驻商铺时通常把价格压得很低，这时开发商就要作决策：是让利引进品牌商家，还是保住自己的高利润。如果选择后者，那么商铺的长远经营必然不会乐观。"据其介绍，他曾服务的某商铺最初凭借优越的地理位置及便利的交通，报出高昂的租金，失去了很多知名品牌商家。后来发现没有知名品牌商家的吸引，招商变得很困难。迫于资金压力，开发商只好降价招租，杂货店、美容店之类的都来者不拒。最后既没有得到预想的高租金，反而影响了商铺的市场口碑。

软肋之四：无序的"独立产权"之痛

目前，投资独立产权商铺仍旧面临两大方面的隐忧：第一，由于产权过于分散，尽管有业主委员会从中协调，但开发商丧失对整体项目的掌控权，业主各自为战，经营品种混乱，造成租金普遍下滑，甚至出现无人问津的局面。第二，商铺还可能因为投资者专业化程度不高、与区域内消费者的购买力不协调等因素，造成后期经营困难的局面。

软肋之五：专业运营商缺失

产权式商铺往往吸引来很多非商业运作专业人士和实力较弱的商业经营者，这样无疑更加需要有专业的运营商来保障投资者的收益。

对于投资者来说，购买产权商铺，一是转让投资，二是自己经营，三是靠出租获取收益。为了规避投资风险，一般而言，区位、交通物流、商业氛围、开发商背景、主力商户、项目规划、运营管理、升值潜力等九大要素，是每一个明智投资者在进行投资时都应考虑的。

思考题：
1. 根据文中的阐述，用实例说明投资者购买出售型（产权式）商铺的五大风险。
2. 对于如何规避购买出售型（产权式）商铺中的风险，谈谈自己的看法。

## 7.3　商业房地产投资分析实例

### 7.3.1　商业房地产投资分析实例一

【例 7-2】

某投资者购买了杭州市区某专业市场中的商铺一间，具体情况如下：

一、主要基础数据
1. 商铺使用年限：2003.11~2043.11；
2. 建筑面积：31.33m²；
3. 商铺市场价格为：13 700 元/m²，总价为：429 221 元；但由于该投资者接受了开发商提供的打折条件，实际支付总价：339085 元，实际单价为：10 823 元/m²；
4. 按揭贷款数据：首付：16 万元，贷款年限：2006~2016 年，月利率：5.1‰，等额本息支付，保险费、公证费，物业维修基金等费用总计 3 500 元。

二、该投资者与开发商签订的买卖回租合同主要内容
1. 回租期限：租赁期限为 7 年（不含市场开业之日起前六个月的市场预热免租期）。双方同意自市场开业之日（定为 2006 年 12 月 30 日）起的第七个月为租赁期的起算日。
2. 回租价格与支付方式：按甲方购买的商铺总价计算年租金。其中前 3 年（不包含开业后的前六个月预热期）按购房总价的 7%计算，由于乙方对甲方购买的商铺已经给予了优惠的价格，因此，乙方对前 3 年的租金不再支付。第 4 年租金按购房总价的 8%计算，第 5 年按购房总价的 8.5%计算，第 6 年按购房总价的 9%计算，第 7 年按购房总价的 9.5%计算。第 4 年至第 7 年每半年支付一次，每次支付的时间为每半年的第一个月，乙方每次支付甲方租金时均按国家税务政策规定代扣税金。

三、求解问题
1. 请利用以上数据，分析：
① 该投资者 7 年后获得的净现值（基准收益率 12%，7 年后商铺价格涨至 2 万元/平方米）；
② 如果该投资者在 7 年中要获得 20%的内部收益率，请问该商铺 7 年后价格至少要涨到多少？
③ 以价格作为敏感性因素，分析价格（以 2 万元/m²作为基准）在±20%、0、±10%变动情况下，计算项目的净现值变动情况，并绘制敏感性曲线。
2. 请根据以上信息，对该投资的风险做出定性分析。

解：
1. 基础数据计算
（1）商铺总价为 429 221 元（单价为 13 700 元/m²），实际支付 339 085 元（单价为 10 823 元/m²）；另外支付各项税费为 3 500 元。
（2）按揭贷款计算：首付款为 160 000 元，则贷款额度为：339 085 元－160 000 元＝179 085 元，按月利率 5.1‰、贷款期限为 120 个月计算，则月供款的计算如下：

$$R = P \times \frac{i}{1-(1+i)^{-n}} = 179085 \times \frac{0.0051}{1-(1+0.0051)^{-120}} = 1999.5 （元）$$

即每个月月供额为 1 999.5 元。
在 2014 年的 6 月 30 日还剩未偿还的贷款余额为：

$$P_{102} = 1999.5 \times \frac{1-(1+0.0051)^{-18}}{0.0051} = 34305 （元）$$

（3）关于每年净租金收入的估算：
① 关于计算期及租期的分析。根据题意，计算期从 2006 年 1 月 1 日到 2014 年 6 月 30 日止，并按 6 个月为一期进行计算。

而租赁期限为：从 2007 年的 7 月 1 日到 2014 年的 6 月 30 日止。并且在开始的前三年（从 2007 年 7 月 1 日至 2010 年的 6 月 30 日）租金收入为 0。从 2010 年起才有租金收入，此时的租金收入按商铺总价（市场价而非实际支付的数额）的 8%计，以后各年的租金收入在前年的基础上增加 0.5%，直到 2014 年租期结束为止。

② 关于租金税费和各年净租金的分析。租金税费包括：房产税、印花税及所得税，总计占到租金收入的 23%左右，则各期的净租金收入计算如下：

➢ 因为，2006 年 1 月 1 日至 2010 年期间的租金收入为 0，所以，在此段时间内的各期净租金收入也为 0；

➢ 2010 年 7 月 1 日至 2011 年 6 月 30 日的净租金收入为：
429 221×8%×（1−23%）＝26 440（元），则按 6 个月算为 13 220 元；

➢ 2011 年 7 月 1 日至 2012 年的 6 月 30 日的净租金收入为：
429 221×8.5%×（1−23%）＝28 092.5（元），则按 6 个月算为 14 046.3 元；

➢ 2012 年 7 月 1 日至 2013 年 6 月 30 日的净租金收入为：
429 221×9%×（1−23%）＝29 745（元），则按 6 个月算为 14 872.6 元；

➢ 2013 年 7 月 1 日至 2014 年 6 月 30 日的净租金收入为：
429 221×9.5%×（1−23%）＝31 397.5（元），则按 6 个月算为 15 698.8 元。

2．根据以上数据，可以得到该投资项目的现金流量表（基准收益率 12%，商铺价格为 2 万元/平方米），如表 7-6 所示。

（1）从表 7-6 可知，按基准收益率 12%及商铺价格涨到 2 万元/m² 计算（此时总价为 62.66 万元），租期结束后，该投资项目的净现值为：−7 716 元。

（2）如果该投资者在 7 年中要获得 20%的内部收益率，即要求在 $i$＝20%条件下，商铺价格涨到什么水平时，项目的净现值为 0。我们利用 Excel 表格反复计算可得,当商铺价格涨至约 35 393元/m² 时，投资者可以获得 20%的内部收益率。

（3）在进行敏感性分析时，应先分别求出价格（20 000 元/m²）在±20%、0、±10%变动情况下的项目净现值。同样利用 Excel 表格，我们可以得到这 5 种情况的项目净现值，分别为：41 616元（+20%）、−57 047 元（−20%）、−7 716 元（0）、16 950 元（+10%）、−32 381 元（−10%），如表 7-7 所示。

3．该投资项目的风险分析

该项目的风险分析可以从以下两个方面进行：

（1）商铺的价格风险。从基础数据中可知，该商铺的实际购买价格为 10 823 元/m²，而如果要在 7 年中获得 12%的内部收益率（按基准收益率计算），则通过计算可知，在 2014 年，该商铺价格须涨到 20 426 元/m²，也就是上涨率应在 88.7%左右，平均每年的上涨率应维持在 9.5%左右。如果达不到这个数值，则投资者将得不到预期的收益率。

（2）后期经营管理风险。商铺投资除了可以获得商铺的增值收益之外，还可以获得一定的租金收益。而租金收益的大小，很大程度上取决于整个专业市场的经营业绩，这里涉及商铺的前期招商与其后的租户管理问题。如果招商不得力，以及管理不善，则租金收益将很难保证；并且，同时会对商铺的价值产生负面影响。

表 7-6 现金流量表

| 项　目 | 06 上半年 | 06 下半年 | 07 上半年 | 07 下半年 | 08 上半年 | 08 下半年 | 09 上半年 | 09 下半年 | 10 上半年 |
|---|---|---|---|---|---|---|---|---|---|
| 1 现金流入 | 0 | 0 | 0 | 0 | 0 | 0 | 0 | 0 | 0 |
| 1.1 净经营收入 | | | | | | | | | |
| 1.2 转售收入 | | | | | | | | | |
| 2 现金流出 | 175 497 | 11 997 | 11 997 | 11 997 | 11 997 | 11 997 | 11 997 | 11 997 | 11 997 |
| 2.1 股本金投入 | 163 500 | | | | | | | | |
| 2.2 抵押贷款偿还本息 | 11 997 | 11 997 | 11 997 | 11 997 | 11 997 | 11 997 | 11 997 | 11 997 | 11 997 |
| 2.3 未偿还的剩余本金 | | | | | | | | | |
| 3 净现金流量 | −175 497 | −11 997 | −11 997 | −11 997 | −11 997 | −11 997 | −11 997 | −11 997 | −11 997 |
| 现值系数 (I=12%) | 1 | 0.943 396 | 0.889 996 | 0.839 619 2 | 0.792 093 6 | 0.747 258 | 0.704 960 5 | 0.665 057 1 | 0.627 412 3 |
| 4 净现值 | −175 497 | −11 317.9 | −10 677.2 | −10 072.95 | −9 502.7 | −8 964.8 | −8 457.4 | −7 978.6 | −7 527.0 |
| 5 累计净现值 | −175 497 | −186 814.9 | −197 492.2 | −207 565.1 | −217 067.8 | −226 032.7 | −234 490.1 | −242 468.8 | −249 995.8 |

续表

| 项　目 | 10 下半年 | 11 上半年 | 11 下半年 | 12 上半年 | 12 下半年 | 13 上半年 | 13 下半年 | 14 上半年 |
|---|---|---|---|---|---|---|---|---|
| 1 现金流入 | 13 220.005 | 13 220.005 | 14 046.255 | 14 046.255 | 14 872.6 | 14 872.6 | 15 698.76 | 642 298.76 |
| 1.1 净经营收入 | 13 220.005 | 13 220.005 | 14 046.255 | 14 046.255 | 14 872.6 | 14 872.6 | 15 698.76 | 15 698.76 |
| 1.2 转售收入 | | | | | | | | 626 600 |
| 2 现金流出 | 11 997 | 11 997 | 11 997 | 11 997 | 11 997 | 11 997 | 11 997 | 46 304.42 |
| 2.1 股本金投入 | | | | | | | | |
| 2.2 抵押贷款偿还本息 | 11 997 | 11 997 | 11 997 | 11 997 | 11 997 | 11 997 | 11 997 | 11 997 |
| 2.3 未偿还的剩余本金 | | | | | | | | 34 307.4 |
| 3 净现金流量 | 1 223.0 | 1 223.0 | 2 049.2 | 2 049.2 | 2 875.6 | 2 875.6 | 3 701.7 | 595 994.3 |
| 现值系数 (I=12%) | 0.591 898 | 0.558 394 | 0.526 78 | 0.496 969 | 0.468 839 | 0.442 300 | 0.417 265 | 0.393 646 |
| 4 净现值 | 723.8 | 682.9 | 1 079.5 | 1 018.4 | 1 348.1 | 1 271.8 | 1 544.6 | 234 610.9 |
| 5 累计净现值 | −249 272.0 | −248 589.0 | −247 509.5 | −246 491.1 | −245 142.95 | −243 871.1 | −242 326.5 | −7 716 |

表 7-7　敏感性分析表（以价格 20 000 元/m² 为基准）

| 价格变化幅度<br>指　标 | −20% | −10% | 0 | +10% | 20% |
|---|---|---|---|---|---|
| 净现值（元） | −57 047 | −32 381 | −7 716 | 16 950 | 41 616 |

### 7.3.2　商业房地产投资分析实例二

【例 7-3】　某写字楼售价 1 950 万元，该楼宇拥有办公单元 60 个，每个单元平均月租金 6 000 元，并以每年 5%的速度递增。设每个单元每年的空置及其他损失费为单元月租金收入的 2 倍。第 1 年的经营成本为实际总租金收入的 20%，以后每年按 6%的幅度递增。投资者可获得利率为 12%、期限为 15 年的 1 500 万元贷款，要求按月等额还本付息。贷款成本（申报费、评估费、活动费等）占贷款额的 2%。本项目综合税率为 30.85%。

该物业资产使用 15 年，按线性折旧法计算折旧费用。折旧基数为投资额的 85%。若投资者要求的投资收益率为 20%，该项目是否值得投资？

分析：

大部分投资者都要依赖筹措的资金进行房地产投资，而抵押贷款是房地产资金筹措的主要形式。投资者经常面临的问题之一就是权衡抵押贷款投资的收益，作出投资决策。本案例实际上是想考察该项目的抵押贷款投资决策是否可行。也就是说，该项目在贷款的情况下再考虑各种应缴税款，还能否获得预期收益。

为了求解这一问题，应分别计算该项目的贷款分期偿付计划、年度折旧额、税额、税前及税后现金流量，并依据税后现金流量及投资者要求的收益率计算该项目的净现值及内部收益率，据此作出投资决策。

解：

1. 贷款分期偿付计划

已知：该笔贷款年利率 $r=12\%$，期限 $n=15\times12=180$（个月），要求按月还本付息，则：

（1）每月计息利率　　$i=r/n=0.12/12=0.01$

（2）月还款系数　　$\dfrac{i(1+i)^n}{(1+i)^n-1}=\dfrac{0.01(1+0.01)^{180}}{(1+0.01)^{180}-1}=0.012\,001\,68\approx0.012$

（3）月还本付息额　　$1\,500\times0.012=18$（万元）

（4）年还本付息额　　$18\times12=216$（万元）

（5）年贷款余额

$$贷款余额=M_0\dfrac{(1+r/12)^{(n-t)\times12}-1}{r/12(1+r/12)^{(n-t)\times12}}$$

把上述已知条件代入上式，将会得到各年年末的贷款余额数值。

例如，第 5 年年末贷款余额为

$$M_0\dfrac{(1+r/12)^{(n-t)\times12}-1}{r/12(1+r/12)^{(n-t)\times12}}=18\times\dfrac{(1+12\%/12)^{(15-5)\times12}-1}{12\%/12(1+12\%/12)^{(15-5)\times12}}=1\,254.79\,（万元）$$

又因为：某年偿还本金＝上一年贷款余额−该年贷款余额

某年偿还利息＝每年付款额−该年偿还本金

所以，各年偿还本金和利息情况依次可以算出。详见抵押贷款分期偿还计划，如表 7-8 所示。

2．折旧计划

已知：该物业按线性折旧法计算折旧额，折旧基数为：1 950×85%＝1 657.5（万元）；则年平均折旧额为：1 657.5×1/15＝110.55（万元）。

表 7-8　抵押贷款分期偿还计划表　　　　　　　　　　　　　　　单位：万元

| 年　份 | 每年付款额 ① | 贷款余额 ② | 本　金 ③ | 利　息 ④＝①－③ |
|---|---|---|---|---|
| 0 | 216.00 | 1 500.00 | | |
| 1 | 216.00 | 1 461.72 | 38.28 | 177.72 |
| 2 | 216.00 | 1 418.81 | 42.90 | 173.10 |
| 3 | 216.00 | 1 370.47 | 48.34 | 167.66 |
| 4 | 216.00 | 1 315.99 | 54.48 | 161.52 |
| 5 | 216.00 | 1 254.61 | 61.38 | 154.62 |
| 6 | 216.00 | 1 185.44 | 69.17 | 146.83 |
| 7 | 216.00 | 1 107.50 | 77.94 | 138.06 |
| 8 | 216.00 | 1 019.67 | 87.83 | 128.17 |
| 9 | 216.00 | 920.71 | 98.97 | 117.03 |
| 10 | 216.00 | 809.19 | 111.52 | 104.48 |
| 11 | 216.00 | 683.53 | 125.66 | 90.34 |
| 12 | 216.00 | 541.94 | 141.60 | 74.40 |
| 13 | 216.00 | 382.38 | 159.55 | 56.45 |
| 14 | 216.00 | 202.59 | 179.79 | 36.21 |
| 15 | 216.00 | 0.00 | 202.59 | 13.41 |

3．税前现金流量

各年税前现金流量＝各年潜在总收入－各年空置及其他收入损失－
经营成本（或经营费用）－年还本付息额

按题设已知条件：

（1）该项目年潜在总收入＝单元月租金×单元数×12 个月×（1＋升幅）；

（2）该项目空置及其他损失＝2×单元月租金×单元数×（1＋升幅）；

（3）实际总收入＝潜在总收入－空置及其他损失；

（4）经营成本：第 1 年为当年实际总收入的 20%，以后每年按 6%比例递增，即：
经营成本＝第 1 年实际总收入×20%×（1＋升幅）；

（5）净经营收入＝实际总收入－经营成本；

（6）年还本付息额，见表 7-8 中的①栏；

（7）税前现金流量＝净经营收入－年还本付息额。

上述计算结果如表 7-9 所示。

表 7-9　税前现金流量计算表　　　　　　　　　　　　　　单位：万元

| 年份 | 经营收入 ① | 空置及其他损失 ② | 实际总收入 ③=①-② | 经营成本 ④ | 净经营收入 ⑤=③-④ | 债务本息 ⑥ | 税前现金流量 ⑦=⑤-⑥ |
|---|---|---|---|---|---|---|---|
| 1 | 432.00 | 72.00 | 360.00 | 72.00 | 288.00 | 216.00 | 72.00 |
| 2 | 453.60 | 75.60 | 378.00 | 76.32 | 301.68 | 216.00 | 85.68 |
| 3 | 476.28 | 79.38 | 396.90 | 80.90 | 316.00 | 216.00 | 100.00 |
| 4 | 500.09 | 83.35 | 416.75 | 85.75 | 330.99 | 216.00 | 114.99 |
| 5 | 525.10 | 87.52 | 437.58 | 90.90 | 346.68 | 216.00 | 130.68 |
| 6 | 551.35 | 91.89 | 459.46 | 96.35 | 363.11 | 216.00 | 147.11 |
| 7 | 578.92 | 96.49 | 482.43 | 102.13 | 380.30 | 216.00 | 164.30 |
| 8 | 607.87 | 101.31 | 506.56 | 108.26 | 398.29 | 216.00 | 182.29 |
| 9 | 638.26 | 106.38 | 531.88 | 114.76 | 417.13 | 216.00 | 201.13 |
| 10 | 670.17 | 111.70 | 558.48 | 121.64 | 436.84 | 216.00 | 220.84 |
| 11 | 703.68 | 117.28 | 586.40 | 128.94 | 457.46 | 216.00 | 241.46 |
| 12 | 738.87 | 123.14 | 615.72 | 136.68 | 479.04 | 216.00 | 263.04 |
| 13 | 775.81 | 129.30 | 646.51 | 144.88 | 501.63 | 216.00 | 285.63 |
| 14 | 814.60 | 135.77 | 678.83 | 153.57 | 525.26 | 216.00 | 309.26 |
| 15 | 855.33 | 142.56 | 712.78 | 162.79 | 549.99 | 216.00 | 333.99 |

**4. 税金及税后现金流量计算**

税后现金流量＝税前现金流量－应纳税额；

应纳税额＝应纳税收入×综合税率；

应纳税收入＝净经营收入－利息－折旧－年均分摊融资成本，其中，年平均分摊融资成本＝1 500×2%÷15＝2（万元）。

本案例中，该项目应缴纳的税金主要有：营业税、印花税、房产税、所得税分别为租金收入的 3%、0.1%、18%、9.84%。上述四项合计的综合税率为租金纯收入的 30.85%。

上述税后现金流量计算结果如表 7-10 所示。

表 7-10　税后现金流量计算表　　　　　　　　　　　　　　单位：万元

| 年份 | 净经营收入 ① | 还贷利息 ② | 折旧费 ③ | 分摊融资成本 ④ | 应纳税收入 ⑤=①-②-③-④ | 综合税率 ⑥ | 税额 ⑦=⑤×⑥ | 税后现金流量 ⑧ |
|---|---|---|---|---|---|---|---|---|
| 1 | 288.00 | 177.72 | 110.55 | 2.00 | -2.27 | 30.85% | -0.70 | 72.00 |
| 2 | 301.68 | 173.10 | 110.55 | 2.00 | 16.03 | 30.85% | 4.95 | 80.73 |
| 3 | 316.00 | 167.66 | 110.55 | 2.00 | 35.79 | 30.85% | 11.04 | 88.96 |
| 4 | 330.99 | 161.52 | 110.55 | 2.00 | 56.92 | 30.85% | 17.56 | 97.43 |
| 5 | 346.68 | 154.62 | 110.55 | 2.00 | 79.52 | 30.85% | 24.53 | 106.15 |
| 6 | 363.11 | 146.83 | 110.55 | 2.00 | 103.73 | 30.85% | 32.00 | 115.11 |
| 7 | 380.30 | 138.06 | 110.55 | 2.00 | 129.69 | 30.85% | 40.01 | 124.29 |
| 8 | 398.29 | 128.17 | 110.55 | 2.00 | 157.57 | 30.85% | 48.61 | 133.68 |
| 9 | 417.13 | 117.03 | 110.55 | 2.00 | 187.54 | 30.85% | 57.86 | 143.27 |
| 10 | 436.84 | 104.48 | 110.55 | 2.00 | 219.80 | 30.85% | 67.81 | 153.03 |

续表

| 年份 | 净经营收入 ① | 还贷利息 ② | 折旧费 ③ | 分摊融资成本 ④ | 应纳税收入 ⑤=①-②-③-④ | 综合税率 ⑥ | 税额 ⑦=⑤×⑥ | 税后现金流量 ⑧ |
|---|---|---|---|---|---|---|---|---|
| 11 | 457.46 | 90.34 | 110.55 | 2.00 | 254.57 | 30.85% | 78.53 | 162.93 |
| 12 | 479.04 | 74.40 | 110.55 | 2.00 | 292.09 | 30.85% | 90.11 | 172.93 |
| 13 | 501.63 | 56.45 | 110.55 | 2.00 | 332.63 | 30.85% | 102.62 | 183.01 |
| 14 | 525.26 | 36.21 | 110.55 | 2.00 | 376.50 | 30.85% | 116.15 | 193.11 |
| 15 | 549.99 | 13.41 | 110.55 | 2.00 | 424.03 | 30.85% | 130.81 | 203.18 |

5．净现值及内部收益率的计算

（1）净现值计算。设计准收益率 $i_c$ 为 20%，则净现值计算结果如表 7-11 所示。

表 7-11　净现值计算表　　　　　　　　　单位：万元

| 年　份 | 自有资金投资额 ① | 税后现金流量 ② | 贴现系数 ③ | 现　值 ④=②×③ |
|---|---|---|---|---|
| 0 | −450 | | 1.000 0 | −450 |
| 1 | | 72.00 | 0.833 3 | 60.00 |
| 2 | | 80.73 | 0.694 4 | 56.07 |
| 3 | | 88.96 | 0.578 7 | 51.48 |
| 4 | | 97.43 | 0.482 3 | 46.99 |
| 5 | | 106.15 | 0.401 9 | 42.66 |
| 6 | | 115.11 | 0.334 9 | 38.55 |
| 7 | | 124.29 | 0.279 1 | 34.69 |
| 8 | | 133.68 | 0.232 6 | 31.09 |
| 9 | | 143.27 | 0.193 8 | 27.77 |
| 10 | | 153.03 | 0.161 5 | 24.71 |
| 11 | | 162.93 | 0.134 6 | 21.93 |
| 12 | | 172.93 | 0.112 2 | 19.40 |
| 13 | | 183.01 | 0.093 5 | 17.11 |
| 14 | | 193.11 | 0.077 9 | 15.04 |
| 15 | | 203.18 | 0.064 9 | 13.19 |
| 合计 | | | | 50.66 |

（2）内部收益率。内部收益率是使项目净现值为零的收益率。由净现值计算可知：

当 $i_c=20\%$ 时，$NPV=50.66>0$，则：取 $i_1=22\%$，按上述同样步骤可求得 $NPV_1=3.64$，继续提高折现率，设 $i_2=23\%$，则 $NPV_2=-17.22$，由内插法求得该项目的内部收益率为：

$$FIRR=i_1+\frac{|NPV_1|}{|NPV_1|+|NPV_2|}(i_2-i_1)=22\%+\frac{3.64}{3.64+17.22}(23\%-22\%)=22.17\%。$$

6．结论

因为该项目净现值为 50.66>0；内部收益率为 22.17%>20%，已超出投资者要求的投资收益率，所以该投资方案是可行的。

## 第7章　商业房地产投资

【专题7-3】　　　　　　　　怎样的写字楼受青睐？

地段！外形！长线价值！

写字楼投资，选择物业是决定性的第一步。

2006年年末，五合智库总经理邹毅把某海外基金客户带到上海徐家汇某处，欲对进行整售的写字楼做项目考察。"老外"看了一眼所谓的甲级写字楼，转身便走。"国内好的写字楼太少。什么是甲级，没有一个定论。"邹毅说。

那么究竟什么样的写字楼才会受到投资者青睐？

第一看地段。是否位于城市的主中心区，是衡量一幢写字楼是否具有档次和投资价值的首选要素。由于房产的增值主要来源于土地的增值，而城市主中心区土地的稀缺性更强，因此增值空间更大。同时，主中心区的区位成长性显而易见，区位资源优势得天独厚，通常是人流、物流、信息流、资金流会聚之处。

除此之外，关注区域写字楼供应的持续放量，以防由于市场供应过大造成写字楼贬值都应在购买者考虑的范围之内。

第二看外观。写字楼的形象往往被知名企业作为仅次于区位的重要因素。同时，时尚、先锋的外立面也能够基本保障投资者近几年内不至于花费更多的修缮费用。

第三看品质。秀外还需慧中，交通的便利程度、停车场的设计是否合理；甚至大堂的品位和布置如何、电梯质量与配置状况、结构布局是否适用、采光通风是否良好等，都在海外基金考量的范围之内。此外，周边自然景观同样被考虑在内。

第四看物业服务。写字楼增值和保值是通过物业管和理服务来实现的，包括中国香港在内的很多写字楼都是通过品牌物业和其资产运营管理来实现后期价值的。海外基金往往更青睐国际性的物业管理公司。

目前，国内的大单写字楼购买客户分为两类，一类是大型的国有企业，另一类是我国港、澳、台地区客户、专业投资机构和投资基金。

根据国际专业理财公司的计算，衡量一幢物业价格合理与否的基本公式为"年收益×15年＝房产购买价"。若15年内物业总收益大于购房款，则表明该项目尚具投资价值。

除此之外，按揭的还款方式也是投资前重要的考虑因素。在贷款利率方面，写字楼要高于住宅近1%。另外就是购置物业的税费、出租所涉及的税费、房产税、首次出租的高折价、物业管理费用、房屋折旧费用等需要缴纳的各种税费，这些占投资额的20%左右。

而在投资之前，计算写字楼的年回报率，以判定其是否具有投资价值是十分必要的。

思考题：

1. 目前，国内不少写字楼项目开发完成后采用的是整售（整层销售或整栋销售）的方式，请问整售和散售（零卖）这两种方式对于开发商来说各有什么利弊？

2. 除了地段、外观、品质、物业服务等方面，判断一项写字楼物业投资价值的高低，还有其他哪几个方面的因素可以考虑？

3. 请列举几个本地区的高端写字楼项目，具体各有什么特点？

## 本章小结

从广义上讲，商业地产是指用于商业经营活动并通过经营产生收益的物业，其主要硬件由商铺、商场、写字楼、工业厂房、仓库、酒店、宾馆、会展中心等构成；而狭义的商业地产则主要指商铺、商场、购物中心、商业街、批发市场、写字楼和宾馆酒店类物业。

广义的商业房地产可以分为商业经营类物业、商务办公用物业、餐饮酒店娱乐类物业物流仓储和厂房类物业。狭义的商业房地产还可以根据消费者的消费行为、客户广度、建筑形式、市场覆盖面、销售产品的类型等角度进行具体的细分。

商铺投资的特点主要有投资的稳定性、投资的增值性、投资的高回报率和商铺可以出租，也可以自己持有经营，获利方式灵活等几个方面。而写字楼虽然其投资回报率较高，但投资总价也很高，并且变现期长，对于个人投资来说需要更为理性和专业的分析。

商铺投资价值的影响因素主要有地段、商圈、客流量及可视性等几个方面；影响产权式酒店投资价值的影响因素同样也较多，包括酒店的位置、经营形式、物业的区域性和发展前景等。同时，专业酒店管理公司的管理经验和能力也将会对产权式酒店的物业价值产生影响；写字楼投资价值影响因素主要有区位、商务配套、写字楼的品质、写字楼的软性配套与物业管理等。

商业房地产投资的风险主要有后期经营管理风险、市场风险，以及由于城市或区域发展变迁导致的风险、交易风险、融资风险等其他风险。

## 实训项目一

1. 实训项目名称：某商业街商铺调查与分析
2. 实训内容及要求：商铺问卷调查表的设计、问卷调查结果分析。主要内容包括：商铺的数量、商铺的建筑特点（层高、进深、开间等）、经营业态、经营业绩、客户特点等。
3. 实训实施及成果要求

（1）选择当地比较有名的商业街进行调查，商铺样本不少于20个；

（2）该实训任务量较大，建议每个班的同学按 4~6 名同学进行分组，以组为单位完成以上实训任务；

（3）课间内无法完成的，建议同学们利用课余时间完成；

（4）最终成果以电子形式上交，建议每组保留调查原始资料以及有关数据，便于以后的进一步分析和检查。

## 实训项目二

1. 实训项目名称：某商铺投资分析
2. 实训内容及要求：熟悉商铺投资分析的基本步骤和内容
3. 实训实施及成果要求

（1）在实施"实训项目一"的过程中，请选定某一个商铺作为分析的对象；

（2）必须首先解决商铺投资基础数据的调查工作，例如，商铺购入时的相关数据（价格、按揭贷款情况等）、税费标准、与租赁相关的数据等；

（3）该实训任务量较大，建议每个班的同学按 4~6 名同学进行分组，以组为单位完成以上实训任务；

（4）成果形式参照本章第 3 节案例的格式完成计算、编制表格和文字安排等；

（5）课间内无法完成的，建议同学们利用课余时间完成；

（6）最终成果以电子形式上交，建议每组保留分析计算过程及有关原始数据，便于以后作进一步分析和检查。

### 本章思考题

1. 什么是商业房地产？与住宅房地产的主要区别是什么？
2. 商业房地产是怎样进行分类的？
3. 请解释什么是城市综合体。其投资价值是怎样体现的呢？
4. 商铺投资、产权式酒店投资及写字楼投资的特点是什么？
5. 请您谈谈针对酒店式公寓（LOFT）投资的看法。
6. 商业房地产投资经济评价与住宅房地产投资经济评价有何异同？
7. 商业房地产投资可能面临的风险有哪些？

# 第三部分

# 开发投资篇

- 第 8 章　房地产开发项目财务评价
- 第 9 章　房地产开发投资风险分析
- 第 10 章　房地产开发投资分析报告
- 参考文献

# 第8章 房地产开发项目财务评价

**【本章能力点】**
（1）理解和掌握房地产开发项目有关成本费用估算的项目及其依据
（2）理解和掌握房地产开发项目有关收入和税金估算的项目及其依据
（3）能够理解房地产开发项目财务辅助报表及基本报表中数据之间的关系，并能够按照相应格式填入数据
（4）熟悉房地产开发项目财务评价指标体系
（5）能够读懂比较简单的房地产项目财务评价报告，并能够按照已有类似格式进行类似项目的财务分析

## 8.1 房地产开发项目财务评价的基础数据估算

要对某一房地产开发项目进行财务评价，第一步就是要先获得尽可能真实和准确的该开发项目的基础数据。房地产开发项目的基础数据的质量直接制约和影响评价开发项目的经济效益好坏，直至决定对于项目最终的取舍决策。房地产开发项目的基础数据主要来自两个方面：一是房地产开发项目的投资与成本费用数据；二是房地产开发项目的收入估算。

### 8.1.1 房地产开发项目投资与成本费用估算

**1. 房地产开发项目投资与成本费用的构成**

房地产生产经营活动中的投资与成本核算，与一般工业生产活动差异较大。对于先开发后销售的房地产开发项目而言，开发商所投入的开发建设资金均属于流动资金的性质；但其投资的大部分又形成建筑物或构筑物等房地产商品，并通过项目建设过程中的预租售或建成后的租售活动，转让这些资产的所有权或使用权以收回投资。开发过程中开发商本身所形成的固定资产大多数情况下很少甚至是零；所有的投资基本上均一次性地转移到房地产产品的成本中去了。但对于建成后自己持有进行出租和经营的项目，则应将出租和经营时发生的费用区别于项目开发建设投资成本，并在编制相应的财务报表时得到反映。

房地产开发项目投资与成本费用估算的范围包括土地购置成本、土地开发成本、建筑安装工程造价、管理费用、销售费用、财务费用及有关房地产开发期间的税费等全部投资。但需要注意的是，并非每一个房地产开发项目的投资与成本费用、项目与估算依据都是一样的，具体要看项目的实际情况，例如房地产项目本身的类型（住宅类、商业类等）、土地取得的方式、当地的税费标准、政府提供的各项优惠政策和减免政策等。

不过对于一般性的房地产开发项目而言，其投资及成本费用由以下几个部分组成：土地费用、前期工程费、基础设施建设费、建安工程费、公共配套设施建设费、开发间接费、管理费、销售费用、财务费用、其他费用、开发期间税费及不可预见费等。

**2. 房地产开发项目投资与成本费用估算依据与要求**

如前所述，投资与成本费用估算应尽可能做到科学，依据充分。主要依据有：

（1）专门机构发布的建设工程造价费用构成、估算指标、计算方法和定额，以及其他有关计算工程造价的文件；

（2）主管机构发布的工程建设其他费用计算办法和费用标准，以及政府部门发布的物价指数；

（3）拟建项目各单项工程的建设内容及工程量；

（4）与项目投资与成本估算有关的其他政策、文件或规定。

在进行估算时，应尽可能达到以下要求：

（1）工程内容和费用构成齐全，计算合理，不提高或降低估算标准，不漏项，不重复计算；

（2）选用指标与具体工程之间存在标准或条件差异时，应进行必要的换算或调整；

（3）估算精度一般不超过实际总投资的10%~20%。

**3. 房地产开发项目投资与成本费用估算**

（1）土地费用估算。房地产项目土地费用是指为取得房地产项目用地而发生的费用。房地产项目取得土地有多种方式，所发生的费用各不相同。主要有下列几种：划拨或征用土地的土地征用拆迁费、出让土地的土地出让地价款、转让土地的土地转让费、租用土地的土地租用费、股东投资入股土地的投资折价。因此，某一项目的土地费用估算应视实际情况而定。

① 土地出让地价款。土地出让地价款是指国家以土地所有者的身份将土地使用权在一定年限内让与土地使用者，并由土地使用者向国家支付土地使用权出让地价款。主要包括向政府缴付的土地使用权出让金和根据土地原有状况需要支付的拆迁补偿费、安置费、城市基础设施建设费或征地费等。例如，以出让方式取得城市熟地土地使用权，土地出让地价款由土地出让金加上拆迁补偿费和城市基础设施建设费构成。

土地出让地价款的数额由土地所在城市、地区、地段、土地的用途以及使用条件、合同条件等诸方面的因素决定。许多城市对土地制定了基准地价，具体宗地的土地出让地价款要在基准地价的基础上加以适当调整确定，既可参照政府出让的类似地块的出让金额并进行时间、地段、用途、临街状况、建筑容积率、土地出让年限、周围环境状况及土地现状等因素的修正得到；也可依据城市人民政府颁布的城市基准地价或平均标定地价，根据项目用地所处的地段等级、用途、容积率、使用年限等因素修正得到。

② 土地征用与拆迁费。土地征用拆迁费分为：农村土地征用拆迁费和城镇房屋拆迁费。

a. 农村土地征用拆迁费主要包括：土地补偿费、青苗补偿费、地上附着物补偿费、安置补助费、新菜地开发建设基金、征地管理费、耕地占用税、拆迁费、其他费用。

其中，土地补偿费是征地费的主要部分，国家建设征用土地，由用地单位支付土地补偿费。土地补偿费的标准是：征用耕地的补偿费，为该耕地被征用前三年平均年产值的6~10倍；征用其他土地的补偿费用标准由该省、自治区、直辖市参照征用耕地的补偿费标准规定。

另外，安置补偿费是为安置因征地造成的剩余劳动力的补助费，应按照需要安置的农业人口数计算。需要安置的农业人口数，按照被征用的耕地数量除以征地前被征地单位平均每人占有耕地的数量计算。每一个需要安置的农业人口的安置补助费标准，为该耕地被征用前3年平均年产值的 4～6 倍。但每公顷被征用耕地的安置补助费，最高不超过被征用前 3 年平均产值的 15 倍。征用其他土地的安置补助费标准由省、自治区、直辖市参照征用耕地的安置补助费标准规定。

土地征用过程涉及的地上附着物是指依附于土地上的各类地上、地下建筑物和构筑物，如房屋、水井、地上（下）管线等。而青苗则是指被征用土地上正处于生长阶段的农作物。关于被征用土地上的附着物和青苗的补偿标准，由省、自治区、直辖市规定。

对于征用城市郊区菜地的，用地单位应当按照国家有关规定缴纳新菜地开发建设基金。城市郊区菜地，是指连续三年以上常年种菜或养殖鱼、虾的商品菜地和精养鱼塘。

b．城镇房屋拆迁费主要包括：地上建筑物、构筑物、附着物补偿费，搬家费，临时搬迁安置费，周转房摊销以及对于原用地单位停产、停业补偿费，拆迁管理费和拆迁服务费等。实践中主要包括拆迁补偿费和安置补偿费两种。

在城镇地区，国家或地方政府可以依据法定程序，将国有储备土地或已有企业、事业单位或个人使用的土地出让给房地产开发项目或其他建设项目使用。因给出让人土地原用地单位或个人造成经济损失，新用地单位应按规定给予合理补偿。其中，拆迁补偿费是指开发建设单位对被拆除房屋的所有权人，按照有关规定给予补偿所需要的费用。拆迁补偿的形式可分为产权调换与货币补偿相结合的形式。货币补偿的金额，按照被拆除房屋的区位、用途、建筑面积等因素，以房地产市场评估价格确定。产权调换是指拆迁人用自己建造或购买的产权房屋与被拆迁房屋进行调换，并按拆迁房屋的评估价和调换房屋的市场价进行结算调换差价的行为。而对于拆迁安置费，则是根据《拆迁条例》，在拆除租赁房屋的情况下，由拆迁人对房屋所有人进行补偿，再由所有人对承租人进行安置。拆迁补偿前，已经解除了租赁协议或出租人对承租人进行了安置，实质上相当于非租赁房屋的补偿安置。

③ 土地转让费。土地转让费是指土地受让方向土地转让方支付土地使用权的转让费。依法通过土地出让或转让方式取得的土地使用权可以转让给其他合法使用者。土地使用权转让时，地上建筑物及其他附着物的所有权随之转让。

④ 土地租用费。土地租用费是指土地租用方向土地出租方支付的费用。以租用方式取得土地使用权可以减少项目开发的初期投资，但在房地产项目开发中较为少见。

⑤ 土地投资折价。房地产项目土地使用权可以来自房地产项目的一个或多个投资者的直接投资。在这种情况下，不需要筹集现金用于支付土地使用权的获取费用，但一般需要对土地使用权评估作价。

（2）前期工程费。房地产项目前期工程费主要包括：前期规划、设计、可行性研究，水文、地质勘测，以及"三通一平"等阶段的费用支出。

项目规划、设计、可行性研究所需费用支出一般可按项目总投资的一定百分比估算，也可按估计的工作量乘以正常工日费率估算。如果按照一定百分比进行估算，一般情况下，规划设计费为建筑安装工程费的 3%左右，可行性研究费占项目总投资的 1%～3%。

项目水文、地质勘测所需费用支出根据工作量估算。一般为设计概算的 0.5%左右。

土地开发中"三通一平"（通水、通电、通路、土地平整）工程费用根据实际工作量估算。

（3）基础设施建设费。基础设施建设是指建筑物 2 米以外和项目用地规划红线以内的各种管线和道路工程，其费用包括供水、供电、供气、排污、绿化、道路、路灯、环卫设施等建设费用，以及各项设施与市政设施干线、干管、干道的接口费用。一般按实际工程量或单位指标法来估算。例如，在详细估算时，供水工程可按水增容量（吨）指标计算，供电及变配电工程可按电增容量（千伏安）指标计算，采暖工程按耗热量（瓦特）指标计算，集中空调安装按冷负荷（瓦

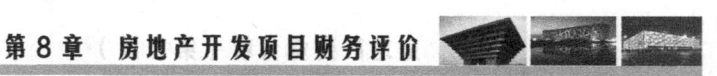

特）指标计算，供热锅炉安装可按每小时产生蒸汽量指标计算，各类围墙、管线工程长度按米计指标计算，室外道路按道路面积平方米指标计算。而在粗略估算时，则各项基础设施工程均可（通过参考类似项目）按建筑平方米或用地平方米造价计算。

（4）建筑安装工程费。建筑安装工程费是指建造房屋建筑物所发生的建筑工程费用（包括土建工程、构筑物工程、给排水工程等）、设备采购费用和安装工程费用（包括电气照明及电气设备购置安装费、机械设备购置及安装费、通风及其设备工程、电梯购置安装工程、通信设备购置安装费）、室内装饰及家具费等。在可行性研究阶段，建筑安装工程费用估算可以采用单元估算法、单位指标估算法、工程量近似框算法、概算指标估算法、概预算定额法，也可以根据类似工程经验进行估算。具体估算方法的选择应视资料的可取性和费用支出的情况而定。当房地产项目包括多个单项工程时，应对各个单项工程分别估算建筑安装工程费用。

（5）公共配套设施建设费。公共配套设施建设费是指居住小区内为居民服务配套建设的各种非营利性的公共配套设施（又称公建设施）的建设费用，主要包括：居委会、派出所、托儿所、幼儿园、公共厕所、停车场等。一般按规划指标和实际工程量估算。

（6）开发间接费。开发间接费用是指房地产开发企业所属独立核算单位在开发现场组织管理所发生的各项费用。主要包括：工资、福利费、折旧费、修理费、办公费、水电费、劳动保护费、周转房摊销和其他费用等。当开发企业不设立现场机构，由开发企业定期或不定期派人到开发现场组织开发建设活动时，研发费用可直接计入开发企业的管理费用。

（7）管理费。管理费用是指房地产开发企业的管理部门为组织和管理房地产项目的开发经营活动而发生的各项费用。主要包括：管理人员工资、职工福利费、办公费、差旅费、折旧费、修理费、工会经费、职工教育经费、劳动保险费、待业保险费、董事会费、咨询费、审计费、诉讼费、排污费、绿化费、房地产税、车船使用税、土地使用税、技术转让费、技术开发费、无形资产摊销、开办费摊销、业务招待费、坏账损失、存货盘亏、毁损和报废损失以及其他管理费用。

如果房地产开发企业同时开发若干房地产项目，管理费用应在各个项目间合理分摊。

（8）财务费用。财务费用是指房地产开发企业为筹集资金而发生的各项费用。主要包括借款和债券的利息、金融机构手续费、代理费、外汇汇兑净损失以及其他财务费用。在财务评价实践中，项目的财务费主要涉及贷款的利息，利息可参照银行贷款的利率档次并采用复利计算，而利息以外的费用则一般按利息支出的10%进行估算。

（9）销售费用。销售费用是指房地产开发企业在销售房地产产品过程中发生的各项费用，以及专设销售机构的各项费用。主要包括：销售人员工资、奖金、福利费、差旅费、销售机构的折旧费、修理费、物料消耗、广告费、宣传费、代销手续费、销售服务费及预售许可证申领费等。其中，主要几项的估算标准如下：

① 广告宣传及市场推广费等，一般约为销售收入的2%～3%；
② 销售代理费，一般约为销售收入的1.5%～2%；
③ 其他销售费用，一般约为销售收入的4%～6%。

以上各项费用合计，销售费用约占到销售收入的4%～6%。

（10）开发期间税费。在房地产项目投资估算中还应考虑项目所负担的与房地产投资有关的各种税金和地方政府或有关部门征收的费用，统称为开发期间税费。主要包括：土地使用税、市政文管线分摊费、供电贴费、用电权费、绿化建设费、分散建设市政公用设施建设费、人防工程费等。在一些大中型城市，这部分税费已经成为房地产项目投资费用中占较大比重的费用。各项税费应根据当地有关法规标准估算。

（11）其他费用。其他费用主要包括：临时用地费和临时建设费、工程造价咨询费、总承包管理费、合同公证费、施工执照费、工程质量监督费、工程监理费、竣工图编制费、工程保险费等。这些费用的估算一般按当地有关部门规定的费率估算。

（12）不可预见费。不可预见费，又称为预备费。可根据项目的复杂程度和前述各项费用估算的准确程度，以（1）～（10）项各项费用的3%～7%估算。

### 4．投资与成本费用估算结果的汇总

以上各项投资与成本费用估算结果最终以表格的形式汇总，如表8-1所示。

表8-1　房地产开发项目投资与成本费用估算表

| 序　号 | 工程或费用名称 | 工程量 单位 | 工程量 数量 | 估算造价 单价 | 估算造价 金额 | 计算依据或标准 |
|---|---|---|---|---|---|---|
| 一、 | 土地费用 | | | | | |
| 1. | 土地出让金 | | | | | |
| 2. | 土地征用拆迁费 | | | | | |
| 3. | 土地转让费 | | | | | |
| 4. | 土地投资折价 | | | | | |
| 二、 | 前期工程费用 | | | | | |
| 1. | 水文、地质勘测费 | | | | | 设计概算的0.5%左右 |
| 2. | 市场调研及可行性研究费 | | | | | 总投资的1%～3% |
| 3. | 规划设计费 | | | | | 建安工程费的3%左右 |
| 4. | "三通一平"费 | | | | | |
| 三、 | 基础设施建设费 | | | | | |
| 四、 | 建筑安装工程费 | | | | | |
| 五、 | 公共设施配套建设费 | | | | | |
| 六、 | 开发间接费用 | | | | | |
| 七、 | 管理费用 | | | | | 2.5%×直接投资（前五项之和） |
| 八、 | 销售费用 | | | | | 销售收入的4%～6% |
| 九、 | 财务费用 | | | | | |
| 十、 | 开发期间税费 | | | | | |
| 十一、 | 其他费用 | | | | | |
| 十二、 | 不可预见费 | | | | | 前十项之和的3%～7% |
| | 总　　计 | | | | | |

### 8.1.2 房地产开发项目收入估算

**1. 房地产开发项目收入估算**

房地产项目的收入主要包括房地产产品的销售收入、租金收入、土地转让收入（以上统称租售收入）、配套设施销售收入和自营收入。

（1）租售收入。租售收入等于可供租售的房地产数量乘以单位租售价格。租售收入的多少受房地产项目租售方案的影响很大。房地产项目租售方案包括拟租售的房地产类型、时间和相应的数量、租售价格及收款方式等。具体分析如下：

① 整个开发项目是出售、出租还是出售和出租兼而有之。如果是租售并举，则应明确租售（面积）比例，或则明确哪些部分出租，哪些部分出售等。

② 计算出租和出售物业的面积多大，还可具体到不同的建筑形式，如住宅部分、车位部分还是商铺部分等（有些产权属于开发商的公建部分也是可以出租的）。

③ 出租和出售的时间进度和节奏安排。例如，某住宅项目建筑面积为 10 000 平方米，以月为单位，计划第 3 个月开盘，当月销售比例为 40%，第 2 个月销售比例为 20%，第 3 个月销售比例为 10%，其余在 6 个月内销售完，每个月按平均 5% 计算。

④ 租金和售价的确定。关于租金和售价的确定，一方面，可以参考市场上同类地段类似产品的平均价格水平，再在考虑本项目自身因素的基础上进行修正得到；另一方面，如果该项目已经有成型的营销策划报告，则可以参考其给出的租售价格数值。

⑤ 收款方式和收款计划的确定。收款方式有一次性付款、分期付款等。但实际中，一次性收款的情况不是很多，一般分为两次或三次收款。

从以上可知，在进行销售收入估算时，必须确定相应时期或年度的销售面积、单位售价、销售比例、销售进度等指标。而在估算出租收入时，则需要明确出租面积、单位租金、租金上涨率、出租率、租期安排等指标。

为了客观反映项目的租售情况，在估算项目的租售收入时，还应注意可售面积和尾盘的处理，项目空置期对租金收入的影响等问题。对于出租收入的估算可参考前面章节中关于置业投资出租经营收入估算方法。

（2）自营收入。自营收入是指开发企业以开发完成后的房地产为其进行商业和服务业等经营活动的载体，通过综合性的自营方式得到的收入。在进行自营收入估算时，应充分考虑目前已有的商业和服务业设施对房地产项目建成后产生的影响，以及未来商业、服务业市场可能发生的变化对房地产项目的影响。

（3）配套设施销售收入。一些所有权属于开发公司的配套设施（如合同中规定属于开发商的停车位、会所等），开发商可以通过出售的方式获得相应的销售收入。

**2. 房地产开发项目租售税金估算**

在对房地产开发项目的收入进行估算时，需要考虑有关税金的扣减。房地产项目税金扣减主要涉及的项目主要有：包括营业税、城市建设维护费、教育费及其附加、土地使用税、房产税、土地增值税以及企业所得税等。

（1）营业税及其附加。房地产转让过程涉及的营业税、城市建设维护费和教育费及附加合称为营业税及其附加。各税种说明及其计税依据如下：

① 营业税。营业税时对提供应税劳务、转让无形资产或销售不动产所取得的营业收入征收

的一种税。计税依据为营业额。应税劳务包括服务业劳务，不动产指建筑物或构筑物等。

房地产开发企业的销售收入（包括租金收入、土地转让收入和商品房销售收入）征收营业税。营业税按照具体项目的销售收入和规定税率计算。房地产开发企业营业税税率为5%。

营业税税额的计算方法是：

营业税税额＝应纳税销售（出租）收入×税率

② 城市建设维护税。城市建设维护税是随增值税、消费税、营业税附征并专门用于城市建设和维护的税种。对于房地产开发项目，以营业税为基数乘以相应的税率计算。

城市建设维护税按纳税人所在地不同，设置了三档差别比例税率：纳税人所在地为市区的，税率为7%；纳税人所在地为县城、镇的，税率为5%；纳税人所在地不在市区、县城、镇的，税率为1%。

城市建设维护税的计算方法是：

城市建设维护税＝营业税税额×税率

③ 教育费及附加。教育费及附加的计税依据与城市建设维护税相同，计算方法也与城市建设维护税相同，以营业税税额为基数乘以相应的税率计算。教育费及附加的税率一般为3%。

教育费及附加的计算方法是：

教育费及附加＝营业税税额×税率

（2）土地使用税。土地使用税是房地产开发企业在开发经营过程中占用国有土地应缴纳的一种税。计税依据是纳税人实际占用的土地面积，采用分类分级的幅度定额税率。根据2007年2月6日由财政部、国家税务总局下发的关于贯彻落实国务院关于修改《中华人民共和国城镇土地使用税暂行条例》决定的通知，从2007年1月1日起，城镇土地使用税每平方米年税额在原定基础上提高2倍。即大城市由0.5~10元提高到1.5~30元；中等城市由0.4~8元提高到1.2~24元；小城市由0.3~6元提高到0.9~18元；县城、建制镇、工矿区由0.2~4元提高到0.6~12元。

（3）房产税。根据国家规定，经营商品房的单位，在商品房未出售前，暂不征收房产税。个人所用非营业用的房产免征房产税。对于出租、自营的房地产应计算房产税，具体计税依据和标准可参考前面章节中有关出租类房地产税费缴纳标准。

（4）土地增值税。土地增值税是指转让国有土地使用权、地上的建筑物及其附着物并取得收入的单位和个人，以转让所取得的收入包括货币收入、实物收入和其他收入为计税依据向国家缴纳的一种税赋，不包括以继承、赠予方式无偿转让房地产的行为。土地增值额为纳税人转让房地产取得的收入减除规定扣除项目金额后的余额。增值额与扣除项目金额的比率越大，适用的税率越高，税款越多。根据《中华人民共和国土地增值税暂行条例实施细则》第七条的规定，扣除项目包括：

① 取得土地使用权所支付的地价款及相应的手续费；

② 房地产开发成本，包括土地的征用及拆迁补偿费、前期工程费、建筑安装工程费、基础设施建设费、公共配套设施费、开发间接费等。

③ 房地产开发费用。主要包括与房地产开发项目有关的三项期间费用，即销售费用、管理费用和财务费用。

开发费用在从转让收入中减除时，不是按实际发生额，而是按一定的标准扣除，标准的选择取决于财务费用中的利息支出，即：

a. 如果纳税人能够按转让房地产项目计算分摊并能够提供金融机构贷款证明的，利息支出据实扣除，但最高不能超过按商业银行同类同期贷款利率计算的金额；其他开发费用按地价款和房地产开发成本计算的金额之和的 5%以内计算扣除，用公式表示就是：

房地产开发费用＝利息＋（取得土地使用权所支付的金额＋房地产开发成本）×5%以内

b．如果纳税人不能按转让房地产项目计算分摊利息支出，或不能提供金融机构贷款证明的，房地产开发费用按地价款和房地产开发成本金额之和的 10%以内计算扣除。用公式表示就是：

房地产开发费用＝（取得土地使用权所支付的金额＋房地产开发成本）×10%以内

④ 旧房及建筑物的评估价格。转让旧有房地产时，应按旧房及建筑物的评估价格计算扣除项目金额。

⑤ 与转让房地产有关的税金。包括营业税、城市建设维护税、教育费及附加、印花税等。

⑥ 财政部规定的其他扣除项目。对从事房地产开发的纳税人可按第 1 项与第 2 项之和加计 20%扣除。

土地增值税实行四级超率累进税率。各级应纳税额计算公式如下：

当增值额未超过扣除项目金额 50%（含）的部分，税率为 30%；
当增值额超过扣除项目金额 50%，但未超过扣除项目金额 100%（含）时，税率为 40%；
当增值额超过扣除项目金额 100%，但未超出扣除项目金额 200%（含）的部分，税率为 50%；
当增值额超过扣除项目金额 200%的部分，税率为 60%。

按以上规定，土地增值税税额的计算公式可表达如下：

土地增值税税额＝Σ（每级距的土地增值额×适用税率）

另外，根据超率累进特点，也可以采用速算扣除法，其计算公式如下：

土地增值税税率＝增值额×税率－扣除项目金额×速算扣除率

土地增值税税率及速算扣除率如表 8-2 所示。

表 8-2　土地增值税税率及速算扣除率表

| 增值额超过扣除项目金额比例 | 税　率 | 速算扣除率 |
| --- | --- | --- |
| 土地增值额≤50% | 30% | 0 |
| 50%＜土地增值额≤100% | 40% | 5% |
| 100%＜土地增值额≤200% | 50% | 15% |
| 土地增值额＞200% | 60% | 35% |

【例 8-1】　某房地产开发项目销售收入 30 000 万元；投资成本 15 000 万元，其中，土地费用 3 000 万元，开发成本 10 000 万元，开发费用（销售费用、管理费用与财务费用合计）为 2 000 万元；营业税金及附加 1 600 万元。试计算该项目的土地增值税。

**解：** 具体计算结果如表 8-3 所示。

表 8-3　土地增值税计算表

| 序　号 | 项　目 | 金额（万元） | 计 算 说 明 |
| --- | --- | --- | --- |
| 1 | 销售收入 | 30 000 | |
| 2 | 投资成本 | 15 000 | |
| 3 | 其中：开发费用 | 2 000 | |
| 4 | 营业税金及附加 | 1 600 | |
| 5 | 加计扣除 | 2 600 | [（2）－（3）]×20% |

169

续表

| 序 号 | 项 目 | 金额（万元） | 计 算 说 明 |
|---|---|---|---|
| 6 | 扣除项目 | 19 200 | (2)＋(4)＋(5) |
| 7 | 增值额 | 10 800 | (1)－(6) |
| 8 | 增值率 | 56.25% | (7)/(6) |
| 9 | 土地增值税税额 | 3 360 | |

注：表中第5项加计扣除，是根据财政部相关规定，对从事房地产开发的纳税人可按土地费用与开发成本之和加计20%扣除。

从表8-3中可知，该项目土地增值率为56.25%，则增值额未超过扣除金额50%的适用税率为30%，超过部分适用税率为40%。下面采用两种方法分别计算土地增值税。

方法一：

土地增值税＝19 200×50%×30%＋(10 800－19 200×50%)×40%＝2 880+480＝3 360(万元)。

方法二：

土地增值税＝增值额×税率－扣除项目金额×速算扣除率
＝10 800×40%－19 200×5%＝3 360(万元)。

另外，根据《实施细则》的规定，纳税人建筑普通标准住宅出售，增值额未超过扣除项目金额的20%，可以免征增值税。

(5) 企业所得税。企业所得税是国家对企业生产经营所得和其他所得征收的一种税。企业所得税以应纳税所得额为计税依据。纳税人每个纳税年度的收入总额减去扣除项目金额以后的余额，为应纳税所得额。所得税税率为33%，应纳税额的计算公式为：

所得税税额＝应纳税所得额×33%

应纳税所得额＝收入总额－准予扣除项目金额

## 8.2 房地产开发项目财务报表的编制

### 8.2.1 辅助性报表的编制

房地产开发项目的财务评价报表分为基本报表和辅助报表两大类，其中，基本报表共有6张，而辅助报表共有15张（具体到每个项目时，报表数量可能会有些变化）。辅助报表是用来为基本报表提供基础数据的，主要又可分为成本费用估算表、投资计划与资金筹措表、银行贷款还本付息表、销（出）售收入估算表、出租收入估算表、折旧摊销表和营业成本表等。

**1. 成本费用估算表**

房地产开发项目的成本费用项目及其估算已在前面一节中阐述，其中成本费用构成的每一大项基本上都可以通过专门编制各自的表格进行汇总计算。例如，关于土地费用的估算、前期工程费用的估算、基础设施建设费用的估算、建筑安装工程费用的估算和公共配套设施建设费用的估算等。这些成本费用的估算表如表8-4~表8-10所示。

表8-4　土地费用估算表　　　　　　　　　　单位：万元

| 序号 | 项目 | 金额 | 估算说明 |
|---|---|---|---|
| 1 | 土地出让金 | | |
| 2 | 征地费 | | |
| 3 | 拆迁安置补偿费 | | |
| 4 | 土地转让费 | | |
| 5 | 土地租用费 | | |
| 6 | 土地投资折价 | | |
| | 合计 | | |

表8-5　前期工程费估算表　　　　　　　　　　单位：万元

| 序号 | 项目 | 金额 | 估算说明 |
|---|---|---|---|
| 1 | 规划、设计、科研费 | | |
| 2 | 水文、地质勘察费 | | |
| 3 | 道路费 | | |
| 4 | 供水费 | | |
| 5 | 供电费 | | |
| 6 | 土地平整费 | | |
| | 合计 | | |

表8-6　基础设施建设费估算表　　　　　　　　单位：万元

| 序号 | 项目 | 建设费用 | 接口费用 | 合计 |
|---|---|---|---|---|
| 1 | 供电工程 | | | |
| 2 | 供水工程 | | | |
| 3 | 供气工程 | | | |
| 4 | 排污工程 | | | |
| 5 | 小区道路工程 | | | |
| 6 | 路灯工程 | | | |
| 7 | 小区绿化工程 | | | |
| 8 | 环卫设施 | | | |
| | 合计 | | | |

表8-7　建筑安装工程费估算表　　　　　　　　单位：万元

| 项目 | 建筑面积 | 建安工程费 | 装饰工程费 | 金额合计 |
|---|---|---|---|---|
| 单项工程1 | | | | |
| 单项工程2 | | | | |
| … | | | | |
| 合计 | | | | |

表8-8 公共配套设施建设费估算表　　　　　　　　　　单位：万元

| 序　号 | 项　目 | 金　额 | 估　算　说　明 |
|---|---|---|---|
| 1 | 居委会 | | |
| 2 | 派出所 | | |
| 3 | 托儿所 | | |
| 4 | 幼儿园 | | |
| 5 | 公共厕所 | | |
| 6 | 停车场 | | |
| | 合　计 | | |

表8-9 开发期税费估算表　　　　　　　　　　单位：万元

| 序　号 | 项　目 | 金　额 | 估　算　说　明 |
|---|---|---|---|
| 1 | 土地使用税 | | |
| 2 | 市政支管线分摊费 | | |
| 3 | 供电贴费 | | |
| 4 | 用电权费 | | |
| 5 | 分散建设市政公用设施费 | | |
| 6 | 绿化建设费 | | |
| 7 | 电话初装费 | | |
| | 合　计 | | |

表8-10 其他费用估算表　　　　　　　　　　单位：万元

| 序　号 | 项　目 | 金　额 | 估　算　说　明 |
|---|---|---|---|
| 1 | 临时用地 | | |
| 2 | 临建图 | | |
| 3 | 施工图预算或标底编制费 | | |
| 4 | 工程合同预算或标底审查费 | | |
| 5 | 招标管理费 | | |
| 6 | 总承包管理费 | | |
| 7 | 合同公证费 | | |
| 8 | 施工执照费 | | |
| 9 | 工程质量监督费 | | |
| 10 | 工程监理费 | | |
| 11 | 竣工图编制费 | | |
| 12 | 工程保险费 | | |
| | 合　计 | | |

以上 7 张表格最终可以汇总到开发项目总投资估算表当中，如表 8-11 所示。

表 8-11　开发项目总投资估算表　　　　　　　　　　单位：万元

| 序　号 | 项　　目 | 计费标准与依据 | 总　价 | 单　价 |
|---|---|---|---|---|
| 1 | 开发建设投资 | | | |
| 1.1 | 土地费用 | | | |
| 1.2 | 前期工程费 | | | |
| 1.3 | 基础设施建设费 | | | |
| 1.4 | 建筑安装工程费 | | | |
| 1.5 | 公共配套设施建设费 | | | |
| 1.6 | 开发间接费 | | | |
| 1.7 | 管理费用 | | | |
| 1.8 | 财务费用 | | | |
| 1.9 | 销售费用 | | | |
| 1.10 | 开发期税费 | | | |
| 1.11 | 其他费用 | | | |
| 1.12 | 不可预见费 | | | |
| 2 | 经营资金 | | | |
| 3 | 项目总投资 | | | |
| 3.1 | 开发产品成本 | | | |
| 3.2 | 固定资产投资 | | | |
| 3.3 | 经营资金 | | | |

注：项目建成时运营时，固定资产将形成固定资产、无形资产与递延资产。

## 2. 投资计划与资金筹措表

（1）投资使用计划的编制。房地产项目需要根据可能的建设进度、将会发生的实际付款时间和金额编制资金使用（投资）计划表。这里首先需要解决几个问题：一是关于建设工期的确定，建设工期是指拟建项目永久性开工之日，到项目全面建成交付使用的全部时间。项目建设工期可以参考有关部门制定的建设项目工期定额和单位工期定额，结合项目建设内容、工程量大小、建设难易程度以及施工条件等具体情况综合分析确定。二是根据所确定的工期，制定相应的项目实施计划，在投资分析中，项目实施计划一般以甘特横道图（见表 8-24）的形式表达。三是在确定项目实施进度的基础上，结合项目的总投资估算，再来确定项目的分年度（也可以是季度或月度）资金投入计划，并最终与资金筹措计划合并编制"投资计划与资金筹措表"。具体表格形式如表 8-12 所示。

表 8-12  投资计划与资金筹措表    单位：万元

| 序号 | 项　目 | 合　计 | 1 | 2 | 3 | … | n |
|---|---|---|---|---|---|---|---|
| 1 | 项目总投资 | | | | | | |
| 1.1 | 开发建设投资 | | | | | | |
| 1.2 | 经营资金 | | | | | | |
| 2 | 资金筹措 | | | | | | |
| 2.1 | 自有资金（资本金） | | | | | | |
| 2.2 | 借贷资金 | | | | | | |
| 2.3 | 预售收入 | | | | | | |
| 2.4 | 预租收入 | | | | | | |
| 2.5 | 其他收入 | | | | | | |

在进行投资计划的编制时，需要注意的是，房地产开发项目投资分析中的投资计划应该与项目实施中的资金筹措和结算工程款的计划是有区别的，主要表现在前者并不要求非常严密，只要保证项目评价结果具有足够的准确性即可。因此，在房地产项目投资分析中，其投资计划的确定采用的是粗略估算的方法，例如，可以根据各项投资费用要求的支付时间或根据工程进度预计的大致用款时段，在用款区间内平均分配投资。比如，关于土地费用的支付，依据该宗土地招投标的规定，就已明确了其支付时间和付款比例。又如，某幢住宅楼工期为 9 个月，单项工程费用除以 9，每个月的用款就估算出来了，在此基础上考虑工程预付款和施工单位的垫付资金，对用款计划作适当调整，则项目的用款计划就基本确定了。

另外，在房地产项目投资分析阶段，计算期可取年、半年、季甚至月为单位，资金使用计划应按期编制。编制资金使用计划还应考虑各种投资款项的付款特点，要考虑预收款、欠付款、预付定金以及按工程进度中间结算付款等方式对编制资金使用计划的影响。

（2）资金筹措来源。通过有效的资金筹措计划来解决项目投资计划中资金的需求问题，是房地产项目投资分析的一个重点。一般来讲，房地产项目资金筹措的来源主要有三个，一是自有资金（资本金）的筹措；二是项目预租售收入（可作为滚动开发投入）；三是金融机构的借贷资金。

① 自有资金（资本金）筹措。自有资金或资本金是指项目总投资中有投资者自己提供的资金。根据 2006 年 5 月 29 日，国务院办公厅转发的建设部等九部门《关于调整住房供应结构稳定住房价格的意见》（俗称"国六条"）规定，对项目资本金比例达不到 35%等贷款条件的房地产企业，商业银行不得发放贷款，比以前 30%的自有资金比例提高了 5%。

② 预租售收入。预租售收入是指房地产开发企业将正在开发建设中的商品房，预先租售给承租人或承购人所获得的定金、租金或房价款收入。

房地产开发企业进行商品房预售的，首先要取得《商品房预售许可证》。而房地产开发企业在申办《商品房预售许可证》还应当具备下列条件：

a. 已交付全部土地使用权出让金，取得土地使用权证书；
b. 持有建设工程规划用地许可证、建设工程规划许可证和施工许可证；
c. 按提供预售的商品房计算，投入开发建设的资金（不含地价款和土地开发投入）达到工程建设总投资的 25%以上，并已经确定施工进度和竣工交付日期；

d. 取得《营业执照》和资质证书，已签订工程施工合同，并拟定商品房预售方案。

预租售收入是房地产开发企业特有的资金来源，同时也在很大程度上缓解了开发商项目资金的压力。在房地产投资分析中，我们应在国家政策法规允许范围内，并充分考虑市场状况和需求的前提下，尽量争取较多地预租售收入作为房地产开发项目的资金来源之一，从而提高整个项目的运作效率。

③ 借贷资金的筹措。目前，国内大多数开发企业的借贷资金是通过银行贷款获得的，当然有不少企业是通过股票市场、债券市场、信托投资等途径获得资金。这里我们主要讨论银行的信贷资金，银行向房地产开发企业发放贷款的类型主要有两种：

第一种是房地产开发流动资金贷款。这种贷款是银行向从事房地产开发的企业发放的用于房地产项目开发建设所需流动资金周转的贷款。

第二种是房地产开发项目贷款。这种贷款是银行向从事房地产开发的企业发放的用于其所开发的房地产项目所需建设资金的贷款。包括住房开发贷款、商业用房贷款、经济适用房贷款（原国家安居工程贷款）和其他房地产开发贷款等。

（3）资金筹措计划的编制。显然，资金筹措计划的编制应该依据资金的投入计划表来进行，通过投入计划表中各期的资金需求情况对资金的三种来源及数量进行安排。一般先考虑使用资本金和预租售收入，如果不够则再考虑借贷资金。在编制过程中需要保证资金投入计划与资金筹措计划应在各期和总量上保持平衡。为此，具体的数据填入还需要通过损益表、借款偿还表等多个表配合计算才行。

**3. 借款还本付息表**

（1）借款还本付息表的格式。借款还本付息表的格式如表 8-13 所示。

表 8-13　借款还本付息表　　　　　　　　　　　单位：万元

| 序号 | 项　目 | 合　计 | 1 | 2 | 3 | … | n |
|---|---|---|---|---|---|---|---|
| 1 | 借款及还本付息 | | | | | | |
| 1.1 | 年初贷款余额 | | | | | | |
| 1.2 | 本年贷款 | | | | | | |
| 1.3 | 本年应计利息 | | | | | | |
| 1.4 | 本年偿还本息 | | | | | | |
| 1.5 | 年末贷款余额 | | | | | | |
| 2 | 偿还本息资金来源 | | | | | | |
| 2.1 | 销售及出租收入 | | | | | | |
| 2.2 | 短期贷款 | | | | | | |
| | 贷款利率（%） | | | | | | |
| | 还款方式 | 等额还本付息还是等额还本、利息照付 ||||||
| | 借款偿还期 | | | | | | |

（2）编制借款还本付息表应注意的问题。在编制借款还本付息表的时候应注意以下几个问题：

① 关于利息的计算。根据有关规定，为了简化计算，假定借款发生当年均在年中支用，按半年计息，其后年份按全年计息；还款当年按年末偿还，按全年计息。据此，每年应计利息的简

化计算公式如下：

$$每年应计利息 = \left(年初借款本息累计 + \frac{本年借款额}{2}\right) \times 年实际利率 \qquad (8\text{-}1)$$

借款还本付息表中数据是按以下基本关系计算的，直至"年末贷款余额"等于零为止：

$$\begin{aligned}&年初贷款余额 + 本年借款 + 本年应计利息 - 本年还本付息 \\ &= 年末贷款余额 = 下年初贷款余额\end{aligned} \qquad (8\text{-}2)$$

② 还本付息表中有关数据的来源。"本年借款"数据来自投资计划和资金筹措表；"本年应计利息"按式（8-1）计算得到；"偿还本息资金来源"包括租售收入、短期借款等；"年还本付息"数额根据还款方式而定，当然，其数额不能超过"偿还本息资金来源"中的数额。

（3）借款还本付息表的作用。借款还本付息表是分析项目债务清偿能力的重要依据，其中之一就是可以通过借款还本息表计算项目的借款偿还期。所谓借款偿还期，是指在国家财税规定及项目具体财务条件下，以项目投产后可用于还款的资金偿还固定资产投资的借款本金和建设期利息所需要的时间。借款偿还期的计算公式为：

$$\begin{aligned}借款偿还期 &= 借款偿还开始出现盈余的年份 - 开始借款年份 + \\ &\quad （当年应偿还借款余额/当年可用于还款的金额）\end{aligned} \qquad (8\text{-}3)$$

另外，通过借款还本付息表中的数据，也可以对项目的负债结构、还贷方式及负债程度等问题进行分析，从对项目的财务风险作出相应的评价。

### 4. 租售收入估算表

（1）租售收入估算表的格式。表 8-14 列出了租售收入估算表的格式。

**表 8-14　租售收入与经营税金及附加估算表**　　　　　　　　　　单位：万元

| 序 号 | 项 目 | 合 计 | 1 | 2 | 3 | … | n |
|---|---|---|---|---|---|---|---|
| 1 | 租售收入 | | | | | | |
| 1.1 | 可销售（出租）面积 | | | | | | |
| 1.2 | 单位售价（租金） | | | | | | |
| 1.3 | 销售（出租）比例 | | | | | | |
| 2 | 经营税金及附加 | | | | | | |
| 2.1 | 营业税 | | | | | | |
| 2.2 | 城市建设维护税 | | | | | | |
| 2.3 | 教育费附加 | | | | | | |
| … | | | | | | | |
| 3 | 营业税及附加（5.5%） | | | | | | |
| 4 | 税后销售（出租）总收入 | | | | | | |

注：1. 当房地产开发项目有预租时，在开发期存在租金收入；
　　2. 出租一定时间后，可以转售，净转售收入一般在期末实现。

（2）租售收入估算表的编制。根据项目的租售方案确定租售收入估算表的内容，具体可参见前面一节中关于租收入估算的阐述。

**5. 其他辅助报表**

（1）折旧摊销表。折旧摊销表主要表示房地产开发企业所有的房屋建筑物、机电设备、无形资产及开办费等项目的折旧和摊销情况。其报表格式如表 8-15 所示。

表 8-15　折旧摊销表　　　　　　　　　　单位：万元

| 项　　目 | 经济使用年限 | 年平均折旧率 | 合　　计 | 1 | … | n |
|---|---|---|---|---|---|---|
| 房屋建筑物 | | | | | | |
| 原值 | | | | | | |
| 本年折旧 | | | | | | |
| 账面净值 | | | | | | |
| 机电设备 | | | | | | |
| 原值 | | | | | | |
| 本年折旧 | | | | | | |
| 账面净值 | | | | | | |
| 无形资产 | | | | | | |
| 原值 | | | | | | |
| 本年折旧 | | | | | | |
| 账面净值 | | | | | | |
| 开办费 | | | | | | |
| 原值 | | | | | | |
| 本年折旧 | | | | | | |
| 账面净值 | | | | | | |
| 其他 | | | | | | |
| 原值 | | | | | | |
| 本年折旧 | | | | | | |
| 账面净值 | | | | | | |
| 原值总计 | | | | | | |
| 折旧摊销总计 | | | | | | |
| 账面净值总计 | | | | | | |

（2）营业成本表。营业成本表是编制出租项目损益表和现金流量表的重要辅助报表。报表的格式如表 8-16 所示。

表 8-16 营业成本表　　　　　　　　　　　　　　　　　　　　　　　　　单位：万元

| 应 计 项 目 | 计 算 标 准 | 金 额 总 计 | 1 | … | n |
|---|---|---|---|---|---|
| 经营费用 | | | | | |
| 房产税 | | | | | |
| 小　　计 | | | | | |
| 折旧及摊销 | | | | | |
| 财务费用 | | | | | |
| 小　　计 | | | | | |
| 营业成本合计 | | | | | |

注：1. 经营费用包含物业管理费支出、建筑物维护与能源费、行政费用与营销费用等内容。通常按租金收入的5%估算。

2. 房产税按出租房屋收入的12%估算。

### 8.2.2 基本报表的编制

房地产开发项目财务评价的基本报表主要有四张，即现金流量表、损益表、资金来源与运用表和资产负债表。

#### 1. 现金流量表

现金流量表反映房地产项目在整个开发经营期间的现金流出和现金流入情况，是财务分析中计算项目的净现值、内部收益率、投资回收期等指标的依据。现金流量表包括全部投资现金流量表和资本金（自有资金）投资现金流量表两张。

（1）全部投资现金流量表。全部投资现金流量表不考虑投资资金的来源，以全部投资作为计算的基础，其目的是考察整个项目投资的盈利能力，为各个可能的投资方案进行比较建立共同的基础。

全部投资现金流量表的格式如表 8-17 所示。

表 8-17　全部投资现金流量表　　　　　　　　　　　　　　　　　　　单位：万元

| 序　号 | 项　目 | 合　计 | 1 | 2 | 3 | … | n |
|---|---|---|---|---|---|---|---|
| 1 | 现金流入 | | | | | | |
| 1.1 | 销售收入 | | | | | | |
| 1.2 | 出租收入 | | | | | | |
| 1.3 | 自营收入 | | | | | | |
| 1.4 | 净转售收入 | | | | | | |
| 1.5 | 其他收入 | | | | | | |
| 1.6 | 回收固定资产余值 | | | | | | |
| 1.7 | 回收经营资金 | | | | | | |
| 2 | 现金流出 | | | | | | |

续表

| 序 号 | 项 目 | 合 计 | 1 | 2 | 3 | … | n |
|---|---|---|---|---|---|---|---|
| 2.1 | 开发建设投资 | | | | | | |
| 2.2 | 经营资金 | | | | | | |
| 2.3 | 运营费用 | | | | | | |
| 2.4 | 修理费用 | | | | | | |
| 2.5 | 经营税金及附加 | | | | | | |
| 2.6 | 土地增值税 | | | | | | |
| 2.7 | 所得税 | | | | | | |
| 3 | 净现金流量 | | | | | | |
| 4 | 累计净现金流量 | | | | | | |

与第 4 章有关现金流量表的内容相似，在表 8-17 中还可以加入"净现金流量的现值"、"净现金流量现值累计"及"折现系数"等项。表中各项数据分别可以从租售收入及营业税金估算表、投资计划与资金筹措表、总成本费用表等表和有关计算中得到。

（2）资本金现金流量表。该表从投资者的角度，以投资者的出资额作为计算依据，把借款本金偿还和利息支付看做是现金流出，考察项目的现金流入流出情况，从而反映资本金的盈利能力。

表 8-18　资本金投资现金流量表　　　　　　　　　　单位：万元

| 序 号 | 项 目 | 合 计 | 1 | 2 | 3 | … | n |
|---|---|---|---|---|---|---|---|
| 1 | 现金流入 | | | | | | |
| 1.1 | 销售收入 | | | | | | |
| 1.2 | 出租收入 | | | | | | |
| 1.3 | 自营收入 | | | | | | |
| 1.4 | 净转售收入 | | | | | | |
| 1.5 | 其他收入 | | | | | | |
| 1.6 | 回收固定资产余值 | | | | | | |
| 1.7 | 回收经营资金 | | | | | | |
| 2 | 现金流出 | | | | | | |
| 2.1 | 资本金 | | | | | | |
| 2.2 | 经营资金 | | | | | | |
| 2.3 | 运营费用 | | | | | | |
| 2.4 | 修理费用 | | | | | | |
| 2.5 | 经营税金及附加 | | | | | | |
| 2.6 | 土地增值税 | | | | | | |
| 2.7 | 所得税 | | | | | | |
| 2.8 | 借款本金偿还 | | | | | | |
| 2.9 | 借款利息支付 | | | | | | |
| 3 | 净现金流量 | | | | | | |
| 4 | 累计净现金流量 | | | | | | |

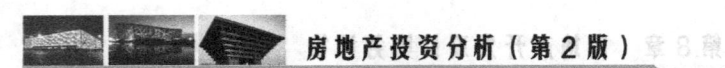

## 2. 损益表

损益表是反映房地产投资项目开发经营期内各年的利润总额、所得税及各年税后利润的分配等情况的财务报表。通过该表提供的数据，可以计算得出项目的投资利润率、投资利税率、资本金利润率、资本金净利润率等静态分析指标。其表格形式如表 8-19 所示。

表 8-19　损益表　　　　　　　　　　　　　　　　　　　单位：万元

| 序号 | 项目 | 合计 | 1 | 2 | 3 | … | 4 |
|---|---|---|---|---|---|---|---|
| 1 | 经营收入 | | | | | | |
| 1.1 | 销售收入 | | | | | | |
| 1.2 | 出租收入 | | | | | | |
| 1.3 | 自营收入 | | | | | | |
| 2 | 经营成本 | | | | | | |
| 2.1 | 商品房经营成本 | | | | | | |
| 2.2 | 出租房经营成本 | | | | | | |
| 3 | 运营费用 | | | | | | |
| 4 | 修理费用 | | | | | | |
| 5 | 经营税金及附加 | | | | | | |
| 6 | 土地增值税 | | | | | | |
| 7 | 利润总额 | | | | | | |
| 8 | 所得税 | | | | | | |
| 9 | 税后利润 | | | | | | |
| 9.1 | 盈余公积金 | | | | | | |
| 9.2 | 应付利润 | | | | | | |
| 9.3 | 未分配利润 | | | | | | |

损益表中有关项目的计算如下：

（1）利润总额的计算。利润总额的计算公式为：

利润总额＝经营收入－经营成本－运营费用－修理费用－经营税金及附加－土地增值税

对于出售型的房地产开发项目，由于房地产投资的过程也即是房地产产品的生产过程，因此，其总投资＝总成本费用＝经营成本。所以对于出售型的房地产开发项目，利润总额的计算公式可以简化为：

利润总额＝销售收入－总成本费用－经营税金及附加－土地增值税

而对于出租类的房地产项目则不同，其中经营成本包括利息支出、房产税、管理费、维修费、折旧费等。这样对于出租型的房地产项目，利润总额的计算公式可以简化为：

利润总额＝出租收入－经营成本－经营税金及附加

（2）税后利润的计算。税后利润指的是利润总额扣除所得税后的利润数额。关于所得税的计税依据已在前面讲过了。另外，需要注意的是，当房地产开发企业发生年度亏损时，因没有利润或收入，其所得税应为零；由亏转盈的年份，则可以用下一年度的所得税税前利润弥补；下一年度税前利润不足弥补的，可以在 5 年内连续弥补；5 年内不足弥补的，用税后利润弥补。

(3) 利润的分配。房地产开发企业的税后利润即为可分配利润，可分配利润按弥补企业以前年度亏损、盈余公积金、应付利润、未分配利润等项目进行分配。

① 弥补以前企业年度亏损；

② 法定盈余公积金按照税后扣除前项后的 10%提取，盈余公积金已达到注册资本的 50%时可不再提取；

③ 应付利润即为向投资者分配利润；

④ 考虑以上三项后，余额为未分配利润，主要可用于归还贷款。

### 3. 资金来源与运用表

资金来源与运用表主要反映房地产项目各期的资金盈余或短缺情况，即反映项目资金的平衡情况。显然，在当年资金来源多于资金运用的数额时，即为盈余；在当年资金来源少于资金运用的数额时，即为短缺。从资金的使用效率和项目的财务安全角度看，每期或总量上资金数量过分的盈余或发生短缺都会对项目的经营业绩产生影响。资金来源与运用表的形式如表 8-20 所示。

表 8-20 资金来源与运用表　　　　　　　　　　　单位：万元

| 序号 | 项目 | 合计 | 1 | 2 | 3 | … | n |
|---|---|---|---|---|---|---|---|
| 1 | 资金来源 | | | | | | |
| 1.1 | 销售收入 | | | | | | |
| 1.2 | 出租收入 | | | | | | |
| 1.3 | 自营收入 | | | | | | |
| 1.4 | 资本金 | | | | | | |
| 1.5 | 长期借款 | | | | | | |
| 1.6 | 短期借款 | | | | | | |
| 1.7 | 回收固定资产余值 | | | | | | |
| 1.8 | 回收经营资金 | | | | | | |
| 1.9 | 净转售收入 | | | | | | |
| 2 | 资金运用 | | | | | | |
| 2.1 | 开发建设投资 | | | | | | |
| 2.2 | 经营资金 | | | | | | |
| 2.3 | 运营费用 | | | | | | |
| 2.4 | 修理费用 | | | | | | |
| 2.5 | 经营税金及附加 | | | | | | |
| 2.6 | 土地增值税 | | | | | | |
| 2.7 | 所得税 | | | | | | |
| 2.8 | 应付利润 | | | | | | |
| 2.9 | 借款本金偿还 | | | | | | |
| 2.10 | 借款利息支付 | | | | | | |
| 3 | 盈余资金（1）－（2） | | | | | | |
| 4 | 累计盈余资金 | | | | | | |

### 4. 资产负债表

资产负债表反映的是房地产项目在各计算期内的资产、负债和所有者权益变化与对应关系。主要用于分析某一项目的资产、负债和所有者权益结构，进而对项目的清偿能力进行分析。其表格的形式如表 8-21 所示。

表 8-21　资产负债表　　　　　　　　　　　　　　单位：万元

| 序号 | 项目 | 合计 | 1 | 2 | 3 | … | n |
|---|---|---|---|---|---|---|---|
| 1 | 资产 | | | | | | |
| 1.1 | 流动资产 | | | | | | |
| 1.1.1 | 应收账款 | | | | | | |
| 1.1.2 | 存货 | | | | | | |
| 1.1.3 | 现金 | | | | | | |
| 1.1.4 | 累计盈余资金 | | | | | | |
| 1.2 | 在建工程 | | | | | | |
| 1.3 | 固定资产净值 | | | | | | |
| 1.4 | 无形及递延资产净值 | | | | | | |
| 2 | 负债及所有者权益 | | | | | | |
| 2.1 | 流动负债总额 | | | | | | |
| 2.1.1 | 应付账款 | | | | | | |
| 2.1.2 | 短期借款 | | | | | | |
| 2.2 | 借款 | | | | | | |
| 2.2.1 | 经营资金借款 | | | | | | |
| 2.2.2 | 固定资产投资借款 | | | | | | |
| 2.2.3 | 开发产品投资借款 | | | | | | |
| | 负债小计 | | | | | | |
| 2.3 | 所有者权益 | | | | | | |
| 2.3.1 | 资本金 | | | | | | |
| 2.3.2 | 资本公积金 | | | | | | |
| 2.3.3 | 盈余公积金 | | | | | | |
| 2.3.4 | 累计未分配利润 | | | | | | |

资产负债表中的项目内容请参见有关房地产企业会计方面的书籍。对于初学者来说，如果对表中的各项内容不清楚，在投资分析实践当中可以暂不考虑资产负债表的编制。

### 5. 报表之间的关系与编制要求

显然，以上财务报表之间的关系不是独立的，比如，借款还本付息表与现金流量表、资金来源与运用表、投资计划与资金筹措表等表格之间是相互联系的。因此，在编制这些表格时，一定要利用 Excel 电子表格的形式进行，否则肯定会出错。特别是，在投资分析过程当中要对某张表格中的数据进行调整时，某一个数据的变化，不仅会使所在表格中的其他数据发生变化，而且也会要求其他表格中的数据跟着变化，此时，采用电子表格的形式进行编制可以大大节省调整的时间和精力。所以，作为房地产投资分析人员，对 Excel 电子表格等软件一定要会熟练运用。

## 8.3 房地产开发项目财务效果评价

关于房地产开发项目的财务效果评价主要涉及房地产开发项目的财务指标体系及财务指标的计算。由于其中涉及的大部分财务指标已经在第 4 章作过阐述，因此，在这里，这部分内容仅作简单叙述。

### 8.3.1 房地产开发项目财务指标体系

房地产开发项目的财务指标比较多，除了前面章节已经讨论过的指标外，还包括借款偿还期、资产负债率、流动比率和速动比率等。并且，这些指标与基本财务报表之间保持着对应关系，如表 8-22 所示。

表 8-22 房地产开发项目财务指标及其与基本报表之间的关系

| 评估内容 | 基本报表 | 财务分析主要指标 | |
|---|---|---|---|
| | | 静态指标 | 动态指标 |
| 盈利能力分析 | 全部投资现金流量表 | 静态投资回收期<br>累计净现金流量 | 内部收益率<br>净现值<br>动态投资回收期 |
| | 自有资金现金流量表 | 静态投资回收期<br>累计净现金流量 | 内部收益率<br>净现值<br>动态投资回收期 |
| | 损益表 | 投资利率<br>投资利税率<br>资本金利率<br>资本金利税率 | |
| 清偿能力分析 | 借款还本付息表<br>资金来源与运用表<br>资产负债表 | 借款偿还期<br>还本付息比率<br>资产负债率<br>流动比率<br>速动比率 | |

### 8.3.2 房地产开发项目财务指标的计算

本书第 4 章已对诸如内部收益率、投资回收期、净现值、投资利润率和资本金利润率等指标作了详细的介绍，下面主要对其他的财务指标进行分析。

**1. 借款偿还期**

（1）国内借款偿还期。根据相关规定，具有自营部分的房地产项目应计算国内借款偿还期。

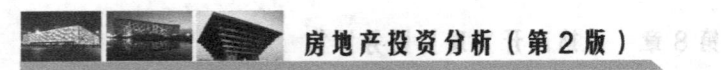

仅含产品租售的房地产项目一般可不计算国内借款偿还期。

国内借款偿还期是指在国家规定及房地产项目具体财务条件下，在房地产项目开发经营期内，使用可用做还款的利润、折旧、摊销及其他还款资金，偿还房地产项目借款本息（$I_d$）所需要的时间。其计算公式为：

$$I_d = \sum_{t=1}^{P_d} R_t \tag{8-4}$$

式中，$P_d$——国内借款偿还期，从借款开始起计算；
$R_t$——第 $t$ 期可用于还款的资金，包括利润、折旧摊销及其他还款资金。

借款偿还期可由资金来源与运用表或国内借款还本付息计算表直接计算，其详细计算公式为：

$P_d$＝借款偿还后开始出现盈余期数－开始借款期数＋（当期偿还借款额÷当期可用于还款的资金额）[此式与（8-3）式相同]

以上计算结果是以期为单位，注意将其转换成以年为单位。

（2）国外借款偿还期。涉及利用外资的房地产项目，其国外借款的还本利息，一般是按已经明确或预计可能的借款偿还条件（包括宽限期、偿还期及偿还方式等）计算。当借款偿还期满足贷款机构的要求期限时，即认为房地产项目具有清偿能力。

### 2. 还本付息比率

还本付息比率是指项目投资净经营收益与年还本付息总额的比值，有时又称为偿债保障比率。这一指标反映了项目能否及时偿还银行贷款本息的能力，其计算公式为：

$$还本付息比率＝净经营收益÷年还本付息总额 \tag{8-5}$$

显然，该指标的数值越大，表明项目面临的清偿风险越小，银行贷款的安全度也越高。

### 3. 资产负债率

资产负债率反映企业负债总额占资产总额的比率，它是衡量企业利用债权人提供的资金进行生产经营活动的能力，同时反映债权人为企业提供贷款的安全程度，是分析长期债务清偿能力的重要指标。资产负债率的计算公式为：

$$资产负债率＝负债总额÷资产总额×100\% \tag{8-6}$$

债权人最关心的是贷给企业的款项的安全程度，也就是能否按期收回本金和利息。如果股东提供的资本与企业资本总额相比，只占较小的比例，则企业的风险将主要由债权人承担，这对债权人来讲是不利的。因此，债权人希望债务比例越低越好，企业偿债有保证，贷款不会有太大的风险。

不过，投资者自己或股东所关心的是全部资本利润率是否超过借款的利率，即借入资本的代价。从财务杠杆的角度看，在企业所得的全部资本利润率超过因借款而支付的利息率时，股东所得到的利润就会被放大。如果相反，运用全部资本所得的利润率低于借款利息率，则对股东不利，因为借入资本的多余的利息要用股东所得的利润份额来弥补。因此，从股东的立场看，在全部资本利润率高于借款利息率时，负债比例越大越好，否则反之。

我国房地产项目的资产负债率一般在 70% 以上。

### 4. 流动比率

流动比率是项目流动资产与流动负债之比，是反映项目资金变现为现金以偿还流动负债的能力指标。其计算公式为：

$$流动比率 = 流动资产 \div 流动负债 \times 100\% \tag{8-7}$$

流动比率表示企业每一元流动负债有多少流动资产作为偿还的保证，反映企业可用在一年内变现的流动资产偿还流动负债的能力。该指标值越大，企业短期偿债能力越强，企业因无法偿还到期的流动负债而产生的财务风险越小。一般认为，房地产企业的流动比率在 1.2 左右比较合适。

### 5. 速动比率

速动比率是速动资产与流动负债之比，其计算公式为：

$$速动比率 = 速动资产 \div 流动负债 \times 100\% \tag{8-8}$$

它是对流动比率的补充，由于流动比率只能表明企业流动资产与流动负债之间的关系，还没有完全表明企业的偿债能力。如果流动比率较高，但资产的流动性差，即变现能力不强，则企业的偿债能力仍然不高。流动负债一般须用货币资金支付，流动资产中有的变现能力强，有的则很弱，一般认为流动资产中存货的变现能力比较差，影响了用流动比率评价短期偿债能力的可靠性，因而用速动比率评价项目的短期偿债能力更为精确。在公式中，流动资产扣除存货部分即为速动资产。

一般来说，速动比率越高，企业偿还负债能力越高；相反，企业偿还短期负债能力则弱。它的值一般以 1 为恰当。不过，对于房地产开发企业，有的人认为 65%的速动比率是比较合适的。

## 8.4 房地产开发项目财务效果评价案例

### 8.4.1 项目概况

本项目规划设计要点如下：
（1）用地面积：11 417m²
（2）建筑密度：≤35%
（3）容积率（地上）：≤4.62
（4）绿化率：≥25%
（5）人口密度：≤1 085 人/公顷
（6）规划用途：商住综合楼

### 8.4.2 规划方案及主要技术经济指标

根据规划设计要点的要求及对市场的调查与分析，拟在该地块上兴建一幢 23 层的商住综合楼。

楼宇设两层地下停车库。裙楼共 4 层，1～2 层为商业用途，3～4 层以上配套公建为主，包括社会文化活动中心、区级中心书店、业主委员会、物业管理办公室等。裙楼顶层作平台花园。塔楼 2 个，均为 19 层高，为住宅用途。

本项目主要经济济技术指标如表 8-23 与表 8-24 所示。

表 8-23 项目主要技术经济指标（一）

| 项 目 | 单 位 | 数 量 | 项 目 | 单 位 | 数 量 |
|---|---|---|---|---|---|
| 占地总面积 | m² | 11 417 | 居住人数 | 人 | 1 064 |
| 总建筑面积 | m² | 52 426 | 平均每户建筑面积 | m² | 122 |
| 居住面积 | m² | 36 898 | 平均每户居住人数 | 人 | 3.5 |
| 公建面积 | m² | 4 280 | 人均居住用地 | m² | 34.68 |
| 绿化面积 | m² | 2 854 | 道路面积 | m² | 4 681 |
| 居住户数 | 户 | 304 | 车库面积 | m² | 7 200 |

表 8-24 项目技术经济指标（二）

| | 层 数 | 功 能 | 所占面积（m²） | 总 面 积（m²） |
|---|---|---|---|---|
| 裙楼 | 4 | 商铺 | 11 248 | 15 528 |
| | | 公建面积 | 4 280 | |
| 塔楼 | 19（2个） | 住宅 | 1 942（每层） | 36 898 |
| 地上建筑面积合计 | | | | 52 426 |
| 地下室 | 2 | 停车库 | 7 200 | 7 764 |
| | | 设备面积 | 300 | |
| | | 人防面积 | 264 | |

### 8.4.3 项目开发建设及经营的组织与实施计划

**1. 有关工程计划的说明**

项目总工期为36个月（从2005年3月～2008年3月）。当完成地下室第一层工程时，开展销售工作。

**2. 项目实施进度计划**

项目实施进度计划如表8-25所示。

表 8-25 项目实施进度计划表

| 序号 | 项目名称 | 持续时间（月） | 进度安排（按双月计） |
|---|---|---|---|
| 1 | 征地拆迁 | 6 | 2005年4-12月 |
| 2 | 前期工程 | 6 | 2005年 |
| 3 | 基础工程 | 6 | 2005-2006年 |
| 4 | 主体结构工程 | 7 | 2006年 |
| 5 | 设备安装工程 | 6 | 2006-2007年 |
| 6 | 室内外装修工程 | 7 | 2007年 |

续表

| 序号 | 项目名称 | 持续时间（月） | 进度安排（按双月计） |||||||||||||||
|---|---|---|---|---|---|---|---|---|---|---|---|---|---|---|---|---|---|
| | | | 2005 |||| 2006 ||||||| 2007 |||| 2008 ||
| | | | 4 | 6 | 8 | 10 | 12 | 2 | 4 | 6 | 8 | 10 | 12 | 2 | 4 | 6 | 8 | 10 | 12 | 2 | 4 |
| 7 | 红线内外工程 | 3 | | | | | | | | | | | | | | | ▬ | | | | |
| 8 | 公建配套工程 | 3 | | | | | | | | | | | | | | | | ▬ | | | |
| 9 | 竣工验收 | 2 | | | | | | | | | | | | | | | | | ▬ | | |
| 10 | 销售 | 27 | | | | | | | ▬▬▬▬▬▬▬▬▬▬▬▬▬ ||||||||||||||

### 8.4.4 项目财务评价基础数据估算

**1. 项目投资与成本费用的估算**

（1）土地费用。

① 土地使用权出让金。根据该市国有土地使用权出让金标准，可计算出该地块的土地使用权出让金为 6 150 万元。

② 拆迁补偿安置费：根据拆迁补偿协议，该地块拆迁补偿费为 9 000 万元。

以上两项合计为：15 150 万元。

（2）前期工程费。本项目的前期工程费如表 8-26 所示。

表 8-26　前期工程费估算表

| 序　号 | 项　　　目 | 计 算 依 据 | 金　额（万元） |
|---|---|---|---|
| 1 | 规划设计费 | 建安工程费×3% | 330.39 |
| 2 | 可行性研究费 | 建安工程费×1.5% | 165.20 |
| 3 | 水文、地质、勘探费 | 建安工程费×0.5% | 55.06 |
| 4 | 通水、通电、通路费 | 建安工程费×2.5% | 275.33 |
| 5 | 场地平整费 | 60 元/平方米 | 68.50 |
| | 合　　计 | | 894.48 |

（3）建筑安装工程费。本部分建筑安装工程费主要包括三个方面的内容，即土建部分、设备部分和装饰部分，我们依据单位指标法对这三项内容的费用进行估算，估算结果如表 8-27 所示。

表 8-27　建安工程费的估算　　　　　　　　　　　单位：万元

| 序号 | 项　　目 || 建筑面积（m²） | 土　建 || 设　备 || 装　饰 || 合计 |
|---|---|---|---|---|---|---|---|---|---|---|
| | | | | 单价 | 金额 | 单价 | 金额 | 单价 | 金额 | |
| 1 | 塔楼 || 36 898 | 1 483 元/m² | 5 472 | 351.72 元/m² | 1 298 | 161.35 | 595 | 7 365 |
| 2 | 裙楼 | 商铺部分 | 11 248 | 1 483 元/m² | 1 668 | 351.72 元/m² | 396 | 514.72 | 579 | 2 643 |
| | | 公建部分 | 4 280 | 1 483 元/m² | 635 | 351.72 元/m² | 150 | 514.72 | 220 | 1 005 |
| | 合　计 ||||||||||  11 013 |

(4) 基础设施费。基础设施费估算结果如表 8-28 所示。

表 8-28　基础设施费估算表　　　　　　　　　　　　单位：万元

| 序　号 | 项　目 | 单　价 | 计价数量 | 合　计 |
|---|---|---|---|---|
| 1 | 供电工程 | 65 万元/公顷 | 5.242 6 公顷 | 340 |
| 2 | 供水工程 | 15 万元/公顷 | 5.242 6 公顷 | 78.64 |
| 3 | 道路工程 | 42.13 万元/公顷 | 0.468 1 公顷 | 19.72 |
| 4 | 绿化工程 | 5.4 万元/公顷 | 0.350 1 公顷 | 1.89 |
| 5 | 其他工程 | 占建安工程费的 2% | 11 013 万元 | 220.26 |
|  | 合　计 |  |  | 660.51 |

(5) 开发期税费。开发期税费如表 8-29 所示。

表 8-29　开发期税费估算表　　　　　　　　　　　　单位：万元

| 序　号 | 类　别 | 计算依据 | 缴纳税额 |
|---|---|---|---|
| 1 | 投资方向调节税 | 投资额×5% | 550.65 |
| 2 | 配套设施建设费 | 建安工程费×12% | 1 321.56 |
| 3 | 建筑工程质量安全监督费 | 建安工程费×4‰ | 44.05 |
| 4 | 供水管网补偿费 | 住宅：0.3t/人，600 元/t<br>商铺：0.1t/人，600 元/t | 住宅：22.28<br>商铺：67.49 |
| 5 | 供电用电负荷费 | 住宅：4kVA/户，480 元/kVA；<br>商铺：8kVA/百平方米，1000 元/kVA | 住宅：58.37<br>商铺：89.98 |
| 6 | 其他 | 建筑安装工程费的 2% | 220.26 |
|  | 合　计 |  | 2 374.64 |

(6) 不可预见费。取以上（1）～（4）项之和的 3%。则不可预见费为：

（15 150＋894.48＋11 013＋660.51）×3%＝831.54（万元）

开发成本小计：以上（1）～（6）项之和为 30 924.17 万元。

**2. 开发费用的估算**

(1) 管理费用。取以上（1）～（4）项之和的 3%，则管理费为 831.54 万元。
(2) 销售费用。销售费用的估算表如表 8-30 所示。

表 8-30　销售费用估算表　　　　　　　　　　　　单位：万元

| 计算依据 | 计　价 | 合　计 |
|---|---|---|
| 广告宣传及市场推广费 | 销售收入的 2% | 1 082.51 |
| 销售代理费 | 销售收入的 2% | 1 082.51 |
| 其他销售费用 | 销售收入的 1% | 541.26 |
|  |  | 2 706.28 |

(3) 财务费用。详见借款还本付息表如表 8-31 所示。

表 8-31  借款还本付息表　　　　　　　　　　　　　　　单位：万元

| 序号 | 项目名称 | 合计 | 建设经营期 第1年 | 第2年 | 第3年 |
|---|---|---|---|---|---|
| 1 | 借款还本付息 | | | | |
| 1.1 | 年初借款累计 | | 0 | 10 355.5 | 5 177.75 |
| 1.2 | 本年借款 | 10 000 | 10 000 | 0 | 0 |
| 1.3 | 本年应计利息 | 1 459.92 | 355.5 | 736.28 | 368.14 |
| 1.4 | 年底还本付息 | 11 459.92 | 0 | 5 914.03 | 5 545.89 |
| 1.5 | 年末借款累计 | | 10 355.5 | 5 177.75 | 0 |
| 2 | 借款还本付息的资金来源 | | | | |
| 2.1 | 投资回收 | 11 459.92 | 0 | 5 914.03 | 5 545.89 |

### 3. 投资与总成本费用估算汇总表

表 8-32 所示为投资与总成本费用估算表。

表 8-32  投资与总成本费用估算表　　　　　　　　　　单位：万元

| 序号 | 项目 | 金额 | 估算说明 | 其中：住宅分摊成本（元/m²） | 商铺分摊成本（元/m²） |
|---|---|---|---|---|---|
| 1 | 开发成本 | 30 924.17 | （1.1）～（1.6）项之和 | 5 648 | 7 815 |
| 1.1 | 土地费用 | 15 150 | | 2 769 | 4 442 |
| 1.2 | 前期工程费 | 894.48 | | 186 | 186 |
| 1.3 | 基础设施建设费 | 660.51 | | 137 | 137 |
| 1.4 | 建安工程费 | 11 013 | | 1 996 | 2 350 |
| 1.5 | 开发期税费 | 2 374.64 | | 444 | 584 |
| 1.6 | 不可预见费 | 831.54 | | 116 | 116 |
| 2 | 开发费用 | 4 997.74 | （2.1）～（2.3）项之和 | 789 | 1 379 |
| 2.1 | 管理费用 | 831.54 | | 116 | 116 |
| 2.2 | 销售费用 | 2 706.28 | | 370 | 960 |
| 2.3 | 财务费用 | 1 459.92 | | 303 | 303 |
| 3 | 合计 | 35 921.91 | | 6 437 | 9 194 |

### 4. 项目销售收入估算

（1）销售价格估算。销售价格的估算可以采用市场比较法和成本定价法，具体估算过程略。估算结果为：住宅部分建议销售单价为 7 400 元/m²，商铺部分为 19 200 元/m²，车位为 25 万元/个。

（2）销售总收入估算。销售收入估算如表 8-33 所示。

表 8-33  销售总收入估算表　　　　　　　　　　　单位：万元

| 用　途 | 可售面积 | 建议销售单价 | 销售收入 |
|---|---|---|---|
| 住宅 | 36 898 m² | 7 400 元/m² | 27 304.52 |
| 商铺 | 11 248 m² | 19 200 元/m² | 21 596.16 |
| 车位 | 209 个 | 250 000 元 | 5 225 |
| 合计 |  |  | 54 125.68 |

（3）销售计划与收款计划的确定（见表8-34）。

表 8-34  销售计划与收款计划表

| 年份 | 销售计划 | | 各年度收款情况（万元） | | | 合计（万元） |
|---|---|---|---|---|---|---|
| | 销售比例 | 销售数量 | 第1年 | 第2年 | 第3年 | |
| 第1年 | | | | | | |
| 第2年 | 住宅：60% | 22 152.31m² | | 16 392.71 | | 32 475.41 |
| | 商铺：60% | 6 748.8m² | | 12 957.70 | | |
| | 车位：60% | 125 个 | | 3125 | | |
| 第3年 | 住宅：40% | 14 745.69m² | | | 10 911.81 | 21 650.27 |
| | 商铺：40% | 4 499.2m² | | | 8 638.46 | |
| | 车位：40% | 84 个 | | | 2100 | |
| 合计 | 100% | | | 32 475.41 | 21 650.27 | 54 125.68 |

## 5. 税金估算

（1）销售税金与附加估算（见表8-35）。

表 8-35  销售税金与附加估算表　　　　　　　　　　单位：万元

| 序号 | 类　别 | 计算依据 | 建设经营期 | | |
|---|---|---|---|---|---|
| | | | 1 | 2 | 3 |
| 1 | 营业税 | 销售收入×5% | | 1 623.77 | 1 082.51 |
| 2 | 城市维护建设税 | 营业税×7% | | 113.66 | 75.78 |
| 3 | 教育费附加 | 营业税×3% | | 48.71 | 32.48 |
| 4 | 教育专项基金 | 营业税×4% | | 64.95 | 43.30 |
| 5 | 防洪工程维护费 | 销售收入×1.8% | | 58.46 | 38.97 |
| 6 | 印花税 | 销售收入×0.05% | | 16.24 | 10.883 |
| 7 | 交易管理费 | 销售收入×0.5% | | 162.38 | 108.25 |
| 合计 | | 销售收入×6.43% | | 2 088.17 | 1 392.11 |

（2）土地增值税估算（见表8-36）。

表 8-36　土地增值税估算表　　　　　　　　　　　　　　　单位：万元

| 序号 | 项目 | 计算依据 | 计算结果 |
|---|---|---|---|
| 1 | 销售收入 |  | 54 125.68 |
| 2 | 扣除项目金额 | 以下 4 项之和 | 45 587.02 |
| 2.1 | 开发成本 |  | 30 924.17 |
| 2.2 | 开发费用 |  | 4 997.74 |
| 2.3 | 销售税金及附加 |  | 3 480.28 |
| 2.4 | 其他扣除项目 | 取（2.1）项的 20% | 6 184.83 |
| 3 | 增值额 | （1）－（2） | 8 538.66 |
| 4 | 增值率 | （3）/（2） | 18.73% |
| 5 | 增值税税率 | （4）≤50% | 取 30% |
| 6 | 土地增值税 | （3）×（5） | 2 561.598 |

**6. 投资计划与资金筹措**

本项目开发投资总计 35 921.91 万元。其资金来源有三个渠道：一是企业自有资金（共 13 000 万元）；二是银行贷款；三是滚动开发投入（即预售收入部分）。自有资金部分在 3 年中投入的比例分别为 44.11%、33.53% 和 22.36%。从银行贷款 10 000 万元，全部于第 1 年投入；其他不足部分由预售收入解决，如表 8-37 所示。

表 8-37　投资计划与资金筹措表　　　　　　　　　　　　　单位：万元

| 序号 | 项目名称 | 合计 | 计算期 | | |
|---|---|---|---|---|---|
| 1 | 建设投资 | 35 921.91 | 15 734.3 | 8 980.478 | 11 207.13 |
| 2 | 资金筹措 | 35 921.91 | | | |
| 2.1 | 自有资金 | 13 000 | 5 734.3 | 4 358.9 | 2 906.8 |
| 2.2 | 借贷资金 | 10 000 | 10 000 | 0 | 0 |
| 2.3 | 预售收入再投入 | | | 4 621.578 | 8 300.333 |

### 8.4.5　项目财务评价

**1. 现金流量表及其分析**

（1）全部投资现金流量表及其分析。全部投资现金流量表如表 8-38 所示。

表 8-38  全部投资现金流量表（I=9%）　　　　　　单位：万元

| 序号 | 项目名称 | 建设经营期 1 | 2 | 3 | 合计 |
|---|---|---|---|---|---|
| 1 | 现金流入 | 0 | 32 475.41 | 21 650.27 | 54 125.68 |
| 1.1 | 销售收入 | 0 | 32 475.41 | 21 650.27 | 54 125.68 |
| 2 | 现金流出 | 15 734.3 | 13 970.32 | 16 272.58 | 45 977.21 |
| 2.1 | 建设投资 | 15 734.3 | 8 980.47 | 11 207.13 | 35 921.90 |
| 2.2 | 销售税金及附加 |  | 2 088.17 | 1 392.11 | 3 480.28 |
| 2.3 | 土地增值税 |  | 1 536.96 | 1 024.64 | 2 561.6 |
| 2.4 | 所得税 | 0 | 1 364.71 | 2 648.70 | 4 013.42 |
| 3 | 净现金流量（1）－（2） | －15 734.3 | 18 505.08 | 5 377.68 | 8 148.46 |
| 4 | 折现系数（I=9%） | 0.917 431 2 | 0.841 679 99 | 0.772 183 5 |  |
| 5 | 净现金流量的现值 | －14 435.14 | 15 575.36 | 4 152.55 | 5 292.78 |
| 6 | 税前净现金流量（3）＋（2.4） | －15 734.3 | 19 869.80 | 8 026.39 | 12 161.89 |
| 7 | 税前净现金流量的现值 | －14 435.14 | 16 724.01 | 6 197.84 | 8 486.72 |

评价指标：
① 税前全部投资净现值（税前净现金流量的现值累计）为：8 486.72 万元；
② 税后全部投资净现值（税后净现金流量的现值累计）为：5 292.78 万元；
③ 税前全部投资内部收益率为：78.93%；
④ 税后全部投资内部收益率为：59.42%。
（2）资本金投资现金流量表（见表 8-39）。

表 8-39  资本金投资现金流量表　　　　　　　　单位：万元

| 序号 | 项目名称 | 建设经营期 1 | 2 | 3 | 合计 |
|---|---|---|---|---|---|
| 1 | 现金流入 | 0.00 | 32 475.41 | 21 650.27 | 54 125.68 |
| 1.1 | 销售收入 | 0.00 | 32 475.41 | 21 650.27 | 54 125.68 |
| 2 | 现金流出 | 5 734.30 | 19 884.35 | 21 818.48 | 47 437.14 |
| 2.1 | 自有资金 | 5 734.30 | 4 358.90 | 2 906.80 | 13 000.00 |
| 2.2 | 预售收入再投入 |  | 4 621.58 | 8 300.33 | 12 921.91 |
| 2.3 | 借款本息偿还 | 0.00 | 5 914.03 | 5 545.89 | 11 459.92 |
| 2.4 | 销售税金及附加 |  | 2 088.17 | 1 392.11 | 3 480.28 |
| 2.5 | 土地增值税 |  | 1 536.96 | 1 024.64 | 2 561.60 |
| 2.6 | 所得税 | 0.00 | 1 364.72 | 2 648.71 | 4 013.42 |
| 3 | 净现金流量（1）－（2） | －5 734.30 | 12 591.06 | －168.21 | 6 688.54 |
| 4 | 折现系数（I=9%） | 0.917 431 | 0.841 680 | 0.772 183 |  |
| 5 | 净现金流量的现值 | －5 260.83 | 10 597.64 | －129.89 | 5 206.92 |
| 6 | 净现金流量的现值累计 | －5 260.83 | 5 336.81 | 5 206.92 |  |

评价指标：

① 资本金税后内部收益率为：100.12%；

② 资本金税后净现值（净现金流量的现值累计）为：5 206.92 万元；

（3）有关指标及其计算结果的分析

① 净现值。开发项目在整个经济寿命期内各年所发生的现金流量差额，为当年的净现金流量。将本项目每年的净现金流量按基准贴现折算为项目实施期初的现值，此现值的代数和，就是项目的净现值（净现金流量的现值累计）。经上面的计算，本项目税前、税后全部投资的净现值都大于 0；自由资金税后净现值也大于 0；说明本项目可按事先规定的贴现率获利，在所研究的经济寿命期内发生投资净收益，有经济效果，项目可行。

另外，本项目投资分析所采用的基准收益率，是项目净现值贴现时计算贴现系数所采用的利率。一般取大于同期银行贷款利率为基准折现率。本投资分析在长期贷款利率的基础上上浮 2%，即 9% 作为基准折现率。

② 内部收益率

内部收益率是指项目经济寿命期内，各年净现金流量的现值累计等于零时的贴现率，即项目净现值为零时的贴现率。

内部收益率是项目折现率的临界值。本项目属独立方案的评价，经上面的计算，税后、税前全部投资的内部收益率分别为 78.93% 和 59.42%；自有资金投资内部收益率为 100.12%；分别都大于同期贷款的利率和基准贴现率，反映项目盈利，达到同行业的收益水平，项目可行。

**2. 损益表及其分析**

（1）损益表（见表 8-40）。

表 8-40  损益表　　　　　　　　　　　　　　　　　　　单位：万元

| 序号 | 项目名称 | 计算依据 | 建设经营期 1 | 建设经营期 2 | 建设经营期 3 | 合计 |
|---|---|---|---|---|---|---|
| 1 | 销售收入 |  | 0.00 | 32 475.41 | 21 650.27 | 54 125.68 |
| 2 | 总成本费用 |  | 15 734.3 | 8 980.478 | 11 207.13 | 35 921.91 |
| 3 | 销售税金及附加 |  | 0.00 | 2 088.17 | 1 392.11 | 3 480.28 |
| 4 | 土地增值税 |  | 0.00 | 1 536.96 | 1 024.64 | 2 561.60 |
| 5 | 利润总额 | (1−2−3−4) | −15 734.30 | 19 869.80 | 8 026.39 | 12 161.89 |
| 6 | 弥补亏损 |  |  | 15 734.30 |  |  |
| 7 | 所得税 | ((5)−(6))×33% | 0.00 | 1 364.72 | 2 648.71 | 4 013.42 |
| 8 | 税后利润 | (5)−(6)−(7) | 0.00 | 2 770.79 | 5 377.68 | 8 148.47 |
| 9 | 盈余公积金 | (8)×10% | 0.00 | 277.08 | 537.77 | 814.85 |
| 10 | 可分配利润 | (8)−(9) | 0.00 | 2 493.71 | 4 839.91 | 7 333.62 |

（2）评价指标。

① 全部投资的投资利润率＝利润总额/总投资额×100%

＝（12 161.89/35 921.91）×100%＝33.85%

② 全部投资的投资利税率＝利税总额/投资总额×100%

$$= (12\,161.89 + 3\,480.28 + 2\,561.60)/35\,921.91 \times 100\% = 50.67\%$$

③ 资本金投资利润率＝利润总额/资本金×100%

$$= (12\,161.89/13\,000) \times 100\% = 93.6\%$$

④ 资本金净利润率＝税后利润/资本金×100%

$$= (8\,148.85/13\,000) \times 100\% = 62.68\%$$

（3）对指标的分析。本项目以上四个静态指标与房地产同行业相比应该是较理想的，项目可行。

### 3. 资金来源与运用表及其分析

（1）资金来源运用表（见表 8-40）。

（2）资金平衡能力分析。根据表 8-41，本项目每年累计盈余资金均大于或等于 0，故从项目资金平衡角度分析，该项目是可行的。

表 8-41　资金来源与运用表　　　　　　　　　单位：万元

| 序号 | 项目名称 | 建设经营期 | | |
|---|---|---|---|---|
| | | 1 | 2 | 3 |
| 1 | 资金来源 | 15 734.30 | 36 834.31 | 24 557.07 |
| 1.1 | 销售收入 | 0.00 | 32 475.41 | 21 650.27 |
| 1.2 | 资本金 | 5 734.30 | 4 358.90 | 2 906.80 |
| 1.3 | 银行借款 | 10 000 | | |
| 2 | 资金的运用 | 15 734.30 | 19 884.35 | 21 818.48 |
| 2.1 | 建设投资 | 15 734.3 | 8 980.478 | 11 207.13 |
| 2.2 | 借款还本付息 | 0.00 | 5 914.03 | 5 545.89 |
| 2.3 | 销售税金及附加 | 0.00 | 2 088.17 | 1 392.11 |
| 2.4 | 土地增值税 | 0.00 | 1 536.96 | 1 024.64 |
| 2.5 | 所得税 | 0.00 | 1 364.72 | 2 648.71 |
| 3 | 盈余资金（1）－（2） | 0.00 | 16 949.96 | 2 738.59 |
| 4 | 累计盈余资金 | 0.00 | 16 949.96 | 19 688.55 |

### 4. 财务分析指标汇总

项目财务分析指标计算结果汇总如表 8-42 所示。

表 8-42　项目财务分析指标计算结果汇总表

| 类别 | 静态指标 | | 动态指标 | | | |
|---|---|---|---|---|---|---|
| | | | 净现值 | | 内部收益率 | |
| 项目 | 投资利润率 | 投资利税率 | 税前 | 税后 | 税前 | 税后 |
| 全部投资 | 33.85% | 50.67% | 8 486.72 万元 | 5 292.78 万元 | 78.93% | 59.42% |
| 资本金 | 93.6% | — | — | 5 206.92 万元 | — | 100.12% |

### 5. 结论

从项目财务分析来看，项目税前、税后全部投资净现值与税后自有资金投资净现值均大于零；内部收益率均大于基准收益率，且每年累计盈余资金大于零，故从盈利能力、偿债能力和资金平衡能力分析来看，该项目是可行的。

## 本章小结

对房地产开发项目的财务评价，首先要解决的问题就是有关基础数据的估算。其中主要包括房地产开发项目投资与成本费用估算和销售收入及其税金的估算，前者主要涉及土地购置成本、土地开发成本、建筑安装工程造价、管理费用、销售费用、财务费用及有关房地产开发期间的税费等项目；后者涉及房地产项目租售收入的估算、与租售相关的税金、土地增值税等项目。

在房地产项目财务评价中，还需要编制多张财务报表，包括辅助报表和基本报表两大类。辅助报表主要涉及成本费用估算表、投资计划与资金筹措表、银行贷款还本付息表、销（出）售收入估算表、出租收入估算表、折旧摊销表、营业成本表等；基本报表则主要有现金流量表、损益表、资金来源与运用表、资产负债表等。需要注意的是，针对不同的项目，有些报表的格式可能需要进行调整，或者是添加新的辅助报表等。

最后本章通过一个实例来说明房地产开发项目财务分析的基本框架和内容。对于初学者，不仅要知道财务分析中涉及哪些内容，还需要通过实际练习明确不同表格之间的关系，以及表格中数据的来源。希望读者能够亲自在计算机上按照实例的内容再次进行练习。

## 实 训 项 目

1. 实训项目名称：某商住综合楼项目投资财务评价。
2. 实训内容及要求：熟悉各种财务报表的编制，能够对主要几个财务评价指标进行相关计算，并作出简单分析。
3. 实训条件假定：

某房地产开发企业欲开发一住宅项目，有关情况如下：

（1）用地面积：69 050.00 平方米
（2）拟建建筑面积：172 627 平方米。其中，住宅部分为 147 627 平方米，商铺部分为 15 000 平方米，车库面积为 10 000 平方米（注：这里暂不考虑公建面积）
（3）土地费用总计为 43 000 万元
（4）开发商自有资金为 50 000 万元
（5）租售安排计划

根据开发公司提供的市场调查有关数据，本项目住宅部分总建筑面积为 147 627 平方米，均价估计为 8 000 元/平方米，其中 80%部分为预售，10%为现房销售，剩余 10%为空置面积。商铺按 16 000 元/平方米预售总量 40 000 平方米的 50%，剩余 50%建成后进行出租，租金按 60 元/平米·月进行测算。车位按 12 万/个计，总计 10 000 平方米（共 400 个）。计算期为 6 年。

（6）工程进度计划与书中第 8 章第 4 节案例中所述相同，并且其他相关数据如单位造价、税费标准、基准折现率、贷款利率等有关参考数据都与案例中相同。

请根据以上信息，对该项目进行投资财务评价。

请根据以上信息，对该项目进行财务评价。

4．实训实施及成果要求

（1）该实训任务量较大，建议每个班的同学按 4～6 名同学进行分组，以组为单位完成以上实训任务；

（2）成果按照本章第 4 节案例的格式进行计算、编制表格和文字安排等；

（3）课内无法完成的，建议同学们利用课外时间完成。

（4）最终成果以电子形式上交，建议每组保留分析计算过程及原始数据，便于以后作进一步分析和检查。

## 本章思考题

1．在房地产开发项目财务评价中，投资与成本费用的估算包括哪几个方面的内容？

2．在房地产开发项目财务评价中，对于租售收入的估算，需要注意或确定哪几个方面的问题？

3．财务分析有哪些报表？各类报表的含义和它们之间的关系如何？

4．通过现金流量表，我们可以计算得到哪几个财务指标？

5．通过损益表，我们可以计算得到哪几个财务指标？

6．在房地产开发项目的财务评价中，其财务指标体系的划分是怎样进行的？

# 第 9 章 房地产开发投资风险分析

【本章能力点】
（1）理解和掌握风险及其特征、房地产开发投资风险因素等内容
（2）理解和掌握房地产不确定性分析的概念、原理及其作用
（3）掌握房地产开发投资中有关线性盈亏平衡分析的简单应用
（4）掌握房地产开发投资中有关敏感性分析的简单应用
（5）理解和掌握房地产开发投资风险的防范思路及其控制措施

我们知道，房地产开发投资的整个环节众多、程序复杂，况且，开发过程本身要受到诸如市场、环境以及项目自身特点的影响。因此，房地产开发投资的效果往往与投资分析时预估的期望值有较大的差异，或者说与投资者预期的效益估计有较大的差异。这说明，不管投资者怎样进行精心分析、估算和预测，其最终的投资结果总是存在一定的风险性和不确定性。这里需要说明的是，虽然房地产开发投资的确定性分析和风险分析存在一定的差异，但两者在对开发投资的效果影响上是相同的，即两者都使可能的投资效果产生偏差。基于这一点，本书将其单列一章进行讲解。

## 9.1 房地产开发投资风险概述

### 9.1.1 房地产开发投资风险的含义

**1. 风险的含义及其特征**

（1）风险的含义。风险是指由于某些随机因素引起的导致预期效果与实际结果之间的差异，以及这种差异的程度和出现这种差异的可能性大小。例如，如果对于某项投资，如果仅有一个可能结果，则这种差异为 0，即风险也为 0；如果有多种可能结果，则这种差异可能就不为 0，即风险不为 0；并且，如果差异越大，则说明风险可能越大。

与风险相关的另一个概念就是不确定性。不确定性是指人们事先知道所采取的行动能够产生的所有可能结果，但不知道他们出现的概率大小及影响程度。不确定性是难以测量的，在实践中，我们也很难区分风险与不确定性造成的后果。

（2）风险的特征

① 风险的客观性。风险的客观性，是指风险是一种独立于人类意识之外的客观存在的，人们不能否认和拒绝风险。事物变化的风险性无处不在，人们只能掌握其风险及其对事物变化影响的规律，从而如何更加有效地规避和防范风险造成的损失，但不能完全排除风险。

② 风险的随机性。尽管风险无处不在，但对于一项具体的风险来说，其发生的时间、地点，以及具体的表现形式、造成的可能后果等，却是随机的。这是因为促使风险发生的因素错综复杂，人们无法完全预测或评估这些不同因素共同对风险所起的作用。因此，某件事件发生的风险总是随机的。

③ 风险的可测性和可控性。随机性是风险的本质，但这种随机性并不是指对客观事物变化的全然无知。人们可以根据以往发生的一系列类似事件的统计资料，经过信息数据处理和分析，对某种风险发生的可能性及对事件结果造成的影响进行主观上的判断。并且，根据以往的经验及先进的科学技术，可以对相关的风险进行规避和防范，使风险的损失降低到最小。

④ 损失—收益的双重性。房地产开发投资风险对于房地产经营收益不仅仅有负面的影响，如果能正确认识并充分利用风险，反而会使收益有很大程度的增加。例如，开发一个房地产项目，若预期收益很大，那么风险就必定大，如果形势不好，极有可能发生亏损；但若采取科学决策顶着风险上，形势会转为有利，收益也会大大增加。损失与收益的双重性说明在房地产开发投资过程当中，应当正确认识所面对的风险，既不要盲目地承担风险，也不要惧怕风险可能会带来的损失，要学会对风险和收益的权衡和判断。

### 2. 房地产开发投资风险

房地产投资是一种特殊的投资方式，投资周期长、投资量大、投资的物体具有不可移动性、投资易受政策的影响等特点，都可能是形成房地产投资风险的原因。并且，房地产投资开发的每一个过程可能都存在不确定性，因而也存在风险。如获得土地阶段，受到土地的自然特性、土地的使用特性、地方规划部门认可的土地使用性质和范围的制约。房屋的建造阶段又有建筑房产的建设成本的波动。在经营阶段，租金和管理经营成本都是确定的。由于市场各种不确定性因素的作用，使房地产开发投资可能会朝着与投资者愿望相反的方向发展，甚至导致整个项目开发的失败。

## 9.1.2 房地产开发投资风险的类型

### 1. 政策风险

房地产开发投资的政策风险是指由于国家或地方政府对房地产业政策变化而给投资者可能带来的损失。房地产开发投资是一项政策性非常强的业务，它受到多种政策的影响和制约，其中最主要的是政府的产业政策、金融政策、税收政策等。产业政策主要是政府对产业投资活动的管理、制约和导向，这在很大程度上决定了房地产投资的对象、规模和获利情况。例如，土地出让制度的改革、2006年政府针对房地产业结构调整出台的"90/70"政策、"住宅禁商"政策等。金融政策的变化，会影响到房地产投资者筹集资金的难度以及筹资成本的高低，从而会在一定程度上促进或抑制房地产开发投资的需求。国家出台的相关税收政策通过两个方面影响房地产开发投资活动，一方面是房地产交易环节的税收，例如关于交易营业税、个人所得税的征收，会对房地产市场的供求造成影响，最终导致开发投资的减少；另一方面是房地产开发投资环节的税收，例如，国家准备对房地产开发企业以前没有上缴的土地增值税进行清算和重新开征，这会对房地产开发企业的成本造成较大压力。

### 2. 市场风险

市场风险是由于房地产状况变化的不确定性给房地产投资者带来的风险。其中主要有购买力风险、变现风险和利率风险等。

（1）购买力风险。购买力风险又称通货膨胀风险，是指由于通货膨胀、货币贬值给投资者带来实际收益水平下降的风险。在通货膨胀情况下，物价普遍上涨，社会经济运行秩序混乱，企业生产经营的外部条件恶化，房地产市场也难免深受其害，通常购买力风险是难以回避的。一方面，在通货膨胀条件下，随着普通商品价格的上涨，房地产价格也会上涨，此时，对于持币待购的消费者或投资者来说，用同样数量的货币已经无法购得原来可以承受的房地产产品，即通货膨胀导致了买家购买力的下降，最终导致房地产市场需求的下降。另一方面，对于拥有房地产产品的投资者来说，房价由于通货膨胀上涨了，其名义货币收入会有所增加，但实际上其实际货币收入可能是减少的，这也会影响到投资者投资房产的意愿。不管是个人投资者还是房地产开发企业都会受到购买力风险的影响。

与购买力风险相关的就是原材料价格风险，原材料价格的上涨会对开发商的开发成本直接造成影响，最终会侵蚀开发商的利润。

（2）变现风险。房地产投资的变现风险是指把房地产兑换成现金时可能遭受的价值损失。由于房地产本身的特点，价值量大，销售费时费力，为了及时得到现金，有时不得不以降价销售为代价来实现。用途越专业化的房地产，其投资变现风险越大。由于房地产必须经过一个合理的较长时间才能在市场上脱手，所以房地产投资的变现性很差。房地产价值量的大小。影响房地产变现速度的因素主要有：① 房地产价值的大小。房地产价值大，买家所需资金越多，所冒风险越大，越不易在房地产市场上找到买主，因而变现性越差。比如，高级公寓的变现性低于普通住宅；大型商场的变现性低于临街小店；整幢楼房的变现性低于分户出售房屋的变现性。② 房地产地段好坏。房地产所处地段越好，升值潜力越大，则变现性越好，房地产投资的变现风险越小。比如，市区房地产比郊区房地产的变现性要好，处于商圈内的房地产比商圈外的房地产的变现性要好。③ 房地产所产生的净现金流量。房地产净现金流量越大，房地产的变现性越好，房地产投资的变现风险越小。因为净现金流量大的房地产，显示着良好的创收能力，所以容易吸引买主购买。比如，经营状况良好、经营收益可观的酒店，比较容易在市场上出售，并且售价较高。

从以上分析可知，房地产变现风险是与房地产本身所具有的属性密切相关的，而这些属性在房地产开发过程中是逐渐体现出来的，因此，房地产的变现风险也会对房地产开发流程能否顺利实施产生影响。

（3）利率风险。房地产投资由于利率的变化产生的风险叫做利率风险。一方面，利率的提高会提高开发商的融资成本。另一方面，利率的提高也会折减房地产的实际价值，并通过影响购房者的按揭贷款成本，促使房地产市场需求减少，从而对房地产开发投资也造成间接影响。

### 3. 经营风险

经营风险是指在房地产开发建设即生产与出租、出售这两个流通过程中的经营管理中可能面对的风险，包括投资决策与企业经营管理等方面的风险。例如，如果开发商掌握的与项目相关的市场信息不充分，则有可能会对项目的售价和租金、空置率等估计不足，导致最后无法顺利销售、空置率过高等问题。并且，如果房地产开发企业的经营管理水平不够，对房地产开发的成本控制不力等，都会导致经营管理成本大大提高。

### 4. 法律风险

法律风险是指房地产开发企业的投资行为违法或未能有效利用法律工具而带来的损失。房地产开发投资涉及面广，极易引起各种纠纷，如在拆迁安置过程中、房地产交易中、房地产租赁以及后期的经营当中等，各种纠纷的发生一方面影响投资的正常进行，另一方面影响投资收益的顺利实现，都会造成投资损失。

### 5. 其他风险

在房地产开发过程当中，也往往会受到诸如自然条件、政治、经济因素、社会习俗等方面变化对投资效果的影响。这些因素也可能会对房地产的开发投资造成损失。

## 9.2 房地产开发投资的不确定性分析

从前面有关房地产财务评价章节可知，房地产投资评价需要大量的基础数据，例如，出售价格、租金、商品房租售面积、贷款利息、建安造价、空置期等。这些数据其实都是评价人员根据现有资料或经验对未来情况所作出的某种估计和预测。一方面，由于预测方法和条件的局限性，这些数据难免会与实际情况发生偏差；另一方面，由于房地产项目一般都有较长的开发投资建设期，因此，即使预测当时是比较准确的数据，可能会随着时间的推移、客观环境的变化等发生较大改变。例如，国家经济发展状况、房地产业政策（如土地政策、预售政策等）、房地产市场供求关系的变化等，以及人力、原材料、资金等要素市场状况的变化，都会引起上述基础数据的改变，并且，这种改变是不确定。因此，我们可以肯定，通过财务评价得到的结果是确定的，可能与实际结果存在较大出入，因此开发商面临的决策风险也不可避免。

但是，为了尽量避免投资决策的失误，作为房地产开发企业，除了了解开发项目的预期值外，还需要对项目进行确定性分析。房地产项目不确定性分析是分析不确定性因素对项目可能造成的影响，并进而分析可能出现的风险。通过房地产项目的不确定性分析，可以帮助投资者根据房地产项目投资风险的大小和特点，确定合理的投资收益水平，提出控制风险的方案，有重点地加强对投资风险的防范和控制。因此，不确定性分析是房地产项目经济评价的重要组成部分，对房地产项目投资决策的成败有着重要的影响。

房地产项目不确定性分析主要包括敏感性分析、临界点分析。可进行不确定性分析的因素主要有：租售价格、销售进度、出租率、开发周期、项目总投资、土地费用、建安工程费、融资比例和融资成本等。

### 9.2.1 盈亏平衡分析

盈亏平衡分析是通过求解项目的盈亏平衡点来分析投资项目对市场需求变化适应能力的一种方法。换言之，盈亏平衡分析是分析投资项目投资后达到一定效益时成本与收益的平衡关系，从中找出一个平衡点，在这一点上，项目的经营恰好不盈不亏。因此，盈亏平衡分析又叫保本分析、收支平衡分析或临界点分析。

#### 1. 盈亏平衡分析的数学模型

一般来讲，房地产开发投资分析中的盈亏平衡分析，就是要找到房地产项目的开发量或销售量、成本及利润之间的关系，即当其中两项指标保持不变时，在盈亏平衡点上，第三个指标的数值是多少。并且，我们可以通过临界点上求得的指标数值与项目能够达到的数值进行比较，用以判断项目的这一指标上的抗风险能力。

显然，在进行盈亏平衡分析之前，需要建立指标之间的函数关系式。在正式建立函数关系之前，需要解释有关固定成本和可变成本的概念。

（1）固定成本与可变成本。我们已经知道，房地产开发项目的成本由许多项费用组成，根据这些成本与开发量（或开发面积）的不同关系，我们可以将其分为固定成本和可变成本两大类。固定成本是指在一定的产量范围内，不直接随开发量变动而变动的成本费用，例如房地产开发企业的土地购置费、各种管理费用、固定资产折旧费等；而可变成本是指随着开发量变动而成比例变动的成本费用，例如项目的建筑安装工程费、前期工程费等。

当我们把开发成本分成了固定成本与可变成本之后，再考虑把租售收入和利润项目加进来，我们就可以得到开发量或销售量、成本与利润之间的函数关系式了。

（2）盈亏平衡分析的数学模型。在前面的财务评价分析中，我们已经知道，开发量或销售量、成本与利润之间存在如下关系：

$$利润＝销售收入－销售税金－总成本 \quad (9-1)$$

其中：

销售收入＝单位售价×销量

销售税金＝销售收入×税率＝单位售价×销量×销售税率

总成本＝可变成本＋固定成本＝单位变动成本×产量＋固定成本

如果产量和销量相等（即假设空置面积为0），则有：

利润＝单位售价×销量－单位售价×销量×销售税率－单位变动成本×销量－固定成本

$$＝单位售价×销量×（1－销售税率）－单位变动成本×销量－固定成本 \quad (9-2)$$

设：$R$ 为利润，$P$ 为单位售价，$Q$ 为产量，$a$ 为销售税率，$C_V$ 为单位变动成本，$C_F$ 为固定成本。则上述（9-2）式可以写成下式：

$$R=(1-a)PQ-C_VQ-C_F \quad (9-3)$$

在进行盈亏平衡分析时，通常将单位售价、单位变动成本、固定成本、销售税率看做是固定不变的常数，只有销量和利润两个自由变量。当给定销量时，可以利用式（9-3）直接计算出项目的预期利润；当给定目标利润时，可以直接计算出应达到的销售量。

**2. 线性盈亏平衡分析**

房地产开发项目的线性盈亏平衡分析假设项目总销售收入和总成本费用是房地产开发面积的线性函数，如式（9-3）就是线性盈亏平衡分析的函数式。从式中我们可以看出，其中包含了6个变量。因此，如果给定其中5个变量，则第6个变量就可求得。即可以得到以下几个计算公式：

（1）求预期利润时：$R=(1-a)PQ-C_VQ-C_F$ （9-4）

（2）求销售量时：$Q=\dfrac{R+C_F}{P(1-a)-C_V}$ （9-5）

（3）求单位价格时：$P=\dfrac{R+C_VQ+C_F}{(1-a)Q}$ （9-6）

（4）求销售收入时：$S=QP=\dfrac{R+C_F}{P(1-a)-C_V}P$ （9-7）

式中，$S$ 表示销售收入。

（5）求单位变动成本时：$C_V=\dfrac{PQ(1-a)-C_F-R}{Q}$ （9-8）

（6）求固定成本时：$C_F=PQ(1-a)-C_VQ-Z$ （9-9）

当处于盈亏平衡点，即项目既不亏损又不盈利时，或利润为零时，我们又可以根据上面的6个公式得到每个变量的临界值。即有：

① 当 $R=0$ 时，盈亏平衡点销售量 $Q_0$ 为：

$$Q_0 = \frac{C_F}{P(1-a) - C_V} \tag{9-10}$$

说明当项目的销售量达到 $Q_0$ 时，总收入与总成本费用刚好相等。因此，$Q_0$ 是项目保本经营必须达到的销售量，也叫做最低销售量。显然，$Q_0$ 与预计的销售量之间的差距越大，表明项目承受市场风险的能力就越强。其程度我们可以用项目安全率来表示，项目安全率反映项目对外部条件变化风险的承受能力。其表达式为：

$$f_Q = \frac{Q - Q_0}{Q} \times 100\% \tag{9-11}$$

式中，$f_Q$ 表示项目安全率；$Q$ 表示预计销售量。

显然，$f_Q$ 值越大，项目的市场风险承受能力越强。可根据表 9-1 中的经验值进行判断。

表 9-1 项目安全率与风险状况

| $f$ | >30% | 25%～30% | 15%～25% | 10%～15% | <10% |
|---|---|---|---|---|---|
| 状况 | 安全 | 较安全 | 不很安全 | 要谨慎 | 危险 |

② 当 $R=0$ 时，盈亏平衡点的销售收入为：

$$S_0 = Q_0 P = \frac{C_F}{P(1-a) - C_V} P \tag{9-12}$$

式中，$S_0$ 表示项目若不发生亏损，必须达到的最低收入。

③ 当 $R=0$ 时，盈亏平衡点销售单价为：

$$P_0 = \frac{C_V Q + C_F}{(1-a)Q} \tag{9-13}$$

$P_0$ 表示项目不发生亏损时，必须达到的最低售价。当 $P_0$ 与预计售价之间差距越大时，说明该项目承受价格下跌风险的能力就越强。我们同样可以利用式（9-11）的形式来对项目承受价格风险的能力进行判断。如下式：

$$f_P = \frac{P - P_0}{P} \times 100\% \tag{9-14}$$

$f_P$ 值同样可以参考表 9-1 中的标准，从而对项目承受价格变化的风险进行判断。

【例 9-1】 某开发项目占地 15 000m²，规划要求该地容积率不超过 1.3。开发方案的固定成本费用 1 900 万元，单位变动成本为 840 元/m²，据市场调查，预计单位售价可达 2 700 元/m²，设销售税率为 5%。试求：

（1）保本开发量；
（2）按规定的容积率，该项目可获得的最大利润；
（3）当开发量为 16 000m² 时，项目的利润及项目安全率（按式 9-11 计算）。

解：（1）依题意，得保本可售商品房面积为：

$$Q^* = \frac{C_F}{(1-\alpha)P - C_V} = \frac{1\,900 \times 10^4}{(1-5\%) \times 2\,700 - 840} = 11\,014.5(m^2)$$

故保本开发量为：11 014.5m²。

（2）按规定的容积率，该项目实际开发量为 15 000×1.3＝19 500（m²），则利润为：

$R = (1-\alpha)PQ - (C_F + C_V Q)$

$= (1-0.05) \times 2\,700 \times 19\,500 - (1\,900 \times 10^4 + 840 \times 19\,500) = 1\,463.7$（万元）

（3）当开发量为 16000m² 时，利润为：

$$R = (1-\alpha)PQ - (C_F + C_V Q)$$
$$= (1-0.05) \times 2\,700 \times 16\,000 - (1\,900 \times 10^4 + 840 \times 16\,000) = 860(万元)$$

项目安全率：$f = \dfrac{Q - Q^*}{Q} \times 100\% = \dfrac{16\,000 - 11\,014.5}{16\,000} \times 100\% = 31.2\%$。

【例9-2】 某住宅区开发项目，根据市场预测，商品房售价为6 000元/m²，单位变动成本为2 000元/m²，固定成本为1 200万元，销售税率为5%。问：

（1）开发商最少应开发多少销售面积方可保本？
（2）不考虑销售税时，可售面积至少为多少？
（3）若期望从该项目获得1 000万元的销售利润，应有多少可销售的商品房面积？

解：

（1）依题意，得保本可售商品房面积为：
$$Q^* = \dfrac{C_F}{(1-\alpha)P - C_V} = \dfrac{1\,200 \times 10^4}{(1-5\%) \times 6\,000 - 2\,000} = 3\,243(m^2)$$

即至少要开发出可售面积为3 243m²，才能保本。

（2）当不考虑销售税率时，则
$$Q^* = \dfrac{C_F}{(1-\alpha)P - C_V} = \dfrac{1\,200 \times 10^4}{6\,000 - 2\,000} = 3\,000(m^2)$$

即此时应至少开发3 000m²的可售面积。

（3）由式（9-5）得
$$Q = \dfrac{R + C_F}{P(1-\alpha) - C_V} = \dfrac{1\,000 \times 10^4 + 1\,200 \times 10^4}{(1-5\%) \times 6\,000 - 2\,000} = 5\,946(m^2)$$

即如果想获利1 000万元，则至少需要售出5 946m²的面积。

【例9-3】 某开发项目购地13 000平方米，城市规划要求该地容积率不得超过1.5。开发方案确定的固定成本费用为1 720万元，单位变动成本为820元/m²。据市场调查显示，项目建成后，平均单位售价可达2 500元/m²，销售税率为5%。

（1）试计算该项目的保本开发量。
（2）若该项目欲获利500万元，开发量为多少？此时是否符合规定的容积率？

解：

（1）依题意，由式（9-10）得
$$Q_0 = \dfrac{1\,720 \times 10^4}{2\,500(1-5\%) - 820} = 11\,061.1(m^2)$$

因此，该项目的保本开发量为11 061.1m²。

（2）由式（9-5）得目标利润条件下的商品房产量为：
$$Q = \dfrac{500 \times 10^4 + 1\,720 \times 10^4}{2\,500(1-5\%) - 820} = 14\,276.5(m^2)$$

故此时至少应开发14 276.5m²的面积，开发商才能得到500万元的利润。

此时容积率为
$$容积率 = \dfrac{总开发建筑面积}{总用地面积} = \dfrac{14276.5}{13000} = 1.1 < 1.5$$

所以，获利500万元的目标并未受到规定容积率的限制。

### 3. 线性盈亏平衡分析的图解法

根据线性盈亏平衡分析中关于销售量、成本（固定成本＋可变成本）及利润之间的关系，我们可以直接利用直角坐标系进行分析和求解，此即线性平衡分析的图解法。

在绘制盈亏平衡分析图时，一般要进行以下几项工作：

① 选定直角坐标系，一般以收入和成本为纵轴，销售量为横轴；

② 固定成本线的绘制，即在纵轴上找到固定成本的数值，再以此为起点，作一条平行于横轴的水平线作为固定成本线；

③ 总成本线的绘制，即从固定成本线的起始点开始，以单位变动成本数值为斜率，绘制总成本线；

④ 销售收入线的绘制，即以坐标原点为起点，以销售单价为斜率，绘制出相应的销售收入线，如图9-1所示。

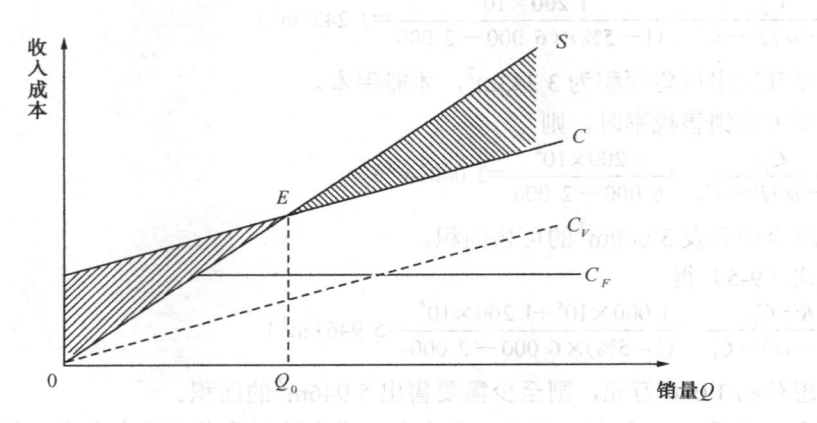

图9-1 线性盈亏平衡分析示意图

由图 9-1 可见，总成本线（$C$）与销售收入线（$S$）的交点 $E$ 为盈亏平衡点，此时对应的销售量为 $Q_0$，即保本开发量。以 $E$ 点为临界点，其左边为亏损区，因为总成本线总是高于销售收入线；而在 $E$ 点的右侧则为盈利区，此时销售收入线总是在总成本线的上方。另外，我们也可以从 $E$ 点位置判断项目抗风险能力的大小，如果 $E$ 点在水平方向上离原点较近，则说明项目要达到盈亏平衡的压力不大，即抗风险能力较大；如果 $E$ 点在水平方向上距离原点较远，则说明项目达到盈亏平衡时需要有较大的面积销售量，这无疑削弱了项目的抗风险能力。

### 4. 盈亏平衡分析的优缺点

（1）盈亏平衡分析的优点。盈亏平衡分析是对拟建项目进行不确定性分析的方法之一。其通过对一个项目的销量、成本以及利润之间的平衡关系进行分析计算，找出平衡点，从而可以了解项目对市场需求、价格变化等方面的适应能力，掌握多种不确定性因素的变化对项目收支平衡的影响，进而让决策者清楚哪些环节或因素应给予重点关注。

另外，盈亏平衡分析还有助于了解项目可承受的风险程度。在作出正式投资决策之前，需要对项目的一些主要参数如销售量（产量）、售价、成本等作出决定；而另一方面某些经济数据还不易确定，如总投资，收益率等。因此，用盈亏平衡分析法粗略地对高度敏感的产量、售价、成本、利润等因素进行分析，会有助于了解项目可能承担风险的程度。

（2）盈亏平衡分析的缺点。盈亏平衡分析的缺点也是比较明显的。一方面由于这种方法是建立在诸多假设之上，比如，对于销售量等于开发量的假设，对于销售单价的假设以及销售量、成本与利润之间的函数关系假设等。这些假设其实在实际中很难满足。因此，盈亏平衡分析的结果带有一定程度的不可信或不确定性。

另一方面，就是如果想仅仅通过盈亏平衡分析就达到正确决策的目的，未免太过于简单了。例如，市场需求量有没有可能低于保本开发量，如果有可能，这种可能性有多大，盈亏平衡分析就不能作出回答。

再者，在房地产开发项目的方案评选当中，盈亏平衡分析方法并不一定能得到最佳方案。因为有时需要在更高的盈利安全性与更大的盈利可能性之间作出选择，这方面盈亏平衡分析也是难以做到的。

因此，虽然盈亏平衡分析方法是一种很实用的不确定性分析方法，但仍只能作为对项目评价的辅助手段和工具。

### 9.2.2 敏感性分析

#### 1. 敏感性分析的含义

我们知道，影响房地产项目投资效果的不确定因素有很多，如开发成本、销售价格、利率等。敏感性分析就是通过测定一个或多个确定性因素的变化导致的项目经济效果评价指标的变化幅度，从而了解项目预期目标受各个不确定因素变化的影响程度，以便制定相应的对策，使项目达到预期的投资目标。

不过，我们应该知道，在这些确定性因素中，其影响程度是不同的。例如，有些因素只要有较小的变化幅度就会引起相应评价指标较大幅度的变动，甚至是超出了项目所有要求的最低限度；而有的因素即使有较大的波动，其对相应评价指标的影响也是微乎其微的。这里，我们把前者称为敏感性因素，把后者称为不敏感性因素。

在投资分析中引入敏感性分析，主要有以下几个方面的作用：

（1）找出影响项目投资效果的敏感性因素。通过敏感性分析，可以找出对项目经济评价指标影响最明显的因素，以及相应的风险程度，从而可以使投资者集中注意力，重点研究如何应对这些比较敏感的因素，进一步提高决策的可靠性和针对性。

（2）了解敏感性因素在多大范围内波动是可行的。通过敏感性分析，可以计算出允许这些敏感性因素变化的最大幅度。特别要考虑对项目效果产生负影响的幅度变化，例如，当销售价格下降时（比如下降 10%），对净利润、净现值等指标产生的影响是怎样的，是不是已经达到了最低可承受的范围等。

（3）可以比较项目开发方案的风险程度。通过敏感性分析，可以对不同的项目开发方案进行选择，一般可以选择敏感程度小、承受风险能力强和可靠性大的项目方案。

#### 2. 敏感性分析的步骤

（1）选定需要分析的不确定性因素。影响房地产开发项目经济效果的确定性因素主要有售价和租金、开发成本、贷款利率、建筑面积等，其中售价和租金是最重要的确定性因素之一。一方面，售价和租金对整个项目的经济效果影响很大，即使售价和租金发生较小幅度的变动，也会明显导致开发项目评价指标的变化。另一方面，对售价和租金进行准确估计是容易的，因此，实际的租售价格可能与预期会有较大偏差，在敏感性分析中应给予重点关注。开发成本包括土地费用、前期工程费、建筑安装工程费及其他有关的税费。其中以建安成本的估算值最可能发生变化，因为其将受到工期、原材料价格、人工费用变化的影响。另外，贷款利率对开发项目的经济效果影响也很大。由于房地产开发企业自有资金只占到投资总额的20%～30%，其余很大一部分资金需要靠银行贷款的方式筹集。所以，融资成本也会对开发商的利润产生较大影响。

除此之外，开发项目的建筑面积多少也是一个重要的敏感性因素，因为其直接关系到项目的租售价格、租售收入以及总的开发成本等。由于在项目评价阶段，开发商通常还没有拿到政府有关的规划批文，因而对评价时所采用的建筑面积数据是不确定的。即使有关部门批准了项目总建筑面积，但项目可供租售的面积仍不能完全确定，只能大致估计。

虽然敏感性因素很多，但在实际的敏感性分析当中，我们没有必要对所有的因素都进行分析，只要选择几个比较重要的因素进行分析就可以了。一般可以从两个方面进行考虑：一是预计在可能的变动范围内，某因素的变动会较显著地影响项目的经济评价指标；二是对在确定性经济评价中所采用的某因素的数据准确性把握不大。

（2）确定敏感性分析的经济效果评价指标。进行敏感性分析时，应选择一个或几个较主要的评价指标就可以了。比如，项目的内部收益率、净现值、投资回收期、投资净利润等指标在敏感性分析中应该考虑首选。

（3）计算所选不确定性因素变动引起的评价指标变化。依据所选定的不确定性因素，设定其若干个变动幅度（如±5%、±10%、±20%等），然后计算与每个变动幅度相应的经济效果评价指标值，从而可以建立一一对应的数量关系。最后通过图或表的形式予以表达。

此时，需要说明的是，在进行敏感性分析时，如果先假定其他因素不变，再计算某一因素的变化对评价指标的影响程度，对其他敏感性因素的分析时采用同样的方法，此时，我们称之为单因素敏感性分析。显然，单因素敏感性分析的方法较为简单，但其忽略了因素之间的相关关系，即忽略了一因素变化同时也会引起其他一些因素发生相应的变化。另外一种则是多因素敏感性分析方法，它考虑了若干不确定性因素同时变动对项目评价指标定的综合影响，本书对多因素敏感性分析不作讨论。

（4）判定敏感性因素。通过计算各个不确定性因素变动对各经济评价指标的变动影响，可以了解每种因素的变化对评价指标的影响程度，并能对每种因素的影响程度进行排序。对于那些给评价指标带来较大变化的因素，可以确定其为敏感性因素，并且需要就此对可能产生的风险作出进一步的说明和判断。

### 3. 单因素敏感性分析

如前所述，单因素敏感性分析就是假设各个不确定性因素之间是相互独立的，然后每次只变动一个因素，保持其他因素不变，再对相应指标的变动情况进行求解。单因素敏感性分析是敏感性分析最常用的分析方法。

因素的变动幅度可以有两种，即相对值和绝对值。相对值就是使每个因素都从初始值取一定的变化幅度，如±5%、±10%、±20%等，计算每次变动对评价指标的影响，根据不同因素相对变动对指标影响的大小，从而可以得到各个因素的敏感性程度排序。用绝对值表示的因素变动幅度也可以得到同样的效果，只是在实际应用中相对值的变动幅度比较常见。

在敏感性分析时，我们还应求出项目从可行到不可行的不确定性因素变化的临界值。临界值可以通过单因素敏感性分析图求得。

单因素敏感性分析图的具体做法是：首先，将各个不确定因素的变化幅度或变化率作为横坐标,以某个评价指标,如内部收益率、净现值等作为纵坐标,绘制出直角坐标系;其次,根据敏感性分析的计算结果绘出各个不确定性因素变化导致指标值变化的曲线(近似取直线),其中斜率绝对值较大的直线所代表的因素是敏感性因素;最后,还要作出项目分析指标的临界曲线,如当分析指标是净现值时,临界值是0,因此其临界曲线就是横轴;当分析指标是内部收益率时,其临界值是基准收益率,因此其临界曲线就是平行于横轴并且其上点的纵坐标始终等于基准收益率大小的直线。绘出临界曲线之后,我们可以通过求解各个因素的敏感性曲线与临界曲线的交点得到每个因素变化的临界值,即该因素允许变动的最大幅度。显然,某个因素超出了这个变化幅度,则可能导致项目不可行。图9-2为单因素敏感性分析示意图。

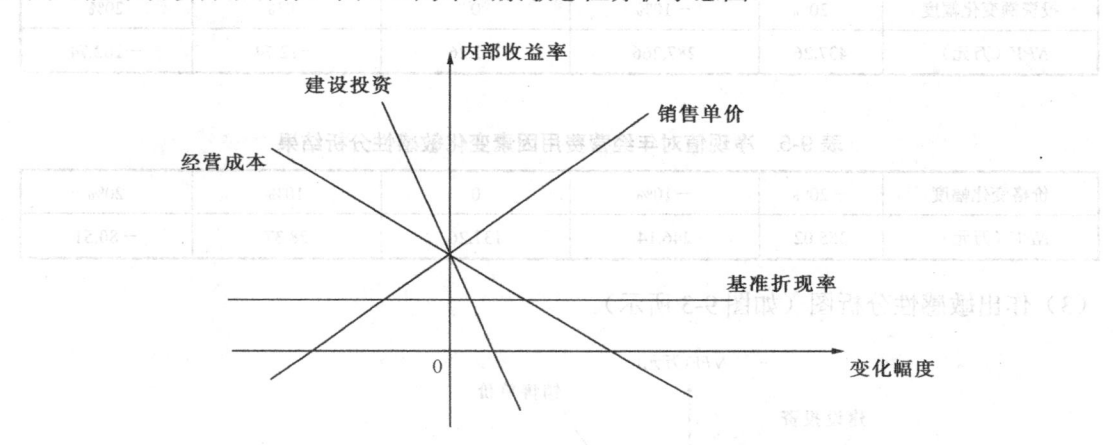

图 9-2 单因素敏感性分析示意图(以内部收益率为例)

【例 9-4】某项目,其基本方案的参数估算值如表9-2所示,试以净现值指标为对象,以投资、销售收入和年经营费用为不确定性因素,进行单因素敏感性分析(设基准折现率为10%)。

表 9-2 项目参数估算值

| 因　　素 | 期初投资 | 年销售收入 | 年经营费用 | 期末残值 | 计算期 |
| --- | --- | --- | --- | --- | --- |
| 估算值 | 1 500万元 | 600万元 | 250万元 | 200万元 | 6年 |

**解:**

(1)计算项目的净现值。

$NPV = -1\,500 + 600\,(P/A, 10\%, 6) - 250\,(P/A, 10\%, 6) + 200\,(P/F, 10\%, 6)$

$= -1\,500 + 600 \times 4.355\,3 - 250 \times 4.355\,3 + 200 \times 0.564\,5$

$= 137.26$(万元)

(2)计算和确定敏感性因素。

① 价格的敏感性分析。假设年销售量为常数,当价格增加10%时,年销售收入增加10%,为660万元,此时年净现值为

$NPV = -1\,500 + 660\,(P/A, 10\%, 6) - 250\,(P/A, 10\%, 6) + 200\,(P/F, 10\%, 6)$

$= -1\,500 + 660 \times 4.355\,3 - 250 \times 4.355\,3 + 200 \times 0.564\,5$

$= 398.57$(万元)

其余计算过程略,其结果列于表9-3中。

207

表 9-3　净现值对价格因素变化敏感性分析结果

| 价格变化幅度 | −20% | −10% | 0 | 10% | 20% |
|---|---|---|---|---|---|
| NPV（万元） | −385.38 | −124.06 | 137.26 | 398.57 | 659.89 |

② 同理可得项目对投资额和年经营费用变化的敏感程度，如表 9-4 和表 9-5 所示。

表 9-4　净现值对投资额因素变化敏感性分析结果

| 投资额变化幅度 | −20% | −10% | 0 | 10% | 20% |
|---|---|---|---|---|---|
| NPV（万元） | 437.26 | 287.266 | 137.26 | −12.74 | −162.74 |

表 9-5　净现值对年经营费用因素变化敏感性分析结果

| 价格变化幅度 | −20% | −10% | 0 | 10% | 20% |
|---|---|---|---|---|---|
| NPV（万元） | 355.02 | 246.14 | 137.26 | 28.37 | −80.51 |

（3）作出敏感性分析图（如图 9-3 所示）。

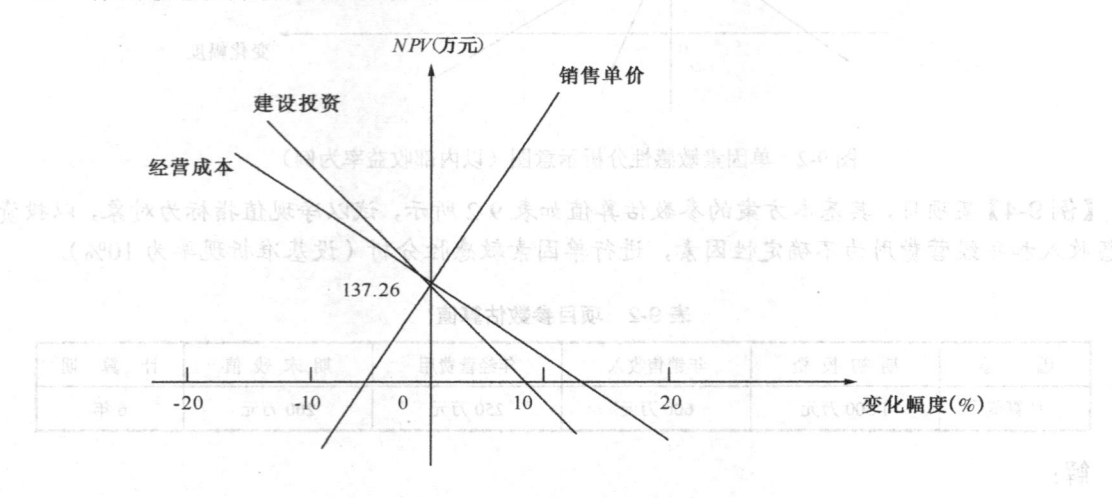

图 9-3　敏感性分析图

（4）结果分析。从图 9-3 中可知，净现值对这三个因素变化的敏感性程度排序为：首先是价格，其次是投资额，最后是年经营费用。

关于临界值的计算，当价格下降幅度超过 5.25%（其余因素保持不变）、投资额增加幅度超过 9.14%（其余因素保持不变），或年经营费用增加增幅超过 12.6%（同样保持其余因素不变）时，净现值将小于 0，方案将变得不可行。

## 9.3　房地产开发投资风险的防范与控制

显然，房地产开发投资过程当中面临的诸多风险是一个普遍存在的问题，作为一个理性的开发商或投资者并不否认和害怕风险的存在，但是也不能视而不见、任由其发生和发展。关键是应该在认识、辨析投资风险的基础上，及时发现或预测风险，并采取有效的措施，控制、化解和减少种种风险，从而在最低可能风险的条件下实现预期的收益目标。

### 9.3.1 房地产开发投资风险的防范

房地产投资风险的防范是指在损失发生前，采取各种有效的预控措施，规避或减少风险发生的可能性。常见的房地产投资风险防范策略与方法主要有以下几种。

#### 1. 风险预控

由于房地产开发涉及的环节很多，每一个环节面临的风险及发生的特征都将是不一样的，例如市场风险和工程质量风险、工程安全风险之间存在着显著的不同，因此，风险预控应该做到环环相扣、步步为营。例如，为了提高决策的准确度、切合市场实际，我们必须做好房地产市场调研工作。通过房地产市场调研，可以识别市场机会，理解持续变化的市场环境；可以分析市场潜力，有针对性地提出市场推广计划；并且，通过市场调研，可以得到市场供求数据、消费者住房消费特征数据、成本与收益数据等方面的信息，可以作为房地产开发决策的直接依据。而对于工程方面的质量风险和安全风险，则应该在原材料采购、施工流程及施工安全教育上着手，将可能发生的风险降低到最小。

#### 2. 风险回避

风险回避，指的是选择风险较小的投资项目或者放弃风险较大的投资项目。风险回避是一种比较保守或消极的风险防范策略。它有两种基本途径：第一种是拒绝承担风险，如了解到某项目风险较大，拒绝项目业主方的投标邀请；第二种是放弃以前所承担的风险，如了解到某一项目有许多过去未发现的新风险，决定放弃该项目以避免风险。依据风险与收益的关系，只有在风险程度特别高，或者风险程度虽不太高，但获利也不太理想的情况下，才使用该策略。

#### 3. 风险组合

风险组合，就是通过多个不会同时发生风险的项目组合投资来分散风险。组合投资是 1952 年马柯维茨（Markowitz）在其"组合选择"一文中首先提出的，其主要论点就是：对于处于相同宏观经济环境中的几个项目，其收益会有不同，风险也各不相同。在这种情况下，把这些项目通过适当的方式组合起来，便可以达到相对于只投资其中一个或几个项目时更为理想的收益水平和尽可能小的风险损失。用中国的俗语就是："不要把所有的鸡蛋放在一个篮子里"。通过投资组合可以在预期收益率下使风险最低，或者使风险得到了合理的分散，实现投资收益最大化。

风险组合按不同项目、不同的区域和不同的时间分为以下三种类型：

（1）不同类型项目组合。这种方法是将许多类似的但不会同时发生的风险集中起来考虑，从而能较为准确地预测未来风险损失发生的状况，并使这一组合中发生风险的损失部分，能得到其他未发生风险损失且取得风险收益的部分补偿。由于房地产开发项目的类型可以有多个，即使在同一块地上也可以对多种类型房地产进行开发。例如可以一部分建住宅、另一部分建写字楼，其余面积建商铺等。通过这种多项目类型的组合投资，开发商可以通过某一部分的盈利去弥补另外类型可能产生损失，不至于由于只投资一种项目类型导致整个项目风险过大。在使用项目组合策略时，要注意不同项目类型之间的相关性不能太强。例如，住宅地产和商业地产之间的相关性就不会很强，否则，项目组合策略还是会面临较大风险。

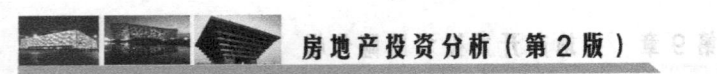

（2）不同区域项目组合。房地产市场的区域性特征，为房地产开发商通过区域项目组合的方式降低开发风险提供了可能。由于不同区域房地产市场在整体经济发展水平、政府政策、市场环境、消费者的消费观念以及资金供求情况等方面各不相同，导致影响不同区域房地产开发投资收益和风险水平的因素和程度也将存在较大差异，即不同区域项目之间的相关性并不是很强。因此，可以通过不同区域投资项目组合，来有效整合和降低房地产开发企业的整体投资风险。比如，有些房地产开发公司不仅在本省或本市进行房地产开发，还将触角伸到了全国各大中城市，除了公司发展战略上的考虑外，降低投资风险也是一个重要的因素。

（3）不同时间项目组合。通过区域项目组合的方式可以降低房地产投资的风险，同样，通过不同时间项目的组合也可以降低风险。例如，对于一个开发面积比较大的项目来说，比较可行的策略就是通过分期开发的模式实施项目进程，分期开发至少有几个方面的好处：一是通过小规模的分期开发可以试探市场行情和需求，及时调整开发、营销等方面的策略，减少后期开发的风险；二是分期开发减轻了开发商的资金压力和降低了财务风险，使开发商通过项目的滚动开发成功运作一个大盘成为可能；三是分期开发降低了开发企业在日常管理、项目管理及其他管理的难度，降低了开发企业项目管理运作风险。

**4. 风险转移**

风险转移是指房地产投资者通过某种方式将风险损失转给其他人承担。在房地产开发建设过程当中，风险转移主要有工程保险和工程担保两种方式。工程保险是指房地产开发商和承包商为了工程项目的顺利实施，向保险人（公司）支付保险费，保险人根据合同约定对在工程建设中可能产生的财产和人身伤害承担赔偿保险金责任。工程保险一般分为强制性保险和自愿保险两类。而工程担保是指担保人（一般为银行、担保公司、保险公司、其他金融机构、商业团体或个人）应工程合同一方（申请人）的要求向另一方（债权人）作出的书面承诺。通过这两种方式都能有效地转移房地产开发建设过程当中出现的风险（主要是工程相关的风险）。

除了通过保险和担保等形式进行风险转移之外，开发商也可以通过非保险的形式，例如可以通过在合同中增加索赔条款，将项目的风险转移给承包方。当然，有些开发商通过与客户签订明显有利于自己一方的销售合同，想以此将有些风险转嫁到消费者头上，这种不诚信的风险转移行为并不可取。

### 9.3.2 房地产开发投资风险的控制[31]

房地产开发投资风险控制是指房地产开发企业在房地产投资风险事件发生前、发生时及发生后，在风险识别与风险衡量的基础上，及时预测和发现可能存在的风险，并采取相应的风险控制措施，化解、调解和控制风险因素，从而回避、消除和降低风险事件发生的概率及风险损失的程度，最终实现降低房地产开发商预期收益损失。其主要手段如下。

**1. 计划控制**

计划是指对工作和行动的事先安排，使人们基于对现实的认识和未来的估计，对今后某一时期内应达到的目标和实现目标的措施、方案、程序、进度、人事、责任、资金、材料、设备以及技术等所做的安排。房地产开发投资中的计划主要有项目进度计划、资金筹措与使用计划及项目所需的设备材料采购计划等，这些计划都可以成为房地产投资项目风险控制的有效工具。

## 2. 审计控制

审计是独立于被审计单位的机构和人员，对被审计单位的财政、财务收支及其有关的经济活动的真实、合法和效益进行检查、评价、公证的一种监督活动。我国的审计包括三种类型，即国家审计、内部审计和社会审计。国家审计是指国家审计机关和审计人员通过审查会计凭证、会计账簿、会计报表，查阅有关文件、资料，检查现金、实物、有价证券，向有关单位和个人调查等方式，依法对被审计单位的财政收支、财务收支的真实、合法和效益进行审查与评价的经济监督活动。内部审计是指部门、单位内部的审计机构和审计人员对本单位及下属单位的财务收支及有关的经济活动，进行内部审查和评价的活动。社会审计是指依法成立的社会审计机构和审计人员接受委托人的委托，对被审计单位的财务收支及有关经济活动，进行公证、评价的服务活动。通过对房地产项目或企业的审计活动，可以有效地评价投资项目的管理效率，有助于完善管理制度，改善经营管理，提高管理水平，规避和控制经营风险。

## 3. 组合投资控制

前面已经提到，通过多个项目的组合投资，总体风险比个别项目投资的风险普遍要小，因此，组合投资确实能够起到分散风险和降低风险的作用。但是，组合投资的收益率也往往小于单个项目投资收益的最大值，所以，组合投资在分散风险的同时，也降低了收益水平。

## 本章小结

风险意味着可能的损失或者是预期收益的不确定性。风险的特征包括客观性、随机性、可测性和可控性及损失和收益的双重性等。由于房地产投资是一种特殊的投资方式，具有投资周期长、投资量大、投资的物体具有不可移动性、投资易受政策的影响等特点，因此，房地产投资中的风险表现非常明显。

房地产开发投资面临的风险有多种，包括政策风险、市场风险（购买力风险、变现风险及利率风险等）、经营风险、法律风险及其他风险等。

由于在房地产投资分析中，对于出售价格、租金、商品房租售面积、贷款利息、建安造价、空置期等这些数据只能作出某种估计和预测，因此，会对实际的评价结果产生偏差。为了较为准确地估计这些不确定因素对投资评价指标的影响，还需要进行投资的不确定性分析。通过房地产项目的不确定性分析，可以帮助投资者根据房地产项目投资风险的大小和特点，确定合理的投资收益水平，提出控制风险的方案，有重点地加强对投资风险的防范和控制。

本章主要对房地产投资不确定性分析中的线性盈亏平衡分析和单因素敏感性分析进行了论述。

房地产开发投资的风险防范主要包括风险预控、风险回避、风险组合及风险转移等方式，其中风险组合又包括不同类型项目组合、不同时间项目组合及不同区域项目组合等几种情况。而通过计划控制、审计控制及组合投资控制等方式可以有效地对房地产开发投资风险的发生进行控制。

## 实训项目

1. 实训项目名称：某商住综合楼项目投资敏感性分析。
2. 实训内容及要求：熟悉单因素敏感性分析的基本方法，能够绘制敏感性分析图。

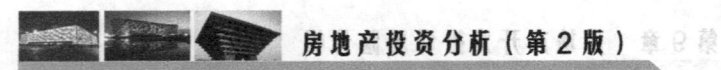

3. 实训背景：在第 8 章实训成果的基础上进行。
4. 实训实施及成果要求。
（1）分别对该项目的净现值和内部收益率指标进行敏感性分析；主要选取价格和成本两个敏感性因素进行分析；
（2）该实训任务量较大，建议每个班的同学按 4~6 名同学进行分组，以组为单位完成以上实训任务；
（3）成果按照本章第 2 节案例的格式进行计算、绘制图表和文字安排等；
（4）课间内无法完成的，建议同学们利用课余时间完成；
（5）最终成果以电子形式上交，建议每组保留分析计算过程及有关原始数据，便于以后的进一步分析和检查。

### 本章思考题

1. 什么是风险？风险表现的特征有哪些？
2. 房地产开发投资风险因素有哪些？具体表现是怎样的？
3. 为什么要进行房地产开发投资的不确定性分析？不确定性分析主要有哪几种方法？
4. 什么是盈亏平衡分析？其数学函数关系是怎样的？通过该函数式又可以得到其他几种几个变量的求解公式？
5. 请解释线性盈亏平衡分析的图解法。
6. 什么是敏感性分析法？如何解释敏感性分析图？
7. 某开发项目购地 15 000 m², 城市规划要求该地容积率不得超过 2.0。开发方案确定的固定成本费用为 2 000 万元，单位变动成本为 900 元/m²。据市场调查显示，项目建成后，平均单位售价可达 3 000 元/m²，销售税率为 5%。
（1）试计算该项目的保本开发量。
（2）若该项目欲获利 800 万元，开发量为多少？此时是否符合规定的容积率？
8. 某项目，其基本方案的参数估算值如表 9-6 所示，试以净现值指标为对象，以投资、销售收入和年经营费用为不确定性因素，进行单因素敏感性分析（设基准折现率为 12%）。

表 9-6　项目参数估算值

| 因　素 | 期 初 投 资 | 年销售收入 | 年经营费用 | 期 末 残 值 | 计 算 期 |
|---|---|---|---|---|---|
| 估算值 | 1 200 万元 | 450 万元 | 200 万元 | 15 万元 | 5 年 |

# 第 10 章 房地产开发投资分析报告

【本章能力点】
（1）理解和掌握房地产投资分析报告的主要内容和格式
（2）能够读懂房地产开发投资分析报告
（3）能够参照范例进行简单投资分析报告的撰写

## 10.1 房地产开发投资分析报告的编写

房地产开发项目投资分析（或可行性研究）是在投资前，对拟开发的项目进行市场、环境、技术及经济、社会、法律等方面的调查、分析和论证，为项目投资决策提供科学可靠依据的一种方法。其报告的撰写一般遵循相应的格式。

由于房地产开发项目的阶段较多、开发的类型也较多，因此，房地产开发投资分析报告的格式或内容可能会有些差异。比如，有些投资分析报告是专门针对土地报价阶段的，而有些则是关于从土地取得到项目销售完毕这一整个阶段的投资分析，并且，有的报告涉及项目股权转让、合作开发等方面，最后，还有可能是工业地产、教育地产等一些并不常见的房地产投资分析类型。因此，房地产开发投资分析报告的格式或内容会随着对象、内容、方法的不同而有所不同。但是，不管怎样，房地产开发投资分析报告还是有其撰写的基本模式（包括格式和内容两个方面）。

房地产开发投资分析报告的一般格式与内容如下：

（1）总论。总论部分包括：项目名称、项目概况与背景；项目投资分析的依据；投资分析的范围；投资分析的结论等部分。

其中项目投资分析的依据主要包括与项目有关的国家及地方标准、规范及政府文件，项目设计方案、开发企业提供的关于项目的文件、资料及其他参考依据或标准。投资分析的范围主要涉及对项目内容的界定，例如对于分期开发的项目，需要说明是对整个项目还是对某一期开发进行的分析；并且，要说明具体针对哪几个方面进行分析。例如分析范围可以包括：项目建设条件、项目市场定位、项目建设规划方案、项目运作机制和机构、投资估算及融资方案、项目销售定价及收入估算、财务评价和风险分析等方面。投资分析结论放在总论里头，主要是为了方便阅读者首先对项目分析的结论有一个总结性的了解。涉及项目的总投资额大小、利润水平及是否在技术、经济上具有可行性等。

（2）投资环境分析。投资环境主要是指当地的宏观经济发展现状、趋势如何，具体包括固定资产投资情况、房地产开发投资情况、出口贸易情况、地方财政收入情况、居民收入与储蓄情况等。有时也把与房地产开发配套设施有关的内容放在此部分，例如医疗、教育配套；基础设施配套；通信交通配套等内容。主要目的就是分析宏观经济背景及其投资环境是否有利于项目的开发。

具体某个地区、某个项目时，还应结合当地特有的发展有利条件或不利条件进行分析。例如，北京 2008 年奥运会、上海 2010 年世博会、杭州地铁一号线将在 2011 年正式开通等活动或事件会对当地房地产市场造成的影响等。

（3）市场环境分析。市场环境分析主要是针对房地产项目所在的市场进行研判。例如按照不同的物业类型可以分为住宅市场、写字楼市场、商铺市场，其中住宅市场还可以分为别墅市场、普通公寓市场、国际公寓（酒店式公寓）市场等。确定要分析的物业市场类型后，可以从整个城市、所在的区块以及具体项目三个层次进行分析。具体内容包括整个市场发展的现状、分布情况、不同区块发展的特点、客户需求的特点、价格情况及类似项目之间的优劣势、对本项目可能造成的影响等。并且，在综合分析的基础上，还应给出本项目可以利用的市场空白点、价格策略等内容。在对具体项目进行分析时，可以利用 SWOT 分析方法，从项目可能存在的优势、劣势及面临的机会与威胁四个方面进行阐述。

（4）建设地址及外部条件。建设地址及外部条件主要包括项目所处的地址、四至情况，所在地块的地质、地貌情况，以及水文、气象条件，同时还应包括公用设施及配电条件，如供水水源、供电电源、天然气、电信通信、电视接收等情况。

（5）项目建设规划方案。项目建设规划方案主要包括：规划范围、用地性质与规模、用地布局、主要控制性指标，以及建筑设计、平面设计及结构设计等方面的内容。

（6）项目进度计划。根据项目的工程进度计划编制相应的工程进度计划表，一般绘制成横道图。

（7）投资估算及资金筹措。投资估算部分主要包括：投资估算范围、投资估算编制依据、投资估算内容、投资估算结果、关于投资估算的说明等内容，而资金筹措则主要是说明总投资中自有资金、银行贷款及利息、滚动开发入的数额大小及比例情况。

（8）项目的财务评价。项目的财务评价主要包括：评价依据、原则及方法、基础数据估算（成本费用估算和收入及税金估算）、财务评价基准参数、现金流分析、资金平衡分析、敏感性分析、主要技术经济数据及指标、财务评价结论等内容，财务评价部分是整个投资分析报告的核心，其中对辅助报表和基本报表的编制是主要工作。

（9）评价结论和建议。提供投资分析的最终结论，同时，为了确保预期的结果变成现实，还应给出顺利实施项目的相关建议和措施（包括对可能面临风险的分析）。

## 10.2　房地产开发投资分析案例

### 案例一：某租售房地产项目投资分析

#### 一、市场分析和需求预测

××市地处华北平原，是中南某省重要的工业城市之一，市区人口约 60 万人，面积 187 平方公里。

××市，1949 年时市区面积仅 3.4 平方公里，人口约 3.6 万人。各类房屋总建筑面积 72 万平方米，常住市区的 4 800 户贫苦市民，人均居住面积不足 2.5 平方米，房屋年久失修，破烂不堪，其中草灰棚房就有 9 700 余间，除此之外，无房可住者不计其数。××市人民在解放前百余年间，尝尽了洪水、战祸之苦。新中国成立后在党和政府的领导下，城市建设规模得到了前所未有的发展，1998 年人口达到了 529 万人，其中非农业人口达到 105 万人，各类房屋建筑面积增加了 14

倍。党的十一届三中全会以来，城区住宅大幅度增长，10多年来，住宅建设投资平均每年以18%的速度增长，人均居住面积有了明显的增加，一大批破旧、低矮棚户房得到了改造，广大城镇居民的居住条件和居住环境得到了明显的改善。然而由于经济条件、住房体制、人口增长等多方面因素的制约，加上住宅建设历史欠账太多，××市的住房供求矛盾依然十分突出，现有住房中还有不少危、漏房屋亟待改造。

根据《××市统计年鉴》（1998年）显示，缺房户数8000户，其中人均居住面积在4平方米以下的住房困难户3 000户，随着城市人口的增长，今后每年还将新增一定数量的住房困难户，因此，距党中央提出的到2000年城镇居民每户拥有一套经济适用住房、从而使城镇居民达到小康居住水平的要求差距还很大。

从全市商品房市场看，1998年全市商品房竣工面积19.24万平方米，实际销售14.66万平方米，预售1.89万平方米，空置4.97万平方米，实际销售总金额达到9 831万元，总体情况比较理想。随着国家扩大内需、鼓励消费、减免和降低房地产开发各项收费等配套政策的逐步出台与完善，经济形势将得到回升，人们消费预期也将得到提升，因此，商品房和商业办公用房销售前景良好。

据1997年调查资料显示，项目附近的事业单位和企业缺房户有千余房，虽然有些企业先后集资建了一些住房，但远远满足不了该区职工家庭的需求。随着该市住房制度改革的深入，房改政策已深入人心，各企事业单位房改力度的加强，以及全省城镇停止住房实物分配的实施，必然会带动房地产市场的兴旺。

### 二、建设指导思想

根据建设部有关城市建设的法规及××市总体规划，小区规划设计旨在创造一个舒适、方便、安全、优美的居住环境，并按照"统一规划、分期实施、配套建设、充分利用土地"的原则，综合提高经济效益和社会效益。

### 三、建设内容和规模

××小区占地8.78公顷，总建设面积15.7万平方米，其中，一期工程建设面积3.4万平方米已经竣工发售。××北小区项目属二期工程，建筑面积12.3万平方米。拟建6层条式楼多栋，建筑面积3.1万平方米，占地5683平方米；少量营业用房，建筑面积1 320平方米，占地726平方米；楼群中部分布置3栋26层点式楼，建筑面积9.1万平方米，占地3 850平方米。

### 四、规划选址

××北小区位于××市区东北部，南临东风路，西面与乡政府和乡医院相邻，北靠建设路，中部偏东有学院路自南向北纵向穿越，将小区分为两部分。区内临建设路处现有建设路小学、水文队、银行等单位，其余均为菜田。该地块南北长300米，东西宽约180米，呈矩形状，自然地势南高北低，平均海拔高程71.50米左右，最大高差约0.30米，地势较为平坦。

### 五、规划与住宅布局

由于本地块的地形现状和特点，规划设计将小区中心设置在地块的几何中心部位，以中心绿地和居委会、文化活动站等设施组成，并采用空间划分和限定的手法，组织好由公共空间、半公共空间到私密空间的相互联系和组合。其他建筑布置紧紧围绕小区中心，以点式和条式住宅相互结合、协调搭配、错落有致的方法，丰富居住小区的环境和平面布局，使小区面貌更显新颖别致、灵活多样。小区公共建筑设施沿周边布置，既丰富了城市道路和沿街景观，又给小区的建设开发创造了有利条件。

小区住宅以六层条式为主，适当点缀点式住宅，条式住宅布局采用周边式布置，三两栋为一组，组合成若干个半公共空间，既塑造了建筑的立面效果，又方便了小区的管理。依据小区道路的分隔与围合，小区分为4个组团，即南部的两个居住组团，北部的公建组团和学院路东的组团。以南部两个居住组团形成小区的基本居住单元。小区的主要入口有3个，分别面向建设路、东风路和学院路。在学院路的主要入口处设置新村标志，增强小区的识别性。同时，小区的平面布局综合考虑了日照、通风、防灾、消防等要求，日照间距为1：1.2。

### 六、小区绿化

为了创造一个接近自然、环境优美的居住环境，小区绿地按照集中，分散结合布置、除小区中心绿地外，在零星地块见缝插绿地进行建设，利用道路与景观调节小区气候，方便居民，美化环境，使人们步入小区，有一种步移景移、赏心悦目的美好心情。植物栽培以常绿植物为主，配以四季花卉、水池、亭子、花架、坐凳等园林小品，形成景色宜人、生机盎然的园林景观。

### 七、方案设想

××小区住宅方案设计主要考虑了"功能"、"舒适"、"美观"、"采光"、"通风"及"结构上的安全经济"等因素，在经济适用方面下工夫，以满足不同家庭户型结构的需要。方案设计的原则是：

（1）坚持"住得好、分得开、放得下、买得起"的设计原则。

（2）坚持"节地、节能、节材"的设计原则：尽量采取小面宽、大进深等有效手法；

（3）在节能方面主要在墙体厚度和材料上、门窗尺寸选型、屋顶保温等采取一些行之有效的措施。

### 八、实施进度计划及计算期

计划2000年10月开始施工，建设工期为3年。项目计算期为6年。

### 九、用款计划

用款计划如表10-1所示。

表10-1 用款计划表

| 项　　目 | 金额（万元） | 第1年（%） | 第2年（%） | 第3年（%） |
|---|---|---|---|---|
| 土地费用 | 420 | 100 | | |
| 前期工程费 | 28 | 100 | | |
| 基础设施建设费 | 10 | 100 | | |
| 建筑安装工程费 | 9917 | 10 | 33 | 57 |
| 公共配套设施建设费 | 96 | 63 | 33 | 4 |
| 开发间接费 | | | | |
| 管理费用 | 99 | 33 | 33 | 34 |

续表

| 项　　目 | 金额（万元） | 第1年（%） | 第2年（%） | 第3年（%） |
|---|---|---|---|---|
| 销售费用 | 99 | 17 | 50 | 33 |
| 开发期税费 | 367 | 41 | 33 | 26 |
| 其他费用 | 183 | 55 | 33 | 12 |
| 不可预见费 | 449 | 33 | 33 | 34 |

### 十、投资估算

本项目总投资12 391万元，其中土地费用420万元、前期工程费28万元、基础设施建设费10万元、建筑安装工程费9 917万元、公共配套设施建设费96万元、管理费用和销售费用各99万元（按建筑工程费的1%计）、开发期税费367万元、其他费用183万元、不可预见费449万元及财务费用772万元组成，如表10-2所示。

表10-2　项目总投资估算表　　　　　　　　　　　单位：万元

| 序　号 | 项　　目 | 总　投　资 | 估　算　说　明 |
|---|---|---|---|
| 1 | 开发建设总投资 | 12 391 | |
| 1.1 | 土地费用 | 420 | |
| 1.2 | 前期工程费 | 28 | |
| 1.3 | 基础设施建设费 | 10 | |
| 1.4 | 建筑安装工程费 | 9 917 | |
| 1.5 | 公共配套设施建设费 | 96 | |
| 1.6 | 开发间接费 | | |
| 1.7 | 管理费用 | 99 | |
| 1.8 | 销售费用 | 99 | |
| 1.9 | 开发期税费 | 367 | |
| 1.10 | 其他费用 | 183 | |
| 1.11 | 不可预见费 | 449 | |
| 1.12 | 财务费用 | 722 | |
| 2 | 经营资金 | | |
| 3 | 项目总投资 | 12 391 | |
| 3.1 | 开发产品成本 | 12 391 | |
| 3.2 | 固定资产投资 | | |
| 3.3 | 经营资金 | | |

### 十一、资金筹措

项目总投资12 391万元。其中项目资本金3 000万元，分两年等额投入；商业银行贷款3 891万元，3年的贷款比例分别为12.4%、35.6%和52%；不足部分拟由预售房款解决，如表10-3所示。

表 10-3　投资使用计划与资金筹措表　　　　　　　　　　　　单位：万元

| 序号 | 项　　目 | 合计 | 1 | 2 | 3 | 4 | 5 | 6 |
|---|---|---|---|---|---|---|---|---|
| 1 | 总　投　资 | 12 391 | 1 983 | 3 824 | 6 119 | 233 | 155 | 78 |
| 1.1 | 自营资产投资 | | | | | | | |
| 1.2 | 自营资产投资借款建设期利息 | | | | | | | |
| 1.3 | 自营资产投资方向调节税 | | | | | | | |
| 1.4 | 经营资金 | | | | | | | |
| 1.5 | 开发产品投资 | 12 391 | 1 983 | 3 824 | 6 119 | 233 | 155 | 78 |
| | 其中：不含财务费用 | 11 669 | 1 968 | 3 754 | 5 947 | | | |
| | 财务费用 | 722 | 14 | 70 | 172 | 233 | 155 | 78 |
| 2 | 资　金　筹　措 | 12 391 | 1 983 | 3 824 | 6 119 | 233 | 155 | 78 |
| 2.1 | 资本金 | 3 000 | 1 500 | 1 500 | | | | |
| 2.2 | 预售收入 | 5 501 | | 941 | 4 094 | 233 | 155 | 78 |
| 2.3 | 预租收入 | | | | | | | |
| 2.4 | 其他收入 | | | | | | | |
| 2.5 | 其他 | | | | | | | |
| 2.6 | 借款 | 3 891 | 483 | 1 383 | 2 025 | | | |
| 2.6.1 | 固定资产投资长期借款 | 3 891 | 483 | 1 383 | 2 025 | | | |
| | 自营资产投资人民币借款 | | | | | | | |
| | 自营资产投资外币借款 | | | | | | | |
| | 房地产投资人民币借款 | 3 891 | 483 | 1 383 | 2 025 | | | |
| 2.6.2 | 自营资产投资建设期利息借款 | | | | | | | |
| 2.6.3 | 经营资金人民币借款 | | | | | | | |

## 十二、贷款条件

年利率 5.85%，按季、按单利计息，宽限期 3 年，3 年等额还本。借款期间，利息照付。

## 十三、税费率

税费率如表 10-4 所示。

表 10-4　税费率表　　　　　　　　　　　单位：%

| 税费项目 | 税费率 | 税费项目 | 税费率 |
|---|---|---|---|
| 营业税 | 5 | 公益金 | 5 |
| 城市维护建设税 | 7 | 法定盈余公积金 | 10 |
| 教育费附加 | 3 | 任意盈余公积金 | 0 |
| 企业所得税 | 33 | 不可预见费 | 4 |
| 房产税（按租金） | 12 | 土地增值税 | 30，40，50 超率累进 |

## 十四、销售与出租计划

××小区项目高层、多层住宅和部分营业用房计划在 4 年内全部出售。住宅楼从项目开工第 2 年开始预售，分期付款，按 20%、70%和 10%分 3 年付清。出租房第 4 年开始出租，出租率第 4 年为 80%，以后各年均为 100%。各类房屋销售计划如表 10-5 所示。

表 10-5　房屋销售计划表　　　　　　　　　　单位：%

| 年份<br>类型 | 2 | 3 | 4 | 5 |
|---|---|---|---|---|
| 高层楼房 | 40 | 40 | 20 | |
| 多层楼房 | 30 | 30 | 30 | 10 |
| 营业用房 | 30 | 30 | 40 | |

根据××市近期相同房地产项目的售（租）价和居民购买力的预测，计划××小区高层住宅售价 1 800 元/m²，多层住宅售价 1 250 元/m²，营业用房一半出售，售价 3 500 元/m²。售房加权平均价为 1 670 元/m²。营业用房另一半出租，租价 1 000 元/年·m²，建设期出租房不预租。

## 十五、财务分析

1．分析依据

见建设部 2000 年发布的《房地产开发项目经济评价方法》。

2．盈利能力分析

项目在计算期内经营收入 20 671 万元，可获利润 4 954 万元，扣除所得税、公益金、公积金后还有 2 821 万元可分配利润。项目缴纳的经营税金为 1 137 万元，所得税为 1 635 万元，土地增值税为 2 202 万元，合计缴纳税金 4 973 万元。与项目业主投入的资本金 3 000 万元相比，在 6 年内项目盈利和缴纳税金的绝对额是相当高的，表明项目盈利能力是比较强的，详见表 10-6～表 10-8。

项目全部投资内部收益（所得税前）为 28.8%，在预期可接受内部收益为 20%时，项目净现值为 781 万元，项目投资回收期为 3.8 年。资本金内部收益率为 39.2%，项目净现值为 909 万元，详见表 10-9 和表 10-10。

表 10-6　售房收入与经营税金及附加估算表　　　　　　　　　　单位：万元

| 序号 | 项　目 | 合　计 | 1 | 2 | 3 | 4 | 5 | 6 |
|---|---|---|---|---|---|---|---|---|
| 1 | 售房收入 | 20 486 | | 1 557 | 7 005 | 7 133 | 4 028 | 763 |
| 1.1 | 可销售面积（m²） | 122 660 | | 45 898 | 45 898 | 27 764 | 3 100 | |
| 1.2 | 平均售价（元/m²） | | | 1 696 | 1 696 | 1 632 | 1 250 | |
| 1.3 | 销售比例（%） | 100 | | 37 | 37 | 23 | 3 | |
| 2 | 经营税金及附加 | 1 127 | | 86 | 385 | 392 | 222 | 42 |

续表

| 序号 | 项 目 | 合 计 | 1 | 2 | 3 | 4 | 5 | 6 |
|---|---|---|---|---|---|---|---|---|
| 2.1 | 营业税 | 1 024 | | 78 | 350 | 357 | 201 | 38 |
| 2.2 | 城市维护建设税 | 72 | | 5 | 25 | 25 | 14 | 3 |
| 2.3 | 教育费附加 | 31 | | 2 | 11 | 11 | 6 | 1 |
| 3 | 土地增值税 | 2 202 | | 163 | 732 | 754 | 454 | 99 |
| 4 | 商品房销售净收入 | 17 158 | | 1 308 | 5 888 | 5 987 | 3 352 | 622 |

表 10-7 租房收入与经营税金及附加估算表　　　　　　　　　单位：万元

| 序号 | 项 目 | 合计 | 1 | 2 | 3 | 4 | 5 | 6 |
|---|---|---|---|---|---|---|---|---|
| 1 | 租房收入 | 185 | | | | 53 | 66 | 66 |
| 1.1 | 可出租面积（m²） | | | | | 528 | 660 | 660 |
| 1.2 | 单位租金（元/m²） | | | | | 1 000 | 1 000 | 1 000 |
| 1.3 | 出租率（%） | | | | | 80 | 100 | 100 |
| 2 | 经营税金及附加 | 10 | | | | 3 | 4 | 4 |
| 2.1 | 营业税 | 9 | | | | … | … | … |
| 2.2 | 城市维护建设税 | 1 | | | | … | … | … |
| 2.3 | 教育费附加 | … | | | | … | … | … |
| 3 | 租金净收入 | 175 | | | | 50 | 62 | 62 |
| 4 | 净转售收入 | 44 | | | | | | 44 |

注：由于表中有效数字是四舍五入取整，但计算过程中仍然保持足够的有效位数，可能造成表中合计数与各年数字之和不等，在各年数字绝对值小于1时，用"…"表示，以后各表同。

表 10-8 损益表　　　　　　　　　　　　　　　　　　　　单位：万元

| 序号 | 项 目 | 合计 | 1 | 2 | 3 | 4 | 5 | 6 |
|---|---|---|---|---|---|---|---|---|
| 1 | 经营收入 | 20 671 | | 1 557 | 7 005 | 7 183 | 4 094 | 829 |
| 1.1 | 商品房销售收入 | 20 286 | | | | 7 133 | 4 028 | 763 |
| 1.2 | 房地产租金收入 | 185 | | 1 557 | 7 005 | 53 | 66 | 66 |
| 1.3 | 自营收入 | | | | | | | |
| 2 | 经营成本 | 12 348 | | 948 | 4 266 | 4 328 | 2 384 | 423 |
| 2.1 | 商品房经营成本 | 12 341 | | 948 | 4 266 | 4 326 | 2 381 | 420 |
| 2.2 | 出租房经营成本（摊销） | 7 | | | | 2 | 3 | 3 |
| 3 | 出租房经营费用 | 31 | | | | 9 | 11 | 11 |
| 4 | 自营部分经营费用 | | | | | | | |
| 5 | 自营部分折旧、摊销 | | | | | | | |
| 6 | 自营部分财务费用 | | | | | | | |

续表

| 序号 | 项目 | 合计 | 1 | 2 | 3 | 4 | 5 | 6 |
|---|---|---|---|---|---|---|---|---|
| 7 | 经营税金及附加 | 1 137 | | 86 | 385 | 395 | 225 | 46 |
| 8 | 土地增值税 | 2 202 | | 163 | 732 | 754 | 454 | 99 |
| 9 | 利润总额 | 4 954 | | 360 | 1 622 | 1 700 | 1 020 | 251 |
| 10 | 弥补以前年度亏损 | | | | | | | |
| 11 | 应纳税所得额 | 4 954 | | 360 | 1 622 | 1 700 | 1 020 | 251 |
| 12 | 所得税 | 1 635 | | 119 | 535 | 561 | 337 | 83 |
| 13 | 税后利润 | 3 319 | | 242 | 1 087 | 1 139 | 683 | 168 |
| | 公益金 | 166 | | 12 | 54 | 57 | 34 | 8 |
| | 法定盈余公积金 | 332 | | 24 | 109 | 114 | 68 | 17 |
| | 任意盈余公积金 | | | | | | | |
| 14 | 加:年初未分配利润 | | | | 205 | 1 129 | | |
| 15 | 可供投资者分配的利润 | | | 205 | 1 129 | 2 098 | 581 | 143 |
| 16 | 应付利润 | 2 821 | | | | 2 098 | 581 | 143 |
| | A方 | 2 821 | | | | 2 098 | 581 | 143 |
| | B方 | | | | | | | |
| | C方 | | | | | | | |
| 17 | 年末未分配利润 | | | 205 | 1 129 | | | |

表 10-9 财务现金流量表（全部投资） 单位：万元

| 序号 | 项目 | 合计 | 1 | 2 | 3 | 4 | 5 | 6 |
|---|---|---|---|---|---|---|---|---|
| 1 | 现金流入 | 20 714 | | 1 557 | 7 005 | 7 186 | 4 094 | 873 |
| 1.1 | 售房收入 | 20 486 | | 1 557 | 7 005 | 7 133 | 4 028 | 763 |
| 1.2 | 租房收入 | 185 | | | | 53 | 66 | 66 |
| 1.3 | 自营收入 | | | | | | | |
| 1.4 | 其他收入 | | | | | | | |
| 1.5 | 回收固定资产余值 | | | | | | | |
| 1.6 | 回收经营资金 | | | | | | | |
| 1.7 | 净转售收入 | 44 | | | | | | |
| 2 | 现金流出 | 17 395 | 1 983 | 4 192 | 7 772 | 1 952 | 1 182 | 316 |
| 2.1 | 固定资产投资（含方向税） | | | | | | | |
| 2.2 | 开发产品投资 | 12 391 | 1 983 | 3 824 | 6 119 | 233 | 155 | 78 |
| 2.3 | 经营资金 | | | | | | | |
| 2.4 | 自营部分经营费用 | | | | | | | |
| 2.5 | 出租房经营费用 | 31 | | | | | | |
| 2.6 | 经营税金及附加 | 1 137 | | 86 | 385 | 395 | 225 | 46 |
| 2.7 | 土地增值税 | 2 202 | | 163 | 732 | 754 | 454 | 99 |
| 2.8 | 所得税 | 1 635 | | 119 | 535 | 561 | 337 | 83 |

续表

| 序号 | 项 目 | 合计 | 1 | 2 | 3 | 4 | 5 | 6 |
|---|---|---|---|---|---|---|---|---|
| 3 | 净现金流量 | 3 319 | －1 983 | －2 635 | －767 | 5 234 | 2 912 | 557 |
|  | 累计净现金流量 |  | －1 983 | －4 618 | －5 384 | －150 | 2 762 | 3 319 |
| 4 | 所得税前净现金流量 | 4 954 | －1 983 | －2 516 | －231 | 5 795 | 3 248 | 640 |
|  | 累计所得税前净现金流量 |  | －1 983 | －4 499 | －4 730 | 1 066 | 4 314 | 4 954 |
|  | 计算指标 |  | 所得税前 |  | 所得税后 |  |  |  |
|  | 内部收益率 |  | 28.77% |  | 19.5% |  |  |  |
|  | 财务净现值 |  | 781 |  | －45 |  |  |  |
|  | 投资回收期 |  | 3.82 |  | 4.05 |  |  |  |
|  | 基准收益率 |  | 20% |  | 205 |  |  |  |

表 10-10　财务现金流量表（资本金）　　　　　　　　　　单位：万元

| 序号 | 项 目 | 合计 | 1 | 2 | 3 | 4 | 5 | 6 |
|---|---|---|---|---|---|---|---|---|
| 1 | 现金流入 | 20 714 |  | 1 557 | 7 005 | 7 186 | 4 094 | 873 |
| 1.1 | 售房收入 | 20 486 |  | 1 557 | 7 005 | 7 133 | 4 028 | 763 |
| 1.2 | 租房收入 | 185 |  |  |  | 53 | 66 | 66 |
| 1.3 | 自营收入 |  |  |  |  |  |  |  |
| 1.4 | 其他收入 |  |  |  |  |  |  |  |
| 1.5 | 回收固定资产余值 |  |  |  |  |  |  |  |
| 1.6 | 回收经营资金 |  |  |  |  |  |  |  |
| 1.7 | 净转售收入 | 44 |  |  |  |  |  |  |
| 2 | 现金流出 | 17 395 | 1 983 | 4 192 | 7 772 | 1 952 | 1 182 | 316 |
| 2.1 | 资本金 | 3 000 | 1 500 | 1 500 |  |  |  |  |
| 2.2 | 预售（租）收入用于开发产品投资 | 5 501 |  | 941 | 4 094 | 233 | 155 | 78 |
| 2.3 | 经营资金 |  |  |  |  |  |  |  |
| 2.4 | 自营部分经营费用 |  |  |  |  |  |  |  |
| 2.5 | 出租房经营费用 | 31 |  |  |  |  |  |  |
| 2.6 | 经营税金及附加 | 1 137 |  | 86 | 385 | 395 | 225 | 46 |
| 2.7 | 土地增值税 | 2 202 |  | 163 | 732 | 754 | 454 | 99 |
| 2.8 | 所得税 | 1 635 |  | 119 | 535 | 561 | 337 | 83 |
| 2.9 | 长期借款本金偿还 | 3 891 |  |  |  | 1 297 | 1 297 | 1 297 |
| 3 | 净现金流量 | 3 319 | －1 500 | －1 252 | 1 258 | 3 937 | 1 615 | －740 |
| 4 | 累计净现金流量 |  | －1 500 | －2 752 | －1 493 | 2 444 | 4 059 | 3 319 |
|  | 计算指标 |  |  |  |  |  |  |  |
|  | 内部收益率 | 39.16% |  |  |  |  |  |  |
|  | 财务净现值 | 909 |  |  |  |  |  |  |
|  | 基准收益率 | 20% |  |  |  |  |  |  |

商品房投资利润率＝利润总额/总投资×100%
　　　　　　　　＝4 954/12 391×100%
　　　　　　　　＝40%
商品房资本金净利润率＝税后利润/资本金×100%
　　　　　　　　　　＝3 319/3 000×100%
　　　　　　　　　　＝110%

**3．清偿能力分析**

按照项目的借款条件和还款计划，项目建设期不还本金，从第4年开始分3年等额偿还本金，每年还1 297万元；借款利息每年照付，总计付利息722万元，详见表10-11。

**4．资金平衡分析和资产负债分析**

在项目计算期内，各期资金的来源与运用是平衡有余的。资产负债率是比较低的，资产负债率最高时（第3年）仅47%。因此从总本上看，项目的清偿能力是比较强的。资金平衡分析和资产负债分析详见表10-12和表10-13。

**5．敏感性分析**

将开发产品投资、售房价格、租房价格和预售款回笼进度等因素作为不确定性因素进行敏感性分析，分析结果表明开发产品投资和售房价格两个因素对项目的效益最为敏感。如果开发产品投资和售房价格分别向不利方向变动10%，则全部投资内部收益率将分别下降至20.1%和17.7%，净现值分别下降至12万元和－206万元，投资回收期则增加到4.0和4.1年。预售款回笼进度相对较不敏感。最不敏感的因素是租房价格，这是因为计算期只有6年，而且是从第4年才开始出租，租房收益占整个项目收益的比重较小，详见表10-14和图10-1。

表10-11　长期借款还本付息估算表　　　　　　　　单位：万元

| 序号 | 项目 | 合计 | 1 | 2 | 3 | 4 | 5 | 6 |
|---|---|---|---|---|---|---|---|---|
| 1 | 长期借款 | | | | | | | |
| 1.1 | 年初借款本息累计 | | | 483 | 1 866 | 3 891 | 2 594 | 1 297 |
| | 本金 | | | 483 | 1 866 | 3 891 | 2 594 | 1 297 |
| | 建设期利息 | | | | | | | |
| 1.2 | 本年借款 | 3 891 | 483 | 1 383 | 2 025 | | | |
| 1.3 | 本年应计利息 | 722 | 14 | 70 | 172 | 233 | 155 | 78 |
| 1.4 | 本年还本付息 | | | 14 | 70 | 172 | 1 530 | 1 452 | 1 374 |
| | 还本 | 3 891 | | | | 1 297 | 1 297 | 1 297 |
| | 付息 | 722 | 14 | 70 | 172 | 233 | 155 | 78 |
| 1.5 | 年末借款本息累计 | | 483 | 1 866 | 3 891 | 2 594 | 1 297 | |
| 2 | 房地产投资人民币贷款 | | | | | | | |
| 2.1 | 年初借款本息累计 | | | 483 | 1 866 | 3 891 | 2 594 | 1 297 |
| | 本金 | | | 483 | 1 866 | 3 891 | 2 594 | 1 297 |
| | 建设期利息 | | | | | | | |
| 2.2 | 本年借款 | 3 891 | 483 | 1 383 | 2 025 | | | |
| 2.3 | 本年应计利息 | 722 | 14 | 70 | 172 | 233 | 155 | 78 |
| 2.4 | 本年按约还本付息 | | 14 | 70 | 172 | 1 530 | 1 452 | 1 374 |
| | 还本 | 3 891 | | | | 1 297 | 1 297 | 1 297 |
| | 付息 | 722 | 14 | 70 | 172 | 233 | 155 | 78 |
| 2.5 | 年末借款本息累计 | | 483 | 1 866 | 3 891 | 2 594 | 1 297 | |

续表

| 序号 | 项目 | 合计 | 1 | 2 | 3 | 4 | 5 | 6 |
|---|---|---|---|---|---|---|---|---|
| 3 | 还本资金来源 | | | 7 | 178 | 4 273 | 5 205 | 4 253 |
| 3.1 | 上年余额 | | | | 7 | 178 | 2 976 | 3 908 |
| 3.2 | 摊销 | | | | | | | |
| 3.3 | 折旧 | | | | | | | |
| 3.4 | 利润 | | | | | | | |
| 3.5 | 可利用售房收入 | | | 7 | 171 | 4 095 | 2 229 | 345 |
| 3.6 | 其他 | | | | | | | |
| 4 | 偿还等额还款本金 | | | | | 1 297 | 1 297 | 1 297 |
| 5 | 偿还长期贷款—本金能力 | | | 7 | 178 | 2 976 | 3 908 | 2 956 |
| 6 | 长期借款偿还期（年） | | 6.00 | | | | | |

注：有效利率为5.98%。

表10-12 资金来源与运用表　　　　　　　　　　　　　单位：万元

| 序号 | 项目 | 合计 | 1 | 2 | 3 | 4 | 5 | 6 |
|---|---|---|---|---|---|---|---|---|
| 1 | 资金来源 | 27 605 | 1 983 | 4 440 | 9 030 | 7 186 | 4 094 | 873 |
| 1.1 | 商品房销售收入 | 20 486 | | 1 557 | 7 005 | 7 133 | 4 028 | 763 |
| 1.2 | 房地产租金收入 | 185 | | | | 53 | 66 | 66 |
| 1.3 | 自营收入 | | | | | | | |
| 1.4 | 房地产投资借款 | 3 891 | 483 | 1 383 | 2 025 | | | |
| 1.5 | 短期借款 | | | | | | | |
| 1.6 | 资本金 | 3 000 | 1 500 | 1 500 | | | | |
| 1.7 | 其他 | | | | | | | |
| 1.8 | 固定资产余值 | | | | | | | |
| 1.9 | 回收经营资金 | | | | | | | |
| 1.10 | 净转售收入 | 44 | | | | | | |
| 2 | 资金运用 | 24 107 | 1 983 | 4 192 | 7 772 | 5 346 | 3 059 | 1 755 |
| 2.1 | 房地产投资（含利息） | 12 391 | 1 983 | 3 824 | 6 119 | 233 | 155 | 78 |
| 2.2 | 经营资金 | | | | | | | |
| 2.3 | 出租房经营费用 | 31 | | | | 9 | 11 | 11 |
| 2.4 | 经营税金及附加 | 1 137 | | 86 | 385 | 395 | 225 | 46 |
| 2.5 | 土地增值税 | 2 202 | | 163 | 732 | 754 | 454 | 99 |
| 2.6 | 所得税 | 1 635 | | 119 | 535 | 561 | 337 | 83 |
| 2.7 | 应付利润 | 2 821 | | | | 2 098 | 581 | 143 |
| 2.8 | 房地产长期借款本金偿还 | 3 891 | | | | 1 297 | 1 297 | 1 297 |
| 2.9 | 偿还其他应付款 | | | | | | | |
| 2.10 | 短期借款本金偿还 | | | | | | | |
| 3 | 盈余资金 | 3 498 | | 248 | 1 258 | 1 840 | 1 034 | −883 |
| 4 | 累计盈余资金 | | | 248 | 1 507 | 3 346 | 4 381 | 3 498 |

表 10-13　资产负债表　　　　　　　　　　　　　　　　　　　　　单位：万元

| 序号 | 项目 | 1 | 2 | 3 | 4 | 5 | 6 |
|---|---|---|---|---|---|---|---|
| 1 | 资产 | 1 983 | 5 107 | 8 219 | 5 964 | 4 770 | 3 498 |
| 1.1 | 流动资产总额 | 1 983 | 5 107 | 8 219 | 5 964 | 4 770 | 3 498 |
| 1.1.1 | 应收账款 | | | | | | |
| 1.1.2 | 存货 | 1 983 | 4 859 | 6 713 | 2 618 | 389 | 44 |
| 1.1.3 | 现金 | | | | | | |
| 1.1.4 | 累计盈余资金 | | 248 | 1 507 | 3 346 | 4 381 | 3 454 |
| 1.2 | 在建工程 | | | | | | |
| 1.3 | 固定资产净值 | | | | | | |
| 1.4 | 无形及递延资产净值 | | | | | | |
| 2 | 负债及所有者权益 | 1 983 | 5 107 | 8 219 | 5 964 | 4 770 | 3 498 |
| 2.1 | 流动负债总额 | | | | | | |
| 2.1.1 | 应付账款 | | | | | | |
| 2.1.2 | 短期借款 | | | | | | |
| 2.2 | 借款 | 483 | 1 866 | 3 891 | 2 594 | 1 297 | |
| 2.2.1 | 经营资金借款 | | | | | | |
| 2.2.2 | 固定资产投资借款 | | | | | | |
| 2.2.3 | 开发产品投资借款 | 483 | 1 866 | 3 891 | 2 594 | 1 297 | |
| | 负债小计 | 483 | 1 866 | 3 891 | 2 594 | 1 297 | |
| 2.3 | 所有者权益 | 1 500 | 3 242 | 4 328 | 3 370 | 3 473 | 3 498 |
| 2.3.1 | 资本金 | 1 500 | 3 000 | 3 000 | 3 000 | 3 000 | 3 000 |
| 2.3.2 | 资本公积金 | | | | | | |
| 2.3.3 | 累计盈余公积金 | | 36 | 199 | 370 | 473 | 498 |
| 2.3.4 | 累计未分配利润 | | 205 | 1 129 | | | |
| | 比率指标 | | | | | | |
| | 资产负债率（%） | 24 | 37 | 47 | 43 | 27 | |
| | 流动比率（%） | | | | | | |
| | 速动比率（%） | | | | | | |

表 10-14　敏感性分析表

| 序号 | 项目 | 变动幅度（%） | 全部投资（所得税前） |||
|---|---|---|---|---|---|
| | | | 内部收益率（%） | 净现值（万元） | 投资回收期（年） |
| 0 | 基本方案 | | 28.8 | 781 | 3.8 |
| 1 | 开发产品投资 | +10 | 20.1 | 12 | 4.0 |
| | | −10 | 39.2 | 1 550 | 3.6 |
| 2 | 售房价格 | +10 | 39.7 | 1 769 | 3.6 |
| | | −10 | 17.7 | −206 | 4.2 |
| 3 | 预售款回笼进度 | +10 | 31.4 | 942 | 3.7 |
| | | −10 | 24.1 | 398 | 4.1 |
| 4 | 租房价格 | +10 | 28.8 | 787 | 3.8 |
| | | −10 | 28.7 | 775 | 3.8 |

6. 临界点分析

临界点分析是项目评价的另一重要方面，它反映在预期可接受的投资内部收益率下，投资方能承受的各种重要因素向不利方向变动的极限值。根据敏感性分析，假定投资者期望的内部收益率为20%，在这种情况下，开发产品投资的临界点为13 651万元，下降1 260万元；平均售房价格的临界点为1 538元/m²，下降132元；土地108 377m²，减少14 253m²，详见表10-15。

表10-15　临界点分析表

| 敏感因素 | 基本方案结果 | 临界点计算 | |
|---|---|---|---|
| 内部收益率（%） | 28.8 | 期望值 | 20.00 |
| 开发产品投资（万元） | 12 391 | 最高值 | 13 651 |
| 售房价格（元/m²） | 1670 | 最低值 | 1 538 |
| 土地费用（万元） | 420 | 最高值 | 1 580 |
| 售房面积（m²） | 122 660 | 最低值 | 108 377 |

## 十六、评价结论

该项目符合国家产业政策和发展方向，小区房屋销售价格适中，预计工程完工后，销售前景会令人满意。项目的实施将对××市的建设和改善居民居住条件和居住环境起到积极作用。项目内部收益率达28.8%，6年内上缴各类税金总计达4 973万元，不仅具有良好的社会效益和经济效益，且具有较强的抗风险能力，项目选址适宜，总平面布置和方案设计合理，从技术方面看项目亦可行。项目主要经济技术指标见表10-16。

表10-16　主要经济技术指标表

| 序号 | 名称 | 单位 | 数据 | 备注 |
|---|---|---|---|---|
| I | 项目设计规模 | | | |
| 1 | 房地产开发产品总建筑面积 | m² | 123 320 | |
| 1.1 | 商品房销售 | m² | 122 660 | |
| | 高层住宅楼 | m² | 91 000 | |
| | 多层住宅楼 | m² | 31 000 | |
| | 营业房 | m² | 660 | |
| 1.2 | 出租房 | | | |
| | 营业房 | m² | 660 | |
| II | 项目经济数据 | | | |
| 1 | 开发产品投资 | 万元 | 12 391 | |
| | 其中：财务费用 | 万元 | 722 | |
| 2 | 资金筹措 | 万元 | 12 391 | |
| | 其中：资本金 | 万元 | 3 000 | |
| | 借款 | 万元 | 3 891 | |
| | 预售房款 | 万元 | 5 501 | |
| 3 | 经营收入 | 万元 | 4 134 | 年平均 |
| 4 | 经营税金及附加 | 万元 | 227 | 年平均 |
| 5 | 总成本费用 | 万元 | 2 476 | |
| 6 | 利润总额 | 万元 | 991 | |
| 7 | 所得税 | 万元 | 327 | |
| 8 | 税后利润 | 万元 | 664 | 年平均 |
| 9 | 土地增值税 | 万元 | 440 | 年平均 |

第10章　房地产开发投资分析报告

续表

| 序　号 | 名　称 | 单　位 | 数　据 | 备　注 |
|---|---|---|---|---|
| Ⅲ | 财务评价指标 | | | |
| 1 | 商品房投资利润率 | % | 40.0 | |
| 2 | 商品房投资利税率 | % | 67.1 | |
| 3 | 商品房资本金净利润率 | % | 110.6 | |
| 4 | 全部投资内部收益率（所得税前） | % | 28.8 | |
| 5 | 全部投资内部收益率（所得税后） | % | 19.5 | |
| 6 | 全部投资回收期（所得税前） | 年 | 3.8 | |
| 7 | 全部投资回收期（所得税后） | 年 | 4.0 | |
| 8 | 资本金内部收益率 | % | 39.2 | |
| 9 | 长期借款偿还期 | 年 | 6.2 | 建设期起 |

## 案例二：某某商学院项目投资分析报告

### 目　录

第一章　总　论
1.1　项目名称、项目概况及发展商
　1.1.1　项目名称
　1.1.2　项目概况
　1.1.3　项目发展商简介
1.2　项目投资分析的依据
1.3　投资分析的范围
1.4　投资分析的结论
第二章　市场环境分析（略）
第三章　建设地址及外部条件
3.1　项目选址方案
　3.1.1　项目地理位置
　3.1.2　区位优势分析
3.2　建设条件
　3.2.1　气象条件
　3.2.2　地形、地质条件
第四章　项目建设规划方案
4.1　设计依据
4.2　规划原则及目标
　4.2.1　城市规划的要求
　4.2.2　环境生态的要求
　4.2.3　××商学院宏声远景商学院自身发展的要求

4.3　规划指标体系
　4.3.1　学生规模
　4.3.2　用地规模
　4.3.3　开发强度
4.4　建筑设计、平面设计及结构设计
4.5　公用设施要求指标
第五章　运作机制与机构
5.1　机构框架
5.2　运行机制
第六章　项目招投标
6.1　招标形式及资质要求
6.2　招投标工作组织
第七章　项目进度计划
项目建设进度
第八章　投资估算及资金筹措
8.1　投资估算
　8.1.1　投资估算范围
　8.1.2　投资估算编制依据
　8.1.3　投资估算内容
　8.1.4　投资估算结果
　8.1.5　关于投资估算的说明
8.2　资金筹措

227

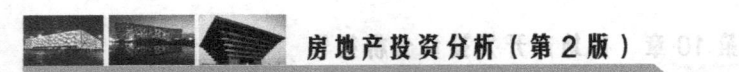

第九章　经济效益评价
9.1　经济评价依据、原则及方法
　　9.1.1　评价依据
　　9.1.2　评价原则
　　9.1.3　评价方法
9.2　基础数据
　　9.2.1　成本费用估算
　　9.2.2　学院收入及税金估算
9.3　财务评价
　　9.3.1　评价基准参数
　　9.3.2　现金流量分析
　　9.3.3　资金平衡分析表
　　9.3.4　敏感性分析
　　9.3.5　主要技术经济数据及指标
9.4　财务评价结论

第十章　评价结论和建议
10.1　评价结论
10.2　几点建议
附　表
附表 4-1　规划建筑面积统计一览表
附表 8-1　投资估算汇总表
附表 8-2　投资使用计划与资金筹措表
附表 9-1　成本费用估算表
附表 9-2　损益表
附表 9-3　全部投资现金流量表
附表 9-4　自有资金现金流量表
附表 9-5　银行借款偿还表
附表 9-6　敏感性分析表
附表 9-7　主要经济数据指标

# 第一章　总　论

## 1.1　项目名称、项目概况及发展商

### 1.1.1　项目名称

### 1.1.2　项目概况

××商学院（以下简称商学院），坐落于重庆市南岸区黄桷垭镇堡上园 1 号，学院占地 300 亩，北起黄明公路，东至高压线下安全有效距离，西至涂山湖，南与重庆二外接壤。商学院是一个非独立设置的实施民办高等教育的机构，以培养多层次、实用型、具有国际竞争能力的管理人才为目标。

**1. 商学院办学模式**

××商学院管理有限公司由重庆××集团和重庆××学院共同组建，实行公司管理学院的管理体制。商学院为从事全日制普通高等教育的民营二级学院，从应届高中毕业生或具有高中同等学力的社会青年中经国家统一组织的高等教育入学考试后，选拔录取入学，同时积极创造条件寻求中外合作等其他形式的办学。

**2. 商学院学科、专业设置及学生培养模式**

商学院以管理学科为主，主要开设工商管理、金融学、财务管理、经济信息管理、市场营销、商业经济、旅游管理、公共事业管理等专业，并适时开设信息技术等学科专业。

本学院学生实行学分制。对国家计划内招收的学生，在规定的时间内修满重庆××学院的学分，即可获得相应的毕业证和学位证书，继续修满美国库克大学的学分，可获得库克大学的学士学位；计划外招收的学生，在修满上述学分后，可直接获得库克大学的学士学位。计划外的学生可以是应届高中毕业生，也可以是已取得大专文凭后，再继续修库克大学学分的学生。

**3. 商学院股本金和股权结构**

商学院注册资本金为人民币 3 000 万元，其中，××公司投资人民币 2 250 万元，占 75%，原邮电学院以无形资产作价 750 万元，占 25%。

**4. 商学院办学规模**

到 2005 年，在校学生将达到 3 000 人。

**1.1.3　项目发展商简介**

**1. 重庆××实业（集团）有限公司简介**

重庆××实业（集团）有限公司于 2001 年年底注册，注册资本为 1 亿元人民币，位于重庆市南岸区黄桷垭镇。该公司股东为西安愿景房地产开发有限公司（股份比例 42%）、重庆××房地产开发有限责任公司（股份比例 26%）、涪陵××实业（集团）有限责任公司（股份比例 15%）、重庆市××资产经营管理有限公司（股份比例 10%）、北京××投资管理有限公司（股份比例 7%），主要经营业务为房地产开发、教育文化产业投资，现正在经营的项目有：四川外语学院重庆第二外国语学校，与中国人民大学合办 MBA、MPA 培训和其他社会培训。

**2. 重庆××学院简介**

重庆××学院是一所以信息学科为特色的多科性大学，创建于 1950 年，以前隶属原邮电部和信息产业部，位于重庆南山风景区。建校以来，学校坚持以邮电通信和信息学科为特色，不断完善学科体系，不断提高办学层次、办学质量和办学效益，已为国家培养输送了 3 万多名各类高级人才，现为重庆市电子学会和电信通信学会理事长单位，在国内特别是在西南、中南地区具有较大影响力。

学校现有全日制学生 11 000 余人，成人学历教育学生 5 000 余人，教职工 1 200 余人，其中正高职称 67 人，副高职称 224 人，中级职称 322 人，有 3 名中国科学院院士、5 名中国工程院院士受聘为该校兼职教授；有 5 个省部级重点学科，4 个省部级重点实验室，8 个硕士学位授权点，22 个本科专业，与国内 7 所重点大学或科研院所联合培养博士研究生，具有在职人员以研究生毕业同等学力申请硕士学位的授予权，招收外国留学生和我国港、澳、台地区及华侨学生；有包括通信与信息工程学院、管理学院、计算机学院、法律与经济学院及外国语学院等 16 个二级学院，29 个教学部，12 个实验中心，18 个研究机构，2 个高科技企业；建有宽带校园计算机网，4 000 多台微机联网运行；图书馆藏书 60 万册，出版向国内外公开发行的《重庆××学院学报》（自然科学版和社会科学版）、《数字通信》和《重庆××学院报》三种学术刊物。

该校十分重视科学研究，有一批科研成果获国家和部、省级奖励，现承担了国家自然科学基金项目、"863"高科技项目、国家和省部级重点攻关项目等高水平科研课题，年均科研经费逾两千万元。

该校十分重视对外交流和产学研合作，与国内外许多著名院校、信息技术领域的著名企业和科研机构建立了紧密的合作关系，与美国、法国、英国、加拿大、荷兰、德国、韩国、日本、新西兰、泰国、我国香港特别行政区等国家和地区的高校和科研机构建立了友好合作关系。

该校一贯把提高教育质量作为中心工作，大力推进素质教育。近几年在第六、七届"挑战杯"全国大学生课外学术科技作品竞赛和国家与重庆市组织的电子设计、数学建模、物理、英语等各类竞赛中，该校学生表现突出，取得优异成绩。

该校历来注重加强党的建设和思想政治工作，深入开展精神文明创建活动，取得了物质文明和精神文明双丰收。曾荣获重庆市首批园林式单位、重庆市最佳文明单位、重庆市先进基层党组织等荣誉称号。

面对当前高等教育事业的迅猛发展和西部大开发、信息产业大发展的历史机遇，该校将继续以"坚持方向、深化改革、立足发展、提高质量"为工作方针，不断深化教育教学改革，不断提高学术水平、教育质量和办学效益，到 2005 年重庆××学院将建成以信息学科为特色，以工为主，兼顾文、理、经、管、法、医等学科门类，在特色学科拥有博士学位授权点的多学科教学科研型大学。

## 1.2 项目投资分析的依据

1. 《重庆××实业（集团）有限公司与重庆邮电学院合作办学协议》，2002年8月2日；
2. 《重庆××商学院章程（讨论稿）》，2002年9月15日；
3. 国务院令第226号，《社会力量办学条例》，1997年7月31日；
4. 国家教委《关于实施〈社会力量办学条例〉若干问题的意见》，1997年10月14日；
5. 渝府发［2002］50号，《重庆市人民政府关于鼓励支持社会力量办学的意见》，2002年6月14日。

## 1.3 投资分析的范围

本项目规划总用地面积300亩，总建筑面积47 850m²。本报告根据国家计委、建设部关于建设项目可行性研究编制的内容、深度的要求，从项目建设的必要性、建设条件、建设规模、建设方案比选、总平面布置、建设投资等方面进行研究。

## 1.4 投资分析的结论

研究表明，本项目的建设不仅是必要的，而且是可行的。项目建设规模为47 850m²，其主要功能为从事全日制普通高等教育，培养工商管理、金融学、财务管理、经济信息管理、市场营销、商业经济、旅游管理、公共事业管理等专业的高层次人才。项目建成后，将在重庆乃至西南地区具有良好的社会效益和极大的社会影响力。按照本项目的测算依据和方法，认为整个项目具有较高的经济效益。

## 第二章 市场环境分析（略）

## 第三章 建设地址及外部条件

### 3.1 项目选址方案

#### 3.1.1 项目地理位置

根据《重庆××商学院章程（讨论稿）》以及《重庆××实业（集团）有限公司五年发展规划》有关内容，本项目位于重庆市南岸区黄桷垭镇堡上园1号，紧邻重庆第二外国语学校，北靠黄明公路，与重庆××学院仅一路之隔。

#### 3.1.2 区位优势分析

本项目所处位置紧邻重庆市主城区，交通便捷，同时与重庆××学院一路之隔。重庆××学院是重庆市的名牌大学，全国仅有的三所重点邮电学院之一，学校拥有教职工1 200余人，其中正高职称67人，副高职称224人，中级职称322人，有3名中国科学院院士、5名中国工程院院士受聘为我校兼职教授；有5个省部级重点学科，4个省部级重点实验室，8个硕士学位授权点，22个本科专业，与国内7所重点大学或科研院所联合培养博士研究生，有在职人员以研究生毕业同等学力申请硕士学位的授予权，学校还将从国外聘请部分有丰富教学经验的外籍教师。

将"商学院"项目建在此处是考虑到重庆××学院的较高知名度、周围完善的配套设施以及南山天然的风景资源，并且，通过媒体宣传介绍，加上市民对重庆××学院的了解，可以迅速提升商学院的知名度。而且，本项目的建设也可以充分整合重庆××实业集团和重庆××学院两者的资源优势，树立重庆市校企合作办学的典范。

## 3.2 建设条件

### 3.2.1 气象条件

本工程建设场地地处重庆市南岸区，气象条件如下：

1. 气温。南岸区年平均气温 18.3℃，大于 0℃以上的年总积温平均为 6 702.2℃，日均气温稳定超过 10℃的积温为 5 954.4℃，平均无霜日 342 天。

2. 降水量。南岸区年降雨量平均为 1 085.3 毫米，年均蒸发量为 879 毫米。

3. 相对湿度。年均湿度为 79%，全年日均相对湿度大于 85%的日数为 118 天。

4. 日照占全年的 71.8%。

5. 雾日 67.8 天。

### 3.2.2 地形、地质条件

1. 本建设场地紧邻重庆第二外国语学校，其地形、地质情况如下：

地形地貌：该地块地势较不平坦，其中有数条山脊、山谷及冲沟。整个地块主要是菜地及长草山坡，山谷地带有少量果树等经济作物，南山山形变化丰富，但场地缺乏良好的天然资源。

2. 场地工程水文地质简单，地质稳定性好，未见崩塌、泥石流、断层等不良地质现象，适宜建筑。

目前本项目已完成了多项报建工作，本项目建设场地位于黄明路地段，施工车辆可以直接进入施工现场；水电可就近解决，已具备施工条件。

## 第四章 项目建设规划方案

## 4.1 设计依据

1. 《中华人民共和国城市规划法》
2. 《城市规划编制办法》及《城市规划编制办法实施细则》
3. 《重庆市规划条例》
4. 《重庆市总体规划（1997~2020 年）》
5. 国家教委、国家计委、建设部《普通高等学校建筑规划面积指标（1992 年）》
6. 《××商学院宏声远景商学院五年规划》
7. 现行有关国家规范规定

## 4.2 规划原则及目标

### 4.2.1 城市规划的要求

2005 年以前，将规划区发展成为以大学教学、科研、生活配套为主体功能，辅以运动、休闲、景观设施，成为富有特色及充满活力的城市单元，树立优美的商学院校区形象。

借鉴和研究国内外商学院规划建设经验，探索商学院这一特殊城市组织形式在本地区的运用。在规划区内形成一个适配的、简捷的、顺应地形的道路系统，通过黄明大道与城市其他区域密切相连。

### 4.2.2 环境生态的要求

根据重庆市创建山水园林城市的总体规划要求，通过对现状地形、地貌及原始植被最大限度地保留和有机改造，创造一个自然、生态的教学、科研、人居环境。

### 4.2.3 ××商学院宏声远景商学院自身发展的要求

本项目应突出商学院的文化主题，树立环保、生态、尊重自然及可持续发展的基本态度，适应 21 世纪大学教育发展的需要，确定基地的发展模式，寻求大学的教学、科研功能与城市功能的完美结合。

### 4.3 规划指标体系

#### 4.3.1 学生规模

根据《××商学院宏声远景商学院五年发展规划》，学生规模定在3 000人。

#### 4.3.2 用地规模

该项目用地规模为300亩。

#### 4.3.3 开发强度

根据生均占有建筑面积的国家标准（参见《关于批准发布〈普通高等学校建筑规划面积指标〉的通知》，建标［1992］24号），本项目需建设：

（1）教室

$$3.38 m^2/生，3.38×3 000=10 140（m^2）$$

（2）实验及附属用房

$$2.0 m^2/生，2.0×3 000=6 000（m^2）$$

（3）学生食堂

$$1.2 m^2/生，1.2×3 000=3 600（m^2）$$

（4）院系办公用房

$$1.05 m^2/生，1.05×3 000=3 150（m^2）$$

（5）生活福利及其他附属商业用房

$$1.32 m^2/生，1.32×3 000=3 960（m^2）$$

（6）学生公寓

$$7 m^2/生，7×3 000=21 000（m^2）$$

以上共计47 850 m²，见附表4-1。

### 4.4 建筑设计、平面设计及结构设计（略）
### 4.5 公用设施要求指标（略）

## 第五章　运作机制与机构

### 5.1 机构框架

重庆××商学院为实施本项目，可专门成立一个项目办公室，负责项目有关事宜，详见图5-1。

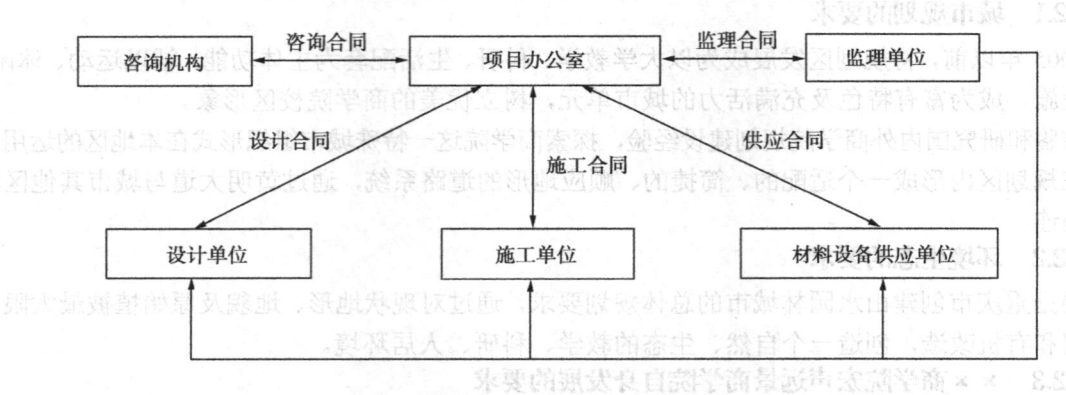

图5-1　项目机构关系图

## 5.2 运行机制

项目具体的设计、施工、监理任务及材设供应通过签订合同交由各承包商完成。项目办主要负责：

1. 建设资金的筹措与运作及日常财务工作，保证项目资金的有效使用，做成本控制工作。
2. 协调各方关系，包括与各职能部门的联系以及设计、监理、施工等单位之间的关系，并协助监理公司进行工程管理。
3. 负责本项目的对外宣传。

## 第六章　项目招投标

依据《中华人民共和国招标投标法》，国家发展计划委员会第 3 号令及重庆市有关工程招标文件的规定，本项目建设应进行招投标。推荐招投标方案如下：

### 6.1　招标形式及资质要求

1. 由业主按国家招标投标法及有关规定采用公开或邀请招标形式确定施工单位、勘察设计单位和监理单位。
2. 资质要求建议：

　　勘察单位资质：乙级以上；

　　设计单位资质：乙级以上；

　　施工单位资质：二级以上；

　　监理单位资质：甲级。

### 6.2　招投标工作组织

由业主自行或委托具有甲级资质的招标中介机构组织实施本项目的招投标工作，招标中介机构须按公平、公开、公正的原则组织完成标书编制、公告、资质审查、评标等工作。按照招投标的有关规定，公开招标的投标单位不宜少于 5 家，邀请招标的投标单位不宜少于 3 家，根据本项目的实际情况，建议业主单位按照国家的规定进行公开招标。

## 第七章　项目进度计划

**项目建设进度**

本项目建筑面积 47 850 平方米，根据项目建设特点及现有工程施工技术水平，从规划设计到整个项目建设完成，本项目设计建设周期为一年零八个月。

具体实施时间安排：

2002 年 12 月～2003 年 2 月，完成初步设计、施工图设计及施工招投标工作；

2003 年 1 月～2003 年 2 月，完成拆迁工作；

2003 年 2 月，开始工程；

2004 年 8 月，全部工程竣工。

进度详见表 7-1。

表 7-1　项目建设进度表

| 序号 | 月份＼项目 | 2 | 4 | 6 | 8 | 10 | 12 | 14 | 16 | 18 | 20 |
|---|---|---|---|---|---|---|---|---|---|---|---|
| 1 | 前期投资分析及项目审批 | ■ | | | | | | | | | |
| 2 | 初步设计及施工图设计 | | ■ | ■ | | | | | | | |
| 3 | 拆迁 | | | ■ | | | | | | | |
| 4 | 七通一平 | | | ■ | ■ | | | | | | |
| 5 | 基础施工 | | | | ■ | ■ | | | | | |
| 6 | 主体工程及装饰工程 | | | | | ■ | ■ | ■ | ■ | | |
| 7 | 安装工程 | | | | | | | | ■ | ■ | |
| 8 | 环境绿化 | | | | | | | | | ■ | |
| 9 | 收尾及验收 | | | | | | | | | | ■ |

## 第八章　投资估算及资金筹措

### 8.1　投资估算

#### 8.1.1　投资估算范围

商学院项目是以大学教学、科研、后勤生活配套为主体功能，辅以运动、休闲、景观设施，功能完善的具有国际水准的商学院。本报告投资估算范围包括征地拆迁费、全部房屋的建安工程费、教学设施购置费以及与房屋配套的环境、绿化、给排水、电气和天然气、智能化等相关设备、设施的费用。

#### 8.1.2　投资估算编制依据

◆ 1999 年《全国统一建筑工程基础定额重庆市基价表》
◆ 1999 年《重庆市市政工程预算定额》
◆ 1999 年《重庆市建设工程费用定额》
◆ 2000 年《重庆市安装工程单位基价表》
◆ 2000 年《重庆市安装工程费用定额》
◆ 2001 年 1~12 期及 2002 年 1~3 期《重庆市建筑工程造价信息》
◆ 重庆市建设综合开发办出版的《房地产综合开发文件汇编》中的有关文件
◆ 建设工程配套使用的取费标准和相关文件
◆ 建设单位提供的有关费用的实际资料
◆ 建设单位提供的有关设计及政府部门批复资料
◆ 重庆市颁发的有关建设方面的税费文件
◆ 重庆宏声远景实业（集团）为本报告提供的基础资料
◆ 其他相关资料

### 8.1.3 投资估算内容

项目总投资由以下内容组成：

1. 工程费用：包括所建房屋及室外体育场地的建筑工程费、平基土石方工程、道路及广场、变压器等变配电设备、给排水工程等。
2. 其他费用：包括征地拆迁费、建设单位管理费、供电贴费、勘察设计费、工程监理费、标底编制费、工程质量监督费、城市建设配套费及其他税费等。
3. 预备费：包括基本预备费和涨价预备费，本项目不考虑涨价预备费。
4. 建设期贷款利息。

### 8.1.4 投资估算结果

项目拟建建筑面积 47 850 平方米，建设总投资 11 178.78 万元。包括以下几个部分：

- 工程费用 4 824 万元；
- 其他费用 4 414.46 万元；
- 预备费 574.19 万元；
- 建设期利息 1 239.15 万元。

总投资估算金额详见附表 8-1。

### 8.1.5 关于投资估算的说明

1. 设备购置及安装费用

设备购置费用（包括运杂费）根据设备制造厂或供货商提供的询价，计列费用中包括设备安装费用。

2. 其他费用

其他费用主要包括征地拆迁费、建设单位管理费、供电贴费、勘察设计费、工程监理费、标底编制费、工程质量监督费、城市建设配套费及其他税费，分项目说明如下：

（1）建设单位管理费：按重财城 [1992] 081 号文规定计算，按工程费用的 1.5%计。
（2）供电贴费：根据项目需配置的变压器容量，按当地部门规定的取费标准进行估算。
（3）勘察设计费：参照国家物价局和建设部的价费率 [1992] 375 号文的有关规定进行估算，按工程费用的 2.0%计。
（4）工程监理费：根据价费字 [1992] 479 号文的有关规定，取工程费用的 1.2%计。
（5）标底编制费：按渝建发 [2000] 352 号文的有关规定计列。
（6）工程质量监督费：按重价费 [1996] 100 号文规定计列，按工程费用的 0.3%计。
（7）城市建设配套费：按重庆市人民政府令文规定的 110 元/$m^2$ 进行计算，但是根据渝府发 [2002] 50 号，《重庆市人民政府关于鼓励支持社会力量办学的意见》的文件精神，本项目属于公益性项目，建议申请免除此项费用，以降低本项目的总投资，增加项目的经济效益。所以此处没有考虑该项费用以及应上缴的其他税费。

3. 预备费

基本预备费根据机械计 [1995] 1041 号文中《工程建设其他费用概算指标》的规定进行估算，即按前期工程费用、建筑工程费用、设备购置费和相关其他费用之和乘以预备费率，本项目预备费率为 5%，本项目暂时不考虑涨价预备费。

4. 建设期利息

项目建设期的银行借款利息，按中国人民银行现行规定的期限为五年及五年以上贷款年利率即 5.58%进行估算。

## 8.2 资金筹措

本项目资金投入构成：
- ◆ 资本金 2 250 万元；
- ◆ 银行贷款 6 189.63 万元；
- ◆ 滚动开发投入 1 500 万元；
- ◆ 建设期利息 1 239.15 万元。

投资使用计划见附表 8-2。

# 第九章 经济效益评价

## 9.1 经济评价依据、原则及方法

### 9.1.1 评价依据

1．《建设项目经济评价方法与参数》（国家计委、建设部颁布，1993 年 7 月 1 日，第二版）。
2．《房地产开发项目经济评价方法》（建标［2000］1205 号）。
3．中华人民共和国建设部建标［2000］205 号关于发布《房地产开发项目经济评价方法》的通知。
4．本项目税金测算，按财政部、国家税务总局《关于企业所得税若干优惠政策的通知》（财税字［1994］第 001 号）和《重庆市人民政府关于鼓励支持社会力量办学的意见》的文件精神执行。

### 9.1.2 评价原则

1．本项目经济评价遵循以静态分析为主，动态分析为辅；定量分析为主，定性分析为辅的基本原则。
2．本项目经济评价遵循效益与费用计算口径一致的原则，在计算期内销售价格及成本均不考虑通货膨胀因素。
3．为规避市场和经营风险，本项目经济评价遵循谨慎原则。

### 9.1.3 评价方法

1．假设条件

假设项目在 12 年建设和经营期内能顺利实施，建设内容和建设进度按计划进行，学费收入与预测基本一致，国家宏观政策保持相对稳定，税率保持目前水平。

2．评价方法

本项目经济评价是在市场研究和技术研究的基础上进行的，主要是利用有关的基础数据，通过编制财务报表，计算财务评价指标及各项财务比率，进行财务分析，作出评价结论。本项目是按公益性项目进行经济评价。

## 9.2 基础数据

### 9.2.1 成本费用估算

本项目计算期限为 12 年，其中建设期 2 年。

1．开发成本费用

开发成本主要有建安工程、公用配套设施和项目前期费用等静态投入组成。

2．学院教师费用及管理费用

其中师生比按 10∶1 计算，管理人员按 25∶1 计算，人均费用 3 万/年，其他费用按照收入的 10%计算。在五年后，以上费用考虑适当调整。具体见表 9-1。

3. 财务费用

指企业为项目建设筹集资金而发生的利息支出，金融机构手续等费用，考虑工程建设和经营时间可交替进行，当年借款在次年可以还清的特殊性，所以在预计支付借款利息时，均按一年期归还考虑各年的成本费用。本项目借款利息按 5.58% 计算。

### 9.2.2 学院收入及税金估算

1. 学费收入及商业用房出售收入估算的基础数据

根据《重庆邮电学院宏声远景商学院五年发展规划》提供的招生计划经适当调整后进行测算。可出售商业用房面积按 3 750 米、价格为 4 000 元/平米计算，具体结果见附表 9-2。

2. 经营税金及附加

按照有关规定，经营税金及附加计为 0。

3. 土地增值税

本项目暂不考虑土地增值税。

4. 所得税：计为 0。

## 9.3 财务评价

### 9.3.1 评价基准参数

本项目计算期为 12 年，投资期为 2 年。本项目为教育产业，基准收益率取为 6%。

### 9.3.2 现金流量分析

本项目全部投资现金流量表见附表 9-3，预测累计净现金流量为 20 542.52 万元，其中固定资产余值 10 201.63 万元，全部投资财务净现值为 9 798.24 万元，全部资金财务内部收益率为 21.11%，投资回收期为 7 年。自有资金现金流量表见附表 9-4，自有资金财务净现值为 10 605.22 万元，自有资金内部收益率大于 42.64%。无论是从全部投资还是从自有资金投资来看，财务净现值都大于零，而且，财务内部收益率都远远大于基准收益率。

### 9.3.3 资金平衡分析表

银行借款偿还表见附表 9-5。经测算，本项目贷款 6 189.63 万元投入该项目，贷款偿还期为 7 年。

### 9.3.4 敏感性分析

由于该项目不确定性因素较多，尤其是学费收入和投资成本对项目的效益影响最为敏感，本报告着重对以上两种因素进行分析，附表 9-6 为敏感性分析表，从全部投资及自有资金投资来看，学费收入或成本的变化的本项目的影响较大。

不过，本项目的投资内部收益率都大大超过基准收益率。并且从敏感性分析表中可以看出，当学费收入增加 10% 或成本降低 10% 时，全部投资内部收益率达到 23% 以上，自有资金内部收益率也达 43.1%，大大超过贷款利率。投资回收期不到 7 年；因此，经济效益较为可观。

### 9.3.5 主要技术经济数据及指标

项目主要经济数据指标见附表 9-7。

## 9.4 财务评价结论

通过以上财务分析表明：该项目投资效果明显，经济效益较好，贷款偿款能力较强。在当前教育产业迅猛发展的大好形势下，本项目在财务上可行。

第十章　评价结论和建议

## 10.1 评价结论

本项目主要针对重庆××商学院的开发建设进行的可行性研究。本项目的投资决策是在我国教育产业获得巨大发展、社会力量办学规模持续扩大的背景下作出的，本项目将在重庆乃至西南地区具有良好的社会效益和极大的社会影响力。本项目具有投资大、周期长的特点，按照本项目的测算依据和方法，认为整个项目具有较好的经济效益。

## 10.2 几点建议

为使本项目的开发建设及运营能获得更好的经济效益，现提出有关对策建议如下：

1．本项目市场预测主要是从总量分析，研究其总的发展趋势，而市场总是变化莫测的，因此建设单位应尽快实施该项目的建设施工，将该决策落于实处。

2．充分考虑本项目风险的分析。

本项目的风险点主要在以下方面：

（1）资金运作风险

项目建设总投资 11 178.78 万元，投入金额巨大。因此，需根据工程项目的进程落实资金来源，切勿搞成"胡子"工程，否则，即使工程最终完工也会给项目的后期经营带来不利影响，同时也可能会失去潜在的市场份额。

（2）建材及设备市场价格变动带来的风险

建材设备价格变动将直接影响到项目的造价，从而影响收益，因此建议业主在与施工单位、材料设备供应单位签订合同时充分考虑这一因素，同时一定要争取早日进行销售。

（3）能否按计划扩大生源

对于本项目来说，学生数量多少是决定生存的关键，只有达到一定的学生数量，学校才能发挥规模经营的优势，最大程度地提高办学效益。然而，近年来，随着普通高校一再扩招和春季招生工作的逐步推行，民办高校的生存空间受到一定程度的压缩，加之国外高校强劲的推广活动，又出现了生源不稳定等问题。

因此应把招生和就业工作提高到维系学院生存和发展的高度。应该把招生、就业工作当做学院工作的重中之重，应该在校内或面向社会招聘具有招生、就业工作经验和水平的人才，在机构设置、人员配备上要把招生就业办公室作为学校的重点部门、重点岗位来考虑。

3．业主应处理好外部关系的协调问题。

诸如相关政府部门、××学院有关部门、水电气、邮电通信、交通、电视等，保证"商学院"项目的建设顺利实施。

附表 4-1　规划建筑面积统计一览表

| 序　号 | 建 筑 分 类 | 用　　　地 || 建　　　筑 | 实际建设面积（万平方米） | 备　注 |
|---|---|---|---|---|---|---|
| | | m²/生 | 面积（公顷） | m²/生 | 面积（万平方米） | |
| 一、 | 教学科研用房 | | | 3.38 | | |
| | 1．教室 | | | 2 | 1.014 | 1.014 |
| | 2．实验及附属用房 | | | 1.05 | 0.6 | 0.6 |
| | 3．院系办公用房 | | | | 0.315 | 0.315 |
| | 合　　计 | | | | 1.929 | 1.929 |
| 二、 | 后勤生活用房 | | | | | |
| | 1．学生公寓 | | | 7 | 2.1 | 2.1 |

续表

| 序 号 | 建筑分类 | 用 地 m²/生 | 面积（公顷） | 建 筑 m²/生 | 面积（万平方米） | 实际建设面积（万平方米） | 备 注 |
|---|---|---|---|---|---|---|---|
| | 2. 学生食堂 | | | 1.2 | 0.36 | 0.36 | |
| | 3. 生活福利及其他商业用房 | | | 1.32 | 0.396 | 0.396 | |
| | 合　　计 | | | | 2.856 | 2.856 | |
| | 总　　计 | | 20 | | 4.785 | 4.785 | 容积率 0.24 |

### 附表 8-1　投资估算汇总表　　　　　　　　　　　　　　单位：万元

| 序 号 | 工程或费用名称 | 工 程 量 单位 | 数量 | 估算造价（万元） 单价 | 金额 | 备 注 |
|---|---|---|---|---|---|---|
| 一、 | 建安工程费 | | | | | |
| （一） | 教学用房 | | | | | |
| | 1. 教室 | m² | 10 140 | 0.08 | 811.2 | |
| | 2. 实验及附属用房 | m² | 6 000 | 0.07 | 420 | |
| | 3. 院系办公用房 | m² | 3 150 | 0.07 | 220.5 | |
| | 小　　计 | | 19 290 | | 1 451.7 | |
| （二） | 后勤生活用房 | | | | | |
| | 1. 学生公寓 | m² | 21 000 | 0.065 | 1 365 | |
| | 2. 学生食堂 | m² | 3 600 | 0.07 | 252 | |
| | 3. 生活福利及其他附属商业用房 | m² | 3 960 | 0.15 | 594 | |
| | 小　　计 | | 28 560 | | 2 211 | |
| | 合　　计 | | 47 850 | | 3 662.7 | |
| 二、 | 市政设施与景观 | | | | | |
| | 1. 校区市政管网 | | | | 584.24 | |
| | 2. 校区景观估算 | | | | 581.06 | |
| | 合　　计 | | | | 1 165.3 | |
| 三、 | 其他费用 | | | | | |

续表

| 序 号 | 工程或费用名称 | 工程量 | | 估算造价（万元） | 备 注 |
|---|---|---|---|---|---|
| （一） | 市政配套费 | | | | |
| | 1. 城市配套建设费 | m² | | 0 | |
| | 2. 供电贴费 | | | 22.28 | |
| | 4. 供水设施费 | | | 13.36 | |
| | 5. 人防费 | m² | 47 850 | 0.001 5 | 71.775 | |
| | 6. 消防费 | | | 15.56 | |
| | 小 计 | | | 122.975 | |
| （二） | 工程其他费用 | | | | |
| | 1. 征地、拆迁费 | | | 4 180.81 | |
| | 2. 设计费（含前期） | m² | 47 850 | 0.001 5 | 171.775 | |
| | 3. 质检费 | | | 10.98 | |
| | 4. 环境评价费 | | | 0.46 | |
| | 5. 招投标管理费 | | | 1.7 | |
| | 6. 监理费 | | | 43.95 | |
| | 7. 白蚁防治费 | m² | 47 850 | 0.000 1 | 4.785 | |
| | 小 计 | | | 4 414.46 | |
| | 合 计 | | | 4 537.435 | |
| 四、 | 基本预备费 | | | 574.19 | |
| 五、 | 贷款利息 | | | 1 239.15 | |
| | 总 计 | | | 11 178.78 | |

附表 8-2　投资使用计划与资金、筹措表

单位：万元

| 序号 | 项目名称 | 第一年 | 第二年 | 第三年 | 第四年 | 第五年 | 第六年 | 第七年 | 合计 |
|---|---|---|---|---|---|---|---|---|---|
| 一 | 资金投入 | 1 465.08 | 2 197.62 | | | | | | 3 662.70 |
| 1 | 建筑安装成本 | 324.48 | 486.72 | | | | | | 811.20 |
| | 教室 | 168.00 | 252.00 | | | | | | 420.00 |
| | 实验及附属用房 | 88.20 | 132.30 | | | | | | 220.50 |
| | 院系办公用房 | 546.00 | 819.00 | | | | | | 1 365.00 |
| | 学生公寓 | 100.80 | 151.20 | | | | | | 252.00 |
| | 学生食堂 | 237.60 | 356.40 | | | | | | 594.00 |
| | 生活福利及其他商业用房 | | | | | | | | |
| 2 | 市政设施投入 | 466.12 | 699.18 | | | | | | 1 165.30 |
| | 市政基础设施 | 466.12 | 699.18 | | | | | | 1 165.30 |
| 3 | 其他费用 | 1 426.50 | 3 685.13 | | | | | | 5 111.63 |
| | 市政配套费 | 36.89 | 86.09 | | | | | | 122.98 |
| | 其他工程费 | 1 389.61 | 3 599.04 | | | | | | 4 988.65 |
| 4 | 建设期利息 | 30.90 | 205.32 | 325.08 | 287.42 | 225.34 | 126.31 | 38.78 | 1 239.15 |
| | 小计 | 3 388.60 | 6 787.25 | 325.08 | 287.42 | 225.34 | 126.31 | 38.78 | 11 178.78 |
| 二 | 资金来源 | | | | | | | | |
| 1 | 资本金 | 2 250.00 | 0.00 | | | | | | 2 250.00 |
| 2 | 滚动开发投入 | 0.00 | 1 500.00 | | | | | | 1 500.00 |
| 3 | 银行贷款 | 1 107.70 | 5 081.93 | | | | | | 6 189.63 |
| 4 | 银行贷款利息 | 30.90 | 205.32 | 325.08 | 287.42 | 225.34 | 126.31 | 38.78 | 1 239.15 |
| | 小计 | 3 388.60 | 6 787.25 | 325.08 | 287.42 | 225.34 | 126.31 | 38.78 | 11 178.78 |

附表 9-1 成本费用估算表

单位：万元

| 序号 | 项目名称 | 第一年 | 第二年 | 第三年 | 第四年 | 第五年 | 第六年 | 第七年 | 第八年 | 第九年 | 第十年 | 第十一年 | 第十二年 |
|---|---|---|---|---|---|---|---|---|---|---|---|---|---|
| 1 | 建造成本 | 3 388.60 | 6 787.25 | 325.08 | 287.42 | 225.34 | 126.31 | 38.78 | 0.00 | 0.00 | 0.00 | 0.00 | 0.00 |
| 2 | 学院经营管理费用 | | | | | | | | | | | | |
| | 教师费用 | 30.00 | 240.00 | 900.00 | 900.00 | 900.00 | 1 000.00 | 1 000.00 | 1 000.00 | 1 000.00 | 1 000.00 | 1 000.00 | 1 000.00 |
| | 管理人员费用 | 12.00 | 96.00 | 360.00 | 360.00 | 360.00 | 420.00 | 420.00 | 420.00 | 420.00 | 420.00 | 420.00 | 420.00 |
| | 其他费用 | 10.00 | 73.00 | 290.00 | 290.00 | 290.00 | 330.00 | 330.00 | 330.00 | 330.00 | 330.00 | 330.00 | 330.00 |
| | 小计 | 52.00 | 409.00 | 1 550.00 | 1 550.00 | 1 550.00 | 1 750.00 | 1 750.00 | 1 750.00 | 1 750.00 | 1 750.00 | 1 750.00 | 1 750.00 |
| 3 | 折旧费 | | | 198.80 | 198.80 | 198.80 | 198.80 | 198.80 | 198.80 | 198.80 | 198.80 | 198.80 | 198.80 |
| 4 | 总成本费用（1+2+3） | 3 440.60 | 7 196.25 | 2 073.88 | 2 036.22 | 1 974.14 | 2 075.11 | 1 987.58 | 1 948.80 | 1 948.80 | 1 948.80 | 1 948.80 | 1 948.80 |
| 5 | 经营成本（4-1-3） | 52.00 | 409.00 | 1 550.00 | 1 550.00 | 1 550.00 | 1 750.00 | 1 750.00 | 1 750.00 | 1 750.00 | 1 750.00 | 1 750.00 | 1 750.00 |

附表 9-2 损益表

单位：万元

| 序号 | 项目名称 | 第一年 | 第二年 | 第三年 | 第四年 | 第五年 | 第六年 | 第七年 | 第八年 | 第九年 | 第十年 | 第十一年 | 第十二年 |
|---|---|---|---|---|---|---|---|---|---|---|---|---|---|
| 1 | 总收入 | 100.00 | 2 226.00 | 2 900.00 | 2 900.00 | 4 000.00 | 4 000.00 | 4 000.00 | 4 000.00 | 4 000.00 | 4 000.00 | 4 000.00 | 4 000.00 |
| | 学费收入 | 100.00 | 726.00 | 2 900.00 | 2 900.00 | 4 000.00 | 4 000.00 | 4 000.00 | 4 000.00 | 4 000.00 | 4 000.00 | 4 000.00 | 4 000.00 |
| | 商业用房出售收入 | | 1 500.00 | | | | | | | | | | |
| 2 | 营业税金及附加 | 0.00 | 0.00 | 0.00 | 0.00 | 0.00 | 0.00 | 0.00 | 0.00 | 0.00 | 0.00 | 0.00 | 0.00 |
| 3 | 总成本费用 | 3 440.6 | 7 196.25 | 2 073.88 | 2 036.22 | 1 974.14 | 2 075.11 | 1 987.58 | 1 948.8 | 1 948.8 | 1 948.8 | 1 948.8 | 1 948.8 |
| 4 | 利润总额（1-2-3） | −3 340.60 | −4 970.25 | 826.12 | 863.78 | 2 025.86 | 1 924.89 | 2 012.42 | 2 051.20 | 2 051.20 | 2 051.20 | 2 051.20 | 2 051.20 |
| 5 | 弥补亏损 | 0.00 | 0.00 | 826.12 | 863.78 | 2 025.86 | 1 924.89 | 2 012.42 | 2 051.20 | 2 051.20 | 2 051.20 | 0.00 | 0.00 |
| 6 | 所得税 | | | | | | | | | | | | |
| 7 | 税后利润 | −3 340.60 | −4 970.25 | 0.00 | 0.00 | 0.00 | 0.00 | 0.00 | 0.00 | 0.00 | 0.00 | 2 051.20 | 2 051.20 |
| | 累计未分配利润 | −3 340.60 | −8 310.85 | −7 484.73 | −6 620.95 | −4 595.09 | −2 670.20 | −657.78 | 1 393.42 | 3 444.62 | 5 495.82 | 7 547.02 | 9 598.22 |
| | | | | | | | | | 1 393.42 | 3 444.62 | 5 495.82 | 7 547.02 | 9 598.22 |

242

附表 9-3　全部投资现金流量表

单位：万元

| 序号 | 项目名称 | 第一年 | 第二年 | 第三年 | 第四年 | 第五年 | 第六年 | 第七年 | 第八年 | 第九年 | 第十年 | 第十一年 | 第十二年 |
|---|---|---|---|---|---|---|---|---|---|---|---|---|---|
| 一 | 现金流入 | 100.00 | 2 226.00 | 2 900.00 | 2 900.00 | 4 000.00 | 4 000.00 | 4 000.00 | 4 000.00 | 4 000.00 | 4 000.00 | 4 000.00 | 11 951.63 |
| 1 | 学费收入 | 100.00 | 726.00 | 2 900.00 | 2 900.00 | 4 000.00 | 4 000.00 | 4 000.00 | 4 000.00 | 4 000.00 | 4 000.00 | 4 000.00 | 4 000.00 |
| 2 | 商业用房出售收入 | | 1 500.00 | | | | | | | | | | |
| 3 | 回收固定资产余值 | | | | | | | | | | | | 7 951.63 |
| 二 | 现金流出 | 3 440.60 | 7 194.51 | 1 550.00 | 1 550.00 | 1 550.00 | 1 750.00 | 1 750.00 | 1 750.00 | 1 750.00 | 1 750.00 | 1 750.00 | 1 750.00 |
| 1 | 固定资产投资 | 3 388.60 | 6 785.51 | | | | | | | | | | |
| 2 | 经营成本 | 52.00 | 409.00 | 1 550.00 | 1 550.00 | 1 550.00 | 1 750.00 | 1 750.00 | 1 750.00 | 1 750.00 | 1 750.00 | 1 750.00 | 1 750.00 |
| 3 | 营业税金及附加 | 0.00 | 0.00 | 0.00 | 0.00 | 0.00 | 0.00 | 0.00 | 0.00 | 0.00 | 0.00 | | |
| 4 | 所得税 | 0.00 | 0.00 | 0.00 | 0.00 | 0.00 | 0.00 | 0.00 | 0.00 | 0.00 | 0.00 | | |
| 三 | 净现金流量 | −3 340.60 | −4 968.51 | 1 350.00 | 1 350.00 | 2 450.00 | 2 250.00 | 2 250.00 | 2 250.00 | 2 250.00 | 2 250.00 | 2 250.00 | 10 201.63 |
| 四 | 累计净现金流量 | −3 340.60 | −8 309.11 | −6 959.11 | −5 609.11 | −3 159.11 | −909.11 | 1 340.89 | 3 590.89 | 5 840.89 | 8 090.89 | 10 340.89 | 20 542.52 |
| 五 | 现值系数 (I=6%) | 0.943 4 | 0.890 0 | 0.839 6 | 0.792 1 | 0.747 3 | 0.705 0 | 0.665 1 | 0.627 6 | 0.591 9 | 0.558 4 | 0.526 8 | 0.497 0 |
| 六 | 财务净现值 | −3 151.52 | −4 421.97 | 1 133.46 | 1 069.34 | 1 830.89 | 1 586.25 | 1 496.48 | 1 411.65 | 1 331.78 | 1 256.40 | 1 185.30 | 5 070.21 |
| 七 | 累计财务净现值 | −3 151.52 | −7 573.50 | −6 440.04 | −5 370.70 | −3 539.82 | −1 953.57 | −457.09 | 954.56 | 2 286.33 | 3 542.73 | 4 728.03 | 9 798.24 |

计算指标：基准收益率 6%

财务内部收益率 FIRR (%)：21.11

财务净现值 FNPV (万元)：9 798.24

投资回收期 (年)：7

### 附表 9-4 自有资金现金流量表

单位：万元

| 序号 | 项目名称 | 第一年 | 第二年 | 第三年 | 第四年 | 第五年 | 第六年 | 第七年 | 第八年 | 第九年 | 第十年 | 第十一年 | 第十二年 |
|---|---|---|---|---|---|---|---|---|---|---|---|---|---|
| 一 | 现金流入 | 100.00 | 2 226.00 | 2 900.00 | 2 900.00 | 2 900.00 | 4 000.00 | 4 000.00 | 4 000.00 | 4 000.00 | 4 000.00 | 4 000.00 | 11 951.63 |
| 1 | 学费收入 | 100.00 | 726.00 | 2 900.00 | 2 900.00 | 2 900.00 | 4 000.00 | 4 000.00 | 4 000.00 | 4 000.00 | 4 000.00 | 4 000.00 | 4 000.00 |
| 2 | 商业用房出售收入 |  | 1500.00 |  |  |  |  |  |  |  |  |  |  |
| 3 | 回收固定资产余值 |  |  |  |  |  |  |  |  |  |  |  | 7 951.63 |
| 二 | 现金流出 | 2 302.00 | 409.00 | 2 750.00 | 2 350.00 | 3 550.00 | 3 750.00 | 3 161.00 | 1 750.00 | 1 750.00 | 1 750.00 | 1 750.00 | 1 750.00 |
| 1 | 自有资金 | 2 250.00 |  |  |  |  |  |  |  |  |  |  |  |
| 2 | 借款本息偿还 | 52.00 | 409.00 | 1 200.00 | 800.00 | 2 000.00 | 2 000.00 | 1 411.00 |  |  |  |  |  |
| 3 | 经营成本 |  |  | 1 550.00 | 1 550.00 | 1 550.00 | 1 750.00 | 1 750.00 | 1 750.00 | 1 750.00 | 1 750.00 | 1 750.00 | 1 750.00 |
| 4 | 营业税及附加 | 0.00 | 0.00 | 0.00 | 0.00 | 0.00 | 0.00 | 0.00 | 0.00 | 0.00 | 0.00 | 0.00 | 0.00 |
| 5 | 所得税 | 0.00 | 0.00 | 0.00 | 0.00 | 0.00 | 0.00 | 0.00 | 0.00 | 0.00 | 0.00 | 0.00 | 0.00 |
| 三 | 净现金流量 | −2 202.00 | 1 817.00 | 150.00 | 550.00 | −650.00 | 250.00 | 839.00 | 2 250.00 | 2 250.00 | 2 250.00 | 2 250.00 | 10 201.63 |
| 四 | 累计净现金流量 | −2 202.00 | −385.00 | −235.00 | 315.00 | −335.00 | −85.00 | 754.00 | 3 004.00 | 5 254.00 | 5 254.00 | 7 504.00 | 17 705.63 |
| 五 | 现值系数（I=6%） | 0.943 4 | 0.890 0 | 0.839 6 | 0.792 1 | 0.747 3 | 0.705 0 | 0.665 1 | 0.627 4 | 0.591 9 | 0.558 4 | 0.526 8 | 0.497 0 |
| 六 | 财务净现值 | −2 077.37 | 1 617.13 | 125.94 | 435.66 | −485.75 | 176.25 | 558.02 | 1 411.65 | 1 331.78 | 1 256.40 | 1 185.30 | 5 070.21 |
| 七 | 累计财务净现值 | −2 077.37 | −460.24 | −334.30 | 101.36 | −384.39 | −208.14 | 349.88 | 1 761.53 | 3 093.31 | 4 349.71 | 5 535.01 | 10 605.22 |

计算指标：基准收益率 10%
财务内部收益率（%）：42.64
财务净现值（万元）：10 605.22

## 第 10 章 房地产开发投资分析报告

附表 9-5 银行借款偿还表

单位：万元

| 序号 | 年利率（%） | 第一年 | 第二年 | 第三年 | 第四年 | 第五年 | 第六年 | 第七年 | 合 计 |
|---|---|---|---|---|---|---|---|---|---|
| 1 | 期初本利和 | 5.58 | 0.00 | 1 138.60 | 6 425.85 | 5 550.93 | 5 038.35 | 3 263.69 | 1 428.78 | 22 846.20 |
| 2 | 本期借款 | | 1 107.70 | 5 081.93 | | | | | | 6 189.63 |
| 3 | 本期利息和 | | 30.90 | 205.32 | 325.08 | 287.42 | 225.34 | 126.31 | 38.78 | 1 239.15 |
| 4 | 本期还本息 | | | | 1 200.00 | 800.00 | 2 000.00 | 2 000.00 | 1 428.78 | 7 428.78 |

附表 9-6 敏感性分析表

单位：万元

| 序号 | 数据及指标 | 单位 | 基本方案 | 学 费 | | 建设成本 | | 备 注 |
|---|---|---|---|---|---|---|---|---|
| | | | | −10% | 10% | −10% | 10% | |
| | 项目经济指标 | | | | | | | |
| 1 | 全部投资内部收益率 | % | | 18.12 | 23 | 22.6 | 19.31 | |
| 2 | 全部投资回收期 | 年 | | 7.2 | 6.1 | 6.22 | 6.9 | |
| 3 | 自有资金内部收益率 | % | | 39.1 | 44.3 | 43.1 | 39.33 | |

245

附表9-7  主要经济数据指标

| 数据及指标 | 单 位 | 指 标 | 备 注 |
|---|---|---|---|
| 项目基本数据 | | | |
| 总收入 | 万元 | 40 126 | |
| 累计销售税金及附加 | 万元 | 0 | |
| 累计营业利润 | 万元 | 9 598.22 | |
| 累计所得税 | 万元 | 0 | |
| 累计税后利润 | 万元 | 9 598.22 | |
| 累计总投资 | 万元 | 11 178.78 | |
| 自有资金 | 万元 | 2250 | |
| 累计贷款金额 | 万元 | 6 189.63 | |
| 项目经济指标 | | | |
| 总投资内部收益率 | % | 21.11 | |
| 自有资金内部收益率 | % | 42.64 | |
| 总投资投资回收期 | 年 | 7 | |
| 贷款偿还期 | 年 | 7 | |

**案例三：浙经职院课程综合实践项目：杭政储【2009】48号下沙R21-A-12地块可行性研究报告（学生成果）**

杭政储【2009】48号下沙R21-A-12地块可行性研究报告

完成人员：高赢（组长）、宋志军、陈蓓蕾、陈希杨泥琴、吴笑笑、楼一乙
班　　级：P470209 房产
指导老师：王建红

## 一、杭州市房地产市场总体分析

### （一）杭州基本概况

**1. 地理位置**

杭州是浙江省省会，全省政治、经济、科教和文化中心，全国重点风景旅游城市和历史文化名城，副省级城市。杭州地处长江三角洲南翼、杭州湾西端、钱塘江下游、京杭大运河南端，是长江三角洲南翼重要中心城市和中国东南部交通枢纽。杭州市区中心地理坐标为北纬30°16′、东经120°12′。

**2. 自然条件**

杭州有着江、河、湖、山交融的自然环境。全市丘陵山地占总面积的65.6%，平原占26.4%，

江、河、湖、水库占 8%，世界上最长的人工运河——京杭大运河和以大涌潮闻名的钱塘江穿城而过。杭州西部、中部和南部属浙西中低山丘陵，东北部属浙北平原，江河纵横，湖泊密布，物产丰富。杭州素有"鱼米之乡"、"丝绸之府"、"人间天堂"之美誉。 杭州属亚热带季风性气候，四季分明，夏季气候炎热、湿润，有"小火炉"之称，相反，冬季寒冷、干燥。春秋两季气候宜人，是观光旅游的黄金季节。全年平均气温 17.5℃，平均相对湿度 69.6%，年降水量 1 139 毫米，年日照时数 1 762 小时。

### 3．旅游资源

杭州拥有两个国家级风景名胜区——西湖风景名胜区、"两江一湖"（富春江—新安江—千岛湖）风景名胜区；两个国家级自然保护区——天目山、清凉峰自然保护区；六个国家森林公园——千岛湖、大奇山、午潮山、富春江、青山湖和瑶琳森林公园；一个国家级旅游度假区——之江国家旅游度假区；全国首个国家级湿地——西溪国家湿地公园。杭州还有全国重点文物保护单位 25 个、国家级博物馆 9 个。全市拥有年接待 1 万人次以上的各类旅游景区、景点 120 余处。目前杭州正在以"三江四湖一山一河一溪三址"为重点发展观光游，以把西博会打造成世界级会展品牌为目标发展会展游，以举办世界休闲博览会为契机发展休闲游，形成观光游、会展游、休闲游"三位一体"的新格局，合力打响"游在杭州"品牌。

### 4．行政区划

杭州市辖上城、下城、江干、拱墅、西湖、高新（滨江）、萧山、余杭 8 个区，建德、富阳、临安 3 个县级市，桐庐、淳安 2 个县，共 57 个街道、110 个镇、39 个乡（包括 1 个民族乡）、678 个社区、65 个居民区、3 666 个行政村；其中市辖区共有 44 个街道、49 个镇、3 个乡、597 个社区、4 个居民区、807 个行政村。全市总面积 16596 平方千米，其中市区面积 3068 平方千米。

### 5．人口状况

人口 2009 年年末全市常住人口达 810 万人，比 2008 年增加 13.4 万人。其中户籍人口 683.38 万人，比 2008 年末增加 5.74 万人。在户籍人口中，农业人口 328.9 万人，非农业人口 354.48 万人。按公安部门统计的全市人口出生率为 9.18‰，人口自然增长率为 3.42‰。

### 6．杭州城市发展规划

根据杭州市委、市政府 2002 年提出的《关于构筑大都市、推进城市化的实施意见》，杭州大都市包括 8 城区和 5 县（市）。杭州将通过实施"城市东扩、旅游西进，沿江开发、跨江发展"战略，优化生产要素配置，重构城市空间形态，形成以市区为核心、县城为依托、中心镇为基础，资源共享、功能互补、协调发展的市域网络化城市。规划中杭州都市区域由"一主三副、双轴六大组团、六条生态带"组成。"一主三副"即主城——老城区，即下城、上城、西湖、拱墅、江干五区和副城——江南（滨江及萧山）、临平、下沙城；"双轴"即东西向以钱塘江为轴线的城市生态轴、南北向以主城—江南城为轴线的城市发展轴；"六大组团"即临浦、瓜沥、义蓬、塘栖、余杭、良渚组团；"六条生态带"即西湖—灵龙（灵山、龙坞）、径山—西溪、超山—半山、皋亭山—彭埠、石牛山—湘湖、青化山—航坞山—新街，以及东部沿江湿地等相间于中心城区、外围组团之间设置的 6 条生态隔离带。跨江沿江建设新城，东扩南下加快发展，西进北上发展旅游，形成"东动西静南新北秀中兴"的城市新格局，推动杭州从"西湖时代"迈入"钱塘江时代"。

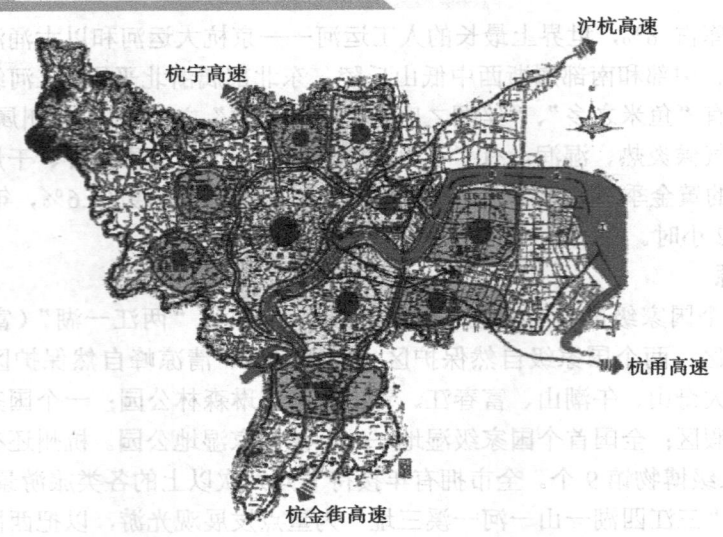

"东动"——沿江建设钱江新城，江东和临平工业区要建成现代化大型制造业基地，为构筑大都市东部产业带、发展21世纪杭州加工业提供充足空间，并带动义蓬组团；下沙城要建成集教育科研、商务居住等功能于一体的花园式生态型的现代化新城。

"西静"——城市西部地区要调整产业结构，加强基础设施建设，提升综合服务功能，建成城市旅游扩展区和生态保护区，并辐射余杭组团。

"南新"——江南城要接纳主城的部分市级功能和人口，拓展城市发展空间，建成具有大都市新功能的城市副中心，并辐射瓜沥和临浦组团。

"北秀"——要贯彻"积极保护"方针，妥善保护和利用好良渚文化遗址，良渚和塘栖组团要增强休闲度假、旅游观光和科教产业功能。

"中兴"——西湖核心景区要整合南线景区资源，改造北山路，实施"西湖西进"，建设湖滨商业特色街区；运河（杭州段）和市区河道要实施综合整治和开发。

### （二）杭州市经济情况

#### 1. 杭州市GDP总量及增长率

2009年，杭州全市实现生产总值达5 098.66亿元，按可比价计算比上年增长10%，人均GDP达到10 968美元。过去的2009年，尽管国际国内经济环境是21世纪以来最困难的一年，但杭州经济增长稳定，连续19年实现两位数增长，增速快于全国和全省水平。按户籍人口计算，人均GDP达到74 924元，增长9.1%，按2009年平均汇率计算，达到10 968美元；按常住人口计算，达到9 292美元。

表1-1 历年杭州市国内生产总值增长情况

| 年 份 | 2003 | 2004 | 2005 | 2006 | 2007 | 2008 | 2009 |
| --- | --- | --- | --- | --- | --- | --- | --- |
| GDP总量（亿元） | 2 092 | 2 515 | 2 918.61 | 3 440.99 | 4 103.89 | 4 781.16 | 5 098.66 |
| GDP增速 | 15% | 15% | 12.5% | 14.3% | 14.6% | 11% | 10% |

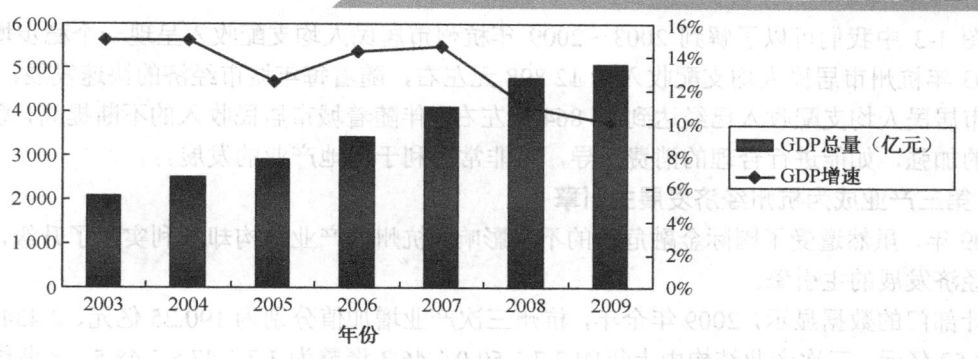

图 1-1　2003～2009 年杭州市 GDP 增长情况

从表 1-1 及图 1-1 中我们可以看出 2003～2009 年杭州地区生产总值每年都在增加，且增长幅度较大，每年保持在 10%以上，说明杭州经济呈现一个良好的发展态势。

目前，从国内其他已经公布数据的城市来看，北京 GDP 同比增长 10.1%，按常住人口计算人均 GDP 为 68 788 元，按年平均汇率折合 10 070 美元；苏州 GDP 为 7 400 亿元，同比增长 11%；陕西 GDP 增长 13.6%，人均 GDP 达到 21 732 元人民币，首次突破 3 000 美元大关。杭州的 GDP 增长已接近北京，超过其他多个城市。

2．固定资产投资

近几年来来，杭州的固定资产投资持续增长，2009 年达到 2 291.65 亿元。从图 1-2 中可以看出，最初几年波动明显，此后虽然增幅明显回落，但增长一直平稳。

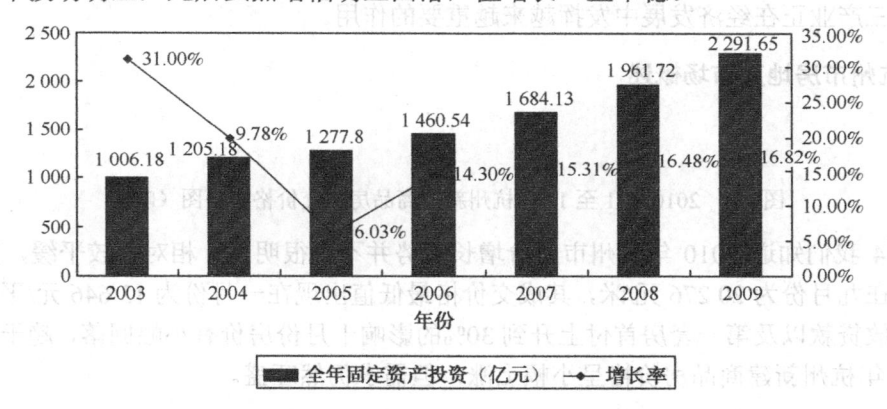

图 1-2　杭州市历年固定资产投资及增幅情况

3．杭州市居民收入增长情况

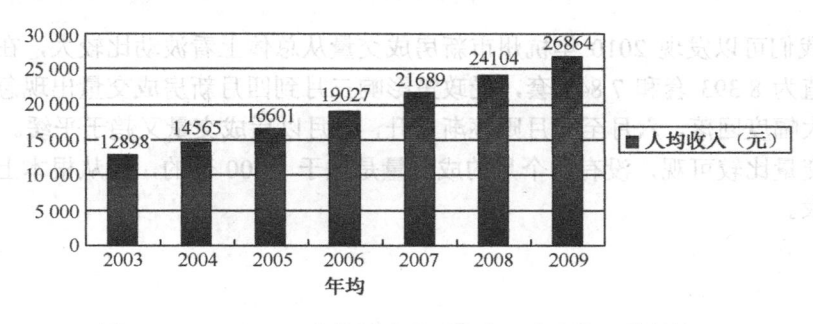

图 1-3　2003～2009 年杭州市居民人均可支配收入增长情况

249

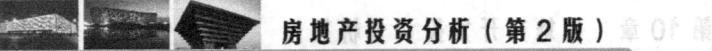

从图 1-3 中我们可以了解到 2003～2009 年杭州市居民人均支配收入呈现一个稳步增长的态势。2003 年杭州市居民人均支配收入为 12 898 元左右，随着每年城市经济的快速发展，至 2009 年杭州市居民人均支配收入已经达到 26 864 元左右。伴随着城市居民收入的不断提高，意味着支付能力的加强，如能进行合理的消费引导，将非常有利于房地产业的发展。

**4．第三产业成为杭州经济发展主引擎**

2009 年，虽然遭受了国际金融危机的不良影响，杭州的产业结构却顺利实现了升级，第三产业成为经济发展的主引擎。

统计部门的数据显示，2009 年全年，杭州三次产业增加值分别为 190.25 亿元、2 434.89 亿元和 2 473.52 亿元，三次产业结构由上年的 3.7∶50.0∶46.3 调整为 3.7∶47.8∶48.5，产业结构排序由"二三一"变为"三二一"。第三产业对 GDP 增长的贡献率为 64.6%，超过二产贡献率 30.7 个百分点，拉动杭州 GDP 增长 6.5 个百分点。

表 1-2

| GDP 类别 | 工业增加值 | 财政总收入 | 工业利税 | 固定资产投资 | 旅游总收入 |
| --- | --- | --- | --- | --- | --- |
| GDP 值（亿元） | 2 157.1 | 1 019.43 | 859.3 | 2 291.65 | 803.12 |
| GDP 增速 | 6% | 12% | 15.50% | 15.70% | 13.60% |

从表 1-2 中我们可以看到工业增加值、财政总收入、固定资产投资的 GDP 增加总量比较大；财政总收入、工业利税、固定资产投资、旅游总收入的 GDP 增长速度在 12% 以上，增长速度很快。可见第三产业正在经济发展中发挥越来越重要的作用。

**（三）杭州市房地产市场概述**

图 1-4　2010 年 1 至 11 月杭州新建商品房成交价格走势图（略）

由图 1-4 我们知道 2010 年杭州市房价增长趋势并不是很明显，相对比较平缓，其成交价格最高值出现在九月份为 20 276 元/米，其成交价格最低值出现在一月份为 13 646 元/平米，受第三套房暂停发放贷款以及第一套房首付上升到 30% 的影响十月份房价有小幅回落，趋于平缓。总的来说，2010 年杭州新建商品房价格呈小幅上涨，但需求仍然旺盛。

图 1-5（略）

由图 1-5 我们可以发现 2010 年杭州市新房成交量从总体上看波动比较大，在四月和九月份分别有两个峰值为 8 393 套和 7 847 套，受政策影响三月到四月新房成交量出现急剧增长，四月到五月则出现大幅度回落，六月至九月则逐渐上升，九月以后成交量又趋于平缓。总体来看 2010 年杭州新房成交量比较可观，没有一个月的成交量是低于 1 000 套的，也从根本上说明了杭州对新房的旺盛需求。

图 1-6（略）

2010年上城区售出商品房1 680套,占全城商品房销售总数的6%,下城区售出商品房3 541套,占全城商品房销售总数的14%,西湖区5 881套,占全城商品房销售总数的22%,江干区售出商品房12 998套,占全城商品房销售总数的50%,拱墅区售出商品房2 083套,占全城商品房销售总数的8%。因为下沙大量楼盘上市,江干区商品房数量快速上升。

### (四)房地产市场调控政策及其影响

(政策列表分析略)

结合政策与当前房地产行情我们小组对2011年政策出台判断如下表所示:

| 政策焦点 | 2011年实施的可能性 | 判断依据 |
| --- | --- | --- |
| 信贷政策 | 中央政府强调实施宽松的货币政策,但对房地产来说信贷仍将趋紧 | 目前调控政策尚未具有明显效果 |
| 加息政策 | 继续加息的可能性很大 | 通货膨胀明显,楼市虚火旺盛 |
| 房产税政策 | 2011年出台的可能性不大 | 房产税出台是个复杂的过程,需求其他完善配套。是否能抑制房价过快上涨还存在很大争议。如出台,预计只在几个地方试点 |

### (五)杭州市未来房地产市场发展趋势

我们小组认为:

第一,未来杭州房价将逐步回归理性,呈现平稳渐进发展的趋势。如果相关调控政策及时有力,化解了当前房地产泡沫的风险,并推动其健康发展,则会实现平稳的过渡;而如果任由房价按照目前趋势推进,则房地产市场面临的危机将难以避免; 会面临房地产泡沫破灭随之而来的房地产价格急剧下跌的过程,而后可能会逐步平稳健康发展,但下跌的幅度和引起的危机程度则取决于市场和政府宏观调控政策的组合作用。

第二,保障性住房将得到加强。从目前的政策措施看,未来杭州将加大保障性住房的建设,但杭州人口众多的实际和计划供给带来的分配畸形和无效率决定了依靠保障难以解决杭州住房的民生问题。

第三,楼市成交量已保持1年多的旺盛态势,开发商资金充裕,短期不会全面降价。土地市场尽管较2009年有所趋缓,但楼面价格依然居高不下。在土地价格不断上涨之下,商品房价格下行的空间有限,通货膨胀日益凸显,大宗商品价格持续攀升。带动上下游行业纷纷提价。在这样的背景之下,房价难以出现全面下降的趋势。

第四,每年都有大量外来人口来杭州工作,杭州住房刚性需求比较大,商品房需求在短期内不会减少。

## 二、区域市场分析

### (一)下沙区域简介

**1. 下沙(杭州经济技术开发区)概况**

杭州经济技术开发区是1993年4月经国务院批准设立的国家级开发区,行政管辖面积104.7平方千米。目前在34平方千米建成区已构建了完善的基础设施、优美的园区环境、便捷的生活设施、高效规范的政府服务,目前辖区人口40万。曾被日本贸易振兴机构评为中国75个城市开发区投资环境最佳开发区,被联合国环境规划署等多家机构联合评为跨国企业投资的最佳开发区。

根据杭州市"构筑大都市、建设新天堂"的战略目标,以杭州经济技术开发区为核心的杭州城市东部178平方千米是杭州大都市的副中心(即下沙新城)。建设目标是以高新技术产业与先进制造业为基础,集合行政商务、教育科研、生活居住等功能的花园式生态型现代化新城。

2. 下沙经济发展概况

2010年,全区实现地区生产总值358亿元,同比增长11%;工业销售产值1 326亿元,同比增长26%,工业经济总量继续保持杭州各区、县(市)第2位。

全区2010年完成固定资产投资174亿元,同比增长15%,连续4年保持两位数增长;技改力度加大,完成技改投资20亿元。

3. 下沙产业结构特征

工业是开发区经济发展和财政收入的主要来源。开发区在已经形成的轻工食品、纺织化纤等传统产业的基础上,注重工业结构的优化,大力培育电子信息、生物医药产业,开发区的支柱产业也由轻工食品业逐渐调整为电子信息产业。

生物医药和服务外包是开发区近年重点扶持的产业。作为"杭州生物产业国家高技术产业基地",开发区生物产业以生物制品、医疗器械、现代中药为现阶段重点发展领域,规划了高科技孵化器和新加坡杭州科技园为研发孵化器基地、700亩北部医药园为中试和高端产业化基地、江北现有的1.6平方公里和规划中江东3平方公里为开发区生物医药产业化基地。

2010年,全区新培育市级以上高新技术企业55家、研发(技术)中心12家,高新技术产业产值比重达到65.7%;完成专利申请2 916件,实现授权2 020件,继续位居全市前列。

(二)下沙房地产的市场分析

1. 下沙现有楼盘

|  | 保利·东湾 | 阳光华城 | 世茂江滨花园 | 金隅观澜时代 | 野风海天城 |
| --- | --- | --- | --- | --- | --- |
| 物业类型 | 住宅、公寓 | 写字楼 | 住宅、普通住宅 | 普通住宅别墅 | 住宅、普通住宅 |
| 户型创新 | 略 | 略 | 略 | 略 | 略 |
| 装修状态 | 毛坯 | 毛坯 | 毛坯 | 毛坯 | 毛坯 |
| 容积率 | 2.09 | 2.12 | 2.18 | 1.8 | 2.65 |
| 均价 | 17 000元/平方米 | 7 500元/平方米 | 17 000元/平方米 | 14 000元/平方米 | 11 547元/平方米 |

据统计,目前下沙一线沿江区块中,南京朗诗国际街区是四个项目中规模最小的,总建筑面积约18万平方米,共有1 800多套房源,以80~150平方米的户型面积为主。北京的金隅嘉业总建筑面积约50万平方米,包括住宅、酒店、商业金融、文化娱乐等,其中住宅部分建筑面积约37万平方米。该项目为复合式社区,有大户型公寓和排屋。世茂滨江下沙项目宅地总建筑面积62万平方米。保利地产下沙项目共分四小块,其中两块为宅地,总建筑面积近49万平方米。单是这四家外来房产大鳄的项目,其住宅供应量就达到166万平方米。加上华元梦琴湾、野风海天城、理想伊萨卡、多蓝水岸等目前在售的楼盘近200万平方米的供应量,近两年,下沙的房源总体供应量将有370多万平方米。

## 2. 下沙楼盘成交量分析

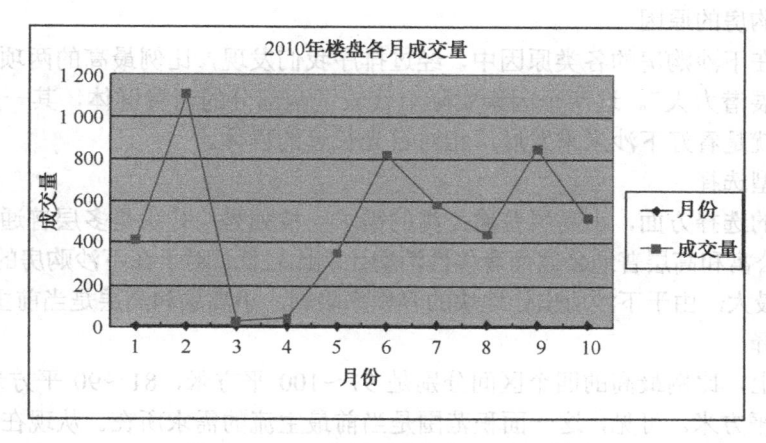

图 2-1　2010 年下沙楼盘各月的成交量

由图 2-1 我们可以发现 2010 年下沙楼盘各月成交量呈现一个较大幅度的波动，但总体成交量可观。在 2 月份的时候出现了一个旺季，成交数量达到 1 100 套，3 月份和 4 月份有较大幅度回落，成交数量接近 0 套。4 月份至 6 月份又有一个快速的恢复，到 6 月份时成交数量达 800 套。6 月份至 10 月份期间，成交数量有小幅波动，波动范围在 400～800 套。由此可见下沙楼盘销售总体呈现一种较好的发展趋势，相信下沙的房地产市场将进一步扩大。

## 3. 2010 年下沙一手房成交价格分析

由图 2-2 我们可以发现 2010 年 1 月至 10 月间下沙一手房成交价格整体呈上升趋势。相比较可见，商业成交价格起伏较大，住宅成交价格相对较缓，起伏较小。在 1～3 月份期间，下沙一手房住宅成交价格略高于商业成交价格；4～10 月份期间，下沙一手房商业成交价格远高于住宅成交价格。住宅成交价格主要波动范围在 13 000～17 000 元；商业成交价格最低值出现在 2 月份，仅 7 274 元/平方米，最高值出现在 8 月份，达到 24 585 元/平方米。因此，就目前而言，我们认为下沙的住宅比商业更有发展潜力。

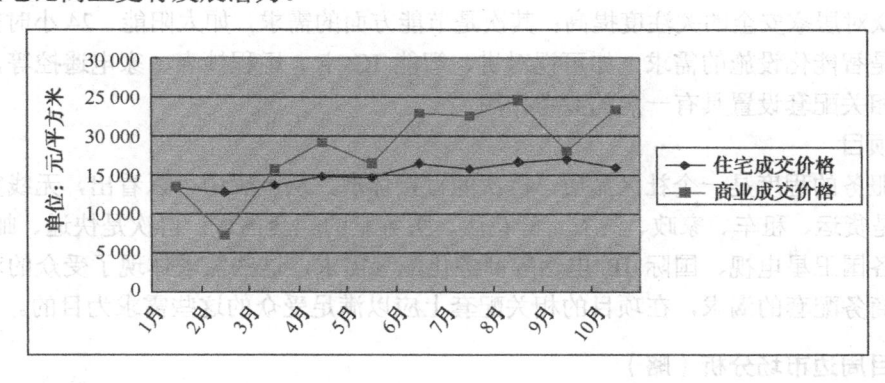

图 2-2

## 4. 客户类型分析

（1）购房目的

从购房目的来看，有两类需求最为突出：一类是结婚用房，另一类是改善居住条件。两大需求所反映的正是当前房地产市场的主流需求，而且在未来几年里都不会发生太大的变化，同时这两类需求均属于刚性需求，是房地产市场发展过程中最有效的支撑力量。对于下沙区块而言，第三类需求实际上更值得关注，就是自住兼投资的需求。

（2）在下沙购房的原因

在针对选择在下沙购房的各类原因中，经过排序我们发现，比例最高的两项是"工作生活一直在此"和"发展潜力大"。这两个因素实际上代表了两部分的消费群体，其一是下沙区块的本地消费者，其二就是看好下沙未来发展，相对目光长远的群体。

（3）物业类型选择

在物业类型的选择方面，小高层普通公寓的需求一枝独秀，其次是多层普通公寓的需求，接下来分别是单身公寓和高层普通公寓而奢侈性消费比例比较低。对于在下沙购房的群体而言，小高层公寓的需求量最大，由于下沙所出让地块的容积率限制，小高层和高层是当前主流的物业类型。

（4）面积选择

在面积选择上，比例最高的四个区间分别是 91~100 平方米，81~90 平方米，101~110 平方米，111~120 平方米。可见，这一面积范围是当前最主流的需求所在。从现在下沙的几个楼盘也可以知道，开发商现在开发住房面积主要是小面积的以单身公寓为主。

（5）四大类社区服务配套需求

通过对四大类社区服务配套需求的统计，反映了需求方对各类社区服务配套的要求，详表如下：

**日常服务类**

银行、24 小时便利店、水电煤气三费代收处、医疗站排列小区配套服务类的前四位，体现了受访者对居家日常服务需求以方便为第一位，其次是医疗服务；至于小区巴士配套、孩童接送处、餐饮配套等均有一定比例的需求，但中原认为，配套服务还存在很大的市场引导空间。

**娱乐运动类**

在娱乐运动的配套上，篮球场、健身房需求最为强烈，这与受访者的以年轻群体为主，大多具有学院情结有关；儿童游乐场及其他运动设施的需求较为平均，体现其需求的多样性，因此在项目的后续配套中，应将配套的多样化，满足不同受众的不同需求。

**家居智能类**

家居智能方面，对家居安防（报警、红外线监控）系统、求救系统、防煤气泄漏等需求率较高，体现受众对居家安全的关注度提高；其次是节能方面的需求，如太阳能、24 小时热水、直饮水等；最后是智能化设施的需求，如可视对讲、智能 IC 卡、远程抄表、家电遥控等，这些都对项目后期的相关配套设置具有一定的参考作用。

**个性化项目**

个性化服务的程度是一个社区品质、档次的直接体现，从上表中可以看出，无线宽带的需求最高；其次是货运、租车、家政、洗衣、鲜花店、医务室的配套需求；再次是快递、邮寄、订票、酒店预定、各国卫星电视、国际 IP 电话等商务化配套需求，这些需求体现了受众的对品质生活的向往及对商务配套的渴求，在项目的相关配套上应以满足受众的这些需求为目的。

三、项目周边市场分析（略）

四、项目分析

（一）项目情况

1. 项目地块简介

杭政储出[2009]48 号位于杭州经济技术开发区（下沙 R21-A-12 地块），东至沿江大道绿化，南至六号大街绿化，西至空地，北至空地，钱塘江就在地块的东面。规划用地性质为住宅（设配套公建）用地。总用地面积为 52 655m²，总建筑用地面积 183 556.3m²，其中地上建筑面积 136 903m²。项目含高层住宅、排屋、地下建筑及配套商业公建等。该地块地理环境优越，东面为围垦广场和沿江大道，南面为朗诗•国际街区，西面的云水苑小区聚集着周边人气，北面为工商大学，背靠大学城。该地块居住环境成熟，发展前景看好。

其位置如下图（略）：

地块现状情况如下图（略）：

地块周边环境（略）：

## 2. 市政配套设施情况

——主要道路：6 号大街、沿江大道、27 号大街

——公交：104、地铁一号线"云水站"（建设中）、BRT1 云水站

——购物：好又多购物中心、物美下沙二店

——市场：云水苑农贸市场

——银行：中国银行、工商银行、农业银行、建设银行

——教育：星河幼儿园、文海中小学、杭四中、下沙高教园东区数所重点高校

——医院：下沙东方医院

——其他：九洲大药房、刘家香、新加坡科技园

## 3. 主要经济技术指标

项目地块地处下沙开发区的住宅中心，东南面一线面江，拥有近千米无遮江景，周边还有下沙沿江主题公园，以及杭州东部罕见的原生态湿地景观。地块的核心优势在于南向一线临江，景观资源不可复制。除此之外，该地块还背靠大学城，享受一站式教育配套。

地块主要规划指标

| 用地性质 | 占地面积（平方米） | 总建筑面积（平方米） | 容积率 | 建筑密度（%） | 绿化率（%） |
|---|---|---|---|---|---|
| 居住用地 | 52 655 | 183 556.3 | 2.6 | 30 | 30 |

总用地面积：52 655 平米

总建筑面积：183 556.3 平方米

本项目其他主要经济技术指标如下：

容积率：2.6

绿化率：≥30%

住宅建筑面积：按 2.6 的容积率计算，住宅建筑面积为 136 903 平方米。占总建筑面积的 74.58%。

别墅预计建筑面积：占总建筑面积的 9.34%，即 17 150 平方米

公寓预计建筑面积：占总建筑面积的 65.24%，即 119 753 平方米

（二）项目 SWOT 分析

## 1. 项目优势

（1）地处沿江大道与六号大街交汇处，当前交通较为便利、同时位于地铁一号线云水站旁，距离大约 500 米，是稀缺性地铁物业，500 米也是世界公认的地铁最佳生活圈。

（2）项目地处下沙开发区的住宅中心，地块紧邻钱塘江，与保利东湾、金隅观澜时代、世茂

江滨花园等热点大盘同属于下沙东区沿江板块。这些大盘利用沿江的优势，突出江景概念，发展前景看好。

（3）本项目东、南面均有绿化，加上临近钱塘江，拥有近千米无遮江景，使本项目具有良好的自然环境。

（4）与下沙大学城仅一街之隔，具有良好的人文气息。还有星河幼儿园及省重点中小学——文海小学、文海中学及杭州第四中学，可以说教育配套一应俱全。

（5）本项目所在区域范围内有完善的医疗配套，周边还有中国银行、工商等银行提供专业的贴心服务，便捷商务。

（6）保利地产的品牌影响力。

### 2．项目劣势

（1）项目所处地段目前人气不旺。

（2）周边工厂企业众多。

### 3．项目机会

（1）区位优势的发挥，辐射周边地区。

（2）随着周边各大住宅小区相继建成与入伙，将带动周边的人气，从而带动住宅的销售；

（3）下沙经济技术开发区正实施开发建设，打造花园式生态型城市副中心。开发区将通过综合环境提升来吸引广大市民到下沙购房、居住和生活，从而可以加大下沙的人流量。

（4）项目周边有大量的居住人群，而本项目的迅速投入有绝对的需求量作为基础。

### 4．项目威胁

（1）房地产政策的变化

（2）金沙板块对消费者有分流的影响

## （三）项目的初步定位

### 1．目标客户定位

市场定位等于在靶子上画圆心，使项目有的放矢。本项目地处杭州市钱江北岸，钱塘江福泽杭州市区处仅三十公里，地理位置优势显著。周边文教气氛浓郁，离浙江工商大学很近。

（1）有一定文化的企业经营者和管理者。

（2）各大学的老师。

（3）暴发户和私营企业主。

（4）在下沙工作的有一定经济基础人员。

（5）房地产投资者。

### 2．建筑定位

**建筑风格**

该项目建议用 Art deco 建筑艺术表现手法，强调建筑物的高耸、挺拔，公建化建筑演化而来的外立面就犹如五星级酒店。项目由 Art Deco 风格的一线全江景观江公寓与英伦官邸排屋组成。区别于一般英伦别墅给人的精致但难以高贵的感觉，该项目的英伦官邸外立面给人以一种艺术与高贵的平衡性。从外围看，其造型、体量与周边环境十分匹配，感觉是一件艺术品矗立；整体上突破了传统的联排别墅的拘束感。

**建筑色调**

在外立面建造上，本项目可以大面采用卡拉曼里金和黄金麻干挂石材，其线条则继续秉承了第三代英伦官邸的风格,质感和艺术感都跃然纸上。空间彰显的是奢华,装修艺术的精髓则是英国皇家风范的格调与优雅。

### 3. 户型面积定位

地块得天独厚的江景资源,为了最大限度的利用江景,本项目将规划 7 幢板式的高层全江景公寓,以及部分一线江景的联排别墅。由于项目受 70/90 政策所限,公寓部分将规划 80～120 平方米的首置型户型,以及 120～211 平方米的改善型户型,而联排别墅则设置为 280～340 平方米的舒适性产品。

### 4. 景观规划定位

踞大江而建,举头可眺钱江入海,平视可观白鹭穿泽;

2200 亩原生态沿江湿地公园景观;

利用自身地势地形特点进行合理规划,将边上的围垦公园和沿江休闲广场市政公园有机融合;

社区景观资源最大化利用;

### 5. 产品核心概念定位

该项目是保利地产继保利·东湾之后,在杭州的全新力作,它是保利地产打造的新一代全江景楼盘。所有高层公寓均为一线望江,排屋的排布遵循"逐景观而建"的原则,营造出"出户即湿地、举目即观江"的景观效果。

它以实现江景价值的最大化为主导,大手笔规划、多项创新设计融合空间建筑美学,这一全新理念,使每栋建筑的主朝向都能面向江景,做到了户户南向观江。

## 五、项目规划建设和进度安排

### (一) 规划建议和说明

**建议规划经济技术指标**

| 项目 | 单位 | 数值 |
| --- | --- | --- |
| 基地面积 | 平方米 | 52 655 |
| 总建筑面积 | 平方米 | 1 835 563 |
| 公寓面积 | 平方米 | 119 753 |
| 别墅面积 | 平方米 | 17 150 |
| 底商建筑面积 | 平方米 | — |
| 停车位面积 | 平方米 | 19 188 |
| 停车位个数 | 户 | 1 006 |
| 公共建筑面积 | 平方米 | 22 665.3 |
| 规划区容积率 | — | 2.60 |
| 绿地率 | % | ≥30.40% |

**建议开发居住社区**

该项目所在地地理位置优势明显,其南向一线临江,拥有近千米无遮挡的江景视野,前排屋后公寓的布局使一线江景资源得以最大化利用,所有高层公寓均为一线望江。排屋的排布遵循"逐景观而建"的原则,以类独栋或双拼的建筑类型呈现,都能做到户户观江;

该项目所在地位于地铁一号线云水站旁,距离大约 500 米,是稀缺地铁物业,500 米也是世界公认的地铁最佳生活圈;

该项目所在地与下沙大学城仅一街之隔，具有良好的人文气息，还有与杭师大合作的文海幼儿园及省重点中小学——文海小学、杭州第四中学，属于一站式学区房。

这些特点，正好吻合购房者的需求，加上保利地产的品牌影响力，自然能够吸引购房者的关注。

该片区现阶段多层住宅平均销售均价在 16 000—18 000 元/平方米。通过价格加权平均计算，建议该项目平均价格在 17 000 元/平方米左右，销售价格已经达到比较合理的水平，项目开发收益可以得到比较好的保障，且开发风险较低。

该地块南面为在建的本项目三期和已建的本项目一、二期，东至沿江大道绿化，南至六号大街绿化，西面是规划经济适用房空地，北面是规划教育用地，东南角设计有小型市政绿地。地势略呈南低北高、东低西高的态势。社区西区主要沿街面和社区大道可建设商业用房，作为社区商业配套，完善社区配套功能，提升项目销售价值。

**本项目建议效果图（略）**

### （二）建设方式和进度安排

本项目拟用 29 个月的时间，工期（29 个月）：2010 年 7 月——2012 年 12 月，分一期开发（开发进度见下表）：

**项目实施进度计划表**

| 序号 | 项目名称 | 持续时间（月） | 进度安排（按双月计） |
|---|---|---|---|
| 1 | 征地拆迁 | 6 | |
| 2 | 前期工程 | | |
| 3 | 基础工程 | 6 | |
| 4 | 主体结构工程 | 7 | |
| 5 | 设备安装工程 | 6 | |
| 6 | 室内外装修工程 | 7 | |
| 7 | 红线内外工程 | 3 | |
| 8 | 公建配套工程 | 3 | |
| 9 | 竣工验收 | 2 | |
| 10 | 销售 | 27 | |

### 六、项目投资财务分析

#### （一）成本分析

**1. 土地成本**

该土地以拍卖形式获得，土地获得费用为 10.21 亿元人民币。

**2. 建安工程费**

该项目建安费用框架结构按 3 000 元/平方米左右估算。

**3. 前期工程费**

前期需要办理各种许可证，进行招标投标，进行可行性研究、勘察等，前期费用约占建安费用的 2.1%；

### 4．基础设施配套费

包括供电、供水、燃气、暖气、排污、电信、绿化、小区道路建设等，住宅约 200 元/平方米，商业约 450 元/平方米。

### 5．公建配套费

公共设施（幼儿园、会所等）、室外景点绿化费、安防系统费、室外道路费等，约占建安费用的 5%。

### 6．不可预见费

按以上工程（1～5 项）费用的 2% 提取。

### 7．开发费用

包括管理费用、销售费用、财务费用。其中管理费用按工程建设费用的 2% 提取，销售费用按预估销售额的 2.8～3.8% 提取（其中住宅最低为 2.8%、商业最高为 3.8%），财务费用主要为贷款利息，按预估发生额提取。

### 8．总成本

总开发成本为以上 7 项费用之和。

### （二）项目投资成本估算

项目总建筑面积为 183 556.3 平方米，住宅面积为 136 903 平方米，停车位 1 066 个，公共建筑面积 22 665.3 平方米。

**投资成本测算表**

| 序号 | 项目 | 数量（平方米） | 单价（元/平方米） | 合计（万元） | 备注 |
| --- | --- | --- | --- | --- | --- |
| 1 | 土地费用 | 52 655 | 0 | 102 100 | |
| 2 | 设计、勘察、顾问费用 | 183 556.3 | 15 | 275.33 | |
| 3 | 前期工程费 | 183 556.3 | 10 | 183.56 | 包括场地平整、临时围墙、临时搭建房屋等费用 |
| 4 | 基础配套费用 | 183 556.3 | 100 | 1 835.56 | 包括规费等 |
| 5 | 政府前期管理费 | 183 556.3 | 10 | 183.56 | 包括办理各项证件等费用 |
| 6 | 工程建安费用 | 183 556.3 | 3 000 | 55 066.89 | 建安成本按 3 000 元/平方米计 |
| 7 | 景观、道路 | 36 858.5 | 10 | 36.86 | 建筑密度为 70% |
| 8 | 管理费用 | 183 556.3 | 30 | 550.67 | 按建安成本的 1% 提取 |
| 9 | 财务费用 | 183 556.3 | 237.57 | 4 360.75 | 按 50% 借贷资金，民间借贷利率 15%，一年期计算 |
| 10 | 不可预见费用 | 183 556.3 | 94.58 | 1 736.08 | 按 3～7 项 3% 提取 |
| 11 | 销售费用 | | | 5 375.60 | 按销售收入的 2% 计提 |
| 12 | 销售税率及附加 | | | 14 782.89 | 按销售收入的 5.5% 计提 |
| 13 | 土地增值税 | | | 5 375.60 | 按销售收入的 2% 计算 |
| 14 | 合计 | | | 1 918 763.35 | |

## （三）收益分析

### 1. 销售价格确定

该片区现阶段公寓住宅平均价格在 16 000～16 500 元/平方米，通过竞争定价分析，通过价格加权平均计算，建议住宅的销售均价在 16 250 元/平方米左右。

### 2. 销售收入估算

销售收入估算如下表所示：

**销售收入估算表**

| 序号 | 项目 | 数量（平方米）或（个） | 单价（元/平方米）或（万元/个） | 合计（万元） |
|---|---|---|---|---|
| 1 | 预计销售收入（公寓） | 119 753 | 16 000 | 191 604.8 |
| 2 | 预计销售收入（别墅） | 17 150 | 45 000 | 77 175 |
| 3 | 车位 | 1 066 | 10 | 7 642（按完全出售的70%计算） |
| 4 | 总计 |  |  | 276 241.8 |

### 3. 利润计算

在税后利润估算中，各项税率取值如下：营业税及附加税率为销售额的 5.5%；印花税为销售额的 0.05%；所得税率为利润总额的 25%。

《土地增值税条例实施细则》规定，对从事房地产开发的纳税人，在开发成本的基础上加扣 20%作为增值额（见土地增值税计算表）。土地增值比例在 50%以内的，税率为增值额的 30%。

土地增值税计算如下：

**土地增值税计算表**

| 项目 | 金额（万元） | 说明 |
|---|---|---|
| 1. 销售收入 | 276 241.8 | 见销售收入 |
| 2. 总成本费用 | 191 863.35 | 见成本核算 |
| 3. 营业税及附加 | 15 193.299 | 1*5.5% |
| 4. 印花税 | 138.12 | 1*0.05% |
| 5. 毛利润 | 69 047.03 | 1-2-3-4 |
| 6. 其他加扣项目 | 38 372.67 | 2*20% |
| 7. 增值额 | 30 674.36 | 5-6 |
| 8. 增值比例 | 0.16 | 7/2 |
| 9. 增值税税率 | 30% |  |
| 10. 土地增值税 | 9 202.31 | 7*9 |

税后利润表

| 项目 | 金额（万元） | 说明 |
|---|---|---|
| 1. 销售收入 | 276 241.8 | 见销售收入 |
| 2. 总成本费用 | 191 863.35 | 见成本核算 |
| 税前利润 | 84 378.45 | 1-2 |
| 3. 营业税及附加 | 15 193.299 | 1*5.5% |
| 4. 印花税 | 138.12 | 1*0.05% |
| 5. 土地增值税 | 9 202.31 | 见上表 |
| 6. 利润总额 | 59 844.721 | 1-2-3-4-5 |
| 7. 所得税 | 14 961.18 | 6*25% |
| 8. 税后利润 | 44 883.54 | 6-7 |

从该项目税后利润表可以看出，项目的利润总额是 59 844.721 万元；税后净利润是 44 883.54 万元，投资的净利润率是 23.39%（税后利润/总成本费用）；盈利能力可观。

**（四）风险分析**

1. 政策风险（略）
2. 市场风险（略）
3. 经营风险（略）

**（五）盈亏平衡分析（略）**

**七、结论**

通过对本项目周边环境、本项目的市场以及本项目的投资成本估算与收益之间的关系分析，本项目有利可图，本项目可行。

## 本章小结

房地产投资分析报告的格式一般包括总论、投资环境分析、市场环境分析、建设地址及外部条件、项目建设规划方案、项目进度计划、投资估算及资金筹措、项目的财务评价以及评价结论和建议等几大部分。

另外还需要指出的是，对于不同的项目类型，其投资分析报告的格式可能并不是完全相同的，投资分析者需要根据项目的具体情况和投资者的具体要求安排报告的内容。

# 实 训 项 目

1. 实训项目名称：研读房地产投资分析报告
2. 实训内容及要求：读懂某一房地产投资分析报告，进一步熟悉房地产投资分析报告的撰写风格
3. 实训实施及成果要求

（1）由老师选择一个比较全面、规范的投资分析报告，让学生在规定的几天之内进行研读；

（2）在实训课堂内，每一组同学（4～6人一组）首先需要对该投资分析报告及项目本身作出简单评价，指出分析过程是否存在问题，是否有错误的地方等；

（3）就报告的内容，由老师提出问题，每一组同学作出相应回答。

## 本章思考题

1. 房地产投资分析报告的格式是怎样的？具体包括哪几个大的方面？
2. 你认为在房地产投资分析报告的撰写过程中，会有哪些难点？
3. 请你分析房地产投资分析报告对于投资者而言，其意义何在。

# 参考文献

[1] 徐滇庆．房价与泡沫经济．北京：机械工业出版社，2006 年．第 3~4 页．
[2] 曹振良，等．房地产经济学通论．北京：北京大学出版社，2004 年．第 126 页．
[3] 刘秋雁编著．房地产投资分析．大连：东北财经大学出版社，2004 年．第 26~31 页．
[4] ［美］盖伦·E．格里尔著．龙胜平，张锷，梁超群，等译．房地产投资决策分析．上海：上海人民出版社，2005 年．第 15~16 页．
[5] 科技信息快报，"房地产资讯"，2006 年 9 月 5 日．有改动．
[6] 1998~2001 年《广东统计年鉴》、《东莞统计年鉴》．
[7] 1997~2001 年《广东统计年鉴》、《东莞统计年鉴》．
[8] 俞明轩，丰雷编著．房地产投资分析．北京：中国人民大学出版社，2002 年．第 26 页，略有改动．
[9] 焦秀琦．"对资金时间价值的再认识"．石油化工管理干部学院学报，2002 年第 4 期．
[10] 以 2006 年 8 月 19 日最新调整的利率为准，并非当时的利率水平．
[11] 本部分内容原作者根据相关网站资料整理而成．
[12] 摘自"中国房地产资源网"，作者注．
[13] 摘自"钱江晚报"，2006 年 11 月 2 日，略有改动．
[14] 李凤伟主编．炒房炒地．北京：中国纺织工业出版社，2005 年．第 346 页．
[15] 本文摘自：经济参考报，2007 年 1 月 31 日，有改动．
[16] 参见：都市快报，2006 年 8 月 2 日．
[17] 蒋先玲编著．房地产投资分析教程．北京：对外经济贸易大学，2005 年．第 198~202 页．
[18] 摘自：雅虎房地产，2007 年 3 月 14 日．
[19] 刘秋雁编著．房地产投资分析．大连：东北财经大学出版社，2004 年．第 426~429 页．
[20] 王学东著．商业房地产投融资与运营管理．北京：清华大学出版社，2004 年．第 5 页．
[21] 陈建明著．商业房地产投融资指南．北京：机械工业出版，2003 年．第 6 页．
[22] 万达集团董事长王健林在中国（浙江）商业地产高峰论坛上的演讲．2006 年 3 月．
[23] 董金社著．商业地产策划与投资运营．北京：商务印书馆，2006 年．第 4 页．
[24] 董金社著．商业地产策划与投资运营．北京：商务印书馆，2006 年．第 9 页．
[25] 董金社著．商业地产策划与投资运营．北京：商务印书馆，2006 年．第 24 页．
[26] 本文来源：大中华地产，www.re.icxo.com．
[27] 本文来源：同上，有较大改动．
[28] 刘秋雁编著．房地产投资分析．大连：东北财经大学出版社，2004 年．第 431~437 页．

[29] 源自"中国高端不动产投资价值白皮书".中国房地产报,2007年3月5日.
[30] 潘蜀健著.房地产项目投资.北京:中国建筑工业出版社,1999年.第414页,有改动.
[31] 丁芸.谭善勇主编.房地产投资分析与决策.北京:中国建筑工业出版社,2005年.第168页.
[32] 刘秋雁编著.房地产投资分析.大连:东北财经大学出版社,2004年.第372~399页.
[33] 陈琳,潘蜀健编著.房地产项目投资.北京:中国建筑工业出版社.2004年.
[34] 红霞主编.商铺投资.北京:中国科学技术出版社,2006年.
[35] 龙胜平,方奕,徐刚编著.房地产金融与投资.上海:上海人民出版社,2005年.
[36] 建设部标准定额研究所编著.房地产开发项目经济评价案例.北京:中国计划出版社.2002年.
[37] 刘正山编著.房地产投资分析.大连:东北财经大学出版社.2000年.
[38] 谢经荣.王玮著.购房抵押贷理论与实务.北京:经济管理出版社.1999年.
[39] 中华人民共和国《零售物业分类标准》(GB/T18106—2004).
[40] 陈淮著.广厦天下:房地产经济学ABC.北京:中国发展出版社.2011年.
[41] 《中国房地产报》,北京:2007年至2011年9月各期.
[42] 《楼市》杂志,杭州:2007年至2011年9月各期.
[43] 《新地产》杂志,北京:2007年至2011年6月各期.

# 反侵权盗版声明

电子工业出版社依法对本作品享有专有出版权。任何未经权利人书面许可，复制、销售或通过信息网络传播本作品的行为，歪曲、篡改、剽窃本作品的行为，均违反《中华人民共和国著作权法》，其行为人应承担相应的民事责任和行政责任，构成犯罪的，将被依法追究刑事责任。

为了维护市场秩序，保护权利人的合法权益，我社将依法查处和打击侵权盗版的单位和个人。欢迎社会各界人士积极举报侵权盗版行为，本社将奖励举报有功人员，并保证举报人的信息不被泄露。

举报电话：（010）88254396；（010）88258888
传　　真：（010）88254397
E-mail：　dbqq@phei.com.cn
通信地址：北京市海淀区万寿路173信箱
　　　　　电子工业出版社总编办公室
邮　　编：100036

# 反侵权盗版声明

电子工业出版社依法对本作品享有专有出版权。任何未经权利人书面许可,复制、销售或通过信息网络传播本作品的行为,歪曲、篡改、剽窃本作品的行为,均违反《中华人民共和国著作权法》,其行为人应承担相应的民事责任和行政责任,构成犯罪的,将被依法追究刑事责任。

为了维护市场秩序,保护权利人的合法权益,我社将依法查处和打击侵权盗版的单位和个人。欢迎社会各界人士积极举报侵权盗版行为,本社将奖励举报有功人员,并保证举报人的信息不被泄露。

举报电话:(010)88254396;(010)88258888
传　　真:(010)88254397
E-mail:　dbqq@phei.com.cn
通信地址:北京市海淀区万寿路 173 信箱
　　　　电子工业出版社总编办公室
邮　　编:100036